식품유통의
이해와 분석

김성훈 · 홍승지 · 양석준

FOOD MARKETING:
THEORIES AND MARKET
RESEARCH TECHNIQUE

박영사

사람은 먹지 않고서는 살아갈 수 없기에 식품은 가장 중요한 상품 중의 하나인데, 이를 생산자의 손에서 소비자의 손으로 이어주는 역할을 유통이 하고 있다. 식품유통은 우리가 매일 접하고 있는 것으로 집 밖에서 만나는 시장이나 마트는 물론 손안의 휴대폰 구매 앱에서도 유통 시스템이 작동하고 있다. 언뜻 보면 식품유통은 공기처럼 자연스럽고, 쉽게 느껴지나 한 걸음만 깊이 들어가 보면 이해가 어려운 부분이 많다. 대학에서 유통 관련 강의를 수강하는 학생들도 비슷한 고충을 겪고 있는데, 그만큼 유통이라는 학문이 쉽고도 어렵기 때문이다. 강단에서 매년 이러한 모습을 보는 저자들은 유통에 관심을 가진 독자들이 보다 쉽게 유통을 이해하고 실무에 적용할 수 있도록 하기 위해 본 책을 저술하였다.

본 책은 식품유통에 대한 기본적인 이해나 관심을 가진 독자가 보다 심화된 내용을 탐구할 수 있도록 이끄는 목적으로 만들어졌다. 제1편에서는 농산물과 식품 유통에 대한 기본적인 필수이론과 유통 현장에서 발생하는 내용을 가급적 쉽고 간단하게 기술하였기에, 농식품 유통을 빠르게 이해하기 위한 독자들에게 도움이 될 수 있을 것으로 생각한다. 제2편에서는 성공적인 식품 유통을 달성하기 위한 마케팅 이론에서 중요한 개념을 선정하여 다양한 사례와 함께 소개하였는데, 식품 마케팅을 직접 해보려는 독자들에게 기본적인 역량을 갖출 수 있도록 할 것으로 보인다. 마지막 제3편은 식품 유통의 현상을 분석하고 시사점을 스스로 도출하기 위한 주요 방법론과 이를 실제 적용하는 방법을 제시하였는데, 독자들이 친숙한 엑셀(Excel) 프로그램을 가지고 책의 예시를 따라서 해보면 금방 익숙해질 수 있도록 하였다.

본 책은 다양한 목적을 가진 독자들을 대상으로 저술되었다. 농산물 또는 식품에 대한 유통을 처음 접하는 대학교 학부생이나 농식품 유통관련 자격시험을 준비하는 수험생에게 효율적인 공부를 할 수 있도록 하였다. 또한 유통이론을 현실 분석에 적용하고자 하는 실무자가 자주 활용되는 방법론들을 쉽게 익힐 수 있도록 하였는데, 특히 우리가 소비자나 시장을 분석하여 마케팅 전략을 수립하기 위해 자주 적용되는 방법론들을 엑셀(Excel) 프로그램으로 실습하도록 하여 설문조사 등을 통해 진행하는 마케팅 분석을 보다 정교하고 객관적으로 진행하는 방법을 스스로 터득할 수 있게 하였다.

독자들께서 이번에 새로 출간된 본 책을 읽으면서, 식품유통에 대한 보다 넓은 이해와 실무 역량을 갖추시길 바란다.

2023년 1월

저자를 대표하여 김성훈(金成勳)

차 례

Part 3 \ 농식품 유통분석 방법과 적용

Part 1

농식품 유통의 이해

이론적 논의

개요

이 장에서는 농식품 유통의 이론적 내용을 하나씩 살펴보기로 한다. 먼저 농산물의 특성과 유통의 기본 개념들을 살펴보고, 농식품 유통의 주요 개념 중 하나인 푸드시스템과 가치사슬에 대해 알아본다. 다음으로는 농산물 유통을 움직이는 가격에 대해 살펴보고, 유통경로와 유통마진에 대해서도 공부하도록 한다. 이어서 농식품 유통의 기능과 유통을 움직이는 주체들에 대해 알아보도록 한다. 이 장에서 설명하고 있는 내용은 농식품 유통의 전반적이고 기본적인 사항들을 이해하기 위한 필수적인 사항들이기에 중요성이 크다.

주요 학습사항

1 농산물은 어떤 특성을 가지는 것이며, 농산물 유통은 무엇이고 왜 필요한가?
2 농식품 유통에서의 푸드시스템과 가치사슬은 무엇인가?
3 농산물의 가격은 무엇이며, 가격결정과 가격 발견은 어떻게 차이가 나는가?
4 유통경로와 유통마진은 무엇인가?
5 농산물의 유통 기능은 무엇이고, 유통주체로는 어떤 것들이 있는가?

도입사례

농업인과 시장

예전 TV 드라마에서도 나왔던 조선시대 거상으로 임상옥(林尙沃)이 있다. 평안북도 의주에서 가난한 상인의 아들로 태어나 뛰어난 능력으로 조선 최고의 상인이 되었던 인물인데, 드라마에서도 소개되었듯이 "돈을 남기는 것이 아니라 사람을 남기는 것"을 상도(常道)로 삼았다.

그에 대한 유명한 일화가 있다. 임상옥은 자신에게 돈을 빌려 달라고 찾아온 세명에게 각각 한냥씩을 빌려주고 장사를 하여 이문을 만들어 닷새 후에 오라고 했다. 닷새 후, 첫 번째 사람은 재료를 사서 짚신을 만들어 팔아 다섯 푼의 이문을 남겼고, 두 번째 사람은 대나무와 창호지를 사서 종이 연을 만들어 팔았는데 마침 섣달 대목을 맞아 한냥을 남겼고, 세 번째 사람은 종이를 사서 '절간에 들어가 글을 읽어야 하니 비용을 대어 달라'는 글을 의주 부윤(府尹)에게 보낸 후 열냥을 빌려 왔다. 이를 본 임상옥은 첫 번째 사람에게는 백냥, 두 번째 사람에게는 이백냥, 세 번째 사람에게는 천냥을 빌려 주고는 일년 후에 갚도록 했다. 일년이 지난 후, 첫 번째와 두 번째 사람은 돈을 갚기 위해 나타났는데 세 번째 사람은 소식이 없었다. 세 번째 사람은 천냥으로 인삼 씨를 사다가 태백산에 뿌린 후 이를 수확해 십만냥의 돈을 가지고 6년 뒤에 나타났다. 이에 대해 임상옥은 첫 번째 사람은 하루 벌어 하루 먹고 살 장사꾼에 불과하고, 두 번째 사람은 때를 볼 줄 아는 상인이나, 세 번째 사람은 인내심과 상업의 근본을 아는 거상이 될 자이기에 그렇게 각각 투자했다고 하였다.

언제부터인가 우리 농업인들은 자신과 가족들이 먹기 위해서가 아닌 시장에 내다 팔기 위해 농산물을 생산하게 됐다. 상업농이 되다 보니 농산물 가격에 민감하게 반응하게 됐고, 일부는 보다 적극적으로 상거래에 직접 뛰어들기도 했다. 그러나, 농산물시장에서는 농업인보다 덩치가 크고 상행위에도 보다 능숙한 농산물 유통업체들이 있어 혼자 힘으로는 손해를 보는 경우가 많다. 이에 산지유통조직을 만들거나 규모를 키우려는 움직임이 활발하게 진행되고 있는데, 혼자 힘으로는 거대 유통 자본에 대항하기가 매우 힘들기 때문이다. 정부도 이러한 사실을 인지하고 산지유통조직을 활성화하기 위해 다양한 정책들을 시행하고 있다.

그럼에도 아직 우리 주변에서 산지유통조직의 성공 사례를 많이 찾아보기 힘들다. 실패 요인 중 가장 시급히 개선돼야 할 과제가 '무임승차'의 문제다. 쉽게 말해 돈을 내고 표를 사서 기차나 버스 등을 타는 도덕적인 사람과 달리 홀로 공짜로 이용하는 얌체족을 일컫는 말인데, 이렇게 신의를 저버리는 농업인들이 산지유통조직화 현장에서 종종 목격되고 있다. 공동출하에는 상대적으로 저급품을 보내고, 개인적으로 고급품만 따로 뽑아내 판매하거나 계약내용을 위반하는 등의 행위로 조직을 망하게 하는 것이다.

이는 앞서 얘기한 임상옥의 관점으로는 첫 번째 장사치가 해당되는 부분일 것이다. 하루 벌어서 하루 먹는 식으로 당장의 이익에만 급급해 상도의(常道義)를 수시로 깨어 버리면, 그 사람의 상업적 성공은 물 건너 간 것으로 보아야 한다. 이에 비해 당장은 별다른 이득이 보이지 않더라도 진득하게 인내심을 가지고 신의를 보이면, 자신이 속한 산지유통조직이 성장해 결과적으로 본인도 큰 이득을 얻을 수 있을 것이다. 이왕 시장에 뛰어든 농업인의 입장에서 제대로 된 '상도'를 펼치는 것이 좋지 않을까.

〈자료: 농민신문, 2010. 10. 15.〉

제1절

기본 개념

1. 농산물과 유통

1) 농산물 특성과 유통의 필요성

농산물 유통을 공부하기에 앞서 농산물이 일반적인 상품과 어떤 차이를 가지는지를 살펴보도록 하자. 자연에서 생산되어 공급되는 농산물은 일반적인 공산품과 다른 특성을 가지는데, 생산의 계절성, 가치에 비해 큰 부피, 높은 부패성, 표준화·등급화의 어려움, 수요와 공급의 비탄력성 등이 해당된다. 먼저 생산의 계절성(seasonality)이란 농산물이 기본적으로 특정 시기에 재배되어 짧은 기간에 시장에 한꺼번에 출하됨을 의미하는 것으로 공장에서 언제든 계속해서 생산되는 공산품과 다른 특성을 가진다. 최근에는 온실재배나 식물공장 등의 기술이 도입되어 농산물 생산의 계절성이 상당 부분 희석되었지만, 여전히 농산물 대부분은 계절적 특성에서 벗어나지 못하고 있다. 계절성을 가진 농산물은 수확철 등의 특정 기간에 집중적으로 공급되어 가격이 급락하는 문제를 일으키는데, 이러한 홍수 출하 문제를 해결하는 것이 농산물 유통의 주요 과제이다.

농산물의 두 번째 특성은 농산물이 가치에 비해 부피가 큰 점이다. 즉, 시장에서 유통되는 농산물의 가격은 그리 높지 않지만, 부피가 커서 농산물을 수송·저장·운송하는 과정에서 공산품보다 상대적으로 높은 비용을 발생시키고 있어, 비용 절감을 위한 유통 노력이 추가로 요구된다. 또한 농산물은 생물(生物)이기에 수확 이후부터 썩기 시작하는 부패성을 가지는데, 산지에서 수확된 농산물이 최종 소비자의 손에 들어갈 때까지 농산물의 부패를 최소화하는 것도 유통이 해야 하는 일이다. 농산물 유통은 가치 대비 큰 부피 문제와 부패성 문제를 해결하기 위해 다양한 방법들을 적용하고 있다. 예를 들어, 산지에서 다듬기 등의 상품화를 거쳐서 부피를 줄이고, 예냉, 저온저장, 선별, 포장, 수송 등의 수확 후 관리기술(post-harvest technology)[1]을 적용하는 것 등이 해당된다.

농산물의 네 번째 특성은 표준화 또는 등급화의 어려움이다. 자연에서 생산되어 공

---

1 수확 후 관리기술은 농산물을 수확한 다음에 상품성을 높이기 위해 정돈하는 기술들인데, 대표적인 기술인 예냉은 농산물을 저온저장 하기 전에 사전에 농산물의 온도를 낮추는 것으로 저온저장의 효과를 높이기 위한 목적의 기술임.

급되는 농산물은 공장에서 일률적으로 생산되는 공산품과 달리 모두 조금씩 다른 모습과 품질을 가지게 된다. 즉 한 곳에서 한 사람이 재배하여 출하하는 농산물이더라도 크기와 모양, 색깔이 제각각이고 당도나 식감 등의 품질 수준도 다른 특성을 가진다. 이는 농산물을 구매하는 소비자의 입장에서는 어떤 것을 구매할지 고민하게 만드는데, 특히 맛 등의 품질은 직접 먹어보기 전에는 알 수가 없어 구매를 망설이게 만든다. 따라서 농산물 유통은 농산물에 표준화 및 등급화를 도입하여 최대한 공산품처럼 만들어, 소비자나 유통업자들이 보다 쉽게 농산물을 구매하고 거래할 수 있도록 노력하고 있다. 특히 최근 소비자가 직접 농산물을 확인하지 않고 구매하는 온라인 구매가 많은 상황에서 농산물의 표준화 및 등급화의 중요성이 더 커지고 있다.

마지막으로 농산물은 수요와 공급이 공산품에 비해 비탄력적(inelastic)인 특성을 가진다. 이 중 농산물 수요의 비탄력성은 소비자들이 농산물 가격이 오르거나 내리더라도 구매하는 물량을 크게 줄이거나 늘리지 않음을 의미하는데, 생활에 필수적인 상품인 농산물은 항상 일정 물량을 구매하여 섭취하는 특성이 반영된 결과이다. 농산물 공급의 비탄력성은 생산자가 농산물을 재배하기 시작한 다음에는 시장가격이 오르거나 내린다고 해서 생산량을 더 늘리거나 줄일 수 없음을 의미한다. 농산물의 수요·공급 비탄력성은 농산물 수급 불안과 가격 변동성을 확대해 농가의 소득 감소와 소비자의 물가 불안을 야기하기에, 농산물 유통의 주요 과제로 부각되고 있다. 특히, 태풍이나 가뭄 등의 기상재해가 발생하게 되면 농산물 공급이 급격히 줄어들어 가격의 폭등을 야기하고, 풍년으로 공급량이 심하게 증가하면 가격이 폭락하는 문제가 주기적으로 발생하는 상황2에서 농산물의 수급과 가격을 안정시키기 위해 정부를 포함한 유통 참여자들은 농산물 유통의 더 나은 방법을 찾아나가고 있다.

이상과 같은 농산물의 특성으로 인해 농산물 유통은 공산품과 차별화된 관리를 위한 역할들을 수행하게 된다. 물론, 공산품 또한 공장에서 생산된 상품의 효율적인 공급 및 거래 등을 위해 유통의 역할이 중요하지만, 농산물 유통은 생물인 농산물을 다루기에 더 어려운 과제들을 해결해나가고 있다.

---

2 예로부터 생산 농가들은 매년 풍년이 들기를 기원하고 있지만, 실제 풍년이 들어 생산량이 급증하여 소비량을 초과하게 되면 가격이 폭락하여 농가 소득이 줄어드는 상황이 발생하곤 한다. 이를 풍년기근(豊年飢饉) 현상이라고 하여, 이러한 현상을 피하기 위해 매년 적정한 규모의 농산물 생산이 유지되도록 노력하고 있다.

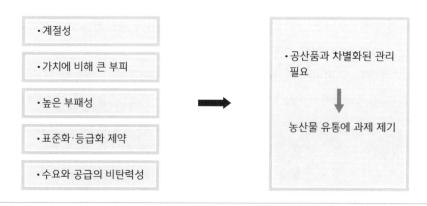

그림 1-1 농산물의 특성과 농산물 유통의 과제

2) 농산물 유통의 개념 및 역할

농산물 유통은 "농산물이 생산자에 의해 수확된 이후 최종 소비자에 도달할 때까지 관여되는 모든 영업활동(business activities)"으로 정의할 수 있는데, 쉽게 말해서 농산물의 생산과 소비를 연결하는 중간다리로 볼 수 있다. 즉 농산물의 생산과 소비 사이에는 장소적, 시간적, 수량적, 품질적 차이가 존재하는데, 이러한 차이를 줄여주는 역할을 하는 것이 바로 농산물 유통인 것이다. 이를 달리 표현하면 농산물 유통이 효용(utility)을 창출한다고 말할 수 있는데, 보다 구체적으로는 농산물 유통이 형태(form)효용, 장소(place)효용, 시간(time)효용, 소유(possession)효용을 창출하여 나름의 역할을 하고 있다.

여기서 형태효용이란 농산물이 유통되는 과정에서 형태(모습)를 바꾸어 부가가치[3]를 높여주는 것으로 농산물을 소비자에게 보다 유용한 상품으로 변환시킴으로써 발생하는 효용이다. 예를 들어, 논에서 수확한 벼를 바로 소비할 수 없기에 산지 미곡종합처리장(RPC)이나 정미소에서 도정을 하여 쌀로 만드는 것이나, 도축한 돼지를 삼겹살로 따로 가공하는 것 등이 해당된다.

다음으로 장소효용은 농산물의 장소를 이동하여 가치를 높이는 것으로 산지에서는 흔해서 가격이 낮은 과일을 도시 소비지로 운송하여 가격을 높게 받을 수 있도록 하는 것이고, 시간효용은 농산물이 수확되어 넘쳐나는 시점에서 저장을 통해 일정 기간 보관

---

3 부가가치(value added)는 어떤 작업을 통해 더해지는 가치임.

하고 있다가 농산물이 귀해지는 시간에 판매를 하여 농산물의 가격(가치)을 높이는 과정에서 발생하는 효용이다.

마지막으로 소유효용은 농산물의 소유권이 이전되는 과정에서 발생하는 효용으로 산지 생산자의 농산물이 도매와 소매 등의 유통과정을 거치면서 몇 번의 소유권이 이전된 다음 최종 소비자가 구매하여 소비하게 되는데, 이를 통해 소비자가 자신이 원하는 농산물을 일일이 개별 농장으로부터 구입하는 대신 시장이나 인터넷 쇼핑몰을 통해 보다 쉽고 편리하게 구할 수 있게 됨으로써 발생하는 효용이다.

이를 다시 정리하면 농민의 손을 떠나 최종 소비자의 손에 이르기까지의 전 과정에서 다양한 효용을 창출하는 것이 바로 농산물 유통인데, 다양한 주체들과 기능들이 서로 복잡하게 연관되어 있어 이를 농산물 유통 시스템(agricultural marketing system)이라고도 부른다. 최근에는 신선 농산물을 포함한 다양한 가공식품 등이 같이 유통됨에 따라 이를 식품 유통 시스템(food marketing system) 또는 농식품 유통 시스템(agro-food marketing system)으로 부르는데, 이를 나타낸 〈그림 1-2〉에서 농산물 흐름의 개략적인 모습을 종합적으로 확인할 수 있다.

한편, 농산물 유통 시스템을 확장한 푸드 시스템(food system)이라는 것도 있는데, 푸드 시스템은 일반적으로 한 국가 내에서 식품이 생산되고 가공 및 유통되어 최종 소비되는 모든 과정을 포괄하는 개념이다. 추가적으로 푸드 시스템와 비슷하지만 상품의 부가가치에 초점을 두는 가치사슬(value chain)이라는 개념도 최근 널리 사용되고 있는데, 이는 뒤에서 더 살펴보도록 하자.

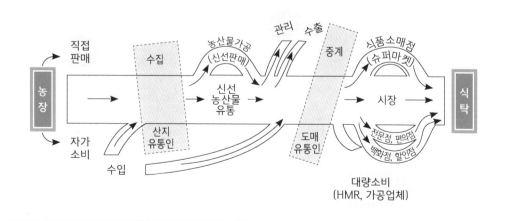

그림 1-2 농산물 유통이 관여하는 농산물 흐름

3) 농산물 유통의 효율성

농산물 유통은 효율성(efficiency)의 극대화를 중요하게 생각하는데, 이는 유통을 위해 투입되는 인적·물적 자원으로 보다 많은 산출물을 만들어내도록 하는 경제학의 기본 목적을 달성하기 위함이다. 투입(input) 대비 산출(output)의 극대화를 이루기 위한 유통 효율성은 크게 경영 효율성(operational efficiency)과 가격 효율성(pricing efficiency)으로 구분되는데, 여기서 경영 효율성이란 산출물에 영향을 주지 않으면서 유통비용을 최대한 절감하는 것을 의미한다. 예를 들어, 소매업체가 무인 셀프 계산대를 도입하여 인건비를 절감하는 경우가 대표적인데, 무인 계산을 위한 기계의 도입 비용보다 계산원의 인건비 절감분이 더 큰 경우 해당 업체의 경영 효율성이 개선되었다고 평가할 수 있다. 일반적으로 경영 효율

그림 1-3 인건비 절감을 위한 셀프 계산대

성을 측정하기 위해 노동생산성 혹은 1시간당 1인 생산량 등의 지표를 이용한다. 한 가지 주의할 점은 유통비용의 절감이 반드시 경영 효율성 증대를 의미하는 것은 아니라는 것인데, 무인 셀프 계산대를 도입하여 인건비를 절감한 소매업체를 이용하는 소비자의 만족도가 하락하여 전체적인 매출이 감소하게 되는 경우에는 결과적으로 경영 효율성이 악화된 것으로 보기 때문이다.

한편, 가격 효율성은 개별 업체가 아닌 전체 경제시스템 측면에서 보는 개념으로 시장 가격이 자원의 효율적 배분을 유도하고 공정하게 형성되는 가격인지의 여부를 따지는 것이다. 즉 시장에서 결정되는 가격이 소비자의 선호를 충분히 반영하고, 사용되는 자원의 부가가치를 증대시키며, 생산자·유통인·소비자의 거래행위를 적절하게 조정하게 되면 가격 효율성이 달성된 것으로 평가하게 된다. 일반적으로 경제학에서는 시장이 완전경쟁구조를 가지면 가격이 가장 효율적이게 되는 것으로 보기에, 독점 또는 과점 시장이 되면 가격 효율성이 저하되는 것으로 평가한다.[4]

---

4 일반적으로 완전경쟁시장이 되기 위한 조건으로는 시장에 참여하는 수요자와 공급자의 수가 매우 많고, 동일한 상품(서비스)이 거래되며, 공급자가 시장에 자유롭게 진입 또는 퇴출할 수 있고, 시장 관련 정보가 수요자와 공급자에게 완전하

유통 효율성의 관점에서는 경영 효율성과 가격 효율성이 모두 극대화되는 것이 바람직하겠지만, 실제 현실에서는 경영 효율성과 가격 효율성이 서로 상충하는 경우가 많다. 예를 들어 특정 유통업체가 유통비용을 획기적으로 줄이면서도 고객의 만족도를 높이는 획기적인 유통기술을 도입하여 경영 효율성을 끌어올리게 되는 경우, 그 업체는 성장하여 시장 지배력을 끌어올리게 된다. 나아가 다른 경쟁업체들을 물리치고 독점적인 위치에 도달할 수도 있는데 이 경우 가격 효율성은 악화될 수밖에 없는 것이다.

2. 푸드 시스템과 가치사슬

1) 푸드 시스템

푸드 시스템(food system)은 "식품의 생산, 수확, 저장, 가공, 포장, 운송, 유통, 소비, 폐기 등 식품 소비와 관련된 일련의 과정" 또는 "농림축수산업인-가공업자-소매업자-소비자로 이어지는 일련의 흐름"으로 정의될 수 있다.[5] 즉, 푸드 시스템은 농업과 식품산업의 상호 관계를 포함한 농식품 산업을 구성하는 각각의 주체들이 서로 주고받는 관계 모두를 포함하는 개념이다. 푸드 시스템의 개념은 범위에 따라 광의와 협의로 구분할 수 있는데, 광의의 푸드 시스템은 식품과 연관된 모든 산업과 식품 생산부터 소비까지의 흐름에 참여하는 모든 경제주체들의 활동 및 상호 관계, 관련 제도와 정책 등을 모두 포함한다. 반면에 협의의 푸드 시스템은 1차 산업인 농림축수산업과 2·3차 산업인 식품산업(식품 가공산업, 외식산업, 식품 유통산업 등), 최종 소비자의 경제적 활동으로 대상을 한정하는데, 농업경제학에서는 협의의 푸드시스템을 대상으로 하고 있어 관련 제도, 정책, 법 등에 대한 논의를 대부분 제외하고 있다.

이와 같은 푸드 시스템을 직관적으로 파악하기 위해서는 〈그림 1-4〉와 같은 그림으로 이해하는 것이 빠르다. 〈그림 1-4〉에서 제시된 푸드 시스템은 국산 및 수입 농림축수산물과 수입 가공식품이 시스템의 원료로 공급되는데, 각 원료들은 선별·포장 등의 단순 가공, 가공식품으로의 식품 가공, 급식 조달 등의 중간단계를 거쳐서 상품화가 된 이후, 최종 소비자에게 다양한 형태로 공급됨을 보여준다.

게 제공되는 등이 있음.
5 최지현 외(2009) 참조.

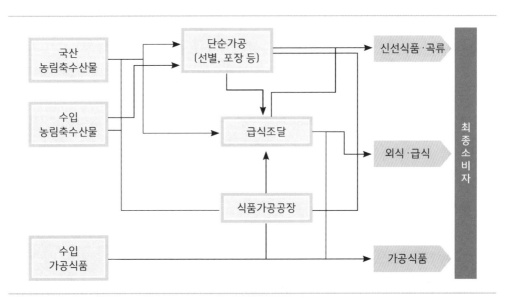

■ 그림 1-4 푸드 시스템의 구조
　　자료: 최지현 외(2009) 일부 수정

　　푸드 시스템을 적용한 연구에서는 푸드 시스템의 각 부문별 규모를 산업연관표 등을 적용하여 산출한 다음, 세부 부문이 전체에서 차지하는 비중이 얼마인지와 이전에 비해 얼마나 증가하거나 감소하였는지를 비교 분석하여 전체 푸드 시스템의 방향성을 가늠하고 시사점을 제시하고 있다. 대표적인 연구 사례가 〈그림 1−5〉에 나와 있는데, 최지현 외(2009) 연구에서는 한국은행이 발표하는 2005년 산업연관표를 바탕으로 우리나라 푸드 시스템을 구성하는 부문별 규모를 각각 산출하여 제시하였다. 내용을 좀 더 살펴보면, 우리나라 푸드 시스템에 공급되는 농축수산물의 규모가 35조 원에 달하고 최종적인 식품의 소비 규모는 121조 원임을 확인할 수 있다. 또한 푸드 시스템에서 차지하는 신선식품, 가공식품, 외식상품의 비중이 시스템 유입단계에서는 각각 36.3%, 53.6%, 10.0%이었지만, 최종 소비단계에서는 13.7%, 42.8%, 43.5%로 차이를 보이는 것으로 나타났다. 본 연구에서는 2000년 산업연관표를 기준으로 한 푸드 시스템 내용도 산출하여 2005년 기준 산출 결과와 비교하여 부문별 증감에 대한 분석 결과도 제시하였다.

2) 가치사슬

　　경영학자인 마이클 포터(M. Porter)가 1980년대에 주장한 가치사슬(value chain)은 기

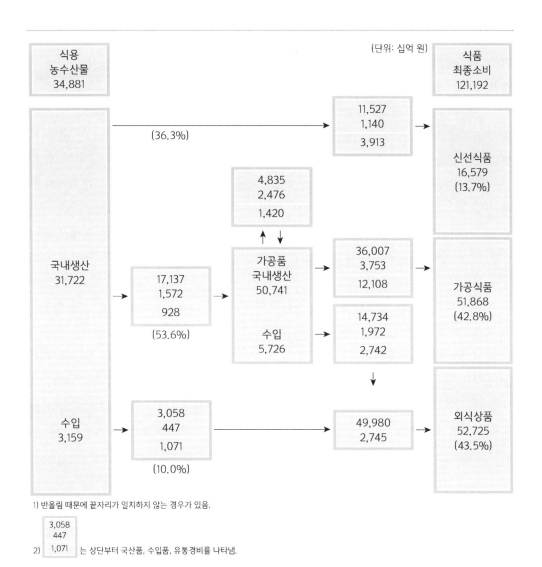

1) 반올림 때문에 끝자리가 일치하지 않는 경우가 있음.

2) ┌─────┐
   │3,058│
   │ 447 │
   │1,071│
   └─────┘ 는 상단부터 국산품, 수입품, 유통경비를 나타냄.

≡ 그림 1-5 푸드 시스템의 구조: 2005년 기준

자료: 최지현 외(2009) 일부 수정

업 활동에서 부가가치가 만들어지는 일련의 연쇄 과정으로 부가가치 창출에 직접 또는
간접적으로 관련되는 모든 활동, 기능, 프로세스의 연관성을 의미한다. 기업 입장에서의
가치사슬이란 기본 원료의 공급에서부터 소비자에게 최종적으로 공급되는 상품·서비스
에 이르기까지 서로 연계된 일련의 부가가치 창출 활동으로 볼 수 있다.

가치사슬은 부가가치의 창출과 관련하여 본원적 활동(primary activities)과 보조 활동
(support activities)으로 구분할 수 있다. 본원적 활동은 부가가치를 직접 만들어내는 활동

으로 상품의 생산, 운송, 마케팅, 판매, 물류, 서비스 등의 업무 활동 등이 해당된다. 한편, 보조 활동은 부가가치가 창출되도록 간접적으로 기여하는 활동으로 생산 기반 시설 지원, R&D, 교육, 조직화, 전문화 등의 활동이 해당된다.

가치사슬을 농산업에 적용한 사례가 〈그림 1-6〉과 같은데, 본원적 활동으로 생산 요소의 투입, 농산물 생산, 선별·포장·저장·가공, 유통, 판매 등이 포함되고, 보조 활동으로 조직화 및 규모화, 마케팅, R&D, 정부 정책 등이 포함되고 있음을 확인할 수 있다. 가치사슬을 적용한 연구들은 해당 산업의 종합적인 전체 부가가치를 증대시키기 위해 개별 부분의 부가가치를 각각 계측한 다음, 해당 부분의 부가가치 증대를 위한 방안을 도출하는 목적을 가진다. 또한, 부문별 활동들이 전체 부가가치 증대를 위해 얼마나 종합적으로 연계되어 있는지를 평가하고 연계 수준을 높이기 위한 방안을 제안하는 목적도 가진다.

1·2·3차 산업이 종합되어 있는 농산업의 가치사슬은 매우 다양한 본원적 활동들로 구성되어 있는데, 농산물 생산을 위한 요소 투입산업부터 농산물 생산업, 농산물 가공 및 유통산업에서 행해지는 활동들이 모두 포함된다. 여기서 가치사슬의 본원적 활동을 생산요소 투입부터 최종 소비자 판매까지 위에서 아래 방향으로 수직으로 나열하게 되면 각 산업이 수직으로 통합(vertical integration)되어 부가가치 창출을 위한 효율성이 높아지는 것을 볼 수 있다. 이를테면, 생산자단체인 농협이 산지유통센터(APC: agricultural

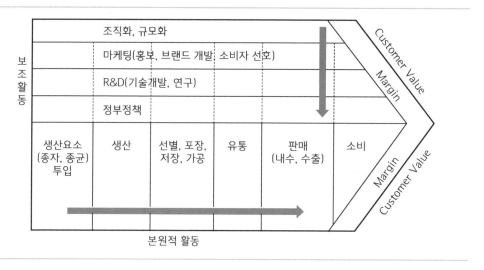

그림 1-6 농산업의 가치사슬
자료: 김연중 외(2010) 일부 수정

processing center)를 설립하여 직접 농산물의 선별과 포장 등의 유통 활동을 하는 사례를 들 수 있는데, 생산단계에서 다음 단계로 진행되는 전방통합(forward integration)이 진행되는 것이다.[6]

수직적 관계에서의 전방통합과 후방통합(backward integration)은 다양하게 적용되는데, 농산물 유통을 산지단계－도매단계－소매단계로 나누는 경우에도 전·후방통합의 개념을 적용할 수 있다. 예를 들어 농산물 소매업자가 도매업자로부터 농산물을 구매하는 대신 도매업체를 직접 인수하여 운영하는 경우 후방통합이 된다.

제2절

농산물 가격

1. 개념과 특성

1) 개념 및 중요성

우리가 매일 접하고 있는 가격의 뜻을 구체적으로 알고 있는 사람은 매우 드문데, 가격의 정의는 "구매자가 상품 또는 서비스의 대가로 판매자에게 지불하는 화폐의 양"이다. 일반적으로 가격은 자원의 효율적인 배분과 기업의 이윤 확대 수단 제공이라는 역할을 담당하고 있는데, 자원의 효율적인 배분 기능은 자원의 가격이 수요와 공급에 따라 결정되기 때문에 발생하는 역할이다. 즉, 특정 자원에 대한 소비가 증가하면 그 자원의 가격이 상승하여 과도한 사용을 억제하여 효율적인 자원 배분에 기여한다는 것인데, 예를 들어 내연기관 자동차의 이용이 늘어나서 석유 수요가 급증한 경우 석유 가격이 상승하게 되어 석유 사용을 줄이고 전기 자동차 등 다른 자원의 이용을 늘리도록 배분을 조정하는 경우가 해당된다.

---

6   수직적 관계에서 발생하는 전방통합과 후방통합을 보다 쉽게 이해하기 위해서는 통합 주체가 최종 소비지를 바라보고 있는 상황을 가정한다. 이때 통합 주체가 최종 소비지를 바라보는 방향으로 통합을 진행하면 전방통합이 되고, 그 반대인 뒤통수 방향으로 통합을 진행하면 후방통합이 된다.

가격은 기업의 이윤 확대를 위한 주요 수단인데, 가격을 어떻게 설정하느냐에 따라 기업 이윤이 증가하거나 감소하기 때문이다. 기업은 자신의 상품이나 서비스에 대한 희망 가격을 자유롭게 설정할 수 있지만, 가격을 너무 높게 설정하면 판매량이 줄어들게 되고 가격을 너무 낮게 설정하면 판매량은 늘어나지만 상품 하나당 이익이 매우 작거나 손해를 보게 된다. 따라서 기업은 자신의 상품이나 서비스에 대한 가격을 소비자가 지불할 수 있는 최대 가격(즉, 가격 설정의 상한선)과 생산 비용 등이 포함된 원가에 해당하는 최저 가격(즉, 가격 설정의 하한선) 사이에서 가장 이득이 되는 수준으로 가격을 결정하는데, 이를 위해 다양한 시장 분석과 마케팅 전략이 적용된다.

2) 농산물 가격의 특성

농산물의 가격은 일반 공산품에 비해 차별적인 특성을 가지는데, 계절성(seasonality)과 불안정성(instability)이다. 가격의 계절성은 앞에서 설명하였던 농산물의 계절적 특성으로 인해 발생하는 가격 특성인데, 농산물이 수확시기에 생산된 물량 대부분이 시장에 쏟아져 들어가고 이후 공급량이 소진되는 계절적인 특성에 따라 수확기에는 공급 과잉으로 인한 가격 하락이 발생하고 이후 다시 가격이 상승하는 주기적인 가격 변동 패턴을 보이는 것을 의미한다. 보다 구체적인 내용이 〈그림 1-7〉과 같이 설명될 수 있는데, 농산물의 성출하기에는 공급량이 수요량을 넘어서는 초과공급이 발생하여 가격 하락이 발생하고, 이후 줄어든 공급량이 수요량보다 작아져서 가격 상승을 일으키는 과정을 확인해보자.

다음으로 가격의 불안정성을 살펴보면 농산물 가격이 수시로 폭등하거나 폭락하여

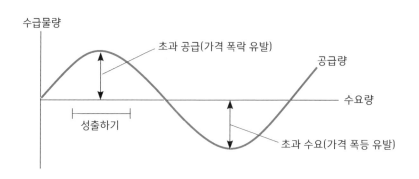

▬ 그림 1-7 농산물 가격의 계절성

안정적이지 못한 특성을 가짐을 의미하는데, 앞서 설명된 농산물의 수요와 공급의 비탄력적인 특성으로 인해 발생한다. 예를 들어 쌀 가격이 2배로 오르는 경우 소비자는 쌀을 아예 먹지 않을 수 없기에 그 이상의 가격을 감수해서라도 쌀을 구매하려고 할 것이고, 생산자는 현재 논에서 재배하고 있는 물량을 갑자기 늘릴 수 없다. 반대로 쌀 가격이 절반 수준으로 내린다고 해서 소비자가 밥을 2배로 먹을 수 없고, 생산자가 산지에서 그냥 폐기하지 않는 이상 시장에 낮은 가격으로라도 팔아야 한다. 더 나아가 농산물의 공급은 기상 조건 등 다양한 불확실성의 영향을 받고 있기에 어떤 돌발 변수가 발생하여 공급의 차질이 생길지 모르는 일이다. 이와 같은 수요와 공급의 불안정성과 생산과정의 불확실성 등으로 인해 농산물 가격은 공산품에 비해 상대적으로 더 불안정한 특성을 가지게 되는 것이다.

한편, 가격 결정(price determination)과 가격 발견(price discovery)에 대한 이해도 필요한데, 가격 결정은 수요와 공급에 따라 시장의 균형가격이 정해지는 과정을 의미하는 것으로 흔히 경제학에서 수요곡선과 공급곡선이 만나는 점에서 가격이 결정되는 것을 뜻한다. 이와 같은 가격 결정이 경제학 이론에서 다뤄지는 내용인 반면, 가격 발견은 유통 현장에서 거래 당사자가 합의하여 가격을 확정하는 것으로 유통 현장에서 진행되는 행위이다. 흔히 판매자가 시장에 내놓은 상품이나 서비스에 대한 가격을 표시하기에 판매자가 가격을 "결정"한다고 하는데, 이는 엄밀하게 보면 잘못된 것이다. 판매자의 표시 가격은 판매자가 받고 싶어하는 가격을 보여주는 것에 불과하고, 그 가격을 구매자가 인정하고 받아들여야지만 진정한 가격이 확정되기 때문이다. 이와 같은 가격 결정과 가격 발견에 대해서 보다 구체적으로 알아보도록 하자.

2. 가격 결정

1) 개념

미시경제학은 수요곡선과 공급곡선이 만나는 균형점에서 결정되는 가격에 대한 메커니즘을 구체적으로 설명하고 있는데, 이를 충분히 이해하기 위해서는 수요곡선과 공급곡선이 무엇인지부터 알 필요가 있다. 먼저 수요곡선은 소비자가 주어진 가격에서 특정 상품을 사고자 하는 양을 표시하는 점들을 이은 선인데, 〈그림 1-8〉의 수요곡선 D에 있는 점 a와 점 d를 보면 이해가 빠를 것이다. 점 a의 좌표는 (Q_{1d}, P_1)인데 이는 특정

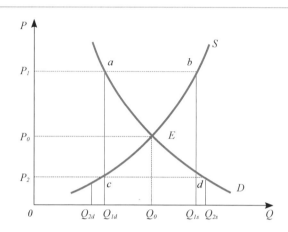

━ **그림 1-8** 수요와 공급에 따른 가격 결정

상품을 구매하려는 소비자가 P_1의 가격일 때 Q_{1d}만큼 구매할 의향이 있음을 뜻한다. 마찬가지로 점 d의 좌표는 (Q_{2s}, P_2)인데 이는 특정 상품을 구매하려는 소비자가 P_2의 가격일 때 Q_{2s}만큼 구매할 의향이 있음을 보여준다. 여기서 점 a와 점 d와 같은 점들을 이은 선이 바로 수요곡선 D인데, 곡선 D가 오른쪽으로 갈수록 아래로 내려가는 우하향(右下向) 곡선의 모습을 가짐을 알 수 있다. 이는 가격이 내려갈수록($P_1 \rightarrow P_2$) 소비자가 더 많이 구매($Q_{1d} \rightarrow Q_{2s}$)하는 수요법칙을 보여주는 것으로 우리가 일반적으로 가격이 싸지면 더 많은 상품을 구매하는 현실이 반영된 것이다. 이를 공급곡선 S에도 그대로 적용할 수 있는데, 특정 상품을 판매하려는 공급자가 주어진 가격 P_2에서 Q_{1d}만큼 판매하려고 하는 것을 보여주는 점 c와 가격 P_1에서 Q_{1s}만큼 판매하려고 하는 점 b와 같은 점을 이은 선이 공급곡선임을 쉽게 이해할 수 있을 것이다. 마찬가지로 공급곡선 S는 오른쪽으로 갈수록 위로 올라가는 우상향(右上向)하는 특성을 가지는데, 이는 공급자가 시장에서 접하는 가격이 높아질수록 보다 많은 양을 팔려고 하는 공급법칙이 반영된 결과이다. 이상의 상황에서 수요곡선 D와 공급곡선 S가 만나는 균형점인 E에서 시장가격이 결정됨을 확인할 수 있는데, 균형점 E에서 왼쪽으로 수평선을 그어서 가격축(세로축)과 만나는 점인 P_0가 시장가격이 된다. 또한, 균형점 E에서 아래로 수직선을 그어서 거래량 축(가로축)과 만나는 점인 Q_0가 시장거래량이 된다.

　추가적으로 시장가격이 P_0에서 P_1로 오른 경우를 가정하여 보자. 이때 주어진 가격 P_1에서 수요곡선과 만나는 점인 a에서 수직으로 내린 선이 거래량축(가로축)과 만나는 점인 Q_{1d}가 소비자들이 주어진 가격에서 사려고 하는 물량임은 이미 알고 있을 것이고, 주어진 가격 P_1에서 공급곡선과 만나는 점인 b에서 수직으로 내린 선이 거래량 축 (가로축)과 만나는 점인 Q_{1s}가 공급자가 시장에서 접하는 가격에서 팔려고 하는 상품의 물량인데, Q_{1s}가 Q_{1d}보다 값이 크다. 즉 P_1에서는 공급량이 수요량보다 많은 경우가 발생하는데, 이처럼 공급량이 시장에서 넘쳐나면 가격 P_1이 수요량과 공급량이 서로 일치하게 되는 P_0 수준까지 떨어지게 된다. 한편, 시장가격이 P_0에서 P_2로 내린 경우는 위에서 설명한 것과 반대의 결과가 발생하여 가격이 오르게 되는데, 각자 그림을 보면서 이해해보기 바란다.

2) 가격과 탄력성

앞에서 이해했듯이 시장가격은 수요와 공급에 의해 결정되는데, 이렇게 결정된 가격은 다시 수요량과 공급량에 영향을 주게 된다. 이를 통해 가격과 수요·공급은 서로 영향을 주고받음을 알 수 있는데, 가격이 변했을 때 수요량 또는 공급량이 어느 정도 변하는지를 계측하는 개념이 탄력성(elasticity)이다. 다시 말해서 수요 또는 공급의 가격 탄력성의 정의는 "가격이 1% 변했을 때 수요량 또는 공급량이 몇 % 변했는지를 나타내는 값"으로 볼 수 있다. 이 중에서 수요 탄력성에 대해서 살펴보면, 수요에 영향을 주는 요인인 해당 상품의 가격(자체가격), 해당 상품과 같이 소비되거나 대신 소비되는 상품의 가격(교차가격), 수요자의 소득에 대한 탄력성 등이 있다.

(1) 수요의 자체가격 탄력성

수요의 자체가격 탄력성(own−price elasticity of demand)은 상품의 자기 가격이 1% 오를 때 수요량이 몇 % 증가 또는 감소하는지를 나타내는 것으로 다음의 수식으로 나타낼 수 있다. 여기서 수식에 있는 $\dfrac{\partial Q_i}{Q_i}$ 또는 $\dfrac{\partial P_i}{P_i}$ 는 각각 수요량과 가격이 몇 % 변화하였는지를 보여주는 변화율인데, 각각 변화하기 전의 값이 분모이고, 실제 변화한 양이 분자이다. 예를 들어, 수요량이 100kg에서 110kg으로 증가한 경우의 $\dfrac{\partial Q_i}{Q_i}$ 는 $\dfrac{(110-100)}{100} = \dfrac{10}{100} = 0.1$의 값이 된다.

이처럼 탄력성에서 수요량과 가격을 군이 복잡하게 변화율로 바꾸어 사용하는 것은 수요량과 가격의 단위가 서로 달라서 하나의 수식에 넣어서 비교하기 어렵기 때문이다. 예를 들어 가격의 단위가 "원"이고, 수요량의 단위가 "kg"이나 "톤(ton)"인 경우를

생각해보라.7

$$수요의 \ 자체가격 \ 탄력성(E_{ii}) = \frac{\dfrac{\partial Q_i}{Q_i}}{\dfrac{\partial P_i}{P_i}} = \frac{P_i}{Q_i} \cdot \frac{\partial Q_i}{\partial P_i}$$

P_i: i 재화의 가격, Q_i: i 재화의 수요량

　　수요의 가격 탄력성 값은 해당 상품의 특성을 반영한다. 예를 들어, 우리가 일반적으로 접하는 정상재(normal goods)의 탄력성 값은 음(−)의 값을 가지는데, 이는 가격이 오를 때 수요량이 줄어듦을 의미한다. 즉, 탄력성 공식에서 분모에 해당하는 가격 변화율이 양(+)의 값일 때 분자에 해당하는 수요량 변화율이 음(−)인 경우이다. 반대로 가격이 오를 때 수요량이 같이 증가하는 경우의 탄력성 값은 분모와 분자 모두 양(+)이 되기에 전체 탄력성의 값이 양(+)으로 나타나는데, 이러한 상품을 기펜재(Giffen's goods)로 정의한다. 우리가 기펜재를 접하는 경우는 많지 않지만 소비자들이 가격이 오르는 상품의 가격이 더 오를 것으로 생각하여 현재 구매를 더 하는 상품으로 한동안 사회적 이슈가 되었던 부동산 가격 등이 해당된다. 한편, 수요의 가격 탄력성 값이 0으로 나오는 경우도 있는데, 이는 가격이 변화해도 수요량의 변동이 없는 상품이다.

　　다음으로 탄력성의 절대값 크기에 따라 해당 상품의 수요가 얼마나 탄력적인지를 판단하는데, 탄력성의 절대값이 1인 경우(분모와 분자의 값이 동일한 경우)에는 가격의 변화율과 수요의 변화율이 동일하여 해당 상품의 탄력성이 단위 탄력적(unit−elastic)이 된다. 예를 들면 가격이 10% 상승하면 정상재의 수요량도 정확히 10% 줄어드는 경우이다. 한편, 탄력성의 절대값이 1보다 크면 해당 상품이 탄력적(elastic)이라고 하는데, 가격이 10% 상승할 때 수요량이 그 이상으로 줄어드는 경우로 소비자들이 가격 변화에 수요를 더 민감하게 늘리거나 줄이는 상품이다. 반대로 탄력성의 절대값이 1보다 작은 경우에는 비탄력적(inelastic)이라고 하는데, 이는 상품의 가격이 오르거나 내려도 수요량의 반응이 상대적으로 작게 나타나는 경우이다.

　　농산물 수요의 자체가격 탄력성의 값은 대체로 1보다 작게 계측되는데, 이는 우리

7　추가로 수요의 자체가격 탄력성의 수식에서 가격 변화율을 분모에 두고, 수요량의 변화율을 분자에 두는 이유도 한번 생각해보기 바란다. 이는 탄력성 공식이 수요량 변화율을 가격 변화율로 나눔을 의미하는데, 이를 통해 가격이 1% 변화할 때 수요량이 몇 % 변화하는지를 수치로 나타낼 수 있기 때문이다.

가 앞에서 배운 농산물의 비탄력적 수요 특성이 반영된 결과이다. 또한 동일한 농산물임에도 수요의 자체가격 탄력성이 유통단계에 따라 값이 다른데, 일반적으로 소매단계에 비해 산지단계에서 가격 탄력성이 상대적으로 더 비탄력적인 모습을 보인다. 이와 같은 농산물의 탄력성 특성은 서로 대체가 가능한 다양한 농산물들이 모여 있는 소매단계보다는 해당 농산물만 있는 산지에서의 상품 간 대체 가능성이 낮아져 구매자의 선택권이 줄어들기 때문이다.

(2) 수요의 교차가격 탄력성

수요의 교차가격 탄력성(cross-price elasticity of demand)은 소비자가 시장에서 구매하려는 상품과 다른 상품을 같이 고려할 때 적용되는 개념이다. 즉 해당 상품과 대체 또는 보완적인 관계에 있는 상품 가격이 1% 변화할 때 해당 상품의 수요량이 몇 % 변화하는지를 나타내는 개념으로 다음의 수식으로 정의된다.

$$수요의\ 교차가격\ 탄력성(E_{ij}) = \frac{\frac{\partial Q_j}{Q_j}}{\frac{\partial P_i}{P_i}} = \frac{P_i}{Q_j} \cdot \frac{\partial Q_j}{\partial P_i}$$

$$P_i: i\ 재화의\ 가격,\ Q_j: j\ 재화의\ 수요량\ (i \neq j)$$

자체가격 탄력성과 마찬가지로 교차가격 탄력성도 그 값에 따라 상품 간의 관계를 판단할 수 있는데, 탄력성의 값이 0보다 큰 경우는 대체재(substitutional goods)의 관계로 해당 상품(i 재화)의 가격이 상승(하락)할 경우, 비교되는 상품(j 재화)의 수요량이 증가(감소)함을 의미한다. 일례로, 사과의 가격이 오르면 소비자들은 사과 수요를 줄이는 대신 대체품인 배의 수요를 늘리는데, 이를 수식으로 보면 분모와 분자의 값이 모두 양(+)의 값이 되어 탄력성 값도 0보다 커지게 된다. 반면에 탄력성의 값이 0보다 작은 경우는 해당 상품(i 재화)의 가격이 상승(하락)할 때 비교되는 상품(j 재화)의 수요량이 감소(증가)함을 의미하여, 두 상품이 보완재(complementary goods)의 관계에 있다. 예를 들어 우리 대부분이 삼겹살을 상추에 싸서 먹는데, 삼겹살 가격이 증가하여 삼겹살 소비가 줄어들게 되면 상추 소비도 같이 줄어들게 되는 상황이 해당된다. 이와 같은 보완재들은 하나의 상품 가격이 상승하면 다른 상품들의 수요가 같이 감소하기에 교차가격 탄력성이 자체가격 탄력성처럼 0보다 작은 값을 가지게 되는 것이다.

한편, 교차가격 탄력성 값이 0인 경우도 있는데, 이 경우는 상품의 가격이 상승(하락)하여도 분자인 수요량의 변화가 전혀 없는 경우로 독립재(independent goods)로 지칭한다. 즉, 다른 상품의 가격 변화가 해당 상품의 수요량에 아무런 영향을 주지 못하는 것으로 대체 또는 보완 관계가 전혀 없는 경우이다. 추가적으로 자체가격 탄력성과 같이 교차가격 탄력성도 절대값이 1보다 크거나 작은지의 여부에 따라 탄력적, 단위 탄력적, 비탄력적으로 구분된다.

(3) 수요의 소득탄력성과 지출탄력성

수요의 소득탄력성(income elasticity of demand)은 소득이 1% 변화할 때 수요량이 몇 % 변화하는가를 보여주는 것으로 다음의 수식으로 값을 계측할 수 있다.

$$\text{수요의 소득탄력성}(E_Y) = \frac{\frac{\partial Q}{Q}}{\frac{\partial Y}{Y}} = \frac{Y}{Q} \cdot \frac{\partial Q}{\partial Y}$$

$$Y: \text{소득}$$

소득탄력성의 값은 일반적으로 0보다 큰데, 대부분의 소비자는 자신의 소득이 오르면 상품의 소비를 늘리기 때문이다. 이러한 상품이나 서비스를 정상재(normal goods)라고 하며, 소득탄력성 값이 0보다 작은 재화는 소득이 증가할수록 소비를 줄이는 경우로 열등재(inferior goods)로 부른다. 식품에서의 정상재와 열등재의 예시는 많은데, 쇠고기와 라면이 대표적이다.

소득탄력성은 소득 변화율에 대한 소비량 변화율인데, 이 중 소득변화에 대한 통계자료는 쉽게 구할 수 있지만 소비량 변화에 대한 통계자료는 구하기 쉽지 않다. 이에 따라 소득탄력성 대신 지출탄력성(expenditure elasticity)을 사용하는 경우가 많은데, 총지출액 변화율에 대한 특정 품목에 대한 지출액 변화율을 적용하여 다음 수식으로 정의된다.

$$\text{수요의 지출탄력성} = \frac{\frac{\partial(EP_i)}{EP_i}}{\frac{\partial(TEP)}{TEP}}$$

$$EP_i: i \text{ 재화의 지출액}, \quad TEP: \text{총 지출액}$$

지출탄력성은 소득탄력성에 비해 값이 크게 계측되는데, 이는 고소득층일수록 한 번에 가격이 비싼 고가품목을 많이 구매하기 때문이다. 즉, i 재화의 지출액은 i 재화의 가격에 소비량을 곱한 것($EP_i = P_i \times Q_i$)인데, 고소득층들의 가격 또는 소비량의 값이 커짐이 반영되기 때문이다.

3. 가격 발견

1) 개념

경제이론에서 논의되는 가격 결정과 달리 가격 발견(price discovery)은 유통 현장에서 구매자와 판매자 간의 거래가 성사될 때 가격이 확정되는 것으로, 가격 발견에 대한 이론은 특정 장소 및 시간에서 가격이 어떻게 형성되는지를 다룬다.

현실에서 발생하고 있는 가격 발견의 유형은 다양한데, 개인 간 흥정(individual negotiations), 공식에 의한 가격 발견(for-mula pricing), 집단거래에 의한 가격 발견(collective bargaining), 정부 또는 기업에 의

≡ **그림 1-9** 가격 발견의 현장

한 가격 발견(administered pricing), 위원회에 의한 가격 발견(committee pricing), 공영도매시장에서 주로 사용되는 경매(auction) 및 수의매매에 의한 가격 발견 등이다. 이와 같은 가격 발견들은 유형별로 장단점이 있기에 거래 품목의 종류 및 거래 여건 등에 따라 적절한 가격 발견 방식을 선택하는 것이 중요하다.

2) 가격 발견의 유형

개인 간 흥정을 통한 가격 발견은 농산물의 구매자와 판매자가 서로 흥정하여 가격을 정하는 것으로 가장 기본적이며 오래된 방식인데, 전통시장이나 재래시장에서 흔히 발견된다. 개인 간 흥정에 의해 발견된 가격의 공정성은 당사자의 거래기술, 시장정

보, 거래 교섭력(bargaining power),8 신용사회의 수준 정도 등에 따라 정해지고, 다른 가격 발견방식에 비해 시간과 비용이 많이 소요되는 특성을 가진다.

공식에 의한 가격 발견은 특정 공식을 적용하여 가격을 발견하는 것으로 공영도매시장의 기준가격에 일정 금액을 더하거나 원가에 얼마를 추가하는 등의 방식으로 적용된다. 공식에 의한 가격 발견의 경우 별다른 흥정 없이 쉽게 가격을 정하는 장점이 있는 반면, 기준가격 등 공식을 적용하는 기본가격에 대한 대표성이나 신뢰성이 없으면 가격의 역할을 하지 못하는 한계가 있다. 예를 들어, 대형마트가 산지 농가들에게 구매가격을 발견할 때 공영도매시장 기준가격을 흔히 적용하는데, 공영도매시장에서 거래되는 농산물의 비중이 줄어들어 기준가격의 대표성이 약화되는 경우가 해당된다.

집단거래에 의한 가격 발견은 개인 간 흥정에 의한 가격 발견에서 거래 교섭력이 취약한 생산자나 소비자가 함께 뭉쳐서 공동판매나 공동구매를 하여 정해지는 가격으로 상대적으로 약한 거래 교섭력으로 인한 피해를 줄이는 방편으로 활용된다. 다만, 이 경우 집단을 형성하는 생산자나 소비자가 개별 일탈행위를 하면 집단거래가 깨지는 문제가 발생하는데, 이를 무임승차자(free-rider) 문제라고 한다.9

정부나 기업이 가격을 정하여 발견되는 방식은 관리가격으로 불리기도 한다. 정부의 관리가격은 시장의 수급 등 상황과 관계없이 정책적인 목적으로 가격을 정하는 것으로 쌀 농가의 소득 보전을 위한 쌀 수매가격 사례가 대표적이다. 정부의 가격 발견은 시장에 직접 개입하기에 시장 교란을 초래한다는 비판을 받아서 갈수록 적용하기 어려워지고 있다. 한편, 기업이 수요·공급과 관계없이 가격을 독자적으로 정하는 경우도 있는데, 독과점 위치에서 시장 지배력을 가지고 있는 경우에 가능하다. 기업의 가격 발견은 주로 제품 생산비용에 일정 이윤을 더하여 진행되는데, 이를 마크업 가격 발견(mark-up pricing)이라고 한다.

위원회에 의한 가격 발견은 가격 발견의 이해당사자인 생산자와 소비자, 정부 및 전문가 등이 참여하는 위원회에서 협의를 통해 가격을 정하는 방식으로 개인 간 흥정이나, 집단거래를 통한 가격 발견보다 발전된 형태로 볼 수 있다. 위원회 가격 발견은 유럽국가에서 많이 진행되고 있는데, 우리나라 농산물 거래에서도 적용을 위한 논의가 지

---

8 거래 교섭력은 거래 협상에서 본인이 원하는 쪽으로 상대방을 이끄는 힘을 의미하는데, 일반적으로 수가 많은 쪽이 상대적으로 약한 교섭력을 가지게 된다. 예를 들어, 100명의 농민이 1명의 소비자에게 농산물을 판매할 경우 자신의 농산물을 경쟁적으로 팔아야 하는 농민의 교섭력이 더 약하게 되는 것이다.
9 무임승차자란 모두가 단합하여 공동의 이익을 창출하려고 할 때, 나 혼자 다른 행위를 하여 이득을 보는 것이다. 예를 들어, 생산자가 사과를 개당 500원에 팔기로 약속했는데, 혼자서 400원에 파는 사람이 생기면 집단거래가 깨지게 된다.

속되고 있다.

농산물 도매유통의 바탕을 이루고 있는 공영도매시장은 기준가격을 생성하고 있어, 가격 발견 방식이 매우 중요하다. 대표적인 도매시장 가격 발견 방식은 경매와 수의매매로 구분되는데, 경매는 판매자와 구매자 사이에 경매사가 개입하여 가격을 발견하는 방식이고 수의매매는 판매자와 구매자가 1:1로 직접 흥정을 통해 가격을 발견하는 방식이다.[10]

제3절
유통경로와 유통마진

1. 유통경로

1) 개념

유통경로(marketing channel)는 농산물이 산지 생산자로부터 최종 소비자에 도달하는 과정인데, 일례로 비닐하우스에서 수확된 딸기가 도매상인과 소매상인 등을 거쳐서 소비자의 손에 들어가는 과정을 들 수 있다. 유통경로는 산지단계, 도매단계, 소매단계 등의 유통단계(channel level)를 거치게 되는데, 이러한 유통단계가 많아지면 유통경로의 길이가 길어진다고 말한다.

유통경로의 길이를 결정하는 요인들은 다음 〈표 1-1〉과 같이 정리될 수 있는데, 거래되는 상품의 특성, 수요와 공급의 특성에 따라 유통경로가 길어지거나 짧아지는 것을 확인할 수 있다. 상품의 특성에 따른 요인을 보면, 상품이 서로 비슷하여 차별화되지 않거나 무게가 적게 나가는 경우, 크기가 작거나 부패 가능성이 낮은 경우, 적용된 기술이 단순한 경우에는 더욱 많은 유통단계를 거치는 경향이 있기에 유통경로의 길이가 길어지는 경우가 많다. 한편 수요의 특성에서 한 번에 구매하는 단위가 작거나 규칙적이고 자주 구매하는 경우, 구매자가 많거나 지역적으로 분산된 경우에 유통경로의 길이가 길어지게 되고, 공급의 특성에서 생산자가 많거나 지역적으로 분산되어 있는 경우에도

10 경매와 수의매매에 대한 보다 구체적인 내용은 2장 1절의 "시장거래와 시장 외 거래"에서 자세히 설명할 것이다.

표 1-1 유통경로 길이의 결정 요인

기준	경로 길이 확대	경로 길이 축소
상품	동질적 특성 가벼운 무게 작은 크기 낮은 부패 가능성 단순한 기술 적용	이질적 특성 무거운 무게 큰 크기 높은 부패 가능성 복잡한 기술 적용
수요	작은 단위 구매량 높고 규칙적인 구매빈도 많은 구매자 지역적으로 분산된 구매자	큰 단위 구매량 낮고 불규칙적인 구매빈도 적은 구매자 지역적으로 집중된 구매자
공급	많은 생산자 지역적으로 분산된 생산자	적은 생산자 지역적으로 집중된 구매자

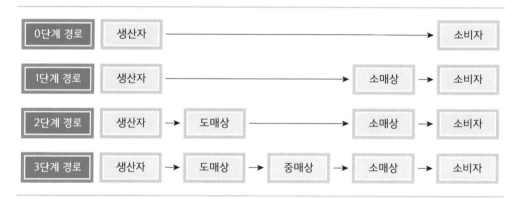

그림 1-10 유통경로의 유형

다수의 유통 주체들의 손을 거쳐서 여러 단계의 수집을 거치게 되기에 유통경로가 길어지게 된다.

2) 유형 분석

앞에서 설명한 유통경로의 길이 결정 요인 등에 따라 다양한 유통경로가 생겨나는데, 생산자와 소비자 사이에 중간 유통단계가 하나도 없는 0단계부터 하나의 유통단계가 있는 1단계, 여러 유통단계가 개입하는 다단계의 유통경로가 발생한다. 농산물 거래가 처음 시작된 시기에는 생산자와 소비자가 직접 만나서 거래를 하는 직거래인 0단계의 유통경로가 일반적이었지만, 이후 여러 단계의 유통단계들이 생겨나서 수집, 중계, 분산 등의 역할들을 각각 수행하게 된다.

이러한 유통단계는 필요에 따라 생겨나거나 다시 사라지기도 하기에 오늘날에는 하나의 농산물에도 여러 유형의 유통경로가 같이 작동하고 있다. 예를 들면, 논에서 생산된 쌀의 경우 도매상, 중매상, 소매상을 거치는 3단계 경로를 통해 유통되는 동시에 산지 농가가 도시 소비자에게 직접 판매하는 0단계 경로도 활용되고 있다. 여기서 쌀의 3단계 경로와 0단계 경로는 서로 경쟁하게 되는데, 생산자와 소비자가 쌀이 여러 단계의 유통경로를 통하는 것보다 직거래하는 것이 더 좋다고 생각하여 0단계 유통경로만 사용하게 되면 3단계 경로는 경쟁에서 뒤처져서 자연스럽게 사라지게 된다.

일반적으로 농산물의 유통경로는 하나만 존재하는 것보다 여러 경로가 동시에 작동하여 서로 치열하게 경쟁하도록 하는 것이 생산자나 소비자에게 유리하기에, 정부는 가능한 많은 유통경로가 생성되도록 지원한다. 이에 따라 하나의 농산물에도 다양한 유통경로가 생겨나는데, 〈그림 1-11〉의 청과물 유통경로가 대표적이다. 그림을 보면 산지 농가가 생산한 채소나 과일이 산지 단계에 있는 산지 농협이나 수집상, 도매단계의 도매시장 상인, 소매단계의 여러 소매상과 관련 업체들을 거쳐서 유통되는 것을 볼 수 있는데, 산지 농가가 대형할인점이나 외식업체와 직접 거래하거나 소비자와 직거래하는 유통경로들도 있음을 알 수 있다. 과거에는 우리나라에서 생산되는 대부분의 청과물이 도매시장을 거쳐서 유통되었으나, 최근에는 청과물이 도매시장을 거치지 않고 대형할인점 또는 소비자에게 유통되는 분산유통체계(decentralized marketing system)가 확대되어 유통경로 간 비중이 달라지고 있다.

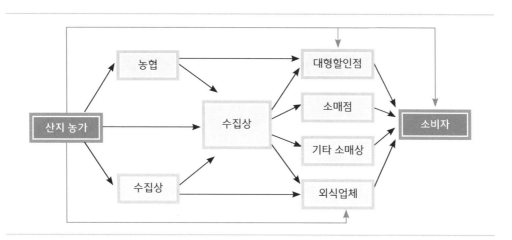

그림 1-11 청과물의 유통경로

2. 유통마진

1) 개념과 계산법

최종 소비자가 지불한 금액에서 생산자의 수취가격을 뺀 것을 유통마진(marketing margin)으로 정의하는데, 유통마진은 농산물의 유통과정에서 발생하는 각종 유통비용(marketing cost)과 유통에 참여하는 유통주체들의 이윤으로 구성된다.

유통마진 = 소비자 지불가격(유통업자 판매가격) – 생산자 수취가격(유통업자 구매가격)
= 유통비용 + 유통업자 이윤

일반적으로 유통마진은 농산물의 최종 소비자의 지불가격에서 생산자의 수취가격의 차이를 의미하지만, 이를 세분하여 단계별 유통마진을 계산하기도 한다. 단계별 유통마진은 다음 단계에 판매하는 가격에서 이전 단계에서 구매한 가격을 뺀 값으로, 도매단계 유통마진의 경우 도매상이 소매단계로 판매하는 가격에서 산지에서 구매해 온 가격을 뺀 값이다.

단계별 유통마진 = 다음 단계에 판매하는 가격 – 이전 단계에서 구매한 가격

한편, 유통마진율(marketing margin ratio)은 유통마진을 소비자 지불가격으로 나눈 값으로 유통마진과 달리 비율(%)로 표시되어 가격의 거래 단위가 서로 다른 상품 간의 비교를 쉽게 하는 장점이 있다. 일반적으로 유통마진 또는 유통마진율이 높은 상품은 유통 서비스가 많이 투입되는 상품인데, 가공이나 저장이 필요한 상품, 수송 거리가 먼 상품, 상품 가치에 비해 부피가 큰 상품 등이 해당된다.

$$유통마진율(\%) = \frac{소비자\ 지불가격(유통업자\ 판매가격) - 생산자\ 수취가격(유통업자\ 구매가격)}{소비자\ 지불가격(유통업자\ 판매가격)} \times 100$$

유통마진과 혼동되기 쉬운 개념으로 마크업(mark-up)이 있는데, 유통업자의 판매가격을 기준으로 하는 유통마진과 달리, 마크업은 유통업자의 구매가격을 기준으로 계산을 하는 차이점을 가진다. 예를 들어 상인이 배추를 포기당 1,000원에 구매하여 1,300원에

판매하는 경우 유통마진은 판매가격(1,300원)에 구매가격(1,000원)을 뺀 값인 300원이 마진이 되는데, 이를 배추 상인이 구매가격인 1,000원에 300원을 마크업하여 판매하는 것으로도 볼 수 있는 것이다. 이 경우, 유통마진과 마크업의 값이 서로 동일하지만, 계산의 출발점이 다른 것에 유의하여야 한다.

유통마진과 마크업의 차이는 이를 비율로 계산하는 유통마진율과 마크업률에서 확연하게 차이가 나게 되는데, 마크업률은 유통마진율과 달리 판매가격과 구매가격의 차이를 구매가격으로 나누게 된다. 앞의 배추 사례를 가지고 유통마진율과 마크업률을 각각 계산하여 보면, 유통마진율은 300원의 마진을 판매가격인 1,300원으로 나눠서 23.1%가 나오고, 마크업률은 300원의 마크업을 구매가격인 1,000원으로 나눠서 30.0%가 나오기에 마진율보다 큰 값이 나오게 된다.

$$\text{마크업률(\%)} = \frac{\text{유통업자 판매가격} - \text{유통업자 구매가격}}{\text{유통업자 구매가격}} \times 100$$

추가로, 유통마진과 관련된 농가 몫(farmer's share)에 대한 개념도 이해할 필요가 있는데, 최종 소비자가 지불하는 총 지출금액에서 차지하는 농가의 총 수취금액 비중을 의미한다. 다시 말해서, 소비자의 총 지출금액에서 유통마진을 제한 금액인 농가 수취금액이 차지하는 비중으로 농가 몫이 클수록 유통마진이 작게 된다. 농가 몫은 전체 모든 품목을 대상으로 계산하거나 특정 품목을 대상으로 계산할 수 있다.

$$\text{농가 몫} = \frac{\text{농가의 총 수취금액}}{\text{소비자의 총 지출금액}}$$

2) 특성과 적용

농산물의 유통마진은 몇 가지 고유한 특성을 가지는데, 첫째, 농산물 가격이 변하여도 유통마진은 단기간에 변화가 없는 모습을 가진다. 이는 농산물 유통에 소요되는 비용이 단기적으로는 일정한 것을 의미하는데, 농산물 가격이 상승하거나 하락하여도 해당 농산물을 저장하거나 운송하는 등에 드는 비용이 크게 변하지 않기 때문이다. 두 번째로는 농산물의 유통마진이 농가 수취가격과 반대로 움직이는 특성을 가진다. 다시 말해서, 농산물의 농가 수취가격이 상승하면 유통마진이 감소하고 농가 수취가격이 하락하면 유통마진이 증가한다는 것인데, 이는 농산물의 농가 수취가격의 상승 및 하락이 농산물 공급량의 감소 및 증가와 연관되어 있기 때문이다. 즉, 그해 작황이 좋아서 농산물 공급이 증가할 경우 농산물의 농가 수취가격은 하락하기 마련인데, 이 경우 소비지로 유통하는 농산물의 물량이 늘어나서 수송이나 저장 등 각종 유통 서비스에 대한 수요가 늘어나서 유통비용이 포함된 유통마진이 증가할 수밖에 없기 때문이다.

한편, 일반인들이 농산물 유통마진에 대해 잘못된 상식을 가지고 있는 경우가 많다. 첫 번째로, 유통마진이 작으면 작을수록 좋다고 생각하는데, 이는 유통마진이 유통 과정에서 추가되는 각종 서비스 비용과 서비스 제공자의 이윤의 합인 것을 생각한다면, 무조건 유통마진이 작은 것이 좋다고 볼 수는 없다. 일례로, 유통마진을 "0"으로 만들기 위해 도시 소비자가 산지에 직접 가서 흙이 묻은 농산물을 구매하는 것보다 마트에서 세척되고 포장이 되어 있는 농산물을 구매하는 것이 더 좋을 수 있다. 두 번째로 유통마진을 줄이기 위해 중간상인을 없애는 것이 좋다는 생각인데, 중간상인들이 각각 담당하고 있는 기능이 필요한 경우 해당 역할을 하는 상인을 없앨 수 없다. 예를 들어, 산지에서 수집된 농산물을 선별하고 소포장하여 판매하는 중간상인을 없애면 해당 단계에서 발생하는 유통마진을 줄일 수 있겠지만, 선별 및 소포장된 농산물은 구매할 수 없게 된다. 세 번째로 유통마진이 증가하면 농가 수취가격이 항상 감소한다는 생각인데, 유통상인보다 농가의 거래 교섭력이 더 큰 경우에는 유통마진이 소비자 가격으로 전가되기에 농가 수취가격이 무조건 감소하지는 않는다. 나아가 중간단계에서 소포장 등을 통해 상품성을 높이고 광고 활동을 통해 수요를 크게 늘리는 경우 유통마진과 소비자 가격이 모두 상승하게 되어 농가수취가격 또한 같이 상승하는 경우도 있다.

농산물 가격에서 차지하는 유통마진을 줄이기 위해 다양한 노력이 진행되고 있는데, 첫 번째로, 농산물 유통비용에서 상당 부분을 차지하고 있는 인건비를 줄이고 있다. 즉 물류 기계화를 확대하거나, 매장 판매 인원을 줄이고 무인 판매시스템을 도입하는 등 인건비를 최소화하면 유통마진을 크게 줄일 수 있다. 두 번째로, 불필요한 중간 유통 기능을 없애는 방식으로 유통비용을 줄일 수 있다. 예를 들어, 소비지 대형소매점의 경우 도매시장에서 필요한 농산물을 구매하는 대신 직접 산지에 가서 농산물을 구매해오면 도매유통단계를 건너뛰어 유통마진을 줄일 수 있게 된다. 세 번째로, 유통의 규모화를 통해 비용을 절감할 수 있다. 특히 우리나라 농산물의 유통 상인들은 일부를 제외하고는 대부분 영세하여 효율성이 떨어지는데, 해당 상인들끼리 뭉쳐서 규모화를 진행하면 유통마진을 상당 부분 줄일 수 있다.

제4절

유통기능과 유통주체

1. 유통기능

1) 상적기능과 물적기능

농산물 유통이 담당하는 기능은 크게 상적기능과 물적기능으로 구분되는데 이를 각각 상류(商流)와 물류(物流)로 부르기도 한다. 또한 유통의 조성기능도 있는데, 이는 유통의 상류와 물류가 더 효율적으로 작동되도록 지원하는 기능으로 뒤에 더 자세히 알아보도록 하자. 상류와 물류의 흐름은 반대로 움직이는데 물류는 산지에서 수확된 농산물이 도매와 소매를 거쳐서 최종 소비자에게로 흘러가는 대신, 상류는 최종 소비자의 지갑에서 나온 돈이 소매와 도매를 거쳐서 산지 농가에 흘러가기 때문이다. 또한, 과거에는 농산물을 건네주고 돈을 바로 받는 이른바 상물일체(商物一體)형 유통이 대부분이었으나, 현재는 거래를 통해 대금을 먼저 주고 농산물은 따로 받는 상물분리(商物分離)형 유통이 늘어나고 있다. 특히, 온라인을 통한 전자상거래의 경우 돈을 먼저 주고 상품을 나중에 받는 전형적인 상물분리 유통인데, 상물분리형 유통이 가능하기 위해서는 농산물을 직접 보지 않고 가격을 매길 수 있는 표준화와 등급화, 거래에 대한 신용 시스템 등이 충분히 발달하여야 한다.

상적기능은 상품의 소유권 이전과 관련되는 구매 및 판매기능을 지칭하는 것으로 상품의 교환기능 또는 소유권 이전 기능으로도 불린다. 구매기능은 구매 필요 여부의 결정, 구매 품목의 선택, 구매품의 품질 및 수량 결정, 구매 가격·지불 조건과 상품 인도시기 논의, 소유권 이전 등의 과정을 거치게 되는데, 이러한 사항들에 대한 면밀한 검토 및 협의가 요구된다. 한편 판매기능은 판매장소의 선택, 상품의 진열 방식, 판매 단위와 규격, 판매 가격 등에 관한 결정이 수반된다. 농산물의 소유권 이전은 상호 대화나 서면 등으로 진행되는데, 최근에는 정보통신기술(ICT)의 발달로 다양한 방식이 적용된다. 특히 인터넷을 통한 온라인 거래 비중이 증가함에 따라 시간과 장소의 제약 없이 상적유통이 진행되어 유통주체 간 경쟁이 더욱 확대되고 있다.

물적기능은 상품의 이동과 관련된 기능으로 상적기능이 돈과 관련된 기능이라면 물적기능은 물건과 관련된 기능으로 이해하면 된다. 물적기능은 산지에서 생산된 농산물을 소비지까지 보내는 과정에서 개입되는 가공, 포장, 저장, 수송, 상·하역 등이 모두 포함된다. 여기서 가공기능은 상품의 형태를 변화시켜 부가가치[11]를 증대시키는 기능이고, 포장기능은 상품의 품질 저하를 막기 위해 종이상자 등을 이용하여 포장하는 기능이다. 저장기능은 상품이 소비될 때까지 소요되는 시간적 공백을 메워주는 기능인데, 수확기에 홍수 출하되어 가격이 급락하였다가 다시 상승하는 패턴을 가진 농산물이 제값을 받도록 하는 기능이다. 수송기능은 산지와 소비지 사이의 공간적 차이를 극복하는 기능으로 산지에 많이 있어 값이 싼 농산물을 도시로 보내어 비싸게 팔리도록 하는데, 화물차, 철도, 선박, 항공기 등의 수단을 이용한다. 추가적으로 수송기능과 관련하여 단위화물 적재 시스템(ULS: unit load system)이라는 것이 있는데, 이는 운송물의 중량과 부피에 동일한 단위를 적용하여 운송 효율성을 높이는 시스템으로 흔히 "팔레트"로 불리는 팰릿(pallet)과 컨테이너(container) 등을 이용하여 적용되고 있다.[12] 마지막으로 상·하역 기능은 상품을 수송수단에 싣거나 내리는 기능으로 사람이 직접 하던 것을 지게차 등 기계를 이용하여 인건비 등의 유통비용을 줄여나가고 있다.

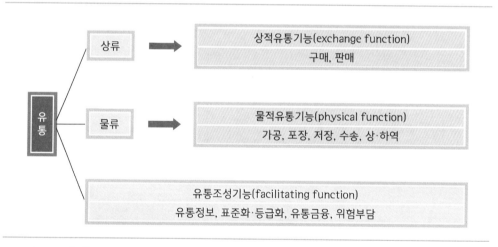

그림 1-12 농산물 유통의 기능

---

11 부가가치(value added)는 추가로 더해지는 가치로 상품에 특정 작업을 하여 높아진 가치를 말한다. 예를 들어, 쌀 1kg을 5,000원에 사서 떡으로 만들어 15,000원으로 팔게 되면, 그 차액인 10,000원이 부가가치이다.
12 산지에서 수집된 농산물은 트럭, 기차, 선박, 비행기 등의 다양한 수송 수단을 이용하게 되는데, 이때 각 수송수단별로 다른 규격을 가지고 있으면 비효율이 발생하게 된다. 예를 들어, 산지에서 수확된 농산물이 가로 세로 1미터의 포장 상자에 담겨서 트럭에 운송될 경우 트럭의 빈 공간 없이 꽉 채워서 운송될 수 있으나, 이를 또 다른 트럭이나 기차 등에 실을 때에는 자투리 공간이 남아 상자를 모두 싣지 못하는 경우가 발생할 수 있다. 그만큼 운송 효율성이 떨어지게 되는 것이다.

2) 조성기능

유통의 상적기능과 물적기능이 효율적으로 작동되도록 도와주는 기능인 조성기능은 농산물 유통에 참여하는 주체보다는 정부나 민간부문의 관련 기관 또는 업체가 수행하는 기능으로, 유통정보(market Information), 표준화(standardization)·등급화(grading), 유통금융, 위험부담 등이 해당된다.

먼저 유통정보 또는 시장정보(market information)는 농산물 유통 참여자(생산자, 유통인, 소비자 등)의 의사결정에 도움을 주어 이들의 이윤과 유통 효율성을 극대화하기 위한 정보로 공급량 및 수요량, 시장가격 등에 대한 기본적인 정보는 물론 높은 수준으로 가공된 관측정보 등을 포함한다. 생산자는 유통정보를 이용하여 생산 품목, 재배 시기·규모, 판매 시기 및 판매처 등을 결정하고, 유통상인은 거래 품목과 거래량, 거래 시기 등을 결정하기 위해 유통정보를 이용한다. 소비자 또한 유통정보를 활용하여 구매 품목과 구매량, 구매 시기와 장소를 결정하게 된다.

유통정보를 평가하기 위한 기준으로는 적합성, 정확성, 신뢰성, 신속성(시의적절성), 편리성, 형평성, 비밀보장성 등이 있는데, 이러한 기준들을 각각 충족하여야만 우수한 유통정보로 인정받을 수 있다. 먼저 적합성은 이용자가 원하는 정보가 무엇인지 구체적으로 파악하여 해당 정보를 제공하여야 한다는 것이고, 정확성은 정보가 수집·가공·분산되는 과정에서 왜곡이나 오류가 없이 정확해야 한다는 것이며, 신뢰성은 제공되는 정보의 근거나 입증자료가 충분하고 객관적으로 생산되어 믿을 수 있어야 한다는 것이다. 신속성 또는 시의적절성은 정보가 필요한 시기에 빨리 제공되어야 한다는 것이고, 편리성은 이용자가 정보를 쉽게 사용할 수 있어야 한다는 것이며, 형평성은 정보가 필요로 하는 사람 모두에게 동등하게 제공되어야 한다는 것이다. 마지막으로 비밀보장성은 정보를 수입하는 과정에서 개인정보 등이 공개되지 않아야 함을 의미한다.

한편, 유통정보를 수집·가공·분산하는 주체는 공공기구(public sector)와 민간기구(private sector)로 구분되는데, 연구기관 등의 공공기구는 공익적 목적으로 유통정보를 다루는 것에 반해 민간기구는 유통정보를 판매하여 수익을 창출한다.

표준화와 등급화는 개별 농산물이 서로 다른 품질을 가진 문제에 대응하기 위한 것으로 한 곳에서 생산된 농산물이더라도 크기와 모양, 색깔과 맛 등이 제각각 달라 유통과정에서 어려움을 겪는 문제를 줄이기 위한 기능이다. 표준화는 농산물의 유통부문(포장, 등급, 운송, 저장, 정보 등)별 공통 기준을 정하는 것이고, 등급화는 농산물을 품질 속성에 따라 그룹으로 나누어 묶는 것으로 유통 효율성 증진에 기여하게 된다. 특히 등

▬ 표 1-2 유통정보의 평가 기준

구분	평가 기준
적합성	정보 이용자의 요구를 충분히 반영
정확성	정보 수집·가공·분석에서 임의의 왜곡이나 실수 또는 오류 배제
신뢰성	정보에 대한 객관적인 근거와 입증 자료 확보
신속성(시의적절성)	정보 이용자가 원하는 시기에 신속하게 전달
편리성	정보에 접근하고 이용하기에 편리
형평성	정보를 원하는 누구에게나 공평한 정보 제공
비밀보장성	정보 수집 대상의 익명성 보장

급화는 소비자나 거래 당사자들이 해당 농산물의 품질 수준을 쉽고 객관적으로 알 수 있도록 하여, 고품질 농산물을 생산하는 농가가 더욱 높은 가격을 받을 수 있도록 하고, 유통인의 거래를 보다 쉽게 하며, 소비자가 자기 수요에 맞는 품질을 선택할 수 있도록 한다.

유통금융은 유통 활동에 필요한 자금을 융통하여 주는 기능으로 상류나 물류에서 필요한 자금을 보다 쉽게 구할 수 있게 하는 기능이다. 농산물에서의 유통금융은 자금 지원 주체에 따라 정부의 정책자금지원과 민간의 일반금융으로 구분할 수 있는데, 정부는 유통에 참여하는 생산자와 유통상인 등에 필요한 자금을 빌려주는 융자사업을 다양하게 진행하고 있다. 반면 민간부문의 일반금융은 농협은행을 포함한 금융권의 금융상품과 상인·민간 대부업자의 비제도권 금융으로 나눌 수 있는데, 농산물의 유통 현장에서는 비제도권 금융의 비중이 상당한 편이다.

위험부담은 농산물의 유통과정에서 발생할 수 있는 각종 위험(risk)이 현실화될 때 발생하는 손실을 부담해 주는 기능으로 보험 등이 해당된다. 농산물 유통에서의 위험은 크게 물리적 위험과 경제적 위험으로 구분되는데, 물리적 위험은 천재지변이나 인간의 실수로 발생하는 파손이나 부패 등이 해당되고, 경제적 위험은 유통과정에서 발생하는 가격 변동으로 인한 손실 등이다. 물리적 위험에는 손해보험을 통한 위험부담이 가능하고, 경제적 위험에는 정부와 유통 당사자가 참여하는 기금이나 선물시장 등을 통해 대응할 수 있다. 우리나라의 경우 농식품부가 농산물재해보험을 도입하여 농산물 생산단계 위험을 줄이기 위한 노력을 집중하고 있으나, 유통과정에서의 위험부담을 위한 정책 사업은 상대적으로 많지 않다.

2. 유통기구(조직)와 유통기관

1) 개념

농산물의 유통기구(marketing structure) 또는 유통조직(marketing organization)은 농산물이 산지 생산자부터 최종 소비자에 이르기까지 유통되는 과정에서 거치게 되는 모든 유통기관(유통주체)을 아우르는 전체로 정의되는데, 우리나라 농산물의 유통기관이 갈수록 다양해지고 있어 유통기구가 복잡하게 진화하고 있다.

농산물 유통기구는 유통의 주요 기능에 따라 수집기구, 중계기구, 분산기구로 구분되는데, 수집기구는 산지에서 생산된 농산물을 모아서 중계기구로 전달하는 역할을 하기에 산지 유통기관들이 주로 해당되고, 중계기구는 다음 단계의 유통기구로 전달하는 기능을 하는데 도매 유통기관 중 일부가 해당되며,[13] 분산기구는 중계기구로부터 받은 농산물을 여러 유통기관들에게 나눠주는 기능을 하고 도매 및 소매 유통기관들이 해당된다. 다만, 유통의 발전에 따라 하나의 기관이 두 개의 유통기구의 역할을 하는 경우가 나타나고 있는데, 산지에서 직접 수집한 농산물을 소비자에게 분산하는 대형소매점이 대표적이다.

유통기구 또는 유통조직의 일부인 유통기관은 농산물이 유통경로를 통해서 거래되는 과정에 직접 참여하는 유통주체이다. 이들 유통기관은 유통단계에 따라 산지 유통기관(산지유통인(산지수집상), 수집 대리인, 지역 농업협동조합, 영농법인 등), 도매유통기관(도매시장법인, 중도매인, 매매참가인, 시장도매인 등), 소매 유통기관(소매시장 상인, 대형 소매업체 등)으로 유형화되는데, 구체적인 내용은 뒤에 이어서 설명하기로 한다.

추가적으로 농산물 유통에 직접 참여하지 않는 대신 조성기능을 담당하는 유통조성기관도 있는데, 공공기관과 민간기관으로 구분된다. 여기서 공공기관은 다시 정부기관(농림축산식품부, 농산물품질관리원, 수의과학검역원 등)과 관련 기관(한국농수산식품유통공사, 농림수산식품교육문화정보원, 한국농촌경제연구원 등)으로 구분되는데, 농산물 유통의 효율성을 높이기 위한 공공기능을 수행하고 있다. 한편, 민간기관은 유통 관련 서비스를 제공하고 이윤을 창출하는 업체들로 구성되는데, 농산물의 저장이나 운송 서비스를 제공하는 물류업체, 보험상품이나 금융상품을 유통기관에 판매하는 보험·금융업체, 마케팅 분

---

13 농산물 유통 현장에서 중계기능만 전담하는 유통기관이 점차 줄어들고 있는데, 이는 유통기관이 중계와 분산을 병행하는 경우가 늘어나고 있기 때문이다.

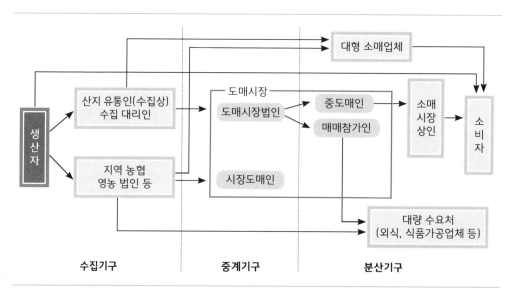

─ 그림 1-13 농산물의 유통기구(조직)

석을 통한 정보 등을 제공하는 조사업체 등이 해당된다. 우리나라의 경우 이전에는 공
공기관의 역할이 매우 컸지만, 유통 조성기능에 대한 시장이 확대됨에 따라 민간기관의
비중이 지속적으로 높아지고 있다.

2) 유통단계별 유통기관

(1) 산지단계

농산물 생산지에 위치하고 있는 산지단계 유통기관은 농가들이 생산한 농산물을
수집하여 일정한 규모의 상품 단위로 만드는 역할을 하는데, 생산자의 규모가 작고 수
가 많아 여기저기 흩어져있을수록 중요도가 높아진다. 산지단계의 대표적인 유통기관으
로는 산지 유통인(수집상), 수집 대리인, 농업협동조합, 영농조합법인, 농업회사법인 등
이 있다.

먼저 산지 수집상으로도 불렸던 산지 유통인은 생산지역을 돌아다니면서 농가에서
농산물을 수집하여 다음 단계 유통기관에 출하하는 역할을 하는 상인인데, 자기가 직접
농사를 지으면서 산지 유통업무를 병행하는 경우도 있다. 산지 유통인은 농가와 포전매
매(圃田賣買) 또는 정전매매(庭前賣買) 등의 방식으로 거래를 하는데, '밭떼기'로도 불리는
포전매매는 농산물을 수확하기 전에 특정 밭을 대상으로 사전에 계약을 하고 선도금 등

을 지불한 다음, 나중에 거기서 수확되는 농산물을 모두 가져가는 거래방식으로 선도거래(先渡去來, forward trading)에 해당된다.14 산지 유통인의 포전매매는 농가가 농사를 지을 때 필요한 자금을 사전에 일부 제공하는 농업 금융의 역할을 하고, 거래가 성사되면 이후 농산물의 가격 변동과 관계없이 협의된 금액을 지급하여 시장 위험(risk)을 농가 대신 떠안는 순기능을 한다. 반면에 일부 산지 유통인이 포전매매 이후 시장가격이 폭락하는 경우 계약을 파기하는 사례도 있는데, 이는 기본적으로 포전매매가 농가와 산지 유통인 간의 개인 거래이기 때문이다. 한편, 정전매매는 말 그대로 농가 집 앞에서 수확된 농산물을 상인이 직접 구매하는 거래방식으로 일반적인 현물거래에 해당된다. 정전매매는 저장성이 상대적으로 높은 고추, 마늘 등에서 많이 진행되어 무, 배추, 양파 등에서 많이 진행되는 포전매매와 차이를 가진다.

수집 대리인은 도매 또는 소매단계 유통기관을 대신하여 산지 수집업무를 하는 유통 상인으로 주로 지방 시장이나 출하 산지에 머물면서 수집 역할을 한다. 수집 대리인은 의뢰업체로부터 고정적인 월급을 받거나 거래에 따른 수수료를 받으면서 수집업무를 대행하는데, 수집되는 농산물을 모아서 전달만 해주기에 산지 유통인 등과 달리 해당 농산물을 직접 사고 파는 소유권 이전 행위를 하지 않는 특성을 가진다.15

농업협동조합, 영농조합법인, 농업회사법인은 산지 유통인이나 수집 대리인과 달리, 생산자 등이 뭉쳐서 직접 수집 및 판매기능을 하는 산지 조직이다. 농업협동조합은 농가들이 조합원이 되어 구성한 협동조합으로 정부가 정책적으로 육성한 조직이고, 영농조합법인 또는 농업회사법인은 민간인이 농가들을 규합하여 만든 경영체인데, 산지에서 담당하고 있는 역할은 비슷하다. 이들 유통기관은 생산자가 생산한 농산물을 수집하여 도매시장에 출하하거나 대형 유통업체에 판매하는 역할을 하고 있는데, 그동안 정부의 지원을 받아 농산물유통센터(RPC, APC) 등을 건립하여 산지 유통의 거점 역할을 하고 있다.16 나아가 여러 지역의 농협이나 영농법인(농업회사법인)끼리 연합하여 조합공동사업법인 사업이나 연합 마케팅사업 등을 통해 산지 유통의 규모화를 진행해나가고 있기도 하다.

---

14 선도거래와 선물거래(先物去來)는 확연히 다른 거래방식인데, 구체적인 내용은 2장 1절 "시장 거래와 시장 외 거래"에서 자세히 설명할 것이다.

15 수집 대리인은 일종의 거간꾼(broker)인데, 부동산 구매자와 판매자를 연결하여 매매를 중개해주고 수수료를 받는 부동산 중개업자(복덕방 업자)를 생각하면 이해가 쉬울 것이다.

16 RPC(rice processing complex)는 미곡종합처리장으로 불리는데, 산지에서 수집된 벼를 건조·도정하여 쌀로 만든 다음 저장 및 포장하여 판매하는 시설이고, APC(agricultural product processing center)는 농산물 산지유통센터로 불리는데, 벼 외의 농산물을 수집·선별·저장·포장하여 판매하는 시설이다.

(2) 도매단계

　중계 및 분산기능을 담당하고 있는 도매단계 유통기관은 농산물 유통의 중간 허리로 정부 정책의 주요 대상이 되어왔다. 도매단계의 유통기관들은 대부분 도매시장 안에서 유통행위를 하고 있는데, 도매시장법인, 중도매인, 매매참가인, 시장도매인 등이 해당된다. 한편 산지에서 도매시장을 경유하지 않고 유통되는 농산물의 비중이 늘어나면서 도매시장 바깥에서 도매단계 유통을 담당하는 유통기관이 생겨나고 있는데, 농산물 종합유통센터가 대표적이다.

　도매시장법인은 산지에서 보내진 농산물을 수탁받아 중계하는 역할을 하고 있는데, 경매와 정가수의매매 방식을 통한다. 경매는 도매법인의 주된 거래방식인데, 법인에 소속된 경매사가 중도매인과 매매참가인을 대상으로 산지에서 출하된 농산물의 경매를 진행하여 최고가를 제시한 중도매인 또는 매매참가인에게 농산물을 넘겨주고 구매 대금을 받은 후, 수수료를 제한 금액을 출하자에게 정산해준다.17 한편 정가수의매매는 도매시장법인이 산지 출하자가 정한 가격으로 도매시장 중도매인(매매참가인)이 구매하도록 연결시켜주는 방식인데, 가격의 급등락이 심한 경매의 단점을 보완하기 위해 최근 진행되고 있는 거래방식이다.

　중도매인은 도매법인이 진행하는 경매에 참여하여 농산물을 구입한 다음, 여기에 일정한 유통마진을 더하여 다음 단계 유통인에게 판매하는 역할을 한다. 기본적으로 중도매인들은 경매나 정가수의매매를 통해 농산물을 확보하는데, 상장예외품목으로 지정된 일부 품목은 도매시장법인을 통하지 않고 직접 산지에서 농산물을 수집하여 유통시킨다.

　중도매인과 같이 경매에 참여하는 매매참가인은 말 그대로 경매에 참가하는 유통인으로 농산물 대량 수요업체(대형할인점과 백화점 등의 대형소매업체, 식품가공업체, 외식업체 등) 직원인 경우가 대부분이다. 이들이 매매참가인으로 경매에 직접 참여하게 되면 중도매인을 통해서 경매에서 낙찰된 농산물을 구매하기는 것보다 유통단계를 한 단계 줄일 수 있어, 보다 낮은 가격에 농산물을 확보할 수 있게 된다.

　시장도매인은 경매를 통하지 않고 산지에서 농산물을 직접 수집하여 다음 유통단계로 넘기는 도매단계 유통기관으로 도매법인과 중도매인의 역할을 한꺼번에 수행하는 특성을 가진다. 산지 수집과 도매가격의 발견, 분산 기능을 모두 수행하는 시장도매인의 거래방식은 경매를 통하는 거래방식에 비해 거래 시간과 유통 효율성을 높이는 장점

17　도매법인은 경매사를 통해 경매를 주관만 할 뿐 직접 산지 농산물을 구매하여 다시 되파는 도매상이 아닌 중개상이다.

을 가지고, 매번 가격이 변하는 경매와 달리 가격 변동폭이 상대적으로 작아 농산물 가격 불안을 일정 부분 줄인다는 평가도 받고 있다. 반면에 산지 출하자와 일대일 개인 거래를 하는 시장도매인의 거래 특성상 거래의 투명성이 떨어져 시장도매인이 발견하는 농산물 가격이 기준가격(대표가격)으로 인정받지 못하는 한계도 가지고 있다.

농산물 종합유통센터는 도매시장을 거치지 않는 농산물 유통의 도매기능을 담당하는 유통기관으로 물류비용을 절감시키고 유통 효율성을 높이는 목적으로 설치되고 있다. 주로 농협이나 대형유통업체가 운영하는 농산물 종합유통센터는 산지에서 수집된 농산물을 모아서 소포장 등의 과정을 거쳐 소매처로 분산하는 기능을 수행하고 있는데, 팰릿과 지게차 등을 이용하여 물류 기계화 수준이 매우 높은 특성을 가지고 있다. 최근 정보통신기술(ICT) 등의 발달로 온라인 거래가 크게 성장하고 있는데, 농산물 종합유통센터가 물류 거점으로서의 역할을 확대해나가고 있기도 하다.

(3) 소매단계

분산기능을 수행하는 소매단계 유통기관은 농산물을 최종 소비자에게 나누어주는 역할을 담당하는데, 소비자의 규모가 작고 수가 많을수록 중요도가 높아진다. 소매단계 유통기관은 최종 소비자를 직접 접하기에 수시로 변화하는 소비 트렌드를 가장 먼저 인지하여 이를 도매와 산지 유통기관에 전달하고 있으며, 산지나 도매단계 유통기관보다 경쟁이 치열하여 끊임없이 새로운 형태로 진화를 거듭하고 있다. 소매단계 유통기관들로는 크게 소매시장 상인과 대형 소매업체로 구분할 수 있는데, 막강한 자본력과 효율적인 시스템을 가진 대형 소매업체의 비중이 높아지고 있다.

소매시장 상인은 소비자를 대상으로 도매단계에서 구매한 농산물을 분산하는 유통기관으로 전통시장 또는 재래시장 상인들이 해당된다. 이들은 자기만의 전문 품목을 가지고 오랜 기간 유통행위를 해왔기에 높은 전문성과 지속적인 거래처를 가지고 있는 경우가 많지만 규모가 작아 유통 효율성이 떨어지는 한계를 가지고 있다.

대형 소매업체는 거대한 자본력을 바탕으로 소매단계 유통을 장악하고 있는데, 백화점, 전문점, 편의점, 할인점 등으로 구분된다. 백화점은 고급 상품을 비싼 가격에 판매하는데 소비자에게 높은 수준의 서비스를 같이 제공하고 있다. 전문점은 특정 상품만 전문적으로 판매하는 곳으로 유기농산물 전문 매장이나 인삼 등 특용작물 전문점 등이 해당된다. 편의점은 24시간 운영을 통해 소비자에게 시간 제약이 없는 판매 서비스를 제공하는 소매업체로 상품 가격이 할인점보다는 비싼 편이다. 할인점은 가격 경쟁에 초점을 두어 상품을 최대한 저렴한 가격에 판매하는 유통기관인데, 식품과 공산품을 같이 판매하는 슈퍼센터(super center)와 그보다 더 큰 규모로 운영되는 하이퍼마켓(hypermarket), 일정 회비를 지불한 회원 소비자만을 대상으로 상품을 저렴하게 판매하는 회원제 창고형 매장 (membership market), 특정 품목에 특화된 전문 할인점인 카테고리 킬러(category killer), 제조·유통업체가 재고상품 등을 매우 싼 가격으로 판매하는 아울렛(outlet) 등으로 구분된다. 우리나라의 할인점은 농산물과 공산품을 같이 판매하는데 양질의 농산물을 저렴하게 판매하여 구매자들을 유인하기 위해 치열한 경쟁을 벌이고 있다.

최근에는 온라인 거래의 발달로 인해 자체 매장 없이 인터넷 쇼핑몰이나 TV 홈쇼핑 등을 통해 농산물을 판매하는 무점포 업체들이 크게 성장하고 있는데, 소비자의 수요(needs)에 발 빠르게 대응하고 가격 경쟁력을 높여 기존 오프라인 대형 소매업체의 입지를 위협하고 있다. 특히 24시간 주문 및 새벽 배송 서비스 등 기존 오프라인 소매업체들의 영역을 뛰어넘는 새로운 서비스를 계속해서 도입하여 소매유통 시스템을 개편해 나가고 있다.

⊙ 참고문헌

최지현 외(2009), 농어업 부가가치의 새로운 창출을 위한 식품산업의 중장기 발전 전략(1/5차
연도), 한국농촌경제연구원.
김연중 외(2010), 주요 농산물의 가치사슬 분석과 성과제고 방안, 한국농촌경제연구원.

⊙ 요약 및 복습

01 농산물 유통은 농산물이 생산자에 의해 수확된 이후 최종 소비자에 도달할 때까지 관여
되는 모든 영업활동(business activities)으로 정의될 수 있는데, 농산물의 생산과 소비
를 연결해 주는 중간다리이다.

02 농산물은 일반적인 공산품과 달리 생산의 계절성, 가치에 비해 큰 부피, 높은 부패성, 표
준화·등급화의 어려움, 수요와 공급의 비탄력성 등의 특성을 가지기에, 공산품보다 어
려운 유통 과제를 부여한다.

03 농산물 유통이 창출하는 효용(utility)으로는 형태(form)효용, 장소(place)효용, 시간(time)
효용, 소유(possession)효용이 있는데, 이를 통해 농산물의 가치를 더 높여주게 된다.

04 유통 효율성(efficiency)의 극대화는 농산물 유통의 주요 목적인데, 경영 효율성(operational
efficiency)과 가격 효율성(pricing efficiency)으로 구분된다.

05 푸드 시스템(food system)은 식품의 생산, 수확, 저장, 가공, 포장, 운송, 유통, 소비, 폐
기 등 식품 소비와 관련된 일련의 과정, 또는 농림축수산업인-가공업자-소매업자-소비
자로 이어지는 일련의 흐름으로 정의되는데, 하나의 전체 체계로 이해될 수 있다.

06 가치사슬(value chain)은 기업 활동에서 부가가치가 만들어지는 일련의 연쇄 과정으로
부가가치 창출에 직접 또는 간접적으로 관련되는 모든 활동, 기능, 프로세스의 연관성을
의미하는데, 본원적 활동(primary activities)과 보조 활동(support activities)으로 구분
된다.

07 농산물 가격은 계절성(seasonality)과 불안정성(instability)이라는 특성을 가진다. 농산
물 유통에서의 가격 결정(price determination)은 수요와 공급조건에 따라 균형가격이
결정됨을 의미하는 것으로 가격 발견(price discovery)과 구분된다. 경제이론을 통해 농
산물의 가격 결정 과정을 분석할 수 있는데, 여기서 농산물의 수요와 공급이 비탄력적
(inelastic)인 것으로 확인된다.

08 가격 발견은 유통 현장에서 구매자와 판매자가 최종적으로 합의하여 거래가 성사될 때
발견되는 가격으로, 개인 간 흥정(individual negotiations), 공식에 의한 가격 발견

(formula pricing), 집단거래에 의한 가격 발견(collective bargaining), 정부 또는 기업에 의한 가격 발견(administered pricing), 위원회에 의한 가격 발견(committee pricing), 공영도매시장에서 주로 사용되는 경매(auction) 및 수의매매에 의한 가격 발견 등으로 구분된다.

09 유통경로(marketing channel)는 농산물이 산지 생산자로부터 최종 소비에 도달하는 과정인데, 상품과 수요·공급의 특성에 따라 유통경로의 길이가 달라진다.

10 유통마진(marketing margin)은 최종 소비자가 지불한 금액에서 생산자의 수취가격을 뺀 것으로 농산물의 유통과정에서 발생하는 각종 유통비용(marketing cost)과 유통에 참여하는 유통주체의 이윤으로 구성된다. 유통마진과 비슷한 개념으로 마크업(mark-up)이 있는데, 유통마진율과 마크업률을 비교하면 그 차이가 확연하게 드러난다.

11 농산물 유통이 수행하는 기능으로는 상적기능(상류(商流), economic role), 물적기능(물류(物流), physical distribution), 조성기능(facilitating functions)이 있는데, 조성기능은 유통의 상적기능과 물적기능이 보다 효율적으로 수행되도록 도와주는 기능이다.

12 농산물의 유통기구(marketing structure) 또는 유통조직(marketing organization)은 농산물이 생산자의 손으로부터 최종 소비자의 손에 이르기까지 거치게 되는 모든 유통기관을 아우르는 전체 조직인데, 크게 농산물 유통의 주요 기능인 수집, 중계, 분산기능에 따라 구분되고 있다.

13 유통기관은 산지, 도매, 소매단계별로 다양하게 분포하여 각자의 역할을 수행하고 있는데, 산지단계의 유통기관으로는 산지 유통인(수집상), 수집 대리인, 농업협동조합, 영농조합법인, 농업회사법인 등이 있고, 도매단계 유통기관으로는 도매시장법인, 중도매인, 매매참가인, 시장도매인, 농산물 종합유통센터 등이 있으며, 소매단계 유통기관으로는 소매시장 상인과 대형 소매업체 등이 있다. 특히 소매단계 유통기관 중 대형소매업체들은 지속적으로 진화해나가고 있는데, 백화점, 전문점, 편의점, 할인점 등으로 구분된다.

● 주요 용어

- 농산물 유통
- 유통 효율성
- 가격 결정과 가격 발견
- 유통기능
- 농산물과 농산물 가격의 특성
- 푸드 시스템
- 유통경로
- 유통기구(조직)
- 농산물 유통의 효용
- 가치사슬
- 유통마진
- 유통기관

○ 학습문제

01 농산물 유통의 정의를 기술하시오.

02 공산품과 차별화되는 농산물의 특성을 구체적으로 설명하시오.

03 농산물 유통이 창출하는 효용이 무엇이고, 어떤 역할을 하는지 기술하시오.

04 유통 효율성의 목적과 유형을 각각 설명하시오.

05 푸드 시스템이 무엇인지 구체적으로 기술하시오.

06 가치사슬의 개념과 구성요소를 각각 설명하시오.

07 농산물 가격의 특성을 설명하고, 가격 결정과 가격 발견의 차이를 기술하시오.

08 농산물 유통에서의 가격 발견 유형을 각각 설명하시오.

09 유통경로의 개념과 유통경로의 길이를 결정하는 요인에 대해 설명하시오.

10 유통마진과 마크업에 대해 각각 설명하시오.

11 농산물 유통기능으로 무엇이 있는지, 구체적으로 기술하시오.

12 농산물의 유통기구(조직)과 유통기관에 대해 각각 설명하시오.

13 유통기관을 유통단계별로 유형화하여 각각 설명하시오.

유통 현장에 대한 이해

이 장에서는 농산물 유통 현장에서 일어나고 있는 일들을 부문별로 살펴보기로 한다. 먼저 농산물 유통거래가 진행되는 시장이 무엇인지 이해하고, 농산물 유통의 근간을 이루는 도매시장에서 진행되는 거래와 도매시장 밖에서 진행되는 거래에 대해 공부하도록 한다. 다음으로 최근 부각되고 있는 전자상거래와 푸드테크에 대해서 살펴보고, 농산물 유통에 참여하는 주요 주체 중의 하나인 협동조합에 대해 알아보도록 한다. 마지막으로 유통 현장에 지대한 영향을 주고 있는 우리나라 농산물 유통정책에 대해 간략하게 살펴보도록 한다. 이 장에서 다루는 내용은 우리나라 농식품 유통 현장에서 실제로 진행되고 있는 일들로 앞에서 배운 유통 기본 이론들이 실제로 어떻게 적용되고 있는지를 염두에 두면서 공부할 필요가 있다.

주요 학습사항

1 농산물 시장은 무엇이며 왜 필요한가?
2 현물거래와 선물거래는 무엇이며, 어떠한 차이를 가지는가?
3 농산물 도매시장은 무엇이며, 어떤 유통주체들이 활동을 하고 있는가?
4 농산물 도매시장을 경유하지 않고 진행되는 유통거래들로는 무엇이 있는가?
5 전자상거래와 푸드테크는 무엇이며, 앞으로 어떻게 발전되어 나갈 것인가?
6 협동조합은 무엇이며, 농산물 유통에서 어떤 역할을 하고 있는가?
7 우리나라 정부는 농산물 유통 발전을 위해 어떠한 정책들을 시행하고 있는가?

농산물 지방도매시장과 4차 산업화

서울 가락시장으로 대표되는 농산물 공영도매시장은 전국에 33개소가 설립돼 산지에서 수집된 농산물의 가격을 발견하고 소매 등의 유통단계를 거쳐 소비자에게 농산물을 분산하는 유통의 길목 역할을 담당한다. 관련 연구를 보면 공영도매시장에서 유통되는 청과물 거래량이 우리나라 청과물 생산량의 절반 이상을 차지하는 것으로 나타나 공영도매시장의 위상이 여전함을 보여준다. 그럼에도 농산물 공영도매시장은 만만하지 않은 임인년(壬寅年)을 맞이했는데 무서운 속도로 달리는 호랑이의 등에 얼결에 올라탄 형국이다.

최근 농산물 유통은 ICT(정보통신기술) 중심의 4차 산업화로 매우 급격한 지각변동을 겪고 있다. 온라인 주문을 통한 새벽배송 플랫폼이 소비자의 주목을 받는가 싶더니 어느새 오프라인 대형 소매업체들의 구조조정과 유통산업 재편의 시발점이 됐고 산지에서 내다 버릴 위기에 처한 농산물이 인플루언서(influencer)의 홍보 몇 번으로 완판되는 사례도 빈발한다. 모든 것이 빠른 속도로 변화하고 있음에도 농산물 도매시장은 예나 지금이나 별로 달라진 것이 없어 보인다.

지방도매시장은 상황이 더 심각한데 다수의 시장에서 본래 역할인 산지수집 기능은 거의 하지 못한 채 가락시장의 농산물을 받아 유통마진을 붙여 판매하는 '전송거래'가 주된 거래방식으로 자리잡았다. 더 나가 시장의 거래물량 자체가 감소해 쇠락의 길을 걷는 지방도매시장들이 양산돼 시장 외부에서 보는 위기감이 높다. 이에 대한 원인은 여러 가지가 있겠지만 기본적으로 지방도매시장을 운영하는 지자체의 역량과 의지가 부족하다는 지적이 많다. 대부분 시장관리는 지자체 공무원이 순환보직의 하나로 잠시 시장관리업무를 맡았다가 다시 떠나는 구조로 돼 있어 별도 지방공사를 설립해 운영하는 도매시장과 확연한 차이를 보인다. 또한 지역에서 힘을 가진 세력들이 시장개선을 위한 정책에 반대해 자기 잇속을 챙기는 일도 있는데 몇몇 지방도매시장에서 추진된 시장이전 또는 거래제도 개선정책이 좌초한 사례가 대표적이다.

문제는 지방도매시장이 스스로 변해 자생력을 갖도록 더 이상 기다려주기 어려워진다는 점이다. 일례로 최근 추진되는 농산물 온라인 거래시스템의 경우 전국에서 생산·수집되는 농산물 경매 등의 도매거래가 오프라인 도매시장이 아닌 온라인 거래소에서 진행되도록 플랫폼이 구축되고 있는데 여기에 지방도매시장이 능동적으로 참여하지 않으면 앞으로 농산물 유통시스템에서 설 자리가 아예 사라져버리게 될 것이다.

새벽배송업체가 사업을 개시한 이후 우리나라 소매유통의 최강자였던 오프라인 대형 할인점들이 적자를 내고 구조조정에 들어가기까지 걸린 기간이 몇 년 되지 않았음을 볼 때 지방도매시장의 생사가 갈리는 시점도 그리 멀리 있지 않을 것으로 생각된다. 이용자에게 존재가치를 인정받지 못하면 한순간에 사라지는 곳이 바로 유통의 현장이기에….

〈자료: 머니투데이, 2022. 2. 4.〉

제1절

시장거래와 시장 외 거래

1. 시장과 거래

1) 시장의 개념과 필요성

시장(market)은 구매자와 판매자가 상품을 거래하는 장소로 정의되는데, 시장이 없으면 상품을 구매하거나 판매하려는 사람들이 상대방을 일일이 찾아다녀야 하는 불편을 겪는다. 시장의 필요성이 〈그림 2−1〉을 통해 쉽게 설명될 수 있는데, 첫 번째 그림처럼 시장이 없는 경우에는 판매자와 구매자가 상품의 판매 또는 구매를 위해 거래가 성사될 때까지 계속해서 상대방을 만나서 거래를 시도하여야 하지만, 두 번째 그림과 같이 시장이 생기면 판매자와 구매자가 시장에 가기만 하면 거래를 하기 위한 상대방을 한 곳에서 만날 수 있게 된다.

시장은 거래 당사자들의 필요로 생겨난 곳이기에 인위적으로 시장 규모를 늘리거나 줄일 수 없고, 시장을 찾는 사람이 많아지거나 줄어들게 되면 시장이 자연스럽게 커

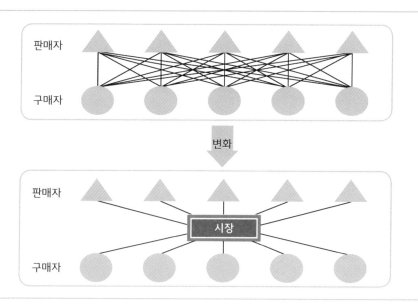

_ 그림 2-1 시장의 필요성과 성립 과정

지거나 작아지게 된다. 따라서 정부가 시장 활성화를 위해 주차장 등 부대 시설을 개선하고 다양한 거래 혜택 등을 제공하더라도 시장을 찾는 사람이 사라지면 시장은 결국 소멸하게 되므로 시장을 살아있는 생물로 비유하기도 한다.

시장은 장소, 주거래 품목, 거래 주기, 유통단계 등에 따라 유형화될 수 있다. 먼저 시장이 위치하는 장소에 따라 농촌시장, 도시시장 등으로 구분되고, 주거래 품목에 따라 양곡시장, 청과물시장, 수산물시장 등으로 구분된다. 거래 주기에 따라 상설시장, 주말시장, 5일장 등으로 구분되고, 유통단계에 따라 산지시장, 도매시장, 소매시장 등으로 구분된다.

표 2-1 시장의 구분과 유형

기준	사례
장소	농촌시장, 도시시장 등
주거래 품목	양곡 시장, 청과물 시장, 수산물 시장 등
거래 주기	상설시장, 주말시장, 5일장 등
유통단계	산지시장, 도매시장, 소매시장 등

농산물 유통에서는 유통단계별 시장에 대한 논의가 많은데, 이는 산지·도매·소매 시장이 농산물의 각 유통단계의 중심적인 역할을 하고 있기 때문이다. 특히 도매시장은 우리나라 농산물 유통의 근간을 이루는 것으로 평가될 정도로 중요한 시장이기에 정부는 도매시장에 관해 다양한 정책들을 시행하고 있다. 물론 대형소매업체의 유통 비중 증가에 따라 산지 농산물이 도매시장을 경유하지 않고 바로 소비지로 유통되는 상황이 확대되고, 온라인 거래를 통해 공영도매시장의 위상이 하락하고 있는 것이 현실이다. 그럼에도 불구하고, 여전히 농산물 거래 물량의 상당 부분이 서울시 가락동 농수산물도매시장과 같은 공영도매시장을 통해서 거래되고 농산물 거래를 위한 대표가격(기준가격)이 형성되고 있어 농산물 유통에서 차지하고 있는 도매시장의 중요성이 높다.

2) 현물거래·선물거래·옵션거래

상품을 거래하는 방식은 크게 현물거래(spot trading), 선물거래(futures trading), 옵션거래(option trading)로 구분되는데, 현물거래는 우리가 일상적으로 접하는 거래방식으로 현시점에서 상품을 바로 사고파는 거래이다. 예를 들어, 시장에 가서 사과를 사는 것이 현물거래인데, 상품을 지금 가져오고 돈을 나중에 주는 외상거래도 현물거래에 포함된다.

선물거래는 미래의 상품을 현재 시점에서 미리 거래하는 것으로 미래 시점의 특정 날짜에 상품과 거래 대금을 주고받을 것을 현시점에서 확약하는 거래방식이다. 이 경우 판매자는 해당 시점이 도래하면 상품을 주어야 하는 의무와 판매 대금을 받을 권리를 가지고, 구매자는 미래에 상품을 받을 권리와 구매 대금을 주어야 하는 의무를 지게 되는 것이다. 선물거래에서 한 단계 더 나아간 거래방식이 옵션거래인데, 선물거래에 계약 파기에 대한 보험기능을 추가한 것으로 미래에 선물거래의 의무를 이행해야 하는 시점이 왔을 때 구매자나 판매자 등 한쪽이 거래 계약을 파기하고 그에 따른 손실 보상을 보험으로 처리하는 거래방식이다. 예를 들어, 선물거래에 참여하는 구매자와 판매자가 6개월 뒤 쌀 1톤을 600만 원에 거래하기로 계약을 체결하였는데, 6개월이 지난 시점에 쌀 가격이 하락하여 쌀 1톤 가격이 500만 원이 된 상황을 가정하여 보자. 선물거래의 구매자는 거래를 통해 100만 원의 손해를 보고 판매자는 100만 원의 이득을 보게 되는데, 옵션거래의 경우 구매자가 거래 계약 파기를 하고 그에 따른 손실 보상을 보험사가 대신하도록 할 수 있다. 즉, 옵션거래는 일정 보험료만 지불하면 거래에 대한 권리만 있고 의무는 면제되기에 보다 활발한 거래가 진행될 수 있다.

농산물의 미래가격은 예측이 상당히 어려워 가격 변동으로 인한 위험 수준이 상당히 높은데, 이를 선물거래로 낮게 된다. 선물거래를 통한 가격 위험의 완화 효과를 보다 정확하게 말하면 가격 위험을 회피하고자 하는 사람의 거래에 위험을 감수하려는 사람이 응하여 가격 위험이 전가되도록 하는 것인데, 여기서 가격 위험을 넘기는 사람을 헤저(hedger)라고 하고 위험을 떠안는 사람을 투기자(speculator)라고 한다. 투기자는 헤저가 제시하는 거래 계약에 응하여 위험에 따른 손실을 여러 번 입을 수 있지만 낮은 확률로 반대 상황이 발생하면 매우 높은 이익을 얻게 되는데, 이를 목적으로 거래에 임하는 사람인 것이다.

보다 구체적인 헷징(hedging) 과정을 사과 농가의 사례로 알아보도록 하자. 사과 과수원을 운영하여 1년에 2,000상자의 사과를 출하하는 생산자가 있다고 가정하자. 사과 농가는 8월 현재 시세가 5,000원인데, 나중에 사과를 수확하여 출하하는 11월에는 시세가 떨어져서 손해를 보는 것이 걱정된다. 이러한 가격 하락에 의한 손해 위험을 회피하기 위해 상자당 5,000원의 선물 매도 계약을 10건(계약 1건당 거래 단위는 100상자로 가정) 체결하였다. 이후 11월이 되어 사과 가격이 4,500원으로 하락한 경우의 상황이 〈표 2-2〉와 같은데, 현물시장에서는 1,000상자의 사과를 4,500원에 판매하여 당초 예상했던 수익인

▬ **표 2-2** 선물거래 사례: 미래가격 하락 경우

	현물시장	선물시장
계약 체결 시점 (8월)	사과 가격: 5,000원/상자	선물 가격(5,000원/상자)으로 계약
계약 이행 시점 (11월)	사과 가격: 4,500원/상자	현물 가격(4,500원/상자)으로 사과 공급
결과	현물 판매수익: 450만 원 (4,500원 × 100상자 × 10건) ⇒ 예상 수익(500만 원)에서 50만 원 하락	선물거래 이익 발생: (5,000원 - 4,500원) × 100상자 × 10건 = 50만 원 차액 이익

▬ **표 2-3** 선물거래 사례: 미래가격 상승 경우

	현물시장	선물시장
계약 체결 시점 (8월)	사과 가격: 5,000원/상자	선물 가격(5,000원/상자)으로 계약
계약 이행 시점 (11월)	사과 가격: 5,500원/상자	현물 가격(5,500원/상자)으로 사과 공급
결과	현물 판매수익: 550만 원 (5,500원 × 100상자 × 10건) ⇒ 예상 수익(500만 원)에서 50만 원 상승	선물거래 손실 발생: (5,000원 - 5,500원) × 100상자 × 10건 = 50만 원 차액 손실

500만 원에서 50만 원이 줄어든 450만 원의 수익을 얻게 된다. 반면 선물시장에서는 상자당 5,000원으로 정해진 계약을 이행하여 500만 원의 수익을 얻게 되는데, 11월 현물 시세보다 높게 판매하게 되어 50만 원의 추가 이익을 얻게 된다. 결과적으로 현물시장에서 발생한 50만 원의 손실을 선물시장에서 상쇄하게 되어 가격 변동에 따른 위험을 없앨 수 있게 되는 것이다.

반대로 사과 가격이 상승한 경우를 〈표 2-3〉을 통해서 살펴볼 수 있다. 앞의 경우와 동일하게 사과 농가가 10건의 선물계약을 5,000원으로 체결하였는데 11월에 사과 가격이 5,500원으로 상승한 경우, 사과 농가는 현물시장에서 50만 원의 추가 수익이 발생하지만 선물시장에서는 50만 원의 손실이 발생하여 결과적으로 가격 변동에 따른 위험이 상쇄된다. 이처럼 미래가격을 정확하게 알 수 없는 사과 농가는 선물시장의 헤징을 이용하여 현물시장의 가격 위험을 상쇄시킬 수 있는데, 현물시장의 손실이나 이익을 100% 상쇄하는 것을 완전 헷징(perfect hedging)이라고 한다.

이상의 내용을 포함한 선물거래의 기능을 정리하면 크게 네 가지가 있는데, 첫째, 앞서 설명하였듯이 미래가격의 불확실성에 따른 위험을 다른 사람(투기자)에게 전가하도록 하는 기능이 있다. 둘째, 미래가격에 대한 예시 기능이다. 선물거래를 통해서 미래에 대한 가격이 형성되는데, 이러한 가격 정보는 현물시장에서 농산물을 거래하는 사람들에게 사전적인 가격 정보를 제공하여 보다 합리적인 의사결정이 되도록 도와준다. 셋째, 재고의 배분 기능인데, 선물거래가 농산물 저장업자들에게 현재 저장하고 있는 농산물의 가격 위험도를 낮추기에 보다 적극적으로 농산물 저장을 할 수 있게 하여 농산물 재고량 배분이 보다 합리적으로 진행되도록 한다. 넷째, 자본 형성 기능인데, 선물거래소가 설립되어 선물거래가 진행되면 이를 위한 자본이 유입되어 새로운 금융시장이 형성되는 것을 말한다.

농산물 선물거래가 가능하기 위해서는 몇 가지 전제조건이 필요하다. 첫 번째로 거래 대상 농산물이 충분히 많이 생산되어 현물시장의 거래 규모가 커야 하고, 두 번째로 농산물의 표준화와 등급화가 완성되어 농산물을 직접 확인하지 않고 거래할 수 있어야 하며, 세 번째로 농산물 가격의 변동성이 충분히 커서 선물거래의 필요성이 있어야 하고, 네 번째로 정부의 시장개입 등으로 인한 인위적인 가격 조정이 없어야 한다.

한편, 농산물 유통 현장에서 산지 유통인 등이 사용하는 선도거래와 선물거래를 혼동하는 사례가 많아 주의가 필요하다. 선도거래와 선물거래 모두 현재 시점에서 계약을 체결한 다음 미래의 특정 시점에서 거래를 이행하는 점에서 같으나, 선도거래는 개인 간의 일대일 거래로 제도적인 관리가 없지만 선물거래는 정부가 허가한 공식 거래소에서 표준화된 조건에 따른 계약을 체결하고 정산소를 통해서 대금을 지급하는 등의 차이가 있다. 그 외에도 선도거래와 선물거래는 여러 차이점이 있는데, 구체적인 내용은 〈표 2-4〉를 참고하도록 하자.

표 2-4 선물거래와 선도거래의 차이점

기준	선물거래	선도거래
거래 장소	공식 거래소	개별 협의장소
거래 조건	표준화된 조건	협의에 따른 다양한 조건
거래 방식	거래소 경유 간접 거래	당사자 간 직접 거래
대금 정산	정산소 보증	개별 신용도에 의존

2. 도매시장 거래

1) 시장 현황

농수산물 도매시장은 산지에서 수집된 농수산물을 소매단계로 분산시키는 시장인데, 관련 법인 「농수산물 유통 및 가격안정에 관한 법률(농안법)」에서는 농수산물도매시장을 "특별시·광역시·특별자치시·특별자치도 또는 시가 양곡류·청과류·화훼류·조수육류(鳥獸肉類)·어류·조개류·갑각류·해조류 및 임산물 등 대통령령으로 정하는 품목의 전부 또는 일부를 도매하게 하기 위하여 제17조에 따라 관할구역에 개설하는 시장"으로 정의하고 있다. 우리나라의 농수산물 도매시장은 정부 투자 여부에 따라 공영도매시장, 일반 법정도매시장, 민영도매시장으로 구분되는데, 그 중 공영도매시장은 중앙정부 및 지방자치단체의 공공투자를 통해 개설된 시장으로 규모와 도매의 중심역할 등에 따라 농식품부(해수부)가 중앙도매시장과 지방도매시장으로 지정한다. 일반 법정도매시장은 지방자치단체가 자체적으로 투자하거나 민간이 건설한 다음 지방자치단체에 기부체납하거나 무상임대계약을 맺어서 개설하는 시장이고, 민영도매시장(유사도매시장)은 민간이 지방차지단체의 허가를 받아서 개설 및 운영을 하는 시장이다.

2020년 기준으로 우리나라 농수산물도매시장은 전국에 49개소가 개설되어 있는데, 그 중 공영도매시장이 33개소로 가장 많고, 일반 법정도매시장과 민영도매시장이 각각 13개소, 3개소이다. 시장별 변화 추이를 보면 공영도매시장은 2000년 23개소였던 것이 2008년에 33개소로 늘어난 이후 현재까지 유지되고 있지만, 일반 법정도매시장은 2000년에는 23개소였던 것이 2020년에는 13개소로 줄어들어 대조를 보인다. 민영도매시장은 2000년 2개소로 개설된 이후 3개소로 증가하였으나 전체 농수산물도매시장에서 차지하는 비중이 매우 작다.

2) 도매시장 거래제도

농산물 도매시장의 거래방식은 크게 경매와 수의매매로 구분되는데, 경매는 도매시장법인이 산지에서 출하된 농산물을 위탁받아 중도매인과 매매참가인을 대상으로 진행하는 거래방식이고, 수의매매는 시장도매인과 상장예외품목[1] 거래 중도매인이 산지

---

1 상장예외품목은 도매시장에서 경매를 통하지 않고 중도매인이 산지에서 직접 수집하여 판매할 수 있도록 허가하는 품목

= 표 2-5 농수산물 도매시장의 유형별 추이

구분		2000	2005	2010	2015	2016	2017	2018	2019	2020
계		48	51	49	48	49	49	49	49	49
공영도매시장		23	32	33	33	33	33	33	33	33
일반법정 도매시장	소계	23	16	13	13	13	13	13	13	13
	청과	9	5	5	5	5	5	5	5	5
	수산	3	3	2	2	2	2	2	2	2
	축산	9	6	4	3	3	3	3	3	3
	양곡	1	1	1	1	1	1	1	1	1
	약용	1	1	1	2	2	2	2	2	2
민영도매시장		2	3	3	3	4	3	3	3	3

주: 민영도매시장은 2000년부터 공식적으로 개설됨.
자료: 농수산물도매시장 통계연보, 연도별

농산물을 매수 또는 위탁받아 다음 단계 유통인에게 판매하는 거래방식이다.[2]

경매와 시장도매인의 수의매매의 구조적 차이는 〈그림 2-2〉에서 확연하게 드러나는데, 경매는 도매시장법인의 경매사가 산지에서 위탁받은 농산물을 중도매인(매매참가인)을 대상으로 경매를 진행하여 낙찰가격과 낙찰자를 선정하면 해당 농산물을 낙찰받는 중도매인(매매참가인)이 다음 유통단계로 분산하는 복잡한 구조를 가지고 있는 반면, 시장도매인의 수의매매는 시장도매인이 산지 농산물의 수집 및 분산기능을 한 번에 처리하는 단순한 구조로 되어 있다. 그럼에도 대부분의 우리나라 농산물 도매시장들은 경매를 통한 도매거래를 주로 진행하고 있는데, 이는 정부가 경매를 공영도매시장의 기본적인 거래방식으로 정하고 관련 정책을 지속해왔기 때문이다.

도매시장법인의 경매와 시장도매인의 수의매매는 각각의 장단점을 가지고 있어 상황에 맞는 거래제도를 적용할 필요가 있다. 먼저 경매의 경우 공개된 장소에서 다수의 중도매인(매매참가인)을 대상으로 거래가 진행되어 거래의 투명성 및 공정성이 상대적으로 우위에 있고, 도매시장법인이 산지 출하자의 경매 의뢰를 거부할 수 없어 생산자의 시장 참여 기회를 확대해주며, 도매시장 거래물량의 대다수를 취급하기에 품목별 대표

인데, 도매시장 반입 물량이 소량이거나 품목 특성에 의해 해당 농산물을 매입하고자 하는 중도매인이 소수여서 원활한 경매가 진행되지 못하는 경우, 수입산 농산물과 같이 도매시장에 반입되기 전에 이미 가격이 발견되어 있거나 기타 사유로 인해 상장거래가 어려운 경우에 해당되는 농수산물들이다.
2   2012년 농안법 개정을 통해 도매시장법인도 정가·수의매매를 할 수 있게 되었는데, 이는 경매제의 단점을 완화하기 위한 방안이나 아직 활성화가 되고 있지는 못한 상황이다.

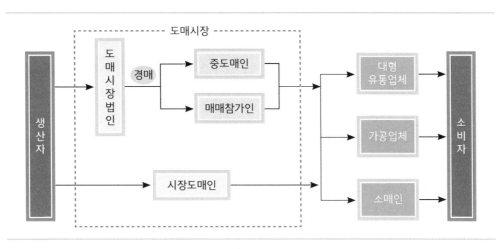

그림 2-2 경매와 시장도매인의 수의매매

가격을 형성하고 경매 가격 등에 대한 정보를 실시간으로 제공하는 장점이 있다. 반면
에 경매는 한 곳에서 출하된 농산물이더라도 경매 당시 상황에 따라 가격이 제각각으로
나오게 되고 시장 반입 물량에 따라 급등하거나 급락하는 경우가 잦아 가격의 불안전성
이 높고, 경매를 위해 사전에 시장에 반입된 농산물이 대기하는 동안 상당한 시간이 소
요되기에 신선도가 하락하고 유통비용이 상승하는 문제가 있으며, 일일이 경매를 하나
씩 진행하기에 대량 유통에 걸림돌이 되고 소비지의 구매 수요에 적극적으로 대응하지
못하는 단점도 있다.

　　수의매매의 경우 대부분 산지 생산자와 시장도매인이 지속적인 거래 관계를 가지
기에 거래가격을 급격하게 올리거나 내리는 경우가 적어 상대적으로 가격이 안정적이
고, 개인 간 거래방식으로 거래가 신속하게 진행되어 농산물의 신선도 유지 및 유통비
용 절감에 유리하며, 한 번에 많은 물량의 거래를 할 수 있고 소비지의 상품 수요를 산
지에 쉽게 전달하고 요구할 수 있는 장점이 있다. 반면, 시장도매인의 수의매매는 개인
간 거래방식으로 거래의 투명성에 한계가 있고, 산지 출하자의 보호기능이 상대적으로
취약하며, 대표가격의 형성 및 거래정보 분산에도 한계가 있는 단점이 있다.

　　정부는 1976년 농안법 제정과 1985년 가락동 농수산물도매시장 개장을 통해 도매
시장을 통한 농산물 유통정책을 본격적으로 시행하면서, 산지 출하자의 권익을 강화하
고 도매거래의 투명성을 높이기 위해 경매를 도매시장의 원칙적인 거래방식으로 유지하
여왔다. 이는 당시 도매상(위탁상)의 불투명한 거래 관행으로 출하자들이 피해를 입고
있었기 때문인데, 도매시장 관련 정보를 얻기 힘든 산지 생산자들이 도매상에게 끌려다

닐 수밖에 없는 상황이었다. 그러나 최근에는 산지 생산자들이 조직화되어 농산물을 공동으로 판매하고, 시장 관련 정보도 쉽게 접근할 수 있게 되어 경매의 장점이 많이 희석되었다. 나아가 경매의 단점인 가격의 불안정성과 유통비용 상승 등에 대한 문제가 부각되면서, 수의매매 확대를 위한 논의가 강화되고 있는 상황이다. 이처럼 농산물 유통에서의 제도나 방식은 언제나 정답인 경우가 거의 없기에, 정책당국이나 전문가들은 주어진 상황에 가장 적절한 답을 찾기 위해 끊임없이 노력하고 있다.

표 2-6 경매와 시장도매인 수의매매의 장단점

거래방식	장점	단점
경매	• 거래 투명성·공정성 제고 • 생산자의 시장 참여 기회 확대 • 대표가격 형성 및 거래정보 분산에 기여	• 가격의 높은 불안전성 • 신선도 저하 및 유통비용 상승 • 대량유통, 구매 수요 대응 어려움
시장도매인의 수의매매	• 거래가격의 안정화 도모 • 신선도 유지 및 유통비용 감소 • 대량 유통, 구매수요 대응 용이	• 개인 간 거래로 투명성 확보 한계 • 출하자 보호기능 취약 • 대표가격 형성 및 거래정보 분산 제약

3. 도매시장 외 거래

1) 직거래

도매시장을 경유하지 않고 유통되는 도매시장 외 거래는 기존의 도매시장 중심의 집중적 유통 시스템(centralized marketing system)을 분산적 유통 시스템으로 바꾸고 있는데, 중간 유통단계 없이 진행되는 직거래가 대표적이다. 기본적으로 직거래는 산지 생산자와 소비자가 직접 거래하는 것을 의미하나 생산자 또는 소비자단체가 중간에 참여하는 직거래, 대형소매업체 등의 산지 직구매까지 포함하기도 한다. 정보통신기술(ICT)과 물류 인프라의 발달로 직거래 비중은 계속 증가하고 있는데, 그 결과 도매시장의 거래 비중이 상대적으로 줄어들어 도매시장의 거래물량이 감소하는 얇은 시장(thin market) 현상이 심화하여 도매시장의 대표가격 발견 기능도 위축되고 있다.[3]

---

3 얇은 시장 현상은 시장의 거래 볼륨이 얇아지는 시장으로 상품의 구매자와 판매자의 수가 줄어들어 상품의 가격 변동이 심해지는 특성을 가지게 된다.

생산자와 소비자의 직거래는 도·소매의 중간유통마진을 줄여 농가 수취가격을 올리고 소비자 지불가격을 내리기 위해 확대되고 있는데, 농민시장(farmers market) 또는 직거래 장터, 온라인을 통한 직거래 등이 대표적이다. 농민시장은 생산자가 산지에서 차량 등을 이용하여 짧은 시간에 접근 가능한 도시 인근에 주로 개설되는데, 과거 시골에서 열리는 장(오일장: 五日場)처럼 주기적으로 열리는 정기시장 형태가 일반적이다. 주로 주차장 등의 공공부지에서 열리는 농민시장은 일주일에 1~2번씩 열리다가 시장이 커지면 매일 열리기도 하는데, 시장의 개설 시간은 주로 새벽부터 일상 업무가 시작되는 오전까지인 경우가 대부분이다. 직거래 장터는 주로 대도시에서 설이나 추석 등 명절, 김장철, 기타 축제 기간 등에 한시적으로 열리는 경우가 대부분인데, 도시의 지방자치단체, 공공기관, 소비자단체 등이 산지와 연합하여 개설하는 경우가 많다. 한편, 생산자가 개인 홈페이지나 인터넷 쇼핑몰 등을 이용하여 자신의 농산물을 소비자에게 직접 홍보하고 판매하는 직거래도 증가하고 있는데, 인터넷과 택배 등 관련 인프라가 발달함에 따라 거래 비중이 점차 높아지고 있다. 이와 같은 생산자와 소비자의 직거래는 중간유통단계 없이 생산자와 소비자가 직접 거래하여 상호 신뢰성을 높이고 유통마진을 줄이는 긍정적인 효과를 보이고 있지만, 농산물 품질 등에 대한 분쟁 등이 발생하는 경우 별도의 중재기관이 없어 문제가 되기도 한다.

생산자 또는 소비자단체가 주도하는 직거래도 도매시장 외 거래의 한 축을 담당하고 있는데, 소비자생활협동조합(생협)이 주도하는 직거래가 크게 성장하고 있다.[4] 한살림, 아이쿱, 두레 등의 생협 조직은 다수의 매장을 운영하면서 전국규모의 사업을 하고 있는데, 농업과 농촌에 도움을 주고 소비자가 믿을 수 있는 먹거리를 공급하기 위해 소비자 회원을 모집하여 직거래 사업을 운영하고 있다. 일반적으로 생협에서 유통하는 농산물은 친환경 농산물인 경우가 많은데, 생협 회원들은 산지 농가에 도움을 주고 안심할 수 있는 농산물을 구매한다는 생각으로 다소 비싼 가격에도 개의치 않는다. 생산자들 또한 지역농협조직, 작목반, 마을단위 조직 등을 통해 직거래 사업을 운영하고 있는데, 농촌융복합산업(6차 산업),[5] 로컬푸드(local food),[6] 푸드플랜(food plan)[7] 등과 연계한

---

4 소비자생활협동조합에 대한 보다 구체적인 내용은 2장 3절의 "협동조합"에서 자세히 설명할 것이다.
5 농촌융복합산업화(6차 산업화)는 농업인 1차 산업에 식품가공산업(2차)과 관광·유통 등의 서비스업(3차)을 결합하여 추가적인 가치를 창출하게 하는 것으로 1×2×3=6차 산업화를 의미한다.
6 로컬푸드는 가까운 곳에서 생산된 농산물을 소비하는 운동으로 그 지역에서 생산된 농산물을 그 지역에서 소비하자는 지산지소(地産地消) 운동으로도 불린다.
7 푸드플랜은 지역의 먹거리 선순환체계를 구축하는 것으로 한 지역에서 생산과 소비가 순환되는 시스템을 구축하는 것이다.

직거래가 활성화되고 있다.

소매업체의 규모화에 따라 도매시장에서 필요한 농산물을 구매하는 대신 산지에서 농산물을 직구매하여 유통비용을 절감하는 소매업체들이 증가하고 있는데, 이러한 대형 소매업체의 산지 직구매는 엄밀한 의미의 직거래는 아니지만 도매시장을 경유하지 않는 유통경로의 한 축을 차지하고 있다. 우리나라는 1993년 서울 창동역 인근에 개장한 대형할인점인 이마트를 시작으로 소매업체들의 대형화가 시작되었는데, 이마트, 홈플러스, 롯데마트 등의 대형할인점의 점포 수가 500여 개를 넘을 정도로 소매유통의 주류를 이루다가 최근에는 마켓컬리, 쿠팡 등의 온라인 마켓으로 주도권이 넘어가고 있는 상황이다. 이들 대형소매점은 산지 생산자조직(농협, 영농조합법인, 작목반 등) 또는 산지 유통인 등과 예약수의거래[8]를 통해 농산물을 안정적으로 확보하여 유통하는데, 대량 물류시스템을 적용하여 유통비용을 최소화하고 있다.

2) 계약재배

계약재배는 생산자와 계약사업자(contractor)가 미래에 주고받을 농산물에 대한 거래 약속을 체결하는 것으로 〈그림 2-3〉과 같이 사전 계약 체결과 보증금 지불, 농산물 재배 및 관리, 생산물 인도 및 잔금 정산의 과정을 거친다.

계약재배의 역할로는 첫째, 농가의 위험을 줄여주고 소득을 안정시켜주는데, 계약을 통해 재배되는 농산물의 가격이 사전에 결정되어 이후 농산물 가격 변동과 무관하게 고정적인 수익이 생산자에게 보장되기 때문이다. 둘째, 농산물 유통의 효율성을 높여주는 기능도 있는데, 계약을 통해 계약 당사자들의 거래 비용(transaction cost)[9]을 줄여주고, 농산물의 가격과 물량 정보에 대한 사전 파악이 가능하여 합리적인 의사결정에 도움을 주기 때문이다. 셋째, 농산물 수급을 안정시켜주는데, 사전 계약을 통해서 농산물의 수요와 공급이 미리 결정되어 수급상의 불확실성이 줄어들기 때문이다.

농산물의 계약은 계약 내용에 따라 판매계약(marketing contract)과 생산계약(production contract)으로 구분되는데, 판매계약은 상품의 종류, 전달 시점, 수량, 전달 장소 등의 판매 조건을 계약에 명시하고 상품의 최종 인도 시점에 결제가 이루어지는 것으로 기본적인 계약의 형태이다. 반면에 생산계약은 사전에 판매 및 생산 조건에 대한 계약을 체결

---

8 거래 당사자가 협의하여 가격과 물량 등의 매매 내용을 결정하는 수의거래를 하되, 사전에 물건을 예약하는 거래이다.
9 거래 비용(transaction cost)은 농산물 거래 과정에서 발생하는 협상, 배송, 검사, 품질보증 등의 다양한 비용들이다.

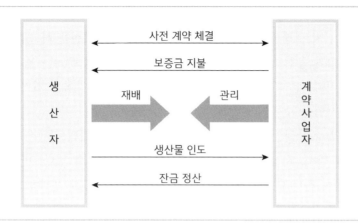

─ 그림 2-3 계약재배의 절차

자료: 이용선 외(2015)

할 뿐만 아니라 생산자의 생산과정에 대한 각종 결정에 계약사업자가 직접 관여하여 보다 강화된 형태의 계약이다.

농산물 계약은 계약 대상에 따라 면적계약과 수량계약으로 구분이 되기도 하는데, 면적계약은 계약된 재배지역에서 생산되는 생산물을 모두 거래하는 방식으로 산지 유통인의 포전매매가 대표적이다. 한편, 수량계약은 일정 수량의 생산물만 실제 계약의 대상으로 하는 방식으로 농산물 생산과정에서 발생하는 위험을 생산자가 부담하게 된다.

이와 같은 농산물의 계약재배는 농협이나 영농법인 등의 생산자 조직과 생협 등의 소비자 조직이 회원 농가들의 농산물을 안정적으로 확보하여 판매하기 위해 진행하고, 산지 유통인이나 대형소매업체 등의 유통업체와 식품가공업체나 외식업체 등의 대량수요처에서 필요한 농산물을 구매하기 위해 실시하기도 한다. 정부 또한 농산물 수급 관리와 생산자의 소득 안정화를 위해 공공 계약재배사업을 적극적으로 추진하고 있는데, 농가의 참여 수준을 높이기 위한 노력이 진행되고 있다.

3) 산지 조직화와 공동판매, 자조금

앞에서 설명하였듯이 산지의 개별 생산자들은 규모가 작고 분산되어 있어 농산물 판매에서 손해를 보는 경우가 많은데, 이를 극복하기 위해 산지 조직화로 서로 뭉쳐서 덩치를 키워나가고 있다. 우리나라의 산지 조직화는 마을 단위 작목반, 읍면 단위 지역 농협, 영농조합법인 또는 농업회사법인 등 다양한 형태로 진행되고 있는데, 대부분 지역단위로 조직이 구성되어 규모를 키워나가고 있다. 대표적인 사례가 농협을 통한 조직화인데, 정부는 산지 조직화를 위해 농협에 상당한 정책적 지원을 하고 있다. 농협은 크게 지역단위 조합과 농협중앙회로 구분되는데, 지역단위 조합은 읍·면 등의 작은 지역을 기반으로 조직이 설립되어 사업을 운영하는 반면 농협중앙회는 지역 조합의 결합체로 전국규모의 사업을 수행한다.[10]

　　산지 조직의 주요 사업으로 공동판매가 있는데, 공동판매의 장점은 거래 교섭력 제고, 규모의 경제 달성, 시장 변화의 능동적 대응 등을 꼽을 수 있다. 먼저 거래 교섭력 제고는 생산자들이 하나의 판매 창구를 통해 농산물을 공동으로 판매하게 되면 판매 대행 조직이 대형 유통업체와 협상할 힘을 가지게 되어 보다 유리한 조건으로 거래를 할 수 있음을 의미하는데, 산지 조직화의 중요한 유인이기도 하다. 다음으로 규모의 경제 달성은 공동판매로 한 번에 유통되는 농산물의 규모가 확대되면 저장·포장·운송 등의 과정에서 발생하는 비용을 줄일 수 있는 것을 말하는데, 공동판매의 규모가 일정 수준 이상으로 확대되면 수확 후 관리기술을 적용한 장기저장도 가능하게 된다. 마지막으로 시장 변화의 능동적 대응은 생산자의 농산물을 모아서 공동으로 판매하게 되면 일정 규모의 농산물을 가지고 시장 변화에 맞춰서 계획적으로 판매 전략을 수립하여 대응할 수 있기에, 시장 변화를 따라가는 데 급급한 개별 생산자와 달리 보다 적극적으로 시장에 대응할 수 있음을 말한다.

　　농산물의 공동판매는 무조건 위탁, 평균 판매, 공동계산(pooling)의 3가지 원칙을 적용하고 있는데, 공동판매에 참여하는 생산자들이 자신이 농산물이 언제, 누구에게, 얼마나 팔릴지에 대해 관여하지 않고 공동판매 사업자에 무조건 맡겨야 하는 원칙, 자신을 포함한 공동판매 참여 농가의 농산물이 최종적으로 판매된 가격의 평균적인 결과에 따라 수익을 정하는 원칙, 자신의 농산물의 등급과 물량만을 기준으로 판매 대금을 정산받는 원칙을 말한다. 여기서 평균 판매와 공동계산의 경우 자신의 농산물이 실제로는 다른 농가 농산물보다 높은 가격에 판매된 경우에도 자체적으로 정한 기준에 따라 판매 대금을 정산받아 개인적으로 손해라는 생각을 가질 수도 있지만, 동일한 품질의 농산물이더라도 판매 시점과 판매처에 따라 가격이 수시로 달라지는 상황에서 전체를 위해 감수하여야 하는 부분이다. 만약 이러한 원칙이 지켜지지 않게 되면 공동판매에 참여하는 농가들 모두 자기 농산물이 남보다 더 높은 가격에 팔리기를 공동판매 사업자에게 수시

10　농협을 포함한 협동조합에 대한 보다 구체적인 내용은 2장 3절의 "협동조합"에서 자세히 설명할 것이다.

로 요구하게 되어 결국에는 조직이 와해될 수밖에 없다.

우리나라 농산물의 공동판매는 작은 지역단위 조직에서부터 출발하여 점점 광역화되면서 성장하고 있는데, 처음에는 각자의 농산물의 수송비를 절약하기 위한 공동수송사업부터 출발하다가 공동계산 등으로 나아가게 된다. 지역 규모는 읍·면 단위에서 시·군 단위로 확장된 이후 타 지역과의 공동판매사업으로 발전하는데, 다수의 지역농협이 참여하는 연합사업단, 조합공동사업법인 등이 해당된다.

한편, 최근에는 지역이 아닌 품목을 중심으로 하는 생산자 조직이 집중적으로 육성되고 있는데, 품목별 자조금 조직이 대표적이다. 여기서 자조금이란 특정 농산물의 소비 촉진, 품질 개선, 자율적 수급 조절 등을 위해 농산업자가 납부하는 금액을 주요 재원으로 하여 만들어진 자금인데, 특정 품목을 생산하는 전국의 생산자들이 자조금 조직 회원으로 가입하여 일정한 자조금을 주기적으로 납부하기에 품목단위의 전국 대표조직으로서의 성격을 가진다. 우리나라 자조금은 축산부문에서 더 활성화되고 있는데, 소, 돼지, 우유를 대상으로 하는 한우 자조금, 한돈 자조금, 우유 자조금이 1년에 지출하는 사업 예산만 해도 800억 원을 넘어선다. 농산자조금은 상대적으로 규모가 작지만, 파프리카, 인삼, 사과, 배, 감귤, 마늘, 양파 등의 다양한 품목에서 자조금 조직이 운영되고 있다. 자조금 조직은 품목을 기반으로 전국적인 조직을 구축하여 소비 증진 및 수급 안정, 산업 경쟁력 제고 등의 사업을 자체적으로 진행하는데, 사업 재원인 자조금을 조성할 때 정부가 생산자 납부금에 해당하는 예산을 추가로 지원하여 전체 사업 규모를 키울 수 있도록 지원하여 준다. 특히 하나의 품목을 대상으로 전국의 생산자들이 참여하는 자조금은 농산물의 공급을 자율적으로 관리하여 수급 안정에 기여할 수 있기에 상당한 기대를 받고 있다.

제2절

전자상거래와 푸드테크

1. 전자상거래

1) 개념 및 특성

종이 문서를 사용하지 않고 인터넷이나 PC통신을 이용해 상품을 거래하는 행위를 지칭하는 전자상거래(electronic commerce)는 온라인(on-line) 거래, 인터넷(internet) 거래, 사이버(cyber) 거래 등 다양한 이름으로 불리고 있다. 전자상거래는 인터넷이라는 가상의 공간에서 거래가 진행되기에 일정한 시간과 장소에서 진행되는 오프라인(off-line) 거래와 달리 거래의 시간과 공간에 대한 제약이 전혀 없는 특성을 가진다. 그 외에도 전자상거래는 일반적인 상거래와 많은 부분에서 차이점을 가지는데, 구체적인 내용은 아래 〈표 2-7〉에 정리되어 있으니 확인하도록 한다.

일반 상거래와 마찬가지로 전자상거래 또한 거래 상대별로 기업과 소비자 간 거래

표 2-7 전자상거래와 일반 오프라인 상거래의 비교

구분	전자상거래	일반 상거래
시간 제약	없음	영업시간 내 거래
공간 제약	없음	물리적 거리 제한 존재
유통경로	직거래로 단순	중간 유통을 대부분 경유
자본 투입	소규모 가능	상대적 대규모
고객 관리	즉각 대응 가능	물리적·시간적 제약
거래 상품	거의 무제한	제한적
고객 신뢰도 확보 방법	인터넷으로만 확보 가능	대면접촉 등 다양한 수단 활용
상품 관리	견본(sample) 및 표준화로 관리	실제 상품 확인 및 관리 가능
대금 결제	신용카드 및 인터넷 송금	현금 포함 다양한 대금 결제 가능
상품 배송	택배로 추가 물류비용 발생	다양한 배송 수단 사용
관련 제도	제도 도입기로 미완성	제도의 수정·보완 진행

(B2C: business to consumer), 기업 간 거래(B2B: business to business), 기업과 정부 간 거래 (B2G: business to government), 소비자 간 거래(C2C: consumers to consumer) 등으로 구분할 수 있다. 최근에는 온라인 거래가 오프라인 거래로 확대된 O2O(online to offline) 거래도 생겨났는데, 오프라인 매장 운영자가 온라인 광고나 온라인 할인 쿠폰을 제공하여 매출을 올리거나 온라인 플랫폼을 운영하는 업체가 오프라인 배달 시장에 진출하는 등의 사례가 대표적이다.

전자상거래는 몇 가지 장점이 있는데, 첫째, 이론적으로 전 세계의 모든 생산자와 소비자가 만나서 거래를 할 수 있게 되어 경쟁 강화를 통한 시장 효율성 극대화를 도모할 수 있고, 둘째, 구매자와 판매자가 가상의 공간에서 직거래를 할 수 있게 되어 중간 유통주체가 필요 없어 유통마진이 줄어들며, 셋째, 거래를 위한 사무실이나 진열 공간, 근무 인력 등을 최소화할 수 있어 사업을 위한 초기 자본이 적게 들며, 넷째, 판매 상품이나 서비스에 대한 구매자 반응을 빠르게 확인할 수 있어 고객 관리 및 시장 대응이 용이한 점 등이다.

반면에, 전자상거래는 인터넷 등의 비대면 수단을 통해서 고객을 접하기에 직접 만나서 고객과 교류하지 못하는 한계가 있고, 거래 당시 상품을 직접 확인할 수 없기에 표준화 및 등급화가 충분하지 못한 농산물의 거래에서 분쟁이 발생하기 쉽고, 인터넷 해킹 등이 발생하면 대규모의 피해를 볼 수 있는 등의 문제점도 가지고 있다.

2) 현황 및 전망

우리나라 온라인 쇼핑몰의 거래 규모는 2020년 기준으로 159조 원으로 2010년 25조 원에 비해 매우 크게 증가한 것으로 나타나 온라인 거래의 폭발적인 성장세를 확인할 수 있다. 그 중 농축수산물의 거래 규모는 6조 원으로 전체 온라인 쇼핑몰 거래액의 3.9%를 차지하고 있는데, 2010년 2.7%의 약 1.4배에 달하는 수치이다. 상품의 표준화 및 등급화가 어렵고, 배송 과정에서의 신선도 저하나 감모 등의 상품성 하락 문제가 발생하여 온라인 거래가 공산품보다 어려운 농축수산물임에도 급격하게 증가하는 거래 규모를 통해 농산물 유통에서의 전자상거래 비중이 갈수록 높아지고 있음을 확인하게 된다.

가공식품인 음식료품과 배달 등 음식 서비스의 거래 비중 또한 증가세를 보이고 있어, 신선 농축산물을 포함한 우리나라 전체 식품 유통에서 전자상거래의 중요성이 증가함을 볼 수 있는데, 이러한 추세는 앞으로 갈수록 더 가속화될 것으로 전망된다. 특히, 2020년부터 세계적으로 유행된 코로나 19(COVID-19) 팬데믹은 사회적 거리두기 등으로 인해 비대면 거래 수요를 폭발적으로 증가시켰는데, 전문가들은 코로나 19 사태가 진정되더라도 전자상거래 중심의 유통 시스템이 다시 이전과 같은 오프라인 유통 중심으로 돌아가지 않을 것으로 전망하고 있다. 이는 상품의 표준화와 등급화 문제가 해소되면 굳이 효율성이 더 떨어지는 오프라인 유통으로 돌아갈 유인이 없기 때문이고, 지속적으로 진화하는 4차 산업 정보통신기술(ICT)이 전자상거래를 발전시켜 나갈 것이기 때문이다.

표 2-8 온라인 쇼핑몰의 거래 규모 추이 (단위: 십억 원, %)

연도	전체	농축수산물	음식료품	음식 서비스
2010	25,203 (100.0)	681 (2.7)	1,642 (6.5)	-
2015	53,934 (100.0)	1,443 (2.7)	4,844 (9.0)	-
2017	94,186 (100.0)	2,425 (2.6)	7,997 (8.5)	2,733 (2.9)
2018	113,314 (100.0)	2,941 (2.6)	10,494 (9.3)	5,263 (4.6)
2019	136,601 (100.0)	3,723 (2.7)	13,447 (9.8)	9,735 (7.1)
2020	159,438 (100.0)	6,213 (3.9)	19,679 (12.3)	17,334 (10.9)

자료: 통계청

농산물 유통에서의 전자상거래는 소매단계뿐만 아니라 도매단계에서도 이미 상당 부분 적용되고 있다. 대형 유통업체 등 민간부문에서는 온라인을 통한 농산물의 산지수집 및 분산 시스템을 도입하여 유통의 효율성을 끌어올리고 있고, 정부 또한 농산물 도매유통에 전자상거래 시스템을 도입하기 위한 정책 사업들을 도입하고 있다. 대표적인 사례로 한국농수산식품공사(aT)에 농식품거래소를 개설하여 급식용 식재료를 포함한 다양한 농식품의 B2B 전자상거래 등이 진행되도록 하고 있고, 농산물과 축산물 도매시장에서 진행되는 경매거래를 온라인으로 진행하기 위한 사업들을 도입하는 등 농산물 도매유통의 온라인화를 위한 정책들을 추진하고 있다.

2. 푸드테크

1) 개념 및 필요성

푸드테크(food-tech)는 식품(food)과 기술(technology)을 합친 말로 식품산업과 전후방 연관산업의 발전에 기여하는 기술로 정의할 수 있는데, 농업 생산, 식품가공, 유통 등에서의 다양한 기술이 포함되는 광의의 개념이다. 다만 요즘 현장에서 언급되는 푸드테크는 협의의 개념으로 앞서 설명된 푸드테크의 기술 중 4차 산업 기술로 한정되는데, 식품산업 및 연관산업의 발전에 기여하는 정보통신기술(ICT: information and communication technology), 인공지능(AI: artificial intelligence), 로봇, 사물인터넷(IoT: internet of things), 빅 데이터(big data) 분석 등의 기술을 지칭한다.

푸드테크와 같이 언급되는 푸드 스타트업(food start-up)은 푸드테크를 기반으로 하여 새로운 사업을 하는 신생 벤처기업인데, 산업 현장에서는 꼭 고차원의 4차 산업 기술이 적용되지 않아도 혁신적인 아이디어로 새로운 시장을 개척하는 신생 업체까지 포함하고 있다.

우리나라의 푸드 스타트업을 유형별로 정리한 〈표 2-9〉를 보면 다양한 형태의 푸드 스타트업이 생성되고 있음을 볼 수 있다. Group I은 일정 규모의 시장이 형성되어 당분간 성장이 지속될 것으로 예상되는 부문으로 음식 배달과 식당 예약 등이 포함된 식재료 및 외식상품 유통, 식품 관련 정보 콘텐츠, 푸드 트럭 등의 아이디어 외식 창업

표 2-9 푸드 스타트업의 유형

구분		세부 유형
Group I	식재료·외식상품 유통	음식 배달 및 주문, 식재료 배송 및 주문, 식당 좌석 예약 및 메뉴 선주문, 모바일 식권 및 식당 무인 주문
	식품 관련 콘텐츠	맛집 정보, 레시피 공유, 먹방·쿡방, 식품관련 빅데이터 분석, 푸드 커스터마이징
	아이디어 외식 창업	키친 인큐베이터, 푸드 트럭, 기타 아이디어 외식 창업
Group II	식품 및 관련 상품 생산	대체식품, 곤충식품, 식용 용기(빨대, 컵 등), 기타 기술 적용 식품 가공 창업
	4차 산업 기술 중심 산업	스마트 키친(AI, IoT), 인공지능 요리사(로봇 요리사), 로봇 배달, 3D 푸드 프린터

자료: 김성훈 외(2018)

부문 등이고, Group II는 아직 시장 초기 단계이지만 향후 성장이 기대되는 부문으로 대체식품 등의 식품 및 관련 상품 생산부문과 스마트 키친 등 4차 산업 기술 중심의 산업부문이 해당된다.

2) 현황 및 전망

우리나라 푸드 스타트업에 대한 산업 규모는 아직 공식적으로 집계된 적이 없다. 다만 김성훈 외(2018)의 연구에 의하면, Group I 부문의 2020년 시장 규모를 약 8천억 원으로 전망하고 있는데, 시간이 갈수록 푸드 스타트업의 산업이 지속적으로 성장해나 갈 것으로 예상하고 있다. 특히 ICT 강국인 우리나라의 경우 4차 산업 기반 기술 중심의 푸드테크 또는 혁신적인 아이디어를 접목한 푸드 스타트업이 식품산업의 중요한 성장동력이 될 것으로 전망되어 정부의 다양한 지원정책들이 추진되고 있다.

다만 푸드 스타트업의 구조적 변화가 진행될 것으로 예상하는 전문가가 많은데, 현재는 Group I 부문의 산업과 같이 ICT를 활용하거나 기존 산업에 아이디어를 더해 새로운 부가가치를 창출하는 산업이 주류를 이루겠지만, 이후 대체식품이나 인공지능 요리사 등과 같이 보다 높은 수준의 과학기술이 접목된 푸드 스타트업이 푸드테크 산업을 이끌어나갈 것으로 보인다. 일례로 콩 등의 식물을 이용한 대체고기 상품이 이미 국내에서도 출시되고 있는데, 이와 같은 기술이 푸드테크 산업의 중심이 될 것으로 전망된다.

제3절

협동조합

1. 생산자협동조합

일반적으로 협동조합은 경제적 약자인 생산자나 소비자 등이 생활 또는 사업의 개선을 위해 서로 협력하기 위해 만든 조직으로 정의되는데, 쉽게 말해서 공동의 목적을 가진 사람들이 뭉쳐서 같이 일을 하는 것으로 볼 수 있다. 시장경제이론에서는 생산자나 소비자가 모여서 시장에 영향을 주는 것을 불공정 행위의 하나로 보고 있지만, 대부분 국가는 경제적 약자가 거래 교섭력 등이 부족하여 손해를 보는 것을 줄이기 위해 설립하는 협동조합은 정책적으로 육성하고 있다.

농산물 생산자들이 참여하는 농업협동조합의 역할로는 거래 교섭력 강화, 규모의 경제 확대, 거래비용 절감, 유통 및 가공업체에 대한 견제 등을 꼽을 수 있다. 여기서 거래 교섭력 강화 기능은 앞의 산지 조직화와 공동판매 부분에서 설명되었듯이, 상대적으로 규모가 작고 수가 많아 거래 교섭력이 약한 생산자들이 농산물을 판매하거나 농자재를 구매할 때 협동조합을 통해서 공동판매 또는 공동구매를 하게 되어 거래 교섭력을 높이는 기능이다. 규모의 경제 확대 기능은 생산자들이 협동조합을 통해 규모화된 경제활동을 하여 추가적인 이득을 얻도록 해주는 것으로, 농가들이 농자재를 한 번에 대량으로 주문하여 개당 가격을 줄이거나 고가의 장비를 공동으로 구매하여 같이 사용하는 경우와 생산한 농산물을 대량으로 판매하여 관련 유통비용을 절감하는 경우 등이 해당된다. 거래비용 절감 기능은 농업협동조합이 전방 또는 후방산업으로 수직결합을 진행하여 외부 업체와 거래하는 것을 자체적으로 내부거래하여 비용을 줄이는 기능을 말하는데, 일례로 농업협동조합이 자체적으로 물류센터나 소매매장을 개설하여 유통 단계 간 거래를 내부화하면 거래비용을 상당 부분 줄일 수 있게 된다. 유통 및 가공업체에 대한 견제 기능은 농업협동조합이 유통산업이나 가공산업에 직접 진출하여 기존의 업체들과 경쟁하는 구도를 만들면 기존 업체들이 생산자를 대상으로 초과이윤을 쉽게 얻을 수 없게 되는 것을 뜻한다. 예를 들어, 농업협동조합이 김치공장을 설립하여 김치산업에 진출하게 되면 기존 김치업체가 배추 등 원료 농산물 구매 가격을 마음대로 낮게 설정하지 못하도록 견제할 수 있는데, 배추 농가들이 가격을 낮추어 구매하는 김치업체 대신 농협 김치공장에 배추를 공급할 수 있기 때문이다.

농업협동조합은 제공하는 기능을 기준으로 공동판매조합, 농자재 공동구매조합, 농업관련 서비스 조합으로 유형화할 수 있다. 먼저 공동판매조합은 조합원 농가들이 생산한 농산물을 공동판매하기 위해 조직된 협동조합으로 유통업체나 가공·외식업체 등의 구매업체에 대한 거래 교섭력을 높이고, 생산자 농산물의 수집·선별·포장·저장 등의 기능을 추가하여 농산물의 판매 가격 제고 등을 통한 농가 소득 증대를 목적으로 한다. 농자재 공동구매조합은 조합원들이 필요로 하는 농자재를 공동구매하여 생산자의 부담을 줄이기 위한 협동조합인데, 농업의 후방산업인 농자재산업에 진출하여 필요한 농자재를 직접 생산하여 저렴하게 공급하는 수직결합도 하고 있다. 마지막으로 농업관련 서비스 조합은 농업금융 서비스 등을 조합원에게 제공하기 위해 조직된 협동조합으로 일반 은행이나 보험사의 역할을 많이 담당하고 있다. 우리나라의 농업협동조합은 앞에서 설명된 3가지 유형을 모두 포함하고 있는 종합농협의 형태를 유지하여 생산자들이 수요에 대응하고 있다.

2. 소비자생활협동조합

소비자생활협동조합(생협)은 농업협동조합처럼 공동의 목적을 가진 사람들이 모여서 일을 하는 조직이나, 조합원이 소비자인 차이점을 가진다. 보다 구체적으로 보면 소비자생활협동조합은 공동구매조합의 기능을 주로 하고 있는데, 우리나라의 경우 친환경 농산물 등 보다 안전하고 믿을 수 있는 먹거리를 구매하고 농촌과 농민을 지원하기 위해 조직된 협동조합이 대부분이다.

우리나라 소비자생활협동조합의 역사는 1980년대까지 거슬러 갈 정도로 역사가 긴 편인데, 2011년 제정된 「협동조합기본법」으로 협동조합 설립 요건이 완화됨에 따라 다양한 형태의 소비자생활협동조합들이 조직되어 운영되고 있다. 대표적인 소비자생활협동조합으로는 한살림, 아이쿱(iCOOP) 생협, 두레 생협, 행복중심 생협 등이 있는데, 1986년부터 활동을 유지해온 한살림 생협은 자연을 지키고 안전한 먹거리를 확보하기 위한 운동체적인 성격이 강한 편이고, 아이쿱 생협은 구례와 괴산에 자연드림파크를 건설하고 대규모 물류센터를 운영하는 등 유통과 판매에 상당한 경쟁력을 가지고 있다. 두레 생협은 우리나라의 전통적인 협동방식인 '두레'를 기본 철학으로 생산자와 소비자의 협업을 중시하고, 행복중심 생협은 여성 농민단체인 여성민우회 생협에서 출발하여 농촌 여성 문제에 상당한 관심을 가지고 있다. 이와 같이 우리나라 소비자생활협동조합들은 각각의 철학과 목적을 가지고 소비자가 농산물 구매 및 농민·농촌 활성화를 위해 다양한 사업들을 진행하고 있어 농산물 유통의 새로운 방향을 제시하고 있다.

제4절

유통정책 및 관련제도

1. 개념과 필요성

　　유통정책은 농산물 시장에서 발생하는 시장실패(market failure) 문제를 최소화하기 위해 정부가 직간접적으로 시장에 개입하는 정치 행위를 의미하는데, 농산물 시장의 불완전한 경쟁구조, 농산물의 공공재(public goods)적인 성격 등이 시장실패를 초래한다. 이중 농산물 시장의 불완전 경쟁구조에 대해 살펴보면, 우리가 흔히 경제이론에서 가장 이상적인 시장으로 보는 완전경쟁시장과 달리 유통업체의 독과점적 지위가 나타나고 시장 관련 정보가 생산자나 소비자에게 충분하게 제공되지 못하는 등의 문제점이 발생하여 정부가 정책적으로 보완하고 있다. 다음으로 농산물의 공공재적 성격은 농산물이 매일 섭취하여야 하는 필수적인 먹거리이기에 식량안보 차원의 관리가 필요하고,[11] 농업과 농촌 자체가 국민에게 깨끗한 환경과 정서적 안정 등을 별다른 대가 없이 제공하기에 정책적인 관리가 요구되고 있다.

　　농산물 유통정책의 목적은 우리나라 농산물 유통의 상적기능(상류)과 물적기능(물류)의 효율성을 극대화하고, 유통조성기능의 역할이 충분히 발휘되도록 하는 것인데, 상적기능 정책으로는 농산물의 수급조절을 통한 가격안정, 농산물 거래 시스템의 개선 등이 해당되고, 물적기능 정책으로는 유통시설의 현대화, 물류 인프라 확충 등이 해당된다. 유통조성기능 정책으로는 유통정보 체계 개선, 보험 등 유통금융 인프라 확충, 표준화 및 등급화 등 관련 제도 개선 등이 있다.

　　이상의 목적을 가지고 도입되는 유통정책의 수단은 제한·허용·촉진 등으로 구분될 수 있는데, 주어진 상황과 정책의 필요성 및 타당성, 기대 효과 등을 면밀하게 검토하여 정책 방안을 수립하여 시행하여야 한다. 특히 하나의 생물과 같이 유기적으로 변화하는 유통 환경에서 잘못된 정책이 시행되면 예기치 못한 부작용이 발생하여 정책을 시행하지 않은 것보다 못한 결과를 낳을 수도 있다. 예를 들어, 산지에서 과다하게 생산

11　우리나라 주요 농산물에 대한 식량 자급률을 보면, 쌀은 100% 내외의 자급률을 보여 문제가 없어 보이나, 콩이나 밀 등의 주요 곡물은 자급률이 매우 낮아 외부 여건에 따른 수급 불안의 가능성을 가지고 있어 식량안보 차원의 관리가 요구되고 있다.

된 농산물로 인해 농가 수취가격이 낮아지는 문제를 해결하기 위해 해당 농산물을 시장에서 격리하는 정책을 시행하는 경우 당장은 가격 하락을 어느 정도 완화시키는 효과를 기대할 수 있을 것이다. 그러나, 정부가 정책적으로 해당 농산물의 가격을 지지한다는 것을 알게 된 생산자들이 계속해서 그 농산물을 많이 생산하여 고질적인 공급 과잉구조가 고착화되는 부작용이 발생할 수 있다. 이 경우에는 정부의 과잉 생산 농산물의 시장 격리 정책과 함께 생산자들이 재배면적을 적정한 수준으로 조정하여 공급과잉 구조가 생기지 않도록 하는 추가 정책을 도입하거나, 처음부터 생산자들이 과다한 농산물 생산을 하지 않도록 자체적으로 관리할 수 있는 산지 조직을 육성하는 정책 등을 검토하여야 할 것이다.

2. 주요 유통정책

농산물 유통정책은 역대 정부의 주요 농업정책 중의 하나였는데, 주요 내용이 〈표 2-10〉과 같이 정리될 수 있다. 먼저 산지유통 정책은 크게 조직화와 시설 현대화로 구분되는데 조직화 정책으로 김영삼 정부는 생산자 조직이 취약한 상황에 따라 작목반의 공동계산을 통한 조직화를 시작하였고, 김대중 정부에서는 농협을 중심으로 하는 조직화를 진행하였다. 노무현 정부에서는 산지 조직화가 어느 정도 진행됨에 따라 공동마케팅 조직과 브랜드 사업을 본격적으로 시작하였고, 이명박 정부는 기존 농협 중심의 조직화에서 벗어나 시·군 유통회사 등 대안을 모색하였다. 박근혜 정부는 다시 농협을 통한 조직화를 진행하되 광역화에 초점을 두었고, 품목단위 조직인 자조금 조직을 육성하기 시작하였다. 산지의 시설 현대화 정책은 저온저장고와 수송차량 지원에서 시작하여 수확 후 관리기술의 도입 등 시설 고도화로 진행된 이후, 거점 시설로 광역화해 나가는 방식으로 진행되어 산지 시설의 효율성을 높여나가고 있다.

도매시장 관련 정책은 김영삼 정부에서 공영도매시장의 건설에 초점을 두어 도매유통의 전국 거점화를 진행하였고, 김대중 정부에서는 상장예외거래와 기계식 경매를 도입하는 등 도매시장 거래제도 보완에 초점을 두었다. 노무현 정부는 서울 강서시장에 시장도매인제를 도입하여 경매제를 보완하기 위한 정책을 시행하였고, 이명박 정부는 도매시장 현대화사업을 통한 노후 시설 교체 및 기능 개선에 초점을 두었다. 박근혜 정부에서는 도매시장의 물류 효율화를 위한 정책을 추진하는 등 도매유통의 효율성 제고를 위해 노력하였다. 한편, 도매시장 외 거래를 확충하여 유통경로 다양화를 위한 정책

표 2-10 역대 정부별 농산물 유통 관련 정책

구분		김영삼 정부 (1993~1997)	김대중 정부 (1998~2002)	노무현 정부 (2003~2007)	이명박 정부 (2008~2012)	박근혜 정부 (2013 ~ 2017)
산지유통정책	조직화	• 품목별 전문조직 육성 • 밭떼기 제도화 • 작목반 공동계산 추진	• 농협의 공동출하 기능 강화 • 산지유통전문조직 육성	• 브랜드 사업 본격화 • 공동마케팅조직 육성 • 산지유통조직 법인화 유도(조합공동사업법인 제도화)	• 시군유통회사 설립 • 대규모농업회사 선정	• 농협 중심 조직 광역화 강화 • 자조금 등 품목단위 전국 조직화 모색
	시설현대화	• 저온저장고 지원 • 수송차량 지원	• 산지유통센터 건립 • 간이집하장과 산지 가공공장의 운영 활성화 • 수확후관리 강화	• 산지유통센터 건립 • 거점APC 건립	• 기존 산지유통센터 시설보수 위주로 지원	• 권역별 농협도매 물류센터 개설
도·소매유통정책	도·소매시장	• 공영도매시장 조기 건설 • 전품목상장거래 실시 • 최저가격 제시제도 도입 • 도매시장평가 실시	• 공영도매시장 건설 확대 • 상장예외제도 활용 • 기계식 경매 도입 • 도매시장평가 내실화	• 공영도매시장 건립 완료 • 도매상제 도입(강서도매시장 개장)	• 농협의 도·소매기능 강화 • 도매시장 현대화 사업 실시	• 도매시장 시설현대화 확대 • 대금정산조직 설립 • ICT 기반 물류 효율화 확대
	경로다양화	• 직거래장터 설립 지원 • 물류센터 건설 • 생산자단체의 유통 자회사 설립	• 직거래정책에서 농협의 역할 강화 • 직거래 장터 확대 • 산지와 대형유통업체 간 직거래 촉진 • 전자상거래 촉진 • 물류센터 확충 • 소비자생활협동조합법 제정	• '1사1촌'을 통한 직거래 활성화 • 물류센터 조기확충 및 운영개선 • 다양한 농산물 직거래 제도화	• B2B를 위한 '사이버거래소' 설립 • 종합유통센터 건립완료	• 직거래 활성화 위한 법 제정 추진 • 로컬푸드 등 소비자 참여형 직거래 확대
수급안정정책		• 채소수급안정사업 실시 • 생산자 중심의 자율적 수급안정 정책으로 전환 도모 • 농업관측정보 제공	• 과실수급안정사업 실시 • 자조금제도 도입 • 유통협약·명령제 도입 • 농업관측센터 설립	• 자조금 사업 확대 • 농업관측정보 내실화	• 국내 수매비축 및 계약재배 도입 • 소비자 가격정보 도입 • 농업관측사업 강화	• 상시비축제 등 비상대책 수립 • 생산자 단체 주도의 자율적 수급안정 지원 강화

자료: 농식품신유통연구원 자료 수정

도 병행되었는데, 직거래 장터의 확대, 전자상거래 촉진, 생협이나 로컬푸드를 통한 소비자 참여형 직거래 육성 등의 정책이 순차적으로 진행되었다.

농산물 유통정책의 중요한 부분인 수급안정 정책은 생산자와 소비자에 큰 영향을 주기에 역대 정부들이 상당한 정책적 노력을 해왔었는데, 김영삼 정부는 채소수급 안정

사업과 농업관측사업에 중점을 두었고, 김대중 정부는 유통협약제(marketing agreement)
와 유통명령제(marketing order)를 도입하였으며12 농업관측센터를 한국농촌경제연구원에
정식으로 설치하였다. 노무현 정부에서는 자조금을 통한 수급 안정 가능성을 모색하였
고, 농업관측정보의 수준을 높였으며, 이명박 정부는 수매비축 및 계약재배에 중점을
두었다. 박근혜 정부는 비축을 통한 정부의 시장 개입과 생산자의 자율적 수급안정 강
화를 위한 정책을 시행하였다.

　　역대 정부의 다양한 정책에도 불구하고 우리나라 농산물 유통은 여전히 해결해야
할 과제들이 많이 남아있는데, 첫 번째는 산지 조직의 고도화이다. 그동안의 정책적 노
력을 통해 지역 중심 조직화는 상당 부분 완성이 되었으나 시·군 단위의 조직이 대부분
을 차지하고 있어 규모화를 통한 광역 조직으로 발전해나가야 한다. 나아가 최근 집중
적으로 육성되고 있는 자조금 조직과 같이 전국규모의 품목 조직으로 나아가야만 산지
유통의 주체가 될 수 있다.

　　두 번째는 유통경로를 보다 다양화하여 경로 간의 경쟁을 통한 유통 효율성의 극대
화를 지속시켜야 한다. 정부의 직거래 활성화 정책 등을 통해 기존의 도매시장을 경유하
는 유통경로가 다양화되고 있으나, 추가적인 유통경로가 새로 구축되어 경쟁하도록 여건
을 강화시켜야 할 것이다. 특히, 과거와 달리 식품가공산업이나 외식산업의 원료용 농산
물 거래인 B2B거래의 비중이 증가하고 있는데, 이에 대한 정책적 관심이 요구되고 있다.

　　세 번째는 급변하는 유통 환경에서 비중이 줄어들고 있는 도매시장의 경쟁력을 높
여야 한다. 앞서 언급한 유통경로의 다양화 등으로 인해 도매시장의 역할이 줄어들고
있지만, 우리나라에서 생산되는 청과물의 절반 이상을 유통하는 도매시장이 주어진 수
집 및 분산, 가격 발견 등의 역할을 계속해서 해내도록 진화를 유도해나가야 할 것이다.
특히, 거래량 감소 등으로 위축되고 있는 지방도매시장에 대한 정책적 방안 모색이 시
급하다.

　　네 번째는 수급 안정의 민간 참여 수준을 높여야 한다. 비축, 시장격리 등 정부가
직접적으로 시장에 개입하는 정책은 단기적인 효과는 있으나 중장기적인 부작용이 지속
되기에 생산자가 스스로 재배면적과 공급 물량 등을 자율적으로 조정하여 농산물 수급
안정에 일정한 역할을 할 수 있도록 하여야 한다. 이를 위해서는 생산자 조직을 보다

12　농산물 유통협약은 생산자, 유통인, 소비자 대표가 자율적으로 품질이 나쁜 농산물의 출하와 유통을 제한하는 내용 등
의 협약을 맺어서 해당 농산물의 수급조절과 품질 향상을 유도하는 제도인 반면, 농산물 유통조절명령제는 농산물의
수급조절을 위한 공급량 조절 등을 생산자 조직이 정부에 건의하여 정부 행정명령으로 이행하도록 하는 제도이다. 유
통협약은 자율적인 협약이지만, 유통명령은 정부의 행정명령이기에 강제성을 가진다.

강화하여 품목별 공급 조절이 일정 부분 달성될 수 있도록 하여야 한다.

다섯 번째로는 유통시설 및 물류 인프라를 지속적으로 개선하고, 유통 종사자들의 역량을 끌어올려야 한다. 특히 정보통신기술(ICT)을 적극 도입하여 시설 운영 및 물류 효율성을 극대화하고, 유통 종사자들이 변화하는 유통 환경에 능동적으로 대응할 수 있도록 홍보와 교육을 강화하여야 한다.

3. 관련 제도

농산물 유통에 직접적인 영향을 주지는 않지만, 유통 효율성을 높이는 데 도움을 주는 제도들을 살펴볼 필요가 있다. 유통 관련 제도로는 크게 품질 관리제도, 안전성 관리제도, 원산지 관리제도 등으로 구분할 수 있다. 여기서 품질 관리제도는 유통되는 농산물이 품질이 제각각이고 쉽게 확인하기 어려운 문제를 해결하기 위한 것이고, 안전성 관리제도는 농산물의 식품 안전성을 관리하기 위한 제도이며, 원산지 관리제도는 농산물의 생산지를 공식적으로 확인할 수 있도록 하여 저가 수입산 등의 유입을 차단하기 위한 제도이다.

품질 관리제도의 기준이 되는 품질은 상품이 얼마나 좋은지를 결정하는 기준으로 상품의 우수한 수준을 뜻한다. 품질의 기준은 일반적으로 맛, 크기, 모양, 향, 당도, 신선도 등을 가지고 판단하지만 〈표 2-11〉과 같이 다양한 기준에 따라 세부적인 품질을 설정하여 유통되는 농산물의 품질을 가늠하게 된다. 농산물의 유통 효율성을 높이기 위해서는 공산품처럼 일정한 품질을 가진 농산물끼리 모아서 유통되어야 하는데, 이를 위

표 2-11 농산물 품질의 유형

기준	유형
평가 주체	• 주관적 품질: 개인의 취향에 따라 결정되는 품질 • 객관적 품질: 정량적 기준에 따라 측정되는 품질
평가 항목	• 외형적 품질: 생산자명, 브랜드, 포장 디자인 등의 외면적 품질 • 기능적 품질: 상품의 실질 기능에 따른 품질
평가 기준	• 절대적 품질: 사전에 결정된 기준에 따라 평가되는 품질 • 상대적 품질: 상호 비교를 통해 평가되는 품질
상품 특성	• 기본적 품질: 상품이 보유하는 기본적 특성에 따른 품질 • 부가적 품질: 이미지, 디자인, 판매방법 등에 따라 추가되는 품질

해 표준화 및 규격화가 필요하다. 표준화란 특정 상품에 대해 공통적으로 합의된 기준인 표준을 정하는 것이고, 규격화는 서로 다른 농산물을 국가적으로 통일된 기준인 표준에 맞도록 분류하는 것으로 정의되는데, 규격화는 다시 포장의 규격화와 품질에 대한 등급화로 구분된다. 여기서 포장의 규격화는 물류 효율성 제고를 위해 필수적인 요소인데, 농산물의 포장·운송·저장·상하역·정보 생성 및 분산 등에 필요한 시설, 장비 및 자재, 용어 등을 통일할 수 있어 상호 호환성을 높여주고 기계화가 용이하기 때문이다. 한편 품질 등급화는 상류에서의 유통 효율성을 높여주는데, 공산품처럼 직접 상품을 확인하지 않고 거래가 가능하여 거래비용과 시간을 절약할 수 있으며 샘플(sample)만 확인하고 거래가 성사되는 견본거래나 전자상거래를 가능하도록 한다. 추가적으로 등급화는 농산물의 품질에 따라 적정한 가격을 부여할 수 있어 고품질 생산 농가가 보다 높은 가격을 받을 수 있도록 해주기도 한다.

안전성 관리제도로는 친환경농산물 인증제도, 농산물우수관리제도(GAP), 농산물 이력추적관리제도(traceability)가 대표적인데, 친환경농산물 인증제도는 합성농약, 화학비료, 항생제 및 항균제 등 화학자재를 사용하지 아니하거나 사용을 최소화한 농산물에 대한 인증을 하는 제도로 유기농산물과 무농약농산물 인증이 있다.[13] 농산물우수관리제도(GAP)는 농산물의 농약, 중금속, 유해생물 등의 식품 안전성 유해 요소를 농장에서 식탁까지(farm to table) 생산 및 유통 전 과정에 걸쳐서 일정 기준 내에서 관리한 농산물에 대한 인증제도로 농산물 재배단계만 관리하는 친환경농산물 인증제도와 차이를 둔다. 마지막으로 농산물 이력추적관리 제도는 농산물을 생산단계부터 최종 소비단계까지 각 단계별로 정보를 기록·관리하는 제도로 유통되는 농산물의 식품 안전문제가 발생한 경우 단계별 역추적을 통해 문제 원인을 파악할 수 있도록 하는 기능을 하는데, 농산물우수관리제도(GAP)는 기본적으로 이력추적관리 시스템이 포함되어 있다.

원산지 관리제도는 농산물이 생산 또는 채취된 국가 또는 지역인 원산지를 표시하도록 하는 제도로 저가 수입산 농산물이 국산으로 둔갑하는 문제에 대응하기 위한 제도이다. 특히 국산과 수입산의 가격 차이가 큰 고추 등의 농산물은 중국산 등의 저가 수입산이 국산으로 속여서 유통되는 경우가 많기에 엄격한 원산지 표시 단속을 지속적으로 실시하고 있다.

---

13 유기농산물은 유기합성농약과 화학비료를 전혀 사용하지 않고 재배한 농산물이고, 무농약농산물은 유기합성농약은 사용하지 않되 비료는 추천 시비량의 1/3 이하를 사용한 농산물이다.

◉ 참고문헌

김성훈 외(2018), 푸드테크 및 푸드 스타트업 육성 방안 연구, 한국농수산식품유통공사.

◉ 요약 및 복습

01 시장은 구매자와 판매자가 상품을 거래하는 장소인데, 장소, 주거래 품목, 거래 주기, 유통단계 등에 따라 유형화될 수 있다.

02 상품을 거래하는 방식은 크게 현물거래, 선물거래, 옵션거래로 구분되는데, 현물거래는 우리가 일상적으로 접하는 거래방식으로 현시점에서 상품을 바로 사고파는 거래이고, 선물거래는 미래의 상품을 현재 시점에서 미리 거래하는 것이며, 옵션거래는 선물거래에 보험개념을 도입하여 거래자의 거래 내용 이행 의무를 면제해주는 거래이다. 한편, 선도거래는 선물거래와 유사하지만 개인 간 거래로 선물거래와 구분된다.

03 도매시장은 산지에서 수집된 농산물을 소매단계로 분산시키는 시장인데, 도매시장 거래 제도로는 경매와 수의매매로 구분된다. 도매시장 수의매매를 하는 시장도매인은 경매의 도매법인과 중도매인(매매참가인)의 역할을 한꺼번에 수행한다.

04 경매와 시장도매인 수의매매는 각각의 장단점을 가지고 있는데, 경매는 거래의 투명성 및 공정성이 우월하고, 생산자의 시장 참여 기회를 확대하며, 대표가격을 형성하고 거래 정보를 즉각 제공하는 장점을 가진다. 반면에 시장도매인의 수의매매는 경매에 비해 가격의 급등락이 적고, 거래가 신속하여 유통비용을 절감하며, 소비지의 수요를 산지에 쉽게 전달하는 장점을 가진다.

05 도매시장을 경유하지 않고 유통되는 시장 외 거래 비중이 늘어나고 있는데, 직거래나 소매업체의 산지 직구매 등이 확대되는 결과이다.

06 계약재배는 생산자와 계약사업자가 미래에 주고받을 농산물에 대한 거래 약속을 체결하는 것으로 판매계약과 생산계약으로 구분된다.

07 산지 조직의 주요 사업으로 공동판매가 있는데, 거래 교섭력 제고, 규모의 경제 달성, 시장 변화의 능동적 대응 등의 장점을 가지고 있다. 농산물의 공동판매는 무조건 위탁, 평균 판매, 공동계산의 3가지 원칙이 적용되어 생산자의 거래 교섭력을 높이는 데 기여한다.

08 자조금은 특정 농산물의 소비 촉진, 품질 개선, 자율적 수급 조절 등을 위해 농산업자가 납부하는 금액을 주요 재원으로 하여 만들어진 자금으로 품목단위의 조직화를 위해 사용된다.

09 종이 문서를 사용하지 않고 인터넷이나 PC통신을 이용해 상품을 거래하는 행위를 지칭

하는 전자상거래는 거래의 시간과 공간에 대한 제약이 전혀 없어 기존의 오프라인 거래를 빠르게 대체해나가고 있다.

10 푸드테크는 식품과 기술을 합친 말로 식품산업과 전후방 연관산업의 발전에 기여하는 기술인데, 주로 4차 산업 기술을 지칭한다. 푸드 스타트업은 푸드테크를 기반으로 하여 새로운 사업을 하는 신생 벤처기업인데, 고차원의 4차 산업 기술이 적용되지 않아도 혁신적인 아이디어로 새로운 시장을 개척하는 신생 업체까지 포함한다.

11 협동조합은 경제적 약자인 생산자나 소비자 등이 생활 또는 사업의 개선을 위해 서로 협력하기 위해 만든 조직으로 생산자협동조합인 농협과 소비자협동조합인 생협 등이 해당된다. 이 중 농협의 역할로 거래 교섭력 강화, 규모의 경제 확대, 거래비용 절감, 유통 및 가공업체에 대한 견제 등이 있다.

12 유통정책은 농산물 시장에서 발생하는 시장실패 문제를 최소화하기 위해 정부가 직간접적으로 시장에 개입하는 정치 행위인데, 우리나라는 다양한 유통정책들을 산지 조직화 및 시설 현대화, 도매시장 발전 및 소매 유통 개선, 수급 안정 등의 목적으로 시행해오고 있다.

13 농산물 유통에 직접적인 영향을 주지는 않지만, 유통 효율성을 높이는 데 도움을 주는 제도로는 품질 관리제도, 안전성 관리제도, 원산지 관리제도 등이 있다.

주요 용어

- 시장
- 현물시장과 선물시장
- 도매시장
- 경매와 수의매매
- 시장도매인
- 계약재배
- 자조금
- 전자상거래
- 푸드테크
- 협동조합
- 유통정책

학습문제

01 시장의 정의와 유형에 대해 설명하시오.

02 상품 거래방식에 대해 각각 설명하고, 그 차이를 기술하시오.

03 도매시장 거래제도가 무엇이고, 제도별 장단점을 비교하여 설명하시오.

04 계약재배에 대해 설명하시오.

05 산지조직의 공동판매의 장점과 공동판매 원칙에 대해 각각 기술하시오.

06 자조금이 무엇인지 설명하고, 자조금 조직의 특성을 기술하시오.

07 전자상거래와 일반상거래의 차이점을 구체적으로 기술하시오.

08 푸드테크와 푸드 스타트업에 대해 설명하시오.

09 협동조합의 정의를 설명하고, 농협과 생협이 무엇인지 기술하시오.

10 유통정책의 필요성에 대해 기술하시오.

식품산업의 개념과 현황

개요

이 장에서는 농식품 유통에서 비중을 늘리고 있는 식품산업에 대해서 알아보도록 한다. 먼저 식품산업의 개념과 여건에 대해서 살펴보고, 우리나라 식품산업을 구성하고 있는 식품가공산업, 외식산업, 식재료산업의 현황을 부문별로 설명한다. 이 장에서 공부하게 되는 식품산업은 1차 산업인 농업의 산출물을 투입재로 하여 부가가치를 창출하는 산업으로 농산업에서의 중요도가 갈수록 높아지고 있다. 특히 1차·2차·3차 산업을 아우르는 농업의 6차 산업화에서 필수적인 산업으로 농식품 유통을 이해하는 데 필요한 산업이다.

주요 학습사항

1 식품산업은 무엇이고, 어떠한 여건을 가지고 있는가?

2 식품가공산업의 개념과 현황은 어떠한가?

3 외식산업의 개념과 현황은 어떠한가?

4 식재료산업의 개념과 현황은 어떠한가?

도입사례

식품가공 원료의 국산화 조건

2008년 출범한 MB(이명박)정부는 우리 농업에 큰 전환기를 마련했는데 농림부를 농림수산식품부로 확대 개편한 것이 대표적이다. 이는 주무부처의 정책대상을 1차 산업인 농업에서 2차 식품가공산업과 외식 등 3차 식품서비스산업까지 확장해 산업 간 시너지 효과(synergy effect)를 극대화하는 여건이 조성된 것으로 평가받았다. 특히 농산물을 원료로 사용하는 식품산업의 육성이 국산 농산물의 소비 확대로 이어질 것으로 기대를 모았는데 당시 정책들을 보면 외식업체와 식품가공업체의 국산 농산물 사용 촉진을 위한 다양한 지원책이 발표됐고, 식품산업과 농업의 중간다리 역할을 하는 식재료산업에 대한 논의도 상당 기간 진행됐다.

10여 년이 지난 상황에서 관련 정책의 성과를 보면 찬사와 비판을 동시에 받고 있음을 확인하게 된다. 음식점 원산지표시제도를 도입해 식당에서 주문하는 음식재료의 원산지를 속이는 일이 없도록 하고, 외식업체의 국산 농산물의 원료 사용을 촉진하는 지원책을 통해 외식산업에서 국산 농산물 사용 비중이 상승한 것은 의미 있는 결과. 반면 우리밀운동으로 면류나 빵류 생산에서 국산 밀 사용이 일정 부분 증가하고 전통식품 가공업체와 일부 대기업의 국산 농산물 사용량이 늘어난 것을 제외하고 식품가공업체의 국산 원료 농산물 사용 비중이 크게 달라지지 않았다는 평가를 받는다. 나아가 상품이나 서비스에 담기는 무형(無形)의 가치가 큰 비중을 차지하는 외식상품에 비해 가격이 상품 경쟁력의 대부분을 차지하는 가공식품에서는 국산 원료 농산물의 자리가 별로 없다는 주장도 있다.

우리 농산물의 식품가공 원료 사용이 늘어나도록 하기 위해서는 원료 구매자이자 사용자인 식품가공업체의 상황을 좀 더 깊게 살펴보아야 한다. 국산 원료 농산물이 수입 농산물보다 가격이 비싼 문제는 둘째로 치더라도 일정한 품질을 가진 농산물의 안정적인 공급이 담보되지 못하면 가공공장을 운영하기 어렵다는 말은 귀담아들을 필요가 있다. 특히 사전에 합의된 물량을 수확해 주기로 계약한 농가가 시장가격이 갑자기 올랐다는 이유로 공급계약을 파기하는 경우를 한두 번 겪어보면 더 이상 국산 농산물에 눈길도 가지 않는다는 말은 상당히 뼈아프다. 또한 우리나라 전체 식품가공산업에서 차지하는 전통식품산업의 비중이 크지 않은 상황에서 대부분 식품가공업체의 생산기술 및 설비가 수입 원료에 맞춰졌기에 가공원료를 수입산에서 국산으로 바꿀 경우 품질이 떨어지거나 아예 상품으로 만들지 못하는 문제에 대한 대응도 중요하다. 즉 국산 농산물의 취약한 '가공 적성'(加工 適性) 문제를 해결하기 위해서는 국산 농산물의 품종개량 및 재배방식 개선뿐만 아니라 업체의 가공설비 및 공정보완을 위한 지원책이 함께 요구된다.

앞으로 풀어야 할 과제가 적지 않은 것은 사실이다. 그렇지만 담대한 목표를 설정하고 종합적인 계획을 세운 다음 끈질긴 노력을 통해 과거 10년 이상의 성과를 창출해 내도록 하자!

〈자료: 머니투데이, 2021. 11. 4.〉

제1절

식품산업의 개념과 여건

1. 식품산업의 개념 및 의미

식품산업의 근간을 이루는 '식품'이란 우리가 삶을 영위하기 위해 섭취해야 하는 음식물을 의미하는데, '먹을거리'라고도 불리고 있다. 식품산업에 대한 공식적인 정의는 관련 법인 「농업·농촌 및 식품산업 기본법」에서 규정하고 있는 "식품을 생산·가공·제조·조리·포장·보관·수송 또는 판매하는 산업"을 적용할 수 있다.[1]

식품산업은 1차 산업인 농림축수산업에서 생산되는 산출물을 원료로 사용하여 부가가치가 더해진 상품(서비스)을 생산하는 산업으로 2차 산업인 식품가공산업과 3차 산업인 외식산업이 중심이 되고 있다. 이들 산업은 농림축수산업의 상품을 구매하면서 생산자에게 대금을 지급하고, 자체적으로 생산한 상품(서비스)을 소비자에게 판매하여 수익을 창출하는 역할을 하고 있다. 정부는 이러한 식품산업의 중요성을 인지하고 2008년 농림부를 농림수산식품부로 확대 개편하여 식품산업에 대한 정책을 본격적으로 도입하여 왔다. 이에 따라 식품산업에 대한 학문적 연구도 활발하게 진행되었는데, 과거에는 전통식품 등에 제한적으로 연구하던 것에서 나아가 식품산업의 각 부문별 연구가 다양하게 진행되고 있다.

한편, 식품산업에는 식재료산업도 있는데, 이 산업은 농림축수산업에서 생산되는 원료 상품을 가공·유통하여 식품가공산업이나 외식산업에 공급하는 산업이다. 식재료산업은 식품가공산업이나 외식산업에 비해 규모가 크지 않으나 1차 산업인 농림축수산업과 2차 또는 3차 산업인 식품가공산업 및 외식산업의 중간다리와 같은 역할을 하고 있어, 정책적 관심이 높아지고 있다. 또한 최근에는 ICT 4차 산업화가 진행되면서 식재료를 온라인 유통을 통해서 거래하는 비중이 증가하는 등 성장을 지속하고 있다.

---

1 보다 구체적인 내용은 다음을 참고할 수 있다.
  농업·농촌 및 식품산업 기본법 제1장 제3조:
    7. "식품"이란 다음 각 목의 어느 하나에 해당하는 것을 말한다.
      가. 사람이 직접 먹거나 마실 수 있는 농산물
      나. 농산물을 원료로 하는 모든 음식물
    8. "식품산업"이란 식품을 생산·가공·제조·조리·포장·보관·수송 또는 판매하는 산업으로서 대통령령으로 정하는 것을 말한다.

그림 3-1 식품산업의 기능

표 3-1 식품산업의 매출액 및 종사자 추이　　　　　　　　　　　　　　　　(단위: 십억 원, 천 명)

		2000	2002	2004	2006	2008	2012	2014	2016	2018	2019
매출액	전체	69,544	76,959	91,896	95,273	119,924	152,435	163,745	205,440	230,196	240,622
	식품가공산업	34,072	38,939	43,526	44,381	55,212	75,150	79,925	86,611	92,013	96,230
	외식산업	35,472	40,491	48,370	53,701	64,712	77,285	83,820	118,853	138,183	144,392
종사자수	전체	1,588	1,784	1,610	1,607	1,739	1,932	2,091	2,201	2,366	2,422
	식품가공산업	158	162	160	157	161	179	195	212	227	230
	외식산업	1,430	1,586	1,556	1,529	1,578	1,753	1,896	1,988	2,139	2,192

자료: 통계청

　　식품산업은 성장을 이어오면서 우리나라 경제에 상당한 기여를 하고 있는데, 2019년을 기준으로 총 매출액이 약 241조 원에 달하고, 종사자 수도 약 240만 명에 달하고 있다. 이를 보다 구체적으로 살펴보면, 식품가공산업과 외식산업의 매출액은 각각 2000년 34조 원과 35조 원에서 2019년 96조 원과 144조 원으로 2.8배, 4.1배 증가하는 산업의 성장이 이어지고 있음을 확인할 수 있다. 종사자 수 또한 크게 증가하고 있는데, 식품가공산업과 외식산업의 종사자 수가 2000년 각각 16만 명, 143만 명에서 2019년 23만 명, 219만 명으로 1.4배, 1.5배 증가하였다.

　　이상의 통계자료에서 매출액과 종사자 수의 증가속도를 비교할 수 있는데, 분석 결과 우리나라 식품산업의 매출액이 종사자 수보다 더 빠른 속도로 증가한 것을 확인하게 된다. 이는 우리나라 식품산업이 과거 노동력을 고용을 많이 하는 노동집약적인 산업구조에서 자본집약적인 산업구조로 변화해나가고 있음을 보여주는 것으로 식품산업의 고도화 가능성을 엿볼 수 있다.

2. 식품산업의 여건 분석

1) 대내적 여건

식품산업의 여건 분석을 위해 가공식품과 외식상품에 대한 소비 추세를 살펴보기로 하자. 〈표 3−2〉는 우리나라 가구당 월평균 식품 소비지출액 비중을 보여주고 있는데, 4인 가구가 매월 식품 소비를 위해 지출하는 금액 중 신선식품에 대한 소비지출액 비중이 1990년 61.5%에서 2018년 30.8%로 절반 수준의 감소를 보인 반면, 가공식품의 소비지출액 비중은 1990년 15.4%에서 2018년 20.1%로 30.5% 증가한 것으로 나타나 대조를 보인다. 한편 외식 소비지출액 비중은 같은 기간 동안 23.0%에서 49.1%로 2배 이상 크게 증가하여 외식 소비가 확대되고 있음을 확인할 수 있다. 이상의 내용을 통해 우리나라 식품산업의 대내적 여건을 파악할 수 있는데, 소비자들이 신선 농림축수산물을 직접 시장에서 구매하여 요리하는 대신 가공식품 또는 외식상품을 구매하는 경우가 늘어나고 있어 해당 상품을 공급하는 식품산업의 여건이 우호적으로 변화하는 것으로 분석된다.

이러한 식품산업의 대내적 여건 변화는 우리나라 국민의 삶 변화에 따른 결과인데, 그동안 꾸준하게 진행되었던 도시화 및 산업화, 여성의 사회 진출 증가 및 핵가족화 등

표 3-2 소비자 가구당 식품 소비지출 추이   (단위: 원, %)

연도	식료품 전체 (A)	신선 (B)	B/A	가공 (C)	C/A	외식 (D)	D/A
1990	208,433	128,284	61.5	32,142	15.4	48,007	23.0
1995	354,601	182,096	51.4	50,053	14.1	122,452	34.5
2000	433,620	187,902	43.3	60,833	14.0	184,885	42.6
2005	539,574	201,220	37.3	75,639	14.0	262,715	48.7
2010	610,648	223,887	36.7	95,818	15.7	290,943	47.6
2015	690,620	234,839	34.0	119,407	17.3	336,374	48.7
2016	689,148	225,950	32.8	122,884	17.8	340,314	49.4
2017	725,385	220,268	30.4	143,918	19.8	361,199	49.8
2018	719,743	221,608	30.8	144,698	20.1	353,437	49.1
증감률	245.3	72.7	-49.9	350.2	30.5	636.2	113.5

주: 전 가구를 대상으로 한 가계수지 항목별 자료임.
자료: 통계청

으로 인해 집에서 직접 요리를 하여 가족들이 함께 식사를 하는 문화가 점점 사라져가고 있기 때문이다. 나아가 최근에는 1인 가구의 증가 등으로 간편식이나 외식을 통해 끼니를 해결하는 경우도 늘어나고 있어 당분간 비슷한 추세가 유지될 것으로 생각된다.

2) 대외적 여건

식품산업의 대외적 여건은 보다 도전적인 상황인데, 수입 식품의 국내 유입이 확대되고 있어 업체 간 경쟁이 더 치열해지기 때문이다. 관련 통계를 보여주는 〈표 3-3〉을 보면, 우리나라 식품시장의 개방 이후 수입식품들이 국내 시장에 많이 진입하고 있음을 확인할 수 있다. 전체 식품 수입액은 2000년 약 40억 달러에서 2020년 약 273억 달러로

표 3-3 식품의 품목별 수입 추이   (단위: 건, 톤, 천 달러)

구 분		2000	2005	2010	2015	2016	2017	2018	2019	2020	증감률[1]
총계	건수	133,761	215,494	441,530	598,082	625,443	672,273	728,114	738,082	750,993	461.4
	물량	10,350,535	11,261,442	14,825,691	17,064,298	17,260,902	18,295,687	18,553,556	18,441,149	18,332,908	77.1
	금액	4,036,495	7,586,286	15,903,633	23,294,689	23,437,632	24,972,153	27,337,055	27,472,957	27,262,396	575.4
농·임산물	건수	21,406	33,051	39,413	60,688	62,616	69,121	71,258	69,518	70,193	227.9
	물량	7,438,916	7,348,692	7,724,125	8,665,633	8,330,470	9,037,001	8,808,119	8,662,756	8,813,466	18.5
	금액	1,543,944	2,336,561	3,935,568	5,328,759	4,873,389	5,064,152	5,285,819	5,016,222	5,144,519	233.2
가공식품	건수	70,474	126,422	157,570	229,262	237,516	251,756	271,736	279,840	286,225	306.1
	물량	2,640,190	3,554,104	4,709,928	5,405,961	5,803,783	6,009,302	6,190,252	6,305,710	6,139,757	132.5
	금액	1,786,829	3,663,831	4,636,615	5,954,684	6,649,604	6,783,933	6,872,826	7,230,504	7,383,793	313.2
건강기능식품	건수	-	7,006	6,555	10,113	10,555	10,691	12,043	13,104	13,809	97.1
	물량	-	13,174	6,949	9,555	10,775	11,069	13,531	16,066	19,824	50.5
	금액	-	581,052	225,667	440,636	506,752	509,619	610,751	785,963	912,150	57.0
식품첨가물	건수	21,632	28,225	33,503	35,283	37,481	37,480	39,074	39,608	40,079	85.3
	물량	109,948	167,172	237,730	311,970	345,712	364,863	373,908	386,181	416,842	279.1
	금액	301,533	475,363	653,994	819,467	834,691	887,229	926,831	954,451	1,042,580	245.8
기구·용기포장	건수	20,249	20,790	56,947	90,926	92,806	105,429	118,673	120,790	138,498	584.0
	물량	161,481	178,300	226,738	347,347	403,328	354,332	379,907	378,140	389,160	141.0
	금액	404,189	529,479	905,905	1,888,733	1,875,938	1,793,605	2,023,787	2,050,557	2,107,113	421.3

주: 건강기능식품의 증감률은 2005년~2020년임.
자료: 식품의약품안전처, 식품의약품통계연보.

575.4% 증가하였는데, 그중에서 가공식품과 농·임산물의 수입 추이를 각각 비교하여 보면 2000년부터 2020년까지의 기간 동안 가공식품의 수입 물량이 2000년 264만 톤에서 2020년 614만 톤으로 132.5% 증가한 반면, 농·임산물의 수입 물량은 같은 기간 동안 744만 톤에서 881만 톤으로 18.5% 증가하여 가공식품의 수입이 보다 빠르게 확대되고 있어 우리나라 식품가공업체의 부담이 늘어나고 있는 상황이다.

추가적으로 가공식품의 수입 물량과 수입 금액을 비교하여 보면, 2000년부터 2020년까지의 기간 동안 수입 물량 증가폭이 132.5%인 것에 반해, 수입금액이 313.2%로 매우 높아 물량 한 단위당 금액이 증가한 것을 확인할 수 있다. 이는 수입 가공식품의 가격이 갈수록 높아짐을 의미하는데, 과거 저가 수입품이 국내에 유입되던 것이 고급상품으로 대체되고 있는 것으로 수입식품의 강점이 가격 경쟁력에서 품질 경쟁력 등으로 확대됨을 의미한다. 이상의 상황에서 우리나라 식품가공업체는 국내 시장에 들어오고 있는 수입식품의 경쟁력이 갈수록 높아짐에 따라 어려움에 직면하고 있어 적극적인 대응이 필요하다.

제2절
식품산업의 부문별 현황

1. 식품가공산업

1) 개황

농림축수산물을 가공하여 상품을 공급하는 산업인 식품가공산업은 2차 산업인 제조업으로 농림축수산업 산출물의 부가가치를 증대시키는 역할을 하고 있다. 우리나라 식품가공산업은 성장을 지속하고 있는데, 매출액이 2000년 34조 원에서 2019년 96조 원으로 2.8배 증가하였고, 사업체 수는 같은 기간 동안 3,431개소에서 5,797개소로 1.7배 증가하였으며, 종사자 수는 16만 명에서 23만 명으로 1.5배 증가하였다.

여기서 식품가공산업의 사업체 수와 종사자 수 증가율을 비교하여 보면 사업체 수 증가 속도가 더 빨라 업체당 종사자 수가 줄어드는 것을 확인할 수 있는데, 이를 통해 우리나라 식품가공업체가 노동집약적인 구조에서 벗어나고 있는 것으로 볼 수 있다. 또한 사업체 수와 매출액 증가율을 비교하여 보면 매출액의 증가 속도가 더 빨라 업체당 매출액이 증가하고 있어, 식품가공산업의 규모화가 상당 부분 진행되고 있는 것도 확인이 된다.

표 3-4 식품가공산업의 사업체수, 종사자수, 매출액 추이 (단위: 개소, 명, 억 원)

연도	사업체수	종사자수	매출(출하)액
2000	3,431	158,325	340,716
2001	3,572	158,676	360,805
2002	3,847	161,885	389,394
2003	3,888	161,974	396,154
2004	3,841	159,901	435,263
2005	3,932	157,686	436,682
2006	4,057	156,967	443,814
2007	4,257	163,236	481,491
2008	4,061	160,584	552,117
2009	4,169	166,538	607,713
2011	4,360	176,729	702,082
2012	4,423	178,839	751,499
2013	4,616	183,800	773,205
2014	4,983	194,954	799,253
2015	5,124	205,018	839,372
2016	5,274	211,568	866,112
2017	5,481	216,998	897,179
2018	5,616	226,915	920,132
2019	5,797	230,039	962,296

자료: 통계청

식품가공산업의 세부 현황을 살펴보면 〈표 3-5〉와 같다. 우리나라 식품가공산업은 먹는 것인 식료품산업과 마시는 것인 음료품산업으로 구분될 수 있는데, 식료품산업은 육가공산업(도축 포함), 수산가공산업, 과채가공산업 등으로 분류되고 음료품산업은 알콜음료산업과 비알콜음료산업으로 분류된다.

표 3-5 식품가공산업의 부문별 업체 추이   (단위: 십억 원, 개소, 명)

산업별	2009			2019		
	매출액	사업체수	종사자수	매출액	사업체수	종사자수
제조업	1,122,987	57,996	2,452,880	1,541,790	69,639	2,928,289
식품가공산업	60,771	4,169	166,538	96,230	5,797	230,039
식료품산업	52,879	3,916	153,429	84,061	5,527	213,539
육가공(도축 포함)	8,956	608	27,650	16,354	1,043	41,959
수산가공	3,482	806	24,101	6,990	995	29,063
과채가공	1,968	425	14,357	3,647	604	18,324
식용유지	2,209	60	2,450	1,921	70	2,167
유가공	6,629	103	9,235	7,968	107	9,614
곡물가공, 전분	5,129	279	7,672	6,414	342	10,136
사료	8,173	219	7,162	10,392	277	8,961
기타식료품	16,333	1,416	60,802	30,375	2,089	93,315
음료품산업	7,892	253	13,109	12,169	270	16,500
알콜음료	4,524	94	6,662	5,309	96	6,963
비알콜음료	3,368	159	6,447	6,860	174	9,537

자료: 통계청

　　식료품산업의 산업별 매출액을 2019년 기준으로 보면, 기타식료품을 제외하고 육가공(도축 포함)산업의 매출액이 16.4조 원으로 가장 높은 비중을 차지하였고, 사료산업(10.4조 원)과 유가공산업(8.0조 원) 또한 상대적으로 큰 비중을 보여주었다. 한편 식료품산업의 전체 매출액 변화를 보면 2009년 52.9조 원에서 2019년 84.1조 원으로 1.6배 증가한 것으로 나타나, 우리나라 식료품산업의 성장세를 보여준다.

　　음료품산업의 산업별 매출액 비중은 2019년 기준 알콜음료산업과 비알콜음료산업이 43.6%과 56.4%로 집계되어 비알콜음료산업이 상대적으로 높은 비중을 점하고 있는 것으로 보인다. 음료품산업 전체의 매출액 변화를 보면 2009년 7.9조원에서 2019년 12.2조원으로 1.5배의 증가세를 보였다. 한편, 알콜음료산업과 비알콜음료산업의 매출액 변화 추게는 서로 다른 모습을 보이고 있는데, 알콜음료산업의 매출액이 2009년 4.5조 원에서 2019년 5.3조 원으로 1.2배 증가한 것에 반해, 비알콜음료산업의 매출액은 같은 기간 동안 3.4조 원에서 6.9조 원으로 2.0배가 증가하여 차이를 보였다. 그 결과 2009년 비알콜음료산업의 매출액 비중이 알콜음료산업의 매출액 비중의 74.4%에서 2019년

129.2%까지 성장하게 되었는데, 이러한 변화는 우리나라 소비자의 음료 소비가 건강에 좋은 비알콜음료 상품에 집중되었기 때문으로 보인다.

2) 산업 구조

식품가공업체의 산업 구조를 분석하기 위해 〈표 3−6〉에 제시된 종사자 규모별 사업체 수와 매출액 추이를 살펴보도록 한다. 중소기업으로 대표되는 10~19인의 종사자 고용 업체의 비중이 2019년도에 전체의 47.7%를 차지할 정도로 다수이지만, 매출액 비중은 11.1%에 불과한 것으로 나타났다. 한편, 상대적으로 규모가 큰 업체인 100~199인의 종사자를 고용한 업체들의 비중은 4.5%에 불과하지만, 매출액 비중은 19.4%로 비교적 높은 것으로 나타나 대조를 보였다.

이와 같은 차이는 우리나라 식품가공업체가 대부분 소규모 업체이지만, 이들의 매출 규모가 작아 산업을 주도하지 못하고 있는 것을 시사한다. 또한 시간별 변화 추이를 보면 종사자 수가 큰 대규모 업체들의 비중이 늘어나고 있어 식품가공산업의 규모화 추세가 나타나고 있는 것으로 보인다.

표 3-6 식품가공산업 종사자 규모별 사업체수 및 매출액　　　　　　　(단위: 명, 개, 십억 원)

종사자 규모	2000		2005		2011		2016		2017		2018		2019	
	사업체 수	매출액	사업체 수	매출액	사업체 수	매출액	사업체 수	매출액	사업체 수	매출액	사업체 수	매출액	사업체 수	매출액
10~19	1,544	2,222	1,940	4,020	2,044	6,558	2,395	8,096	2,614	9,174	2,561	9,836	2,767	10,702
20~49	1,184	4,610	1,285	7,035	1,476	13,336	1,884	16,728	1,863	17,412	2,036	18,820	1,996	20,399
50~99	406	6,349	417	8,946	499	14,585	604	18,381	604	17,286	620	17,847	628	17,857
100~199	180	7,081	185	9,817	240	15,739	260	18,649	266	19,216	249	17,828	258	18,684
200~299	61	5,758	61	5,758	57	8,574	75	9,785	78	11,750	88	12,837	81	12,538
300~499	33	3,442	28	4,120	29	6,795	36	9,119	37	8,825	41	8,673	47	9,743
500 이상	23	4,324	16	3,570	15	4,038	20	5,223	19	5,613	21	6,172	20	6,307
계	3,431	34,072	3,932	43,668	4,360	70,208	5,274	86,611	5,481	89,718	5,616	92,013	5,797	96,230

자료: 통계청

2. 외식산업

1) 개황

농림축수산물을 조리하여 상품(서비스)을 공급하는 산업인 외식산업은 3차 산업인 서비스업으로 식품가공산업과 마찬가지로 농림축수산업 산출물의 부가가치를 높이는 역할을 하고 있다. 우리나라 외식산업 또한 성장을 지속하고 있는데, 매출액이 2000년 35조 원에서 2019년 144조 원으로 4.1배 증가하였고, 사업체 수는 같은 기간 동안 57만 개소에서 73만 개소로 1.3배 증가하였으며, 종사자 수는 143만 명에서 219만 명으로 1.5배 증가하였다.

외식산업의 사업체 수와 종사자 수 증가율을 비교하여 보면 종사자 수 증가 속도가 더 빨라 업체당 종사자 수가 늘어나는 것을 확인할 수 있는데, 이는 앞에서 본 식품가공산업과 다른 모습이다. 즉 우리나라 외식업체는 식품가공업체와 달리 노동집약적인

표 3-7 외식산업의 사업체수, 종사자수, 매출액 추이　　　　　　　　　(단위: 개소, 명, 억 원)

연도	사업체수	종사자수	매출액
2000	570,576	1,430,476	354,722
2002	595,791	1,586,409	404,910
2003	605,614	1,594,789	442,635
2004	600,233	1,556,008	483,696
2006	576,965	1,529,276	537,013
2007	577,258	1,567,414	593,654
2008	576,990	1,578,068	647,119
2009	580,505	1,600,718	698,652
2011	607,180	1,683,618	735,070
2012	624,831	1,752,807	772,852
2013	635,740	1,824,214	795,496
2014	650,890	1,895,511	838,199
2016	675,056	1,988,472	1,188,533
2017	691,751	2,036,682	1,282,998
2018	709,014	2,138,772	1,381,831
2019	727,377	2,191,917	1,443,920

자료: 통계청

구조가 강화되는 것으로 보이는데, 이는 제조업이 아닌 서비스업인 외식산업의 특성이 반영된 결과로 볼 수 있다. 외식산업의 사업체 수와 매출액 증가율을 비교하여 보면 매출액의 증가 속도가 더 빨라 업체당 매출액이 증가하고 있어, 식품가공산업과 동일하게 외식산업의 규모화가 진행되고 있음이 확인된다.

〈표 3-8〉의 업종별 외식산업 현황을 보면, 외식산업이 음식점업, 주점 및 비알콜 음료점업으로 구분되는 것이 확인된다. 세부 산업 중에서 한식 음식점업의 비중이 가장

☰ 표 3-8 외식산업의 부문별 업체 추이 (단위: 십억 원, 개소, 명)

산업별	2009			2019		
	매출액	사업체수	종사자수	매출액	사업체수	종사자수
음식점 및 주점업	69,865	580,505	1,600,718	144,392	727,377	2,191,917
음식점업	56,121	421,856	1,233,084	120,065	518,794	1,674,179
일반음식점업	41,719	316,183	924,316	82,497	375,611	1,195,733
한식음식점업	33,770	278,978	766,797	65,948	317,225	956,829
중식음식점업	3,097	21,466	70,740	6,283	25,615	95,963
일식음식점업	1,752	6,268	28,830	4,433	13,982	56,548
서양식음식점업	2,840	8,610	53,693	4,710	13,540	67,130
기타 외국식 음식점업	258	861	4,256	1,123	5,249	19,263
기관구내식당업	2,833	4,566	36,178	10,521	11,203	68,233
기관구내식당업	2,833	4,566	36,178	10,521	11,203	68,233
출장 및 이동음식업	139	469	2,878	186	621	2,811
출장음식 서비스업	139	469	2,878	186	621	2,811
기타 음식점업	11,430	100,638	269,712	26,861	131,359	407,402
제과점업	2,831	13,223	48,641	5,978	21,470	79,871
피자, 햄버거, 샌드위치 및 유사 음식점업	2,754	12,102	60,555	6,759	20,290	100,808
치킨 전문점	2,208	26,156	56,197	6,201	37,508	93,199
분식 및 김밥 전문점	2,722	45,454	93,682	5,695	44,495	113,232
그외 기타 음식점업	915	3,703	10,637	2,229	7,596	20,292
주점 및 비알콜음료점업	13,745	158,649	367,634	24,327	208,583	517,738
주점업	11,626	130,881	300,951	11,875	114,970	254,996
일반유흥 주점업	3,493	31,626	103,387	2,896	29,448	71,196
무도유흥 주점업	502	1,564	10,393	376	1,944	7,147
기타주점업	7,631	97,691	187,171	8,603	83,578	176,653
비알콜 음료점업	2,119	27,768	66,683	12,452	93,613	262,742

자료: 통계청

높은데, 2019년 기준으로 사업체 수, 종사자 수, 매출액 모두 외식산업의 절반 이상을 차지한다. 이는 우리나라 소비자들이 외식 메뉴로 한식을 주로 선택하는 것과 외식산업에 뛰어드는 창업자 대부분이 한식당을 선호하는 추세에 따른 결과이다.

한편 주점 및 비알콜음료점업에서는 2009년에는 주점업의 사업체 수, 종사자 수, 매출액 비중이 대부분을 차지하였으나 2019년에는 상황이 변화했는데, 이는 식품 소비 트렌드 변화로 인해 소비자가 밖에서 술을 많이 마시는 대신 커피숍 등을 많이 이용한 결과 때문이다.

다음으로 2009년에서 2019년에 기간 동안의 세부사업별 변화를 보면, 한식음식점업의 사업체 수 비중이 2009년 66.1%에서 2019년 84.5%로 증가하였고, 매출액 또한 같은 기간 동안 34조 원에서 66조 원으로 크게 늘어나 주목된다. 또한 주점업과 비알콜음료점업의 경우 주점업의 사업체 수 비중이 2009년 82.5%에서 2019년 55.1%로 줄어들었으나, 비알콜 음료점업의 사업체 수 비중이 17.5%에서 44.9%로 2.6배 증가하여 산업 구조의 변화를 반영한다.

2) 산업 구조

외식업체의 규모화는 체인 및 프랜차이즈 업태의 성장으로 가속화되고는 있지만, 규모화 수준은 아직 충분하지 못한 것으로 보인다. 〈표 3−9〉에 제시된 통계를 보면, 2019년 기준 1~4인 종사자를 고용하는 소규모 업체 수가 전체의 84.6%를 차지하는 반면, 50인 이상 고용의 대형 외식업체의 비중은 0.07%에 불과하다. 우리나라 외식업체의 대부분인 1~4인 종사자 고용 업체들의 매출액 비중은 전체의 47.7%에 그쳐 소규모 업체의 한계를 보이고 있다.

한편, 연도별 변화 추이를 보면 2000년에서 2019년의 기간 동안 1~4인 종사자 고용 업체 수가 13.2% 증가한 반면, 50인 이상 고용 업체 수는 61.3%로 크게 증가하여 우리나라 외식산업의 규모화를 확인할 수 있다. 매출액 증가 추세도 유사한 모습을 보여 우리나라 외식업체의 규모화 추세를 반영한다. 이와 같은 외식업체 규모화의 장점으로는 업체 단위당 자본이 증가함에 따라 음식의 품질(식품 안전성) 등에 대한 관리 수준이 개선되고, 외식산업의 효율성이 증가하는 것 등이 있다. 다만 외식업계에도 규모화를 통한 자본의 논리가 강화됨에 따라 개인 창업을 통한 외식시장 진입이 점차 어려워지는 문제도 있다.

표 3-9 외식산업 종사자 규모별 사업체수 및 매출액 　　　　　　(단위: 명, 십 개소, 십억 원)

종사자 규모	2000		2006		2011		2016		2017		2018		2019	
	사업체수	매출액	사업체수	매출액	사업체수	매출액	사업체수	매출액	사업체수	매출액	사업체수	매출액	사업체수	매출액
1~4	54,396	27,463	52,097	33,549	54,943	42,032	58,339	59,160	59,770	65,042	60,393	67,039	61,550	68,862
5~9	2,206	4,846	4,547	10,470	4,415	15,316	7,375	31,682	7,727	35,001	8,440	38,499	9,105	40,800
10~19	341	1,504	791	4,748	1,048	8,708	1,396	14,872	1,320	15,233	1,687	18,749	1,714	19,889
20~49	115	1,659	34	1,485	266	5,202	311	8,456	300	8,910	332	10,081	318	10,923
50 이상			33	1,499	47	2,249	86	4,683	58	4,114	49	3,815	51	3,919
계	57,058	35,472	57,697	53,701	60,718	73,507	67,506	118,853	69,175	128,300	70,901	138,183	72,738	144,392

자료: 통계청

3. 식재료산업

1) 개황

외식산업 또는 식품가공산업의 원료인 식재료를 생산하는 산업인 식재료산업은 신선편이 농산물 산업, 신선편의 식품 산업, 전처리 산업, 프레쉬 컷(fresh cut) 산업 등으로 지칭되기도 한다. 이렇게 용어가 통일되지 못한 이유는 아직 식재료에 대한 개념이 정립되지 못하였기 때문인데, 관련 정부 기관도 농식품부와 식약처 등으로 복잡한 상황이다.[2] 식재료산업은 식품가공(2차 제조업)과 식품 유통(3차 서비스업)을 병행하고 있어, 식품가공산업이나 외식산업보다 복잡한 형태를 가지나, 농림축수산업과 식품산업을 연결시켜주는 역할을 하여 중요성이 높아지고 있다.

우리나라 식재료 시장은 크게 업무용(B2B) 식재료 시장과 가정용(B2C) 식재료 시장으로 구분되는데, 업무용 식재료 시장의 소비자는 식품가공업체 또는 외식업체가 되고 가정용 식재료 시장의 소비자는 일반 국민이 된다. 식재료 시장의 규모는 공식적인 통

2　식약처는 "농·임산물을 세척, 박피, 절단 또는 세절 등의 가공공정을 거치거나 이에 단순히 식품 또는 식품첨가물을 가한 것으로서 그대로 섭취할 수 있는(ready to eat) 샐러드, 새싹채소 등의 식품"을 신선편의 식품으로 규정하고, 해당 식재료를 생산하는 업체의 식품 안전성 등을 규제하고 있다. 반면 농식품부는 "과일, 채소가 박피 또는 절단, 세척, 포장되어 신선한 상태를 유지하며, 편이성을 제공하기 위하여 포장된 농산물로 포장재만 개봉하면 바로 먹을 수 있거나 요리에 이용 가능하며(ready to eat or ready to cook), 위생적인 제조과정을 거쳐 안전하게 포장이 되어 있어 어디서든지 편리하게 이용할 수 있는 농산물"을 신선편이 농산물로 규정하고, 해당 식재료 생산업체에 대한 지원 정책을 수행하고 있다. 업체 입장에서는 상황에 따라 식약처 또는 농식품부의 대상이 되기에 현장에서의 혼선이 발생하기도 한다.

계가 아직 없어 정확하게 파악할 수 없는데, 관련 연구나 업계 추정에 따르면 업무용 식재료 시장의 규모가 2006년 19조 원에서 2018년 40조 원을 넘어선 것으로 보인다. 업무용 식재료 시장은 다시 일반 외식업체용과 급식업체용으로 구분되는데, 외식용 시장이 전체의 80% 이상을 차지하고 있다.

가정용 식재료 시장에 대한 연구는 아직 많이 진행되지 못하여 시장 규모 등에 대한 구체적인 자료가 흔치 않다. 다만, 최근 코로나 19 팬데믹으로 인한 사회적 거리두기로 외식 소비가 줄어든 대신 집에서 간단하게 조리해 먹는 트렌드가 확산되면서 시장이 급격하게 성장하고 있다. 가정식 대체식품(HMR: home meal replacement)과 밀키트(meal−kit)가 대표적인 상품인데, 한국농수산식품유통공사의 자료에 의하면 이들 상품의 시장 규모가 2016년 2조 원을 넘어선 이후 2022년 5조 원까지 성장할 것으로 추정된다.

2) 산업 및 유통 현황

업무용 식재료 산업을 구성하는 업체는 1만여 개소로 추정되는데, 대부분 영세하며 개인사업자의 형태를 가진다. 도매시장에서 식재료를 취급하는 상점을 운영하는 도매상이나 트럭 등을 이용하여 식당에 음식 원료를 납품하는 벤더(vendor)[3]가 대표적인데, 우리나라 업무용 식재료 산업체의 90% 이상을 차지한다. 한편 매출액 1천억 원이 넘는 대형 식재료업체는 10여 개소에 불과한데, 이들이 차지하는 시장점유율은 높지 않지만 자사 브랜드(PB: private brand)를 적용한 상품을 개발하여 유통하는 등 입지를 넓혀나가고 있다.

업무용 식재료의 유통구조는 소비업체의 특성에 따라 다른 모습을 보이는데, 중소 외식업체를 소비자로 하는 일반형과 프랜차이즈형으로 구분할 수 있다. 〈그림 3−2〉는 일반형 식재료의 유통구조를 보여주고 있는데, 동네 생계형 식당을 포함한 중소 외식업체의 경우 한 번에 사용하는 식재료의 양이 많지 않아 지역 소매업체나 벤더상을 통해서 식재료를 구매하기에 복잡한 유통단계를 거치고 있다. 최근에는 대형할인매장의 식재료 전문코너에서 식재료를 구매하기도 하기만 그 비중이 높지 않은 편이다. 일부 축산물이나 수산물의 경우 전문 납품업자나 전문시장에서 식재료를 구매하는데, 한우 등 국산 축산물은 산지 농협과 연계하여 직접 식재료를 구매하는 경우가 있고 수산물 또한 산지 도매시장이나 수협 공판장 등을 활용하고 있어 차이를 보인다.

---

3 다품종 소량 품목을 취급하는 도매업자를 지칭한다.

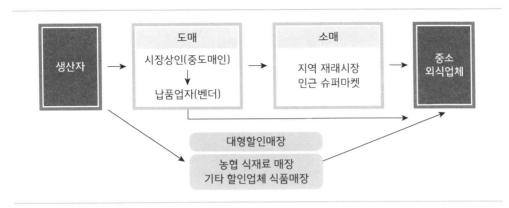

≡ **그림 3-2** 식재료(농산물)의 유통구조: 일반형

자료: 김성훈 외(2011) 일부 수정

프랜차이즈형 식재료 유통구조는 〈그림 3-3〉과 같은데, 프랜차이즈 본사가 대량의 식재료를 구매하여 자사에서 반조리 식품 등으로 가공한 식재료를 가맹점에 공급하기에 상대적으로 단순화된 유통구조를 가진다. 프랜차이즈 본사는 산지, 전문 유통업체, 도매시장 등에서 직접 식재료를 구매하여 유통단계를 줄이는 노력을 하고 있는데, 일부 업체는 자신의 식재료를 상품화하여 별도로 판매하는 전략도 취하고 있다. 일례로 김밥 프랜차이즈 업체가 산지에서 계약재배로 공급받는 쌀을 이용한 자사 브랜드(PB) 상품을 개발하여 급식업체나 다른 외식업체에 판매하는 경우가 대표적이다. 축산물과 수산물의

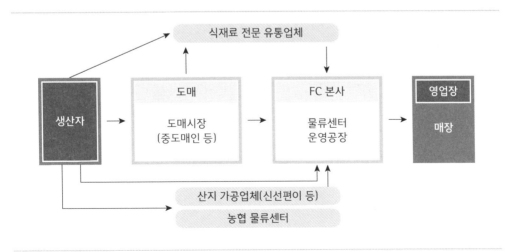

≡ **그림 3-3** 식재료(농산물)의 유통구조: 프랜차이즈형

자료: 김성훈 외(2011) 일부 수정

경우에는 원산지에 따라 유통구조가 다른데, 수입산 축산물과 수산물은 전문 수입업체를 통해 식재료를 조달하다가 이후 직접 현지 수입을 추진하는 경우가 많고, 국산 축산물과 수산물은 산지 직구매에 중점을 두어 식재료 확보를 하고 있다.

● 참고문헌

김성훈 외(2011), 식재료 산업 발전을 위한 연구, 한식재단.

● 요약 및 복습

01 식품산업은 2차 제조업인 식품가공산업과 3차 서비스업인 외식산업이 중심이 되고 있는데, 식재료산업도 농림축수산업과 식품가공 및 외식산업의 연결산업으로 중요시되고 있다.

02 식품산업의 대내적 여건은 우리나라 소비자들이 가공식품과 외식상품의 소비를 늘리고 있어 긍정적이나, 대외적 여건은 수입식품의 국내 시장 진입이 확대되고 있어 위협적이다.

03 식품가공산업은 지속적인 성장을 하고 있는데, 노동집약적인 구조를 벗어나면서 업체 규모화가 진행되고 있다.

04 외식산업 또한 성장세를 유지하고 있지만, 노동집약화는 심화되면서 업체 규모화가 진행되는 차이점을 보인다.

05 식재료산업은 농림축수산업의 생산물을 가공·유통하는 산업으로 업무용 식재료 시장과 가정용 식재료 시장을 공략하고 있다.

● 주요 용어

• 식품산업 • 식품가공산업 • 외식산업
• 식재료산업

● 학습문제

01 식품산업의 정의와 주요 세부 산업에 대해 설명하시오.

02 우리나라 식품산업의 대내적, 대외적 여건에 대해 설명하시오.

03 식품가공산업의 구조를 기술하시오.

04 외식산업의 구조를 기술하시오.

05 식재료의 정의와 식재료산업의 구조를 설명하시오.

Part 2

식품 마케팅의 이론과 실제

마케팅 전략의 이해

개요

이 장에서는 마케팅의 이론적 내용을 하나씩 살펴보기로 한다. 먼저 마케팅의 개념과 정의를 알아보고 환경에 따라 마케팅이 어떻게 진화해왔는지에 대한 마케팅 변천 과정에 대해서 알아본다. 마케팅 변천 과정의 이해를 통해서 마케팅의 개념이 지난 100년 동안 어떻게 변화하고 발전해왔는지를 살펴보고, 환경의 변화에 따라 마케팅의 개념과 방법은 지속적으로 변화할 수밖에 없음을 이해한다. 다음으로는 마케팅 전략 프레임워크에 대해서 알아본다. 정답이 없는 마케팅을 어떻게 효과적이며 효율적으로 계획을 수립할 수 있는지에 대해서 알아보고, 마케팅 전략을 세우기 위한 필수적인 개념과 논리의 흐름을 이해한다. 또한 마케팅 전략 수립의 각 단계별로 구성된 2편의 내용 구성을 이해할 수 있도록 한다. 이 장에서 설명하고 있는 내용은 마케팅 개념과 용어를 정확하게 이해하고, 마케팅 과정의 전체적인 모습을 이해하여 향후 학습할 장이 마케팅 과정에 있어서 어떤 영향을 미치는지를 설명하고 있기에 중요성이 크다.

주요 학습사항

1 마케팅이란 무엇인가?
2 마케팅의 핵심 용어들은 무엇이며 마케팅 학문 분야에서의 해당 용어의 정의는 무엇인가?
3 마케팅은 어떻게 진화하고 발전해왔으며 현재 마케팅의 주요한 방향은 무엇인가?
4 마케팅 전략을 수립하기 위한 프레임워크는 어떻게 구성되어 있는가?
5 마케팅 전략 수립의 단계는 무엇이며 각 단계별 목표는 무엇인가?

마케팅은 판매를 잘하는 기법이다?

대학원에서 마케팅을 전공한 후 L그룹에 입사해 마트 사업부의 신선 MD로 발령이 났을 때 일이었다. 당시만 하더라도 대학원을 졸업하고 연구소나 진학이 아닌 소매 유통 현장에 직접 뛰어드는 경우는 거의 없어 회사의 많은 분들의 관심과 기대를 한 몸에 받고 있었다. 하지만 현장에 대해서 아는 것이 없었기에 하나둘씩 배워가고 있었다. 어느 날 옆 부서였던 가공식품부서의 과장님께서 잠시 부르셨다. 대학원에서 마케팅을 전공했고 각종 마케팅 컨설팅을 했었다는 경력을 보고 한 가지를 요청하셨다. 회사에서 직매입했지만 잘 안 팔리는 수입 과자 재고가 많은데 이 과자에 대한 마케팅 아이디어를 좀 생각해 봐 달라는 것이었다. 처음 들어보는 과자라 샘플을 좀 얻어서 신선식품 MD 자리로 돌아갔다. 업무시간에 막내 사원이 혼자 과자를 먹고 있기는 어려워, 우선 과자를 접시에 담아서 신선 MD부서 과장님께 가져다드렸다. 하지만 돌아온 말은 '아~ 그 과자. 너 많이 먹어'. 다른 선배 사원들께도 권했지만 모두들 그 과자를 아는 눈치였고 먹겠다는 사람은 아무도 없었다. 자리에 돌아와서 그 과자를 먹어보기 시작했다. 맛이 너무 짰고 향도 너무 이상했다. 아무도 안 사먹을 것 같았다. 퇴근하면서 그 과자를 가지고 와서 부모님께 드려봤다. 어머님께서는 그 과자를 드시고 '너무 짜서 고혈압이 심해질 것 같아'라고 하시며 안 드시겠다고 했다. 마지막으로 동네 꼬마가 문 앞에 보이길래 과자를 권했다. 신나게 과자를 먹으러 왔던 그 아이는 그 과자를 한 입 베어 물고 가만히 있다가 뱉고 도망가 버렸다. 사무실의 3~40대 여성도 남성도, 동네 아이도, 어르신도 못 먹겠다고 하신 것이다.

다음날 회사에 출근을 하는데 숙제를 맡기셨던 가공식품부서의 과장님께서 기다리고 계셨다. 만나자마자 어제 그 과자를 어떻게 할지 생각해 보았냐는 것이다. 그래서 곧바로 시식한 결과를 말씀드리고 해당 과자는 빨리 폐기처분하는 것이 좋겠다고 의견을 드렸다. 그 이야기를 들은 과장님은 황당하다는 듯이 이렇게 다시 질문하셨다. '너, 대학원에서 마케팅 전공했다며? S전자, K통신 컨설팅도 했고 우리 백화점 마케팅 컨설팅하면서 XXX 아이디어도 네가 냈다며?' 그렇다고 말씀드리자 한참을 바라보시더니 본인 부서로 돌아가셨다. 그리고 점심 때 그 가공식품부서에 근무하던 동기가 찾아와서 물었다. '너, 아침에 우리 과장님 만나서 무슨 이야기 했어?'. 왜 그런 질문을 하는지를 묻자 그 동기는 이렇게 답을 했다. '아침에 너 만나러 간다고 나가시더니, 돌아오셔서 머리를 절레절레 흔들며 "학교에서 배운 마케팅은 정말 아무짝에도 쓸모가 없어"라고 하시던데 대체 무슨 말을 했니?'

대체 무슨 일이 일어난 것일까? 위에서 마케팅 전공자와 가공식품담당 과장님은 '마케팅'이라는 것에 대해서 전혀 다르게 이해하고 있었기 때문이다. 과장님은 안 팔리는 것을 잘 팔리게 해주는 방법을 마케팅이라고 인식하셨던 것 같다. 하지만 안 팔리던 상품을 잘 팔리게 해주는 방법은 없다. 위의 가공식품담당 과장님의 사례에서 제대로 된 마케팅은 안 팔릴 수밖에 없는 과자는 소매점에서 매입하지 않는 것이다. 다시 말하면 소매업체의 경우 소비자들이 선호하고 잘 팔릴 수밖에 없는 과자를 매입해서 매장에 진열하는 것이 마케팅이고, 제조업체의 경우도 잘 팔릴 수밖에 없는 제품을 만들어내는 것이 마케팅이다. 농산물도 마찬가지다. 소비자들에게 잘 팔릴 수밖에 없는 상품을 선택하고 소비자들이 살 수밖에 없도록 재배하고, 최종 상품화 하는 것이 올바른 마케팅인 것이다. 여기서 한 가지 의문이 들 수 있다. 가공식품담당 과장님이 요구하신 대로 맛없고 향도 이상한 과자를 판매하는 방법은 없냐는 질문이다. 사실 가능하다. 소비자들의 심리적인 측면을 활용하여 쓰레기 과자지만 판매할 수는 있다. 다만 이러한 판매기법은 마케팅이라고 하지 않는다. 소비자들이 원하지 않는 상품을 소비자들의 심리를 활용해서 파는 기법을 우리는 '사기'라고 부른다.

마케팅은 잘 팔릴 수밖에 없는 상품을 만들어내는 과정에 대한 방법론 혹은 학문이다. 그러나 이런 마케팅의 개념 때문에 마케팅은 어려울 때도 많다. 만드는 것은 지금이고 판매되는 것은 미래이다. 즉, 내가 기획하고 재배하거나 가공한 농산물을 소비자들이 기꺼이 구매하려 할지를 미리 알아야 한다는 문제가 있다. 내가 미래를 바라볼 수 있는 사람도 아닌데, 미래에 소비자가 내가 만든 상품을 좋아하며 구매할지 알 수 있기는 어렵기 때문이다. 그래서 마케팅에서는 소비자에 대한 이해를 중하게 여기고, 또한 미래 환경과 경쟁에 대한 예측을 중요하게 여긴다. 마케팅은 미래에 대한 학문이고 사람에 대한 학문이기 때문에 정답이 없는 학문이기도 하다. 정답이 있어야 하는 분들께는 답답하겠지만, 창의성을 가지고 미래를 개척해 나가려 하는 분들이라면 한 번쯤 마케팅 분야에 도전해 볼 만하지 않을까 한다.

제1절

마케팅 개념

1. 마케팅의 정의

1) 쉬워서 어려운 마케팅

희소식이 하나 있다. 이 책을 읽고 있는 많은 독자들은 이미 마케팅 전문가이다. 분명히 매일같이 마케팅을 접하고 있으며 또한 매일같이 다양한 마케팅 활동을 평가하고 있으며, 그 평가의 결과로 상품을 구매하고 있다. 항상 어떤 마케팅 활동이 좋은 마케팅 활동인지 평가하고 있기 때문에 좋은 마케팅 활동이 무엇인지를 매일같이 깨닫고 있다. 따라서 이 책을 읽는 대부분의 독자들은 이미 마케팅 성과를 평가하는 전문가인 것이다.

하지만 여러분들이 마케팅을 계획하는 전문가가 되는 데는 어려움이 따른다. 마치 우리가 사과를 맛보고, 사과가 맛있는지 맛없는지를 판단하는 것은 쉬운 일이지만 맛있는 사과를 재배할 수 있는 사과 재배 전문가가 되기는 어렵기 때문이다. 더욱이 마케팅 전략 수립 전문가가 되기는 더 어렵다. 가장 큰 이유는 마케팅이 우리 주변에 너무 흔하고 많이 퍼져있어 누구나 쉽게 생각하는데, 마케팅의 개념을 정확하게 알고 있는 사람은 드물기 때문이다. 시중 서점을 가도 마케팅 관련 책들이 수없이 많다. 하지만 상당수의 마케팅 관련 책들은 실제 마케팅 이론과는 동떨어진 소설에 가까운 책인 경우들이 많다. 이러한 잘못된 마케팅 책들이 마케팅을 오해하게 하여 마케팅을 제대로 이해하는 것을 방해하기도 한다.

이런 혼란 속에서 마케팅을 올바로 이해하기 위해서 가장 첫 번째로 할 것은 마케팅 용어들을 정확하게 이해하는 것이다.

2) 마케팅 정의

마케팅이란 무엇인가? 우선 마케팅의 단어를 살펴볼 필요가 있다. 마케팅은 시장을 뜻하는 'Market'과 진행형을 뜻하는 'ing'로 이루어져 있다. 이 단어를 살펴보면 마케팅이 어떻게 만들어진 단어인지 살펴볼 수 있다. 시장을 진행시키는 것, 즉 시장을 만들어

내고 시장을 관리하고 운영하는 것이 마케팅이라는 것이다. 여기서 시장은 크게 3가지로 구성된다. 공급자, 수요자, 그리고 시장을 둘러싼 환경이다. 이러한 3가지를 모두 고려하여 새로운 시장을 창출해나가는 활동이 바로 마케팅이라는 단어가 출발했던 시작점이라고 할 수 있다.

현대에 와서 전 세계적으로 가장 많이 사용되고 있는 마케팅의 정의는 미국마케팅학회(American Marketing Association, AMA)가 2017년에 내린 정의이다.

> 66
>
> Marketing is the activity, set of institutions, and processes for creating, communicating, delivering, and exchanging offerings that have value for customers, clients, partners, and society at large. (AMA, Approved 2017)
>
> ---
>
> 마케팅은 소비자, 기업고객, 협력업체 및 사회 전반에 가치가 있는 상품을 만들고, 소통하고, 전달하고, 교환하기 위한 활동, 일련의 제도 및 과정입니다. (미국마케팅학회, 2017)
>
> 99

AMA의 마케팅 정의를 통해서 우리는 마케팅이 무엇인지 알 수 있다. 첫째, 마케팅은 가치있는 상품을 기반으로 한다는 것이다. 이러한 가치는 소비자들의 욕구(needs)를 충족시켜주는 그 무엇을 의미한다. 둘째, 마케팅은 이러한 가치를 소비자들에게 효과적으로 전달하려 한다는 것이다. 마지막으로는 마케팅은 결과라기보다는 과정이라는 점이다. 이러한 정의는 초기 마케팅의 단어 뜻이라고 할 수 있는 새로운 시장을 만들고 관리하는 활동을 보다 현대에 맞추어 정확하게 표현한 것이라고 할 수 있다.

마케팅의 정의를 활용해서 다양한 마케팅 활동을 다시 정의할 수 있다. 예를 들어서 소비자들에게 가치가 있는 서비스를 만들어 이를 소비자들에게 효과적으로 전달하려는 활동이 있다면 그것을 '서비스 마케팅'이라고 정의할 수 있는 것이다. 마찬가지로 소비자들에게 가치가 있는 농산물을 생산해서 해당 농산물을 소비자들에게 효과적으로 전달하려는 활동이 있다면 그것을 농산물 마케팅이라고 부를 수 있는 것이다.

3) 현대 마케팅의 관점: 관계 마케팅 패러다임

마케팅의 개념을 이해할 때 가장 중요한 것 중 하나는 마케팅을 바라보는 관점이다. 2000년대 이전의 마케팅은 주로 거래적 관점의 마케팅이 중심을 이루었다. 거래적 마케팅(transactional marketing)은 판매 시점에 초점을 두고, 판매 수량을 늘리기 위해서 적절한 상품을 개발하고 가격을 결정하고 촉진 활동과 유통 활동을 전개한다. 즉, 거래적 마케팅에서 가장 중요한 활동은 보다 품질이 좋은 상품을 개발하여 저렴한 가격으로 판매하는 것이다. 그러나 이러한 거래적 마케팅은 지속가능한 마케팅 방법이 아니라는 것을 점차 깨닫게 된다. 예를 들어 품질이 좋다는 개념 자체가 소비자를 중심에 두지 않으면 아무런 의미가 없기 때문이다. 절대적으로 좋은 제품이 있는 것이 아니라는 뜻이다. 소고기를 생각해 본다면 마블링이 좋은 숙성소고기가 가장 좋은 소고기라고 생각할 수 있지만 기름진 것을 싫어하는 소비자들에게는 마블링이 잘 된 고기보다는 기름이 없는 순살고기가 좋은 고기일 수 있다는 뜻이다. 결국 상품이 중요한 것이 아니라 상품을 구매하는 소비자의 욕구가 중요하다는 것을 깨달으면서 마케팅 패러다임은 관계적 마케팅(relationship marketing)으로 전환된다.

관계적 마케팅은 상품 매출이나 상품 자체보다는 거래관계에 초점을 맞추어 모든 마케팅 활동을 전개하는 마케팅을 뜻한다. 얼마나 좋은 상품을 만드는지가 중요한 것이 아니라 소비자들이 해당 상품을 통해서 만족하고 또 성공하는 것이 더 중요하다는 뜻이다. 관계적 마케팅 패러다임에서 상품은 부차적인 것으로 전락한다. 중요한 것은 공급자와 소비자와의 관계이다. 소비자들을 만족시켜주거나 나아가 성공시켜줄 때 관계는 깊어질 것이고, 이를 위해서는 상품뿐만 아니라 거래하는 환경이나 소비자들이 처한 환경도 모두 고려하는 것이 필요해졌다. 또한 상품 하나를 판매해서 얻는 이익보다는 고객이 평생동안 공급자에게 줄 수 있는 이익이 중요해졌다. 이를 위해서 관계적 마케팅에서는 상품 하나의 판매이익을 높이기보다는 소비자와의 장기적인 관계 구축을 통한 이익, 즉 고객의 평생가치를 중심으로 마케팅 활동을 전개하게 되었다.

2. 마케팅 핵심 용어

1) 욕구(Needs)와 요구(Wants)

마케팅은 소비자의 미충족 욕구(unmet needs)를 발견하고 요구(wants)로 구체화하여 소비자의 욕구를 충족시켜나가는 과정이라고 하기도 한다. 여기서 욕구는 소비자들이 가지고 있는 근원적인 필요에서 나타나는 것이라고 할 수 있다. 예를 들어 배가 고프다든지, 목이 마르다든지, 춥다든지 하는 것이 욕구의 예라고 할 수 있다. 이에 반해서 요구는 욕구를 충족시킬 수 있는 구체적인 재화를 뜻한다. 예를 들어 목이 마르다는 소비자들의 욕구는 물이나 우유, 주스, 콜라 등 다양한 재화로 충족시킬 수 있다. 구체적인 물이나, 우유, 주스, 콜라 등에 대한 갈망이 바로 요구이다. 일반적으로 욕구는 전 세계 인류에 있어서 공통적이나, 요구는 소비자들의 지식이나 문화, 개성에 따라서 다르게 나타난다. 예를 들어서 어떤 사람이 배가 고프면 밥을 생각할 것이다. 그러나 다른 문화에 속하거나 개인적 선호가 다른 사람들은 배가 고프면 빵 혹은 고기를 요구할 수도 있는 것이다.

소비자들의 욕구 발현은 소비자들의 이상적인 상태와 실제 닥친 현실의 괴리가 커졌을 때 나타나게 되는데 이를 미충족 욕구(unmet needs)나 혹은 고통스러운 상태라는 개념인 고통점(pain point)으로 표현하기도 한다.

2) 시장(Market)과 수요(Demand)

학문 분야마다 시장(market)은 다양한 의미로 사용된다. 마케팅에서 시장은 특정 상품에 대해서 잠재적 혹은 현실적인 구매력을 가진 소비자의 집단을 의미한다. 어떤 학문 분야에서는 전통시장, 할인점, 백화점 등을 시장이라고 부르기도 하고, 또 다른 학문 분야에서는 수요와 공급이 만나는 곳을 시장이라고 부르기도 한다. 그러나 마케팅에서 시장이라고 부르는 것은 소비자의 집단이다. 대학생 시장은 대학생 소비자들의 집단을 의미하며, 한국 시장은 한국에 거주하는 소비자들의 집단을 의미한다. 그러나 이러한 시장 모두가 마케터(marketer)에게 의미 있는 시장은 아니다. A라는 상품 마케터가 대학생 시장을 노리고 마케팅을 전개한다고 했을 때, 중요한 것은 모든 대학생이 아니라 A라는 상품을 구매하고자 하며 또한 구매할 능력이 있는 소비자들이 중요할 것이다. 이를 수요(demand)라고 한다. 상품이 대해서 구매하고자 하며 또한 구매할 능력이 있는 소비자들이 구매할 수 있는 상품의 총량이 수요이다.

3) 가치(Value)와 혜택(Benefit)

마케팅의 현대적 정의에 따르면 마케팅은 가치를 발굴하여 소비자들에게 전달하는 활동이다. 여기서 가치는 소비자들이 지불해야 하는 비용 대비 소비자들이 얻는 혜택의 비율이라고 할 수 있다. 어떤 상품을 소비자들이 구매하기 이해서는 다양한 비용을 지불한다. 그런 비용이 돈일 수도 있고, 시간이나 혹은 노동일 수도 있다. 이렇게 비용을 지불하고 상품을 획득하는 것은 혜택을 얻기 위함이다. 혜택은 소비자들이 욕구를 충족하기 위하여 얻는 모든 것을 뜻한다. 목이 마른 경우 소비자들이 물을 마실 경우 목마름을 해결해 주는 혜택을 얻게 된다. 단순히 목마름을 해결하기보다는 목마름을 맛있게 해결하고자 하는 욕구가 있었다면, 주스 등을 마신다면 목마름에 대한 욕구와 맛있는 것에 대한 욕구 모두를 충족할 수 있다. 즉, 주스를 통하여 두 가지 혜택을 누릴 수 있게 된 것이다. 마지막으로 가치는 아래 수식같이 비용에 대비한 혜택이라고 할 수 있다. 똑같은 혜택을 주는 상품이라 할지라도 비용이 높으면 소비자들이 느끼는 가치는 줄어들 수 있으며, 비용이 낮으면 소비자들이 느끼는 가치는 높아질 수 있다.

$$\text{가치(value)} = \frac{\text{혜택(benefit)}}{\text{비용(cost)}}$$

4) 마케팅 믹스(Marketing mix)

마케팅 믹스란 마케팅의 효과적인 전개를 위하여 수행하는 전술을 의미한다. 마케팅이라는 개념이 처음 나왔을 때, 마케팅 믹스는 무려 30여 가지가 넘었다. 그러나 현대로 오면서 일반적인 마케팅에서는 마케팅 믹스로 제품(product), 가격(price), 촉진(promotion), 장소 또는 유통(place)의 4P로 정립이 되었으며, 무형의 상품인 서비스에 대한 마케팅에서는 유형의 상품에 대한 마케팅 믹스인 4P에 종업원(people), 물리적 환경(physical Evidence), 과정(process)이 추가되어 7P로 마케팅 믹스가 정의되었다. 이러한 마케팅 믹스는 마케팅 활동을 할 때 필수적으로 고려해야 하는 요소이다.

제품 마케팅 믹스(4P)	서비스 마케팅 믹스(7P)	
제품(Product) 가격(Price) 촉진(Promotion) 유통(Place)	제품(Product) 가격(Price) 촉진(Promotion) 유통(Place)	+ 종업원(People) 과정(Process) 물리적 환경 (Physical evidence)

__ **그림 4-1** 마케팅 믹스의 구성 요소

이러한 마케팅 믹스는 시대에 따라서 바뀔 수 있다. 온라인 중심 시대로 넘어가고 있는 상황에서 다양한 마케팅 믹스가 새로 제시되고 있기도 하다. 오프라인 위주의 마케팅 시대의 4P에 대응하여 4C라는 마케팅 믹스가 제시되기도 했다. 기존 마케팅 믹스에서 제품은 온라인 시대에서는 콘텐츠(contents)나 고객 솔루션(customer solution)으로 바뀌어야 한다는 주장이 있다. 이는 상호작용성이 강화된 온라인 시대의 고객에 맞추어야 한다는 주장으로, 고객에게 제품이란 제품 자체로 의미가 있는 것이 아니라 제품을 소비하는 데서 나오는 다양한 경험 등이 중요하다고 해서 콘텐츠 혹은 고객들의 문제를 해결해주는 것이 제품이기에 고객 솔루션 등으로 재해석해야 한다는 주장이다. 또한, 소비자에게는 가격이 중요한 것이 아니라 비용이 중요하다고 하여 마케팅 믹스 중 가격을 비용(cost)으로 바꾸어야 한다는 것이다.

예를 들어 우유 1L를 구매하고자 할 때 대형마트가 2천 원에, 바로 배송해주는 온라인 쇼핑몰이 3천 원에 팔고 있다고 가정해본다면 어떤 소비자에게는 3천 원이 더 쌀 수도 있다는 것이다. 만일 대형마트에 가기 위하여 버스를 타는 등의 교통비가 필요해진다면, 소비자는 2천 원에 왕복 버스비를 추가해서 부담해야 하기에 실제 구매 비용은 우유 가격 2천 원에 교통비가 2천 원을 넘기에 총 4천 원이 넘는다는 것이다. 그러나 배송의 경우 3천 원만 지불하면 되기 때문에 3천 원을 주고 배송받는 것이 저렴할 수도 있다는 의미다. 따라서 온라인 쇼핑몰이 활성화된 현재에 있어서는 가격이 아니라 소비자가 지불하는 비용에 초점을 맞출 필요가 있다고 한다. 촉진 활동도 과거에는 TV 광고나 신문 광고 등을 활용한 일방향적인 전달에 초점을 맞추었다면, 온라인이 활성화된 현대에 있어서는 SNS와 같은 상호적인 대화, 즉 커뮤니케이션(communication)이 기존의 촉진활동을 대체해야 한다는 것이다. 마지막으로 유통도 장소(place)가 유통을 뜻했던 가장 큰 이유는 바로 유통에 있어서 가장 중요한 측면이 입지, 즉 소매업체 등이 어디에 자리를 잡는지에 대한 것이었다. 그러나 온라인화되고 있는 상황에서 이제 물리적인 입지는 별로 의미가 없어지고 있다. 중요한 것은 소비자들이 편리하게 구매하도록 하는 것이다. 이러한 측면에서 기존의 Place로 표현된 유통을 소비자들의 구매경로(channel)나, 혹은 구매 편의성(convenience) 등으로 바꾸어야 한다는 주장이다.

4P를 4C로 대체하자는 주장과 함께 마케팅 믹스에 소비자들의 참여활동을 추가해야 한다는 주장도 있다. 소비자들을 단순한 마케팅의 대상으로 보는 것이 아니라 함께 마케팅을 하는 협력자(Collaborator)로 받아들여서 마케팅 전술을 짜야 한다는 것이다. 그래서 기존의 4C에 소비자들의 협력활동까지 포함하여 5C를 주장하는 경우도 있다. 다만, 아직까지 많은 학자들이나 실무자들이 서로 다른 C를 주장하고 있어 4C나 5C의 경

우 학계의 공식적인 인정을 받고 있지는 못한 상황이며, 마케팅의 여러 가지 용어를 정의하고 있는 미국마케팅학회의 경우에도 아직까지는 마케팅 믹스를 4P로 정의하고 있다.

제2절
마케팅 변천 과정의 이해

1. 항상 변화하는 마케팅

마케팅이라는 개념이 나오고 현재에 이르기까지 마케팅의 역사는 다른 학문 분야에 비해서 짧은 편이다. 경제학이 1776년 애덤 스미스의 「국부론」을 통해서 기초를 잡은 후 250년 가까이 학문을 발전시켜 온 것에 비해서 마케팅은 1930년대에 와서야 겨우 독립된 분야로 자리 잡기 시작했다. 100년이 안 되는 짧은 역사에도 불구하고 그간 마케팅은 다양한 관점을 포괄하며 지속적으로 진화해왔다. 이러한 빠른 진화로 인해서 생기는 오해도 상당하다. 실무자들 간에도 마케팅 개념이 충돌하는 경우들이 흔한데, 이는 일부 마케터들이 마케팅의 빠른 진화를 따라잡지 못하고 과거의 마케팅 개념에 머물러 있기 때문인 경우가 많다. 마케팅 개념의 가장 큰 진화는 1절에서 소개한 거래적 마케팅에서 관계적 마케팅으로의 진화이다. 그러나 작은 진화들이 끊임없이 이어졌고, 이는 주로 환경의 변화와 학문의 발전에 기인했다. 이렇게 항상 변화하는 마케팅을 이해하고 최신 마케팅 개념을 이해하려고 노력하는 것은 보다 효율적인 마케팅을 하는 데 있어 매우 중요하다고 할 수 있다. 지금도 기업들의 마케팅 활동을 살펴보면 1950년대에 주를 이루었던 영업사원 위주의 판매 마케팅이 마케팅의 전부인 줄 알고 있는 기업들이 있다. 혹은 어떤 기업들은 마케팅 활동에 고객을 적극적으로 참여시켜 기업에서는 거의 아무런 활동도 하지 않고 고객들이 모든 것을 해결해 주는 마케팅 기법을 활용하는 기업들도 존재한다. 보다 진화된 마케팅 방법론들이 계속적으로 나오고 있기에, 현재 자신이 이해하고 있는 마케팅 방법이나 관점이 어떤 위치인지를 깨닫고 이를 진화시키는 노력은 매우 중요하다. 마케팅 방법이나 관점이 어떻게 변화되고 있는지를 이해하는 것은 효율적인 마케팅 전략 수립이나 효율적인 마케팅 방법론 학습을 위해서 중요하다.

대학교 다닐 때 매우 유명한 마케팅 교수님이 한 분 계셨었다. 유명하신 여러 가지 요인이 있었지만 중간고사 문제도 유명했다. 몇십 년째 매년 똑같은 시험문제를 내고 계셨던 것이다. 그 중간고사 문제는 '마케팅이란 무엇인가'라는 문제였다. 매년 시험문제가 똑같은 문제인데 어떻게 학점을 부여하는지 의문이었다. 하지만 그 교수님을 유명하게 만든 사건은 바로 정년퇴직 직전의 중간고사 문제였다. 마지막 마케팅 수업을 하는 학기의 중간고사 직전에 학생들은 교수님께 질문은 했다고 한다. '교수님, 이번 중간고사 문제도 ㅁ으로 시작하나요?' 교수님의 답변은 의외였다. '아니, 나도 이제 새출발을 해야 하는데 기념으로 새로운 문제를 내려고 해요. 이번 중간고사 문제는 ㄷ으로 시작합니다'. 학생들은 난리가 났다. 몇십 년을 이어온 문제가 바뀐다니, 시험공부를 새롭게 해야 하는 것 아닌가? 그래서 그 교수님이 저술한 책을 뒤지다가 학생들은 ㄷ으로 시작하는 중요한 단어를 찾았다. 그것은 바로 '도매상'이었다. 많은 학생들이 도매상을 열심히 공부해서 중간고사에 임했다. 하지만 그 교수님이 내준 중간고사 문제는 바로 '도대체 마케팅이란 무엇인가?'였다. 이 이야기는 신문에 날 정도로 유명해졌다. 그렇게 더 유명해진 교수님은 퇴직을 하시고 교수 정년 연령이 한국에 비해서 더 높은 일본대학으로 자리를 옮겨서 강의를 계속하셨다.

처음 이 이야기를 들었을 때 그냥 좀 재미있는 교수님이라는 생각만 들었다. 그러다 학부를 마치고 마케팅 전공으로 석사, 박사과정을 하다가 우연히 10년 만에 한국에 돌아오신 그 교수님을 학회에서 뵙게 되었다. 10년 만에 뵌 교수님이지만 당시 학부생이었던 사람의 머릿속에 떠오르는 것은 딱 하나였다. '도대체 마케팅이란 무엇인가?'. 재미있었던 것은 웃겨야 하는 그 문제가 마케팅 박사과정의 시각으로 보니 웃을 수 없는 문제였던 것을 깨달았다는 점이다. 사실 당시 마케팅 박사과정이었지만 '도대체 마케팅이란 무엇인가?'에 대한 답을 쓸 자신이 없었다. 그리고는 70대 중반이 되신 그 교수님을 다시 보게 되었다.

대학교 2학년들이 수강하는 마케팅 과목의 중간고사 문제를 마케팅 박사과정이 풀 수 없다고 생각했던 이유는 과연 무엇이었을까?

대학교 2학년 마케팅 수업 중간고사 문제였던 '마케팅이란 무엇인가?'라는 문제를 마케팅 박사과정이 풀 수 없었던 이유는?

2. 마케팅의 변천사

1) 생산 중심의 마케팅 시대

1930년대에 마케팅 개념이 태동하고 독립하던 시절에 마케팅은 주로 생산에 초점을 맞추어 개념을 발전시켰다. 이를 이해하기 위해서는 1930년대의 환경을 이해할 필요가 있다. 당시는 물자가 무척 부족한 시대였다. 이에 따라 마케팅의 개념처럼 시장을 형성시키고 유지·관리시키기 위해서는 상품의 생산이 매우 중요했다. 어떻게든 생산만 하면 판매가 되었던 것이다. 특히 농산물의 경우도 마찬가지로 생산하면 팔리던 시절이었다. 특히 제1차 세계대전과 제2차 세계대전으로 인하여 식량이 모자른 상황에서는 생산이 매우 중요했다. 따라서 이 시기의 마케팅은 생산과 분리하기 어려웠으며, 기업이 이익을 극대화하기 위해서는 생산량을 최대한 늘리는 것이 핵심적인 마케팅 방법이 되었다. 현대의 시각으로 볼 때 이 시대의 생산 중심의 마케팅은 마케팅이라고 분류하기도 어렵다. 하지만 당시의 시대 환경 속에서 마케팅 활동은 생산을 최대화하여 수익을 높이는 활동으로 분류되었다.

마케팅 방법론의 진화 과정

- SNS 중심 마케팅의 시대
- 디지털 시대의 고객참여의 시대
- 고객안심·고객맞춤·고객성공의 마케팅 시대
- 고객만족 마케팅 시대
- 소비자 중심적 마케팅 시대
- 판매 중심의 마케팅 시대
- 생산 중심의 마케팅 시대

그림 4-2 마케팅 방법론의 진화

2) 판매 중심의 마케팅 시대

제1차 세계대전과 제2차 세계대전은 인류의 역사에 많은 영향을 끼쳤다. 마케팅도 이러한 배경 속에서 진화를 하게 된다. 세계대전 속에서 생산능력은 급격하게 늘어났다. 전쟁이 끝나자 이렇게 급격하게 늘어난 생산력은 문제가 되기 시작했다. 필요한 것보다 더 많이 생산을 하게 되었기 때문이다. 이때 많은 기업들이 마케팅을 생산 중심에서 판매 중심으로 변화시킨다. 구체적으로 영업사원 등의 제도를 도입한다. 이전에 생산 중심의 마케팅 시대에서는 마케터뿐만 아니라 영업사원도 사실상 필요가 없었다. 상품이 모자른 상황에서는 상품을 생산만 하면 도매업자들이 공장 밖에서 기다리고 있었기 때문이다. 그냥 생산만 하면 도매업자들이 알아서 가져갔던 것이다. 그러나 생산량이 늘어나고 판매의 경쟁이 심화되면서, 남들보다 잘 판매를 하기 위해서는 판매를 전담하는 영업사원 등이 필요해졌던 것이다.

이렇게 영업사원 등을 두고 상품에 대한 광고도 적극적으로 하면서 판매를 더 많이 하기 위해서 경쟁했던 시대를 판매 중심의 마케팅 시대라고 한다. 이 시대에 가장 중요했던 것은 보다 저렴하게 판매를 하는 것이었다. 예를 들어 밀가루 판매를 경쟁적으로 한다고 했을 때 똑같은 밀가루라면 소비자들이 어떤 밀가루를 선택하겠는가? 당연히 저렴한 가격의 밀가루를 선호하고 구매할 것이다. 이를 위해서 기업들은 보다 저렴하게 상품을 생산하기 위해서 노력했고, 저렴하게 생산할 수 있는 기술을 개발했으며 규모의 경제를 통한 생산비 절감을 위해서 공장을 보다 규모화하기 시작했다. 하지만 이런 가격경쟁은 각 기업들에게 파국적인 타격을 주게 되었다. 경쟁이 극심하다 보니 가격은 변동비용 수준으로 떨어졌고 결국 고정비용을 건지기 어려운 상황까지 간 것이다. 당장은 어떻게든 판매를 해서 공장을 돌리겠지만, 미래를 위한 투자를 할 수 없는 시한부 인생 같은 상황이 발생했던 것이다. 이러한 문제점 때문에 기업들은 판매 중심의 마케팅 전략에서 벗어날 수 있는 새로운 마케팅 전략을 연구하기 시작하게 되었다.

3) 소비자 중심적 마케팅 시대

판매 중심의 마케팅 시대에 있어서 가장 중요한 것은 제품의 원가와 판매가격을 낮추는 일이었다. 그러나 원가와 판매가격이 낮아짐에 따라 기업들은 이익과 미래투자가 불확실해지는 문제가 동시에 벌어지기 시작했던 것이다. 이에 마케터들은 경쟁상대의 상품보다 비싸게 판매할 수 있는 방법을 찾기 시작했다. 그 해법은 간단했다. 소비자들이 원하는 상품을 정확하게 파악하여 그 상품을 만드는 것이다. 다음의 '소비자 중심 시대로 나아간 제분 회사'의 사례에서 살펴볼 수 있듯이 소비자들은 자신들에게 맞춤형으로 만들어준 상품을 기꺼이 비싼 가격에도 구매한다. 많은 마케터들이 소비자 중심의 마케팅이 얼마나 효과적이며, 기업의 수익을 높여주는지를 깨닫게 된다. 이때부터 마케팅의 관점이 바뀌었다. 생산 중심의 마케팅이나 판매 중심의 마케팅 시대에서 가장 중요한 것은 '공장'이었다. 어떻게 많이 생산하는지, 어떻게 싸게 생산하는지가 마케팅의 핵심적인 경쟁력이었던 것이다. 그러나 소비자 중심의 마케팅 시대에서는 그 관점이 바뀐다. 역사상 최초로 공장을 바라보지 않고 소비자를 바라보게 되었던 것이다.

한 제분회사의 사장님이 많은 고민을 하고 있을 때였다. 밀가루를 만드는 공장을 운영하고 있던 그 사장님은 격심한 경쟁을 이기기 위해서, 공장을 더 크게 지어서 생산원가를 낮추는 일을 계속하고 있었다. 그러나 경쟁사도 동일하게 끊임없이 규모를 확장해서 생산원가와 가격을 낮추었다. 결국 회장님은 변동비만 건질 수 있다면 무조건 판매를 할 수밖에 없었다. 납품처에 납품을 해서 원료인 밀을 사고, 인건비를 주고, 공장을 돌리는 연료비용만 남는다면 무조건 판매를 했다. 문제는 고정비, 즉 공장 설비 등을 언젠가는 바꾸어야 할 때 들어가는 비용을 건질 수가 없었던 것이다. 그런데, 그런 고민을 하고 있는 사장님께 한 영업사원이 찾아와 새로운 제안을 하였다.

'사장님, 밀가루 가격이 제대로 안 나와서 고민이 많으시지요? 제가 그 문제를 해결할 수 있을 것 같습니다. 사장님 대신 제가 가진 문제 하나만 해결해 주세요.'

사장님은 어떤 문제를 해결하면 되는지 물어보았다.

'사장님, 집에서 빵을 만들어 먹는 것이 너무 힘듭니다. 빵을 좀 쉽게 만들어서 먹을 수 있도록 밀가루를 만들어 주시면 안 될까요?'

사장님은 그 질문을 이해할 수 없었다. 사장님도 지난 60년이 넘는 시간 동안 빵을 만들어서 먹었고, 빵을 만들어주었던 어머니나 부인에게서 빵을 만들기 어렵다는 이야기를 한 번도 들은 적이 없었기 때문이다. 그래서 사장님은 왜 빵을 만들기 어려운지를 다시 물었다.

'사장님, 시대가 변했습니다. 사장님 시대에는 부인들이 모두 집에서 집안일만 하면서 빵을 구웠지만, 지금은 모두 맞벌이를 합니다. 맞벌이하는 주부에게 빵을 굽는 것은 너무도 어려운 일입니다. 생각해보세요. 빵을 구우려면 밀가루를 반죽하고 누룩을 넣어서 5~6시간 불려야 합니다. 그 다음에 빵을 구워야 합니다. 그런데 제 처는 아침에 회사에 갔다가 저녁 6시 넘어서 집에 돌아옵니다. 그 때부터 밀가루를 반죽하면 7시, 누룩으로 불리면 밤 12시가 넘고 그때 빵을 굽고 정리하고 자려면 새벽 2~3시에나 잠들 수 있습니다. 다음날 아침 일찍 일을 나가야 하는데 이건 너무 어려운 일입니다. 사장님의 어머님이나 부인분께서는 모두 낮에 집에서 이 일을 하셨으니 안 힘드셨겠지만, 맞벌이를 하는 요즘 사람들에게는 빵 만드는 일이 너무도 어려운 일입니다.'

이 이야기를 들은 사장님은 즉시 연구를 지시했고, 반죽한지 30분 만에 빵을 구울 수 있는 밀가루를 만들어서 판매하게 되었다고 한다. 소비자들은 이 밀가루를 일반 밀가루보다 비싸게 구매해 주었다. 왜냐하면 맞벌이 부부가 부족한 것은 돈이 아니라 시간이었는데, 빨리 빵을 구울 수 있는 밀가루가 좀 비싸더라도 잠잘 수 있는 시간을 벌어주었기 때문이다. 기술자의 입장에서 좋은 밀가루를 만든 것이 아니라, 소비자를 연구해서 소비자가 원하는 밀가루를 만들어서 판매했던 것이다. 결국 사장님은 소비자 중심적 마케팅을 도입함으로써 보다 높은 수익을 확보할 수 있게 된 것이다.

〈자료: 미국 P사의 사례를 픽션으로 재구성〉

소비자 중심 시대로 나아간 제분 회사

마케팅이 가장 빨리 발전했던 미국에서는 주로 1960년대 이후 소비자 중심의 마케팅이 자리 잡기 시작하였다. 이 시대에는 주로 소비자 심리, 소비자 행동에 대한 연구들이 이루어졌다. 또한 마케팅 믹스도 소비자들을 중심으로 하는 4P라는 것이 점차 공유되기 시작했다. 하지만 이러한 소비자 중심의 마케팅 시대도 결국 한계를 맞게 된다. 처음에는 소비자를 깊게 연구한 기업들이 초과 이익을 낼 수 있었지만, 점차 모든 기업들이 소비자를 연구하게 되었고 사실상 비슷한 상품과 비슷한 서비스를 공급하기 시작했기 때문이다. 결국 과거보다는 소비자 맞춤형으로 상품을 생산하여 마케팅하게 되어 소비자들의 혜택은 높아졌으나, 기업들은 다시 무한경쟁에 빠져들게 되어 이익을 내지 못하는 상황이 벌어지게 된 것이다.

4) 고객만족 마케팅 시대

한계에 부딪혔던 소비자 중심적 마케팅은 1980년대에 들어서면서 큰 변화를 맞게 된다. 단순한 소비자 중심적 마케팅에서 고객만족을 중심으로 하는 마케팅으로의 변화이다. 이 개념은 시장이 성숙되고, 안정적으로 흘러가는 환경이 그 배경이 된다. 성숙기라는 환경 속에서 '신규 고객이 없는데 흑자 나는 회사, 신규 고객이 많은데 적자 나는 회사'의 이야기와 같이 많은 기업들은 신규 소비자들을 모집하는 것이 비용이 상당히 많이 들어가는 일임을 깨닫고, 기존 고객에게 집중하는 것이 수익을 내기 더 좋다는 것을 발견한다. 그래서 광고나 각종 판촉을 통해서 신규 소비자를 모집하기보다는 기존 고객들을 단골로 만드는 것이 효과적임을 이해하고 단골 고객을 만들기 위해서 노력하기 시작한다. 이렇게 단골 고객을 만드는 활동을 학술적으로는 고객 충성도(customer loyalty) 확보 전략이라고 한다. 문제는 단골 고객으로 어떻게 만드는지의 방법론이었다. 1980년대 전후에 고객 충성도를 확보해야 하는 문제를 해결할 수 있는 실마리를 던져준 사건이 벌어진다. 바로 다음에 제시된 제록스(Xerox)의 사례이다.

제록스는 복사기를 만들던 회사이다. 그런데, 1980년대가 되면서 복사기 특허가 해제되었다. 과거에는 특허로 인해서 복사기를 오직 제록스만이 만들 수 있었는데, 특허가 풀리면서 다른 회사, 특히 일본의 여러 회사들이 복사기를 더 작고 더 효율적으로 만들어서 시장에 진출하기 시작했다. 제록스는 이러한 일본업체들의 시장 공략을 막기 위한 방법을 찾았고, 특히 제록스의 기존 고객이 제록스 제품을 계속 사용하게 할 수 있는 방법을 찾기 시작했다. 제록스의 많은 노력의 결과 제록스를 재구매하도록 하는 가장 좋은 방법을 찾았다. 다양한 조사를 진행했는데 제록스의 경우 매우 만족한 고객은 90% 이상 재구매를 하지만 만족한 고객은 30% 수준의 재구매 의도를 나타낸다는 것을 발견하였다. 결국 더 높은 기업의 수익을 위해서는 고객 충성도, 즉 재구매율을 높일 필요가 있었으며 재구매율을 높이는 데 가장 효과적인 방법은 고객만족이었던 것이다. 고객만족에 대한 중요성을 발견한 이후 마케팅에서 가장 핵심적인 변수로 고객만족이 부상되었다. 많은 기업들이 보다 높은 수익을 위한 핵심 전략으로 고객만족 전략을 채택하였으며, 이는 고객만족 경영이 이루어진 초기에는 기업에게도 매우 만족할 만한 성과를 보여주었다.

　　1970년대 말에 있었던 한 신용카드 회사의 이야기다. A회사의 사장님은 바로 옆에 있었던 B신용카드 회사의 수익성을 주목하게 된다. 신규 고객이 그 신용카드를 가입하려 오는 경우가 별로 없는 것처럼 보였는데, 그 회사는 상당히 높은 이익을 내고 있었다. 이를 본 A회사의 사장님은 신용카드업에 진출하기로 결심한다. 그러나 막상 신용카드업에 진출하고서는 몇 년이 지나도 적자 영업만 계속된 것을 발견하게 된다. 문제는 A회사는 적극적인 홍보를 펼쳐 신규 고객을 상당히 많이 확보하고 있었다는 것이다. 고객이 없는 B회사도 수익을 많이 내고 있는데, 정작 빠르게 많은 고객을 확보하고 있는 A회사는 이익이 나지 않았다. 도저히 이해를 하지 못한 A회사 사장님은 결국 컨설팅을 의뢰했다고 한다. 의뢰를 받은 컨설팅 회사는 당시로서는 최신 기술이었던 컴퓨터를 활용하여 이 문제를 분석한다. 사실 결론은 간단했다. A회사는 신규 고객을 빠르게 끌어모으기 위해서, 고객이 신규로 가입했을 때 많은 혜택을 주었다. A회사에서는 비용이었던 것이다. 처음 가입했을 때 신용카드를 모집한 직원에게 주는 인센티브와 신규 고객에게 주었던 선물 등의 비용은, 가입한 고객이 신용카드를 쓰면서 발생하는 수수료로 충당하게 되었다. 신용카드 고객 한 사람 한 사람을 분석해보니 초기 비용이 회수되는 시점이 2년 후였다. 즉, 소비자들이 2년간 그 신용카드를 써야 손익분기점에 이른다는 것이었다. 하지만 A회사는 무리한 신규고객 유치를 진행했기 때문에, 대부분의 고객이 가입하고 나서 A회사 신용카드 사용을 중단했다. 평균적인 A회사 고객의 신용카드 사용기간은 1년이었다. 즉, 소비자는 2년은 신용카드를 써야 회사에서는 본전을 찾게 되는데 소비자들은 1년만 쓰고 카드를 해지하고 있었으니, 평균적으로 볼 때 A회사는 신규 소비자들이 많이 들어오면 들어올수록 손해가 나는 장사를 하고 있었던 것이다.

　　하지만 B회사는 달랐다. 주로 교사와 군인을 대상으로 신용카드를 발급하고 있었다. 교사와 군인들의 특징은 신용카드를 한 번 가입하면 오랫동안 사용한다는 것이다. 교사의 경우 꾸준하게 어떤 상품을 사용하는 것에 익숙한 계층이었고, 군인들은 해외 파병 등으로 인해서 신용카드를 새로 교체할 만한 기회가 많지 않았다. B회사의 평균적인 고객들의 신용카드 사용기간은 8년이었다. 따라서 신규 고객이 많지 않았어도 B회사는 꾸준히 이익을 내고 있었던 것이다. 결국 B회사 사장님은 신규 고객의 확보보다는 기존 고객이 오랫동안 이용하도록 마케팅 활동을 전개하는 것이 기업에 수익을 가져다준다는 것을 알게 되었다.

신규 고객이 없는데 흑자 나는 회사, 신규 고객이 많은데 적자 나는 회사

그러나 고객만족 마케팅도 한계에 부딪히게 된다. 이는 고객만족 경영의 대명사로 불리었던 제록스의 운명에서도 찾아볼 수 있다. 제록스는 고객만족 경영으로 큰 성공을 거두었다고 생각했지만, 이후 일본의 후지(Fuji)사에 합병되어 지금은 후지제록스(Fuji-Xerox)가 되었다. 과연 고객만족 마케팅의 어떤 문제가 제록스를 어렵게 만들었던 것일까?

과거의 고객만족 경영은 비용이 많이 들어갔다는 것이 문제였다. 고객만족을 위해서 가격을 양보하지는 않았지만, 제록스는 고객 서비스를 극단적으로 높였다. 이는 전부 비용으로 이어졌다. 게다가 고객 서비스를 통해서만 고객만족을 추구하는 것은 또 다른 문제를 낳는다. 고객들의 서비스에 대한 눈높이는 계속 높아진다는 것이다. 처음에는 감동받았던 서비스도 지속되면 그 정도 서비스로 감동받지 않는다. 즉, 고객들이 '매우 만족'을 하도록 하기 위해서는 지속적으로 서비스 수준을 높여야 한다. 그것은 바로 비용이 점점 많이 들어간다는 뜻이다. 제록스는 복사기 산업에서 고객만족 마케팅을 통하여 다시금 우월적 지위를 찾았지만, 문제는 높아져만 가는 비용으로 인하여 수익을 낼 수 없는 문제가 생겼다. 결국 제록스는 복사기 산업이 수익을 낼 수 없는 산업이라고 판단하고, 복사기에서 쌓은 노하우 등을 활용할 수 있는 산업을 찾게 된다. 그 산업이 프린터 산업이었고, 프린터 산업에 진출하면서 컴퓨터 사업도 같이 하게 된다. 프린터와 컴퓨터 사업은 실패했고 결국 큰 손실을 입은 제록스는 인수합병의 길을 걷게 된다.

고객만족 마케팅은 고객을 항상 '매우 만족'시켜야 성과가 난다는 문제가 있었다. 그래서 1990년대를 넘어가면서 기업들은 기존 고객만족 마케팅의 문제를 해결하는 새로운 마케팅 전략을 찾게 된다.

5) 고객 충성도 확보를 위한 새로운 대안들

비용을 올리지 않으면서도 고객 충성도를 확보할 방법에 대해서 몇 가지 새로운 방법론들이 제시되었다. 고객안심(customer comfort, 의역임), 고객맞춤(customer intimacy), 고객성공(customer success), 제휴 마케팅 및 브랜드 마케팅 등이 그 대안으로 제시되었다.

고객안심 전략은 농산물을 주로 판매하는 대형마트 등에서 주로 사용된 전략이다. 대표적인 전략이 이마트가 초기에 고객들에게 약속했던 세 가지 전략이다. 첫째는 만일 다른 마트의 가격이 이마트보다 저렴하다면 차액의 두 배를 돌려드리겠다는 약속, 둘째는 신선식품의 경우 가격비교가 어렵지만 만일 고객이 품질에 불만족한다면 언제든지 교환과 환불을 해주겠다는 약속, 마지막으로 계산원이 계산을 틀리는 경우 5천 원을 드린다는 약속이다. 첫 번째 전략은 고객이 다른 점포를 가지 못하도록 안심시킨다. 만일 다른 점포가 비싸도 이마트에 오면 그 차액까지 돌려주니 다른 점포를 갈 필요가 없어지도록 한다. 이 전략은 주로 업계 1위인 기업이 많이 사용한다. 고객을 고정시키는 전략이기 때문이다. 그렇다고 이마트가 정말 모든 상품을 싸게 판매했다고 보기는 어렵다. 소비자들이 실제로 가격을 비교하는 상품군은 200종류 이내이다. 전체 2~3만 종류의 상품 중에서 1% 이내만 가격을 맞추면 된다. 이외의 상품군에 대해서 소비자들이 다른 마트의 가격까지 확인한 후 환불을 요구하는 경우는 거의 없기 때문이다. 미국의 사례를 들어보면 이렇게 최저가 보장제를 하는 마트의 경우 평균적으로 최저가 보장제를 하지 않는 경쟁 마트보다 평균 가격이 비싸다고 한다. 소비자들이 다른 점포를 방문하지 않게 되기 때문이다. 결국 원가나 가격경쟁 없이 소비자들을 이마트의 충성고객으로 만드는 방법이다. 신선식품 품질보장제도도 비슷하다. 초기에는 소비자들의 반품이 많았을 수도 있다. 그러나 소비자들의 반품을 보면서 어떤 MD가 상품을 잘못 가져다 놓았는지를 보다 빨리 알 수 있고, 해당 MD를 교체하여 전체 매장 신선식품 상품의 품질을 높일 수 있었다. 즉, 초기에는 비용이 들어가지만 점차 교환·환불에 들어가는 비용은 줄어들면서 고객들의 충성도는 높아지는 방법이다. 마지막으로 계산원이 계산을 틀리는 경우 과거에는 고객들이 상품을 빼돌리지 않았나 하는 의심을 하고 CCTV를 확인한 후 고객들을 귀가시켜서 고객들의 불만이 많았다. 하지만, 5천 원을 지급한다고 하니 계산이 틀렸으면 고객들은 더 만족하게 되었다. 반대로 직원들의 경우 계산이 틀리면 5천 원을 물어내야 하기 때문에 더 정확하게 계산을 하게 되었다. 고객안심이라는 개념을 통해서 고객의 로열티를 높이면서 비용이 점차 줄어들게끔 설계를 한 것이다. 그러나 이 전략은 업계 1등 회사가 되어야 하는 등 적용 조건이 까다롭다는 문제가 있다.

　고객맞춤(customer intimacy)도 좋은 전략이다. 서울 을지로에는 송림제화라는 유명한 맞춤형 제화점이 있다. 이곳은 소비자들이 오면 발의 본을 뜨는 등 소비자의 발에 맞도록 신발을 만들어서 소비자들에게 판매한다. 다만 평발이나 발의 문제가 있는 사람들은 한 번만에 정확하게 본인에게 맞는 신발을 맞추기는 어렵다. 한 번 맞추고 1~2년간 신고 다니면서 문제를 기억한 후 다음 번 구두를 맞출 때 문제점을 이야기한다. 그러면 송림제화의 사장님은 고객 정보가 들어있는 종이에 추가로 문제점을 적고, 그 문제를 해결한 신발을 만들어준다. 그렇게 2~3번 정도 신발을 맞추면 정말 나에게 맞는 완벽한 신발이 된다. 하지만 이렇게 완벽한 신발이 만들어진 이후 다른 문제가 시작된다. 1990년 말에는 이 가게의 구두 한 켤레 가격은 7만 원 정도였다. 그 당시 맞춤형 구두로 그렇게 비싸지 않았다. 그러나 가격은 점차 올라가서 2020년에는 60만 원 정도 했다. 발을 편하게 하는 것 위주의 구두라 모양도 그렇게 예쁘지 않다. 그럼에도 불구하고 이미 맞춤형 신발에 익숙한 고객들은 다른 곳에서 저렴한 구두를 신기 어렵다. 새로운 구둣가게를 찾는다면 아무리 잘 맞추어 준다고 해도 나에게 딱 맞는 신발을 다시 맞추는 데 4~5년이 걸릴 텐데, 4~5년 동안 불편하게 다니느니 그냥 60만 원을 주고 신발을 송림제화에서 다시 맞춘다. 이것이 고객맞춤 전략의 사례다. 고객에게 맞추어 상품과 서비스를 제공해주면 가격이 올라가도 고객은 다른 곳에 가지 못하는 것이다. 하지만 맞춤을 하기 위해서 송림제화에서 들어간 비용은 고객들의 불만을 기록하는 데 쓴 종이와 볼펜의 잉크가격으로 거의 0에 가깝다. 비용을 늘리지 않으면서 수익을 올리는 전략이라고 할 수 있다. 다만, 이 고객맞춤 전략은 고객맞춤이 고객에게 큰 효용을 내줄 때 가능한 전략이라는 한계가 있다. 또한 고객맞춤 마케팅 전략은 많은 오해를 낳기도 했다. 고객맞춤 마케팅을 다른 말로는 CRM(customer relationship management) 혹은 최근에는 빅데이터 분석이라는 표현을 쓰기도 한다. 재미있게도 CRM이나 빅데이터 분석에서는 고객을 잘 이해하고 목표로 삼아서 광고와 쿠폰을 보내주는 것을 목표로 하는 경우가 많다. 즉, 상품을 저렴하게 판매하기 위해서 노력하는 경우가 많다. 하지만 고객을 잘 이해하고 맞춤형 상품을 구성했으면, 해당 상품은 비싸게 판매해야 하지 싸게 판매할 이유는 없다. 고객 맞춤 마케팅 전략은 고객의 로열티를 올려서 기존 고객을 대상으로 수익을 확보하는 방법이라는 것을 기억할 필요가 있다.

고객성공 전략은 IMF 사태로 불렸던 1997년 말의 경제위기를 배경으로 전 세계적으로 많은 마케터와 학자들의 공감을 얻었던 전략이다. 한국에서도 1998년 마케팅학회에서 다음과 같은 문제가 제기되었다. 기존에 마케터들이나 마케팅 학자들이 제시했던 고객만족, 혹은 대안으로서의 고객안심, 고객맞춤 등을 수행했던 많은 기업들이 부도처리되었는데, 기존의 마케팅 이론이나 방법론이 잘못된 것은 아닌가에 대한 문제였다. 점차 변동이 심하고 불확실해져가는 경제환경 속에서 지속가능한 수익을 내는 마케팅 방법론에 대한 논의의 끝에 고객성공이라는 개념이 제시되었다. IMF 사태 속에서 살아남은 기업들을 살펴본 결과 고객들을 만족시킬 뿐 아니라 성공하는 고객들을 주요 고객으로 둔 회사들이 살아남았다는 것이다. 아무리 경제가 어려워도 내 고객이 성공하고 있는 고객이 다수라면 그 기업은 경제위기의 영향을 받지 않을 것이라는 것이다. 이에 대해서는 두 가지의 구체적인 방법이 제시되었다. 하나는 성공한 고객, 보다 상위계층의 고객을 확보하는 것이 안정적인 마케팅을 할 수 있다는 '성공한 고객 확보' 전략이었으며, 또 한 가지는 고객에게 만족을 주기보다는 고객이 성공할 수 있도록 도와주는 마케팅을 해야 한다는 '고객 성공 마케팅'이었다. 고객 성공 마케팅은 '솔루션 마케팅' 등으로도 불리며 많은 마케터들의 긍정적인 반응을 끌어내었고, 실제 1990년대 말부터 2000년대 초까지 가장 효

과적인 마케팅 방법으로 주목받았다. 그러나 이러한 고객성공 전략도 고객과의 관계가
온라인 중심으로 옮겨가면서 새로운 패러다임에 밀려나기 시작했다.

　　제휴 마케팅은 한국의 신용카드 업계에서 광범위하게 활용된 마케팅 기법이다. 이
제휴마케팅의 핵심은 매우 간단하다. 고객만족을 시키기 위해서는 비용이 점차 증가하
니 제휴를 통해서 이 비용을 분담하자는 것이다. 두레 등의 상부상조의 문화를 가진 한
국에서 쉽게 받아들일 수 있는 방법이었다고 판단된다. 예를 들어 신용카드 회사와 야
구장이 제휴를 하여 원래 14,000원하던 입장료를 7,000원으로 낮추어 제공하는 방식이
다. 계약에 따라 달라질 수 있겠지만 할인된 7,000원은 야구장과 신용카드가 반반씩 나
누어서 부담한다. 신용카드 회사는 3,500원의 판촉비용으로 소비자들에게 7,000원만큼
의 서비스를 제공한 것이 되며, 야구장은 3,500원의 비용을 들여 관람객을 더 확보할
수 있게 된다. 또한 야구장에서 부담한 비용은 소비자들이 야구장에서 판매하는 각종
음식들을 사 먹게 되면 충분히 회수할 수 있는 것이다. 이 제휴 마케팅은 초기에 비용
이 증가하는 것을 막아주는 효과는 있으나, 장기적으로는 계속 비용이 늘어날 수밖에
없다는 한계점도 존재한다.

　　브랜드 중심의 마케팅도 1990년대를 지나면서 그 중요성이 더 부각되기 시작했다.
과거에는 브랜드를 단순히 상품을 식별할 수 있는 단서로 보았지만, 점차 소비자들은
브랜드를 친구나 혹은 관계를 맺는 대상, 나를 표현하는 도구로 활용하고 있다는 것을
발견하게 된 것이다. 특히 브랜드가 나를 표현하는 도구로 활용된다면 소비자들은 해당
브랜드의 지속적 구매를 안 하기 어렵게 된다. 해당 브랜드를 구매하지 않는다는 것은
나의 정체성을 포기하는 일이기 때문이다. 때문에 많은 마케터들은 브랜드에 대해서 집
중하고 장기적인 투자를 하기 시작했다. 초기에는 브랜드가 큰 수익을 내주지 못할 수

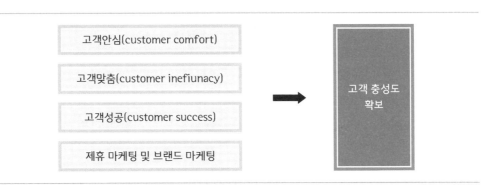

고객안심(customer comfort)

고객맞춤(customer inefiunacy)

고객성공(customer success)

제휴 마케팅 및 브랜드 마케팅

고객 충성도
확보

그림 4-3 고객 충성도 확보 방법

도 있지만, 소비자들이 브랜드를 친구나 혹은 나를 표현하는 도구로 활용하는 단계까지 이르면 많은 수익을 약속해 주었기 때문이다. 하지만 2020년 이후 소비자들의 의사결정이 브랜드보다 인플루언서 중심으로 변화하는 조직 속에서, 기존의 브랜드 마케팅이 유효한 것인가에 대한 논란이 시작되고 있다.

6) 고객 참여 중심의 마케팅 시대

사회의 온라인화가 진행되면서 효과적인 마케팅 방법도 온라인 환경에 맞춘 진화가 일어나기 시작했다. 온라인화로 인하여 기업의 마케팅 활동과 고객과의 접점을 높일 수 있었고, 고객 참여(customer engagement)가 매우 중요한 온라인 마케팅 활동의 핵심으로 등장하게 되었다. 이러한 변화는 온라인 서비스 산업부터 시작되었다. 한때 한국에서 가장 유명했던 SNS였던 싸이월드나 혹은 이후에 주된 SNS로 등장한 페이스북, 인스타그램 등의 마케팅 활동을 살펴보면 기존의 마케팅 활동과는 완전히 다른 패턴을 보여준다. 기존의 마케팅 활동은 기업이 소비자를 조사해서 마케팅 활동을 기획한 후 기업이 주체적으로 마케팅 활동을 수행하는 방식이었다. 그러나 SNS들은 전혀 다른 접근을 시도했다. 예를 들어서 SNS들은 광고를 통해서 소비자들에게 자신들을 알리지 않았다. SNS의 소비자들이 지인들에게 SNS를 같이 사용하자고 초대를 해서 SNS를 알렸던 것이다. 즉, 광고를 기업이 아닌 소비자들이 대신해 준 것이다.

제품도 마찬가지다. 페이스북이나 인스타그램을 사용하는 가장 큰 이유는 거기에 내가 아는 사람들, 혹은 내가 좋아하는 사람들의 글과 사진이 있기 때문이다. 즉, SNS가 소비자를 끌어들이는 가장 강력한 상품은 소비자들의 글과 사진이다. SNS를 소비자들이 상품을 만들어내는 데 필요한 인프라만 제공한다. 핵심 상품을 기업이 아닌 소비자가 만들고 있는 것이다. 과거 오프라인에서는 기업이 마케팅의 4P 활동을 모두 했지만 온라인으로 환경을 옮겨오면서 기업들은 인프라스트럭처 혹은 플랫폼으로 불리는 것만 제공하고 모든 마케팅 활동을 소비자에게 맡기기 시작했다. 재미있는 것은 소비자들은 스스로가 비용을 지불하고 있음에도 불구하고 자신이 마케팅 활동을 하는 것을 더 좋아한다는 점이다. 이런 마케팅 패러다임의 변화, 즉 가장 효율적인 마케팅은 기업이 마케팅 활동을 하는 것이 아니라 소비자 스스로 마케팅 활동을 하도록 하는 것이라는 것을 기업들을 깨닫게 되었다.

극단적으로 4P 활동을 모두 소비자가 하는 사례들도 많이 나오기 시작했다. 온라인 카페를 중심으로 활동하던 한 스키동호회는 새로운 아이디어를 제시한 적이 있었다.

기존에는 겨울에 스키시즌권은 대학생같이 주중에 스키를 타러 올 수 있는 사람들을 위한 주중 시즌권과 주말에 주로 타러 갈 수밖에 없는 직장인 등을 위한 일반 시즌권이 있었다. 그런데, 싱글로 동호회에서 활동을 하다가 결혼을 한 동호인이 한 명이 주중 야간 시즌권을 만들면 어떨까에 대한 아이디어를 제안한다. 주중 낮에는 회사를 가야 하고, 주말에는 아무래도 신혼 초니까 집에서 시간을 보내야 하기 때문에 결혼한 직장인의 경우 주중 야간에 스키장에 갈 수밖에 없다는 것이다. 그런데 이에 대해서 동의를 하는 스키동호인이 꽤 많았고, 적정한 가격을 토론한 후 서울 가까운 데 있는 스키장에 가서 주중 야간 시즌권을 만들어달라고 요청했다고 한다. 몇백 명이 넘는 인원이 신청을 한 상태이기 때문에 쉽게 희망하는 가격으로 주중 야간 시즌권이라는 새로운 시즌권을 만들 수 있었다고 한다.

이 사례에서 누가 마케팅의 4P 활동을 했는지를 살펴보자. 새로운 상품을 만든 것은 바로 스키동호회다. 즉, 소비자들이다. 누가 가격을 정했는가? 소비자들이다. 누가 촉진활동을 했는가? 스키동호회에서 내부적으로 홍보를 했다. 소비자들이 촉진활동을 한 것이다. 마지막으로 스키시즌권을 누가 유통했는가? 스키동호회에서 구매하고자 하는 사람들에게 판매를 한 것이다. 유통도 소비자가 했다. 마케팅 믹스의 4P 활동을 모두 소비자들이 했다. 스키장에서 한 일은 무엇일까? 스키장, 즉 플랫폼 관리만 한 것이 되었다. 이렇게 온라인 상황에서는 소비자가 쉽게 규모화되고 빠르게 커뮤니케이션을 하는 것이 가능해졌기에 기업보다 훨씬 효율적으로 마케팅을 할 수 있게 된 것이다.

사회 환경이 온라인화됨에 따라 마케팅에 있어서 기업과 소비자의 역할이 뒤바뀌는 일이 벌어졌고, 이런 마케팅 활동의 변화를 잘 활용하는 기업이 보다 효율적인 마케팅을 하는 기업으로 자리 잡을 수 있게 되었다.

7) 인플루언서 중심 마케팅의 시대

2010년대 후반을 넘어가면서 인스타그램이나 유튜브 등의 SNS가 소비자들의 생활의 중심으로 자리 잡게 되면서 기존의 TV, 신문과 같은 매체들의 힘이 약해지고 있다. 또한 2020년도부터 시작된 COVID-19로 인한 전 세계적인 팬데믹은 소비자들이 온라인 환경을 중심으로 생활하도록 강제되기도 하는 등 이제는 온라인이 생활의 중심이 되고 오프라인이 보조가 되는 역전현상이 일어났다. 이에 따라 온라인 매체, 특히 온라인 의견을 선도하고 있는 인플루언서들의 영향력이 매우 커지고 있다. 특히 인플루언서들은 자신의 영향력으로 확보한 고객들을 대상으로 콘텐츠뿐만 아니라 다양한 상품에 대한 마케팅 활동을 주도하기 시작하였다. 모델로 출발한 한 인플루언서는 자신의 브랜드로 쇼핑몰을 만들어 단 5년 만에 연매출 1,500억을 달성하기도 하는 등 인플루언서들은 정보와 상품 유통의 중심에 서게 되었다.

기업들의 입장에서 볼 때 기존에는 기업의 브랜드를 중심으로 소비자들의 참여 활동이나 소비자 스스로가 하는 마케팅 활동을 장려하는 방향으로 마케팅이 이루어졌으나, 2020년대에 들어서는 기업의 직접적인 브랜드보다 인플루언서를 활용하여 기업의 마케팅 활동을 수행하는 방식으로 마케팅 활동을 재조정하고 있다.

인플루언서 중심의 마케팅에 대해서는 아직 논란이 많다. 실제 기업의 브랜드 파워보다는 소비자들은 자신이 좋아하는 인플루언서가 추천한 브랜드를 믿는 경우도 있지만, 브랜드가 자신의 정체성을 표현하는 도구로 사용되는 경우 인플루언서에 대한 의존도보다는 브랜드 의존도가 높은 현상을 동시에 보이고 있다. 또한, 1백만 명 이상의 소비자들을 팔로워 혹은 구독자로 가진 대형 인플루언서보다는 소비자 1만 명 정도와 호흡하는 마이크로 인플루언서들의 영향력이 크다는 의견이 있는 등 다양한 의견들이 존재한다. 하지만 현재까지 알 수 있는 것은 기존 브랜드의 힘이 약화되고 인플루언서들이 브랜드들이 했던 마케팅 활동의 자리를 대체하고 있으며, 소비자들은 직접 기업의 마케팅 활동에 참여하기도 하지만 인플루언서를 대표로 참여시켜 마케팅 활동에 간접적으로 참여하는 경향을 보이고 있다는 것이다.

3. 마케팅 변화 과정의 활용 전략

마케팅의 변화 과정을 살펴보는 것은 세 가지 의미가 있다고 할 수 있다. 첫째, 마케팅의 변화 과정을 살펴보면서 현재 기업의 마케팅 전략이 어떤 수준에 머물러있는지를 판단하고, 이를 어떻게 발전시켜 나가야 하는지에 대한 방향성을 이해할 수 있다는 점이다. 둘째, 마케팅을 둘러싼 환경이 지속적으로 변화함에 따라서 마케팅도 변화하고 있다는 것을 이해하는 것이다. 마케팅의 정답은 존재하지 않는다. 그 시대의 환경 혹은 기업이 처해져있는 환경에 맞추어 마케팅 핵심 전략은 지속적으로 변화해나가야지만 경쟁에서 승리하고 시장에서 살아남을 수 있다는 것이다. 마지막으로 마케팅의 변화를 일으킨 요소와 대응 전략을 정확하게 이해할 수 있다면 미래의 환경 변화에서 어떻게 살아남을 수 있는지에 대한 전략을 제시할 수 있다는 점이다. 마케터라면 마케팅 변화 과정을 이해하여 환경에 맞는 전략을 제시할 수 있어야 할 것이다.

제3절

마케팅 전략 프레임워크

1. 마케팅 전략 프레임워크의 필요성

마케팅 전략을 수립하고 수행하는 것은 많은 이들에게 어려움을 가져다준다. 왜냐하면 마케팅은 일련의 과정으로 설명할 수 있으나 '정답'이라고 말할 수 있는 과정이 없기 때문이다. 정답이라고 말할 수 있는 과정이 없는 것은 마케팅은 마케팅 문제를 도출할 수는 있으나 그 문제의 '정답'은 존재할 수 없는 문제에서 기인한다. 때문에 항상 '정답'이 있다고 생각하고 답을 추구했던 사람들은 마케팅의 막연함에 상당히 답답해하기도 한다. 그래서 마케팅을 창의적인 영역으로 분류하는 경우도 있다.

많은 마케팅 학자들은 마케팅의 막연함에 기인한 특성에도 불구하고 보다 효과적이며 효율적인 마케팅 전략 수립과 수행을 위한 많은 프레임을 제시해왔다. 누구나 효과적이고 효율적인 마케팅 전략을 수립할 수 있으며, 마케팅을 하는 사람들끼리 서로 전략을 쉽게 비교할 수 있도록 마케팅 전략 수립 프레임워크를 정형화해 왔다. 많은 학자들과 마케터들이 다양한 마케팅 전략 수립의 프레임워크를 제시했으며, 그 중 가장 많이 채택되고 있는 마케팅 전략 프레임워크는 〈그림 4-4〉와 같다.

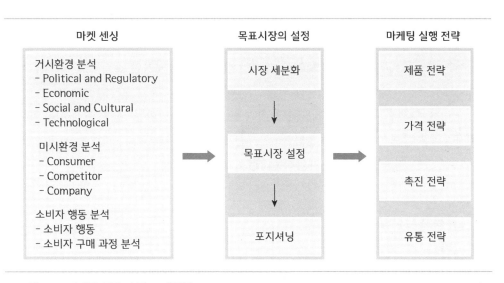

☰ **그림 4-4** 마케팅 전략 수립 프레임워크

2. 마케팅 전략 프레임워크의 단계

1) 마켓센싱 단계

마케팅 전략 프레임워크의 첫 번째 단계는 마켓센싱이므로 다음 5장에서 자세히 설명하고 있다. 마켓센싱의 마켓은 소비자를 둘러싼 환경과 소비자를 이야기하며, 센싱은 바로 이러한 환경과 소비자들의 동향을 이해하여 마케팅의 기회요인과 위협요인을 찾아내는 활동이라고 할 수 있다. 마켓센싱은 크게 3가지 단계로 이루어지는데, 첫 번째 단계는 거시환경 분석이다. 마케팅에서는 흔히 분석할 분야의 앞글자를 따서 PEST 분석(political, economic, social and technological analysis)이라고 일컫는다. 정치와 법적 환경 분석, 경제적 환경 분석, 사회문화 관련 환경 분석 및 기술적인 환경 분석으로 동일한 국가에서 거시환경 분석을 하는 경우 과거와 비교하여 어떤 변화가 있었는지에 주목하며, 수출 마케팅 등 다른 국가의 거시환경 분석을 하는 경우 기존에 PEST 분석이 잘 이루어져 있는 국가와 비교하여 분석하는 것이 효과적이다. 이러한 PEST 분석은 SWOT 분석을 활용한 전략 도출 시 기회요인과 위협요인을 설명하는 데 활용되기도 한다.

마켓센싱의 두 번째 단계는 미시환경 분석으로 소비자와 경쟁자, 그리고 자사를 분석한다. 소비자 분석은 주로 최근 소비자의 변화 부분을 집중적으로 분석하며, 경쟁자의 경우 자사 대비 경쟁자의 경쟁력 요인과 장단점을 분석한다. 자사의 경우도 타 경쟁사 대비 경쟁력과 자사의 장단점을 분석하는 것이 일반적이다.

마지막으로 소비자 행동 분석을 통하여 구체적인 소비자들의 미충족 욕구 혹은 페인 포인트(pain point)를 분석해 내며, 소비자들의 구매과정을 분석하여 마케터는 소비자와의 접점을 만들 수 있는 포인트를 찾아내어 소비자에게 어떠한 것을 전달하거나 혹은 커뮤니케이션할지 등의 전략을 수립한다.

이러한 마켓센싱의 목적은 변화된 환경을 이해하고 변화된 환경 속에서 변화하는 소비자들의 미충족 욕구, 혹은 불만, 불안, 불편요소들을 찾아내어 새로운 기회를 만들어 낼 수 있는 마케팅 전략을 제안하는 데 있다.

2) 목표시장의 설정

마케팅 전략 프레임워크의 두 번째 단계인 목표시장의 설정 과정은 6장에서 자세히 설명하고 있다. 마케팅을 처음 접하는 학생들은 대개 왜 목표시장을 정해야 하는지를 묻곤 한다. 모든 소비자들을 대상으로 마케팅을 전개해야지 더 많은 매출을 올릴 수 있을 것이 아닌지를 묻는다. 하지만 모든 소비자들을 대상으로 마케팅을 전개하는 것은 매우 비효율적인 마케팅 전략이 될 수밖에 없다.

예를 들어 A라는 회사는 모든 소비자들이 입을 수 있는 옷을 만들어 모든 소비자들을 대상으로 판매를 했고, B라는 회사는 20대의 욕구를 분석하여 20대에 맞는 옷을 만들어서 판매하고 있다고 가정해보자. 20대의 경우는 A회사와 B회사의 옷 중 아마 20대의 욕구를 잘 분석해서 20대에 맞추어 옷을 만들어준 B회사의 옷을 구매하게 될 것이다. 만일 A회사가 전 연령대를 대상으로 한 종류의 옷을 만들어 판매하고 있고 다른 회사들은 각각 10대, 20대, 30대 등 연령별로 맞춤형 옷을 개발하여 판매하는 회사가 있다고 하면 어떨까? A라는 회사의 옷은 누구를 위한 옷도 아니게 되어 결국 A라는 회사의 옷은 아무도 안 사는 옷이 될 수 있다. 실제로 시장에서는 한정된 마케팅 자원을 보다 효율적으로 사용하기 위해서는 목표로 하는 고객층을 한정 짓는 것이 유리하게 된다.

이러한 목표시장을 설정하는 것은 크게 세 단계를 거친다. 첫 번째는 마케터가 다루고 있는 상품에 대해서 유사한 욕구를 가진 소비자들을 묶어서 분류하는 것이다. 이를 시장 세분화라고 한다. 두 번째는 분류한 소비자, 즉 세분화된 시장 중에서 우리 기업이 가장 유리할 수 있는 시장을 선택하는 것이다. 마지막으로는 해당 시장, 즉 목표한 소비자들에게 우리 상품의 어떤 특징적인 이미지를 각인시킬 것인지를 결정하는 것을 포지셔닝이라고 한다. 포지셔닝은 마케팅의 꽃이라고도 할 수 있을 정도로 중요하며, 포지셔닝을 중심으로 모든 마케팅 활동이 이루어지게 된다. 마케팅 실행 전략의 경우도 항상 포지셔닝과 일치해서 일어나는 것이 중요하다.

3) 마케팅 실행 전략

마케팅 믹스라고도 불리는 실행 전략은 다양하나 크게 4가지로 분류하여 제시한다.

제품전략(product)은 주로 소비자의 욕구에 맞는 상품을 어떻게 만드는지에 대한 전략과 함께 제품의 수명주기, 즉 새로운 제품인지 혹은 성숙기에 이른 제품인지에 따라서 다른 제품 전략이 주요한 전략들이라고 할 수 있다.

가격전략(price)에서 가격을 결정하는 것은 상당히 다양한 요소를 고려하여 가격결정이 이루어진다. 수요-공급요인, 원가요인, 경쟁요인, 소비자의 심리적 요인 등이 소비자의 가격결정에 영향을 미치는 주요한 요인이다.

촉진전략(promotion)은 할인이나 쿠폰 등을 활용하는 판매촉진, 광고, 기사 등을 활용하여 홍보를 진행하는 PR, 인적홍보 등 다양한 전략이 존재한다. 과거에는 주요한 촉진전략으로 TV, 라디오, 신문, 잡지, 옥외 광고 등을 활용한 ATL(above the line) 광고나 할인이나 쿠폰 등의 판매촉진이 효과적이었다고 할 수 있으나, 최근에는 SNS, 인플루언서 등을 활용하는 BTL(below the line) 광고나 PR이 효과적인 촉진전략으로 자리 잡고 있다.

장소 또는 유통전략(place)은 과거에는 오프라인 위주였다면 최근에는 온라인 유통과 옴니채널(온-오프라인 통합)을 활용한 유통전략이 주된 전략이라고 할 수 있다. 특히 농산물에 있어서 최근 D2C(direct to consumer)가 증대되고 있고 네이버 스마트 스토어 등의 셀러들의 시장점유율이 급격하게 상승하고 있는 등의 다양한 변화가 실행되고 있어, 과거와는 완전히 다른 유통전략들이 나타나고 있는 상황이다.

이러한 4가지 마케팅 실행 전략들은 7장에서 자세하게 설명이 제시될 것이다.

● 참고문헌

임종원(1995), 현대마아케팅관리론, 무역경영사.
홍성태 외(2017), 마케팅 가치창조 전달 그리고 소통 6판, 한경사.
Kerin et al.(2017), Marketing in Asia, McGraw-Hill.
https://www.ama.org/the-definition-of-marketing-what-is-marketing/

● 요약 및 복습

01 마케팅은 소비자, 기업고객, 협력업체 및 사회 전반에 가치가 있는 상품을 만들고, 소통하고, 전달하고, 교환하기 위한 활동, 일련의 제도 및 과정으로 정의될 수 있다.

02 마케팅을 바라보는 관점은 과거 상품을 중심으로 마케팅을 전개했던 거래적 마케팅 패러다임에서 공급자와 소비자의 관계를 중시 여기는 관계적 마케팅으로 전환되었다.

03 마케팅에서 욕구(needs)란 소비자들이 가지고 있는 근원적인 필요로 '배가 고프다', '목이 마르다' 등의 예를 들 수 있다. 요구(wants)란 욕구를 충족시키는 구체적인 재화(목마르다는 욕구에 대한 물, 주스 등)를 뜻한다.

04 마케팅에서 시장은 소비자들의 집단을 의미하며, 수요는 구매의사와 구매능력을 가지고 있는 소비자 집단이 구매할 수 있는 총량을 뜻한다.

05 혜택은 소비자들이 욕구를 충족하기 위해 상품을 획득했을 때 얻을 수 있는 모든 것을 말하며, 가치는 비용을 고려한 혜택이다.

06 마케팅 믹스란 마케팅 전략을 실행하기 위한 전술이라고 할 수 있으며, 현재까지 합의된 마케팅 믹스는 제품, 가격, 촉진, 유통이 있다.

07 1930년대에 되어서야 독립된 개념으로 자리를 잡게 된 마케팅은 지난 100년 동안 계속적인 변화와 발전을 이루었으며 변화와 발전을 일으킨 핵심적인 요인은 환경의 변화, 경쟁의 변화 및 소비자의 변화라고 할 수 있다.

08 생산 중심의 마케팅 시대에서 가장 중요한 마케팅 전략은 생산력을 증대시키는 것이었으며, 판매 중심의 마케팅 시대에서 가장 중요한 것은 원가와 가격의 절감이었다. 이 두 시대는 모두 생산부문이 마케팅 전략의 핵심으로 자리 잡고 있었다.

09 소비자 중심의 마케팅 시대에서는 생산이 아닌 소비자를 우선적으로 고려하기 시작했다. 소비자를 연구하고 소비자가 원하는 상품을 제공하는 것을 마케팅의 핵심으로 삼았다.

10 고객만족 마케팅 시대부터는 고객 충성도를 확보하기 위한 전략들이 마케팅의 핵심이 되었다. 고객만족 마케팅의 경우 그 한계에 빠르게 도달하여 고객안심, 고객맞춤, 고객

성공, 제휴 마케팅, 브랜드 마케팅이 그 대안으로 제시되기도 하였다.

11 온라인 환경이 일상화됨에 따라 마케팅 활동을 기업이 주도했던 과거의 마케팅이 사라지고 제품의 마케팅 활동에 고객들이 적극적으로 참여하거나, 혹은 기업 외부의 인플루언서들이 마케팅의 중심이 되는 시대가 열리게 되었다.

12 마케팅 전략 프레임워크는 정답이 없는 마케팅의 모호함을 극복할 수 있게 해준다. 환경 분석-목표시장과 포지셔닝-마케팅 실행 전략으로 규정된 마케팅 전략 프레임워크는 보다 효과적이며 효율적으로 마케팅 전략을 수립할 수 있도록 도와준다.

● 주요 용어

- 마케팅
- 시장과 수요
- 판매 중심 마케팅
- 고객참여 마케팅

- 관계적 마케팅
- 가치와 혜택
- 소비자 중심 마케팅
- 마케팅 전략 프레임워크

- 욕구와 요구
- 생산 중심 마케팅
- 고객만족 마케팅
- 마케팅 믹스

● 학습문제

01 아래 사례를 읽고 '듀(Dew) 마케팅'이 마케팅 정의와 일치하는 마케팅 용어가 될 수 있는지 판단해보고 그 이유를 설명하여 보시오.

> "듀(Dew) 마케팅'이란 아침 이슬이 아무도 모르는 채 풀잎을 촉촉하게 적시는 것처럼, 사람들이 인식하지 못하는 속에서 소비자의 마음 속에 촉촉하게 우리 상품의 이미지 등이 젖어들어가도록 하는 마케팅 기법이다."

02 거래적 마케팅과 관계적 마케팅의 차이는 무엇인지 설명하시오.

03 마케팅 믹스에 대해서 설명하시오.

04 마케팅의 변화 과정에 대해서 간략하게 기술해 보시오.

05 마케팅 전략 수립 프레임워크를 기술하여 보시오.

마켓센싱

이 장에서는 마케팅 환경과 소비자 행동의 이론적 내용을 하나씩 살펴보기로 한다. 먼저 마케팅 환경의 정의와 구성 개념을 알아보고, 마케팅을 둘러싼 미시환경과 거시환경 요인이 어떤 것들이 있는지 살펴본다. 마케팅 미시환경은 소비자, 경쟁사, 기업의 3환경으로 이루어져 있으며, 거시환경의 경우 정치적·법적 환경, 경제적 환경, 사회적 환경 및 기술적 환경으로 구성되어 있다. SWOT 분석은 마케팅의 미시적 환경 요인과 거시적 환경 요인을 기반으로 전략을 도출하는 분석이며, 구체적인 분석방법을 제시하고 있다.

두 번째로는 소비자 행동에 대한 이해와 소비자 행동의 단계에 대하여 이해한다. 소비자의 구매 행동에 영향을 미치는 요인은 심리적 요인, 개인/상황적 요인, 사회/문화적 요인이 있을 수 있다. 이러한 구매 행동에 영향을 미치는 요인을 이해하여 기업들은 소비자들의 구매 행동에 여러 가지 방법으로 영향을 미치기 위한 마케팅 전략을 구축하고 있다. 또한 소비자들의 구매의사결정 과정을 이해하고, 각 의사결정 단계마다의 특성과 마케팅 전략을 이해할 수 있도록 한다. 이 장에서 설명하고 있는 내용은 마케팅 전략 도출에 있어서 고려할 환경적인 요인과 그 중요성을 제시하고 있으며, 소비자 행동에 영향을 미치는 요인에 대한 개념과 용어를 정확하게 이해하여 마케팅 전략 도출 과정을 보다 효과적으로 할 수 있도록 하기에 그 중요성이 크다.

1 마케팅 환경이란 무엇인가?
2 미시적 마케팅 환경과 거시적 마케팅 환경을 활용하여 어떻게 마케팅 전략을 도출하나?
3 소비자 구매의사결정 행동에 영향을 미치는 요인들은 무엇이 있는가?
4 소비자 구매의사결정 행동의 단계와 각 단계별 마케팅 전략은 무엇인가?

농식품 소비패턴이 달라지고 있다

오랜 기간 살아남아 자리를 잡은 농식품 기업은 보수적인 기업들이 많다. 왜 그럴까? 식품 기업의 구성원이 고령화되어서 그렇거나, 처음부터 보수적인 사람들이 많아서 그런 것은 아니다. 타 산업과는 다르게 식품산업은 혁신적인 기업이 살아남기 쉽지 않은 구조를 가지고 있기 때문이다. 이를 이해하기 위해서는 농식품 소비 구조의 빠른 변화와 느린 변화 개념을 이해할 필요가 있다. 무슨 뜻일까? 닭의 소비와 수요 변화를 예로 들어 살펴보자.

1960년대까지 닭은 삼계탕이나 백숙을 해 먹는 것이 고작이었다. 그때 이후 닭은 세 번의 큰 변화를 거치면서 수요가 늘어난다. 첫 번째 변화는 1960년대부터 시작된 전기구이 통닭 열풍이었다. 전기구이 통닭으로 인해 기존에 주식으로 인식되던 닭이 간식으로 인식되기 시작했고, 닭의 수요는 급격히 증가하였다. 이후 닭의 수요가 늘어난 것은 1977년 림스치킨으로 시작된 후라이드 치킨과 1985년 페리카나로부터 시장에 도입된 양념 통닭의 등장이다. 문제는 그게 닭의 수요를 크게 변화시킨 전부다. 다른 빠른 변화들은 모두 다 생겨났다가 금방 사라져갔다. 안동찜닭이나 매운 불닭 프랜차이즈들은 우리 주변을 점령했다가 어느새 없어졌다. 결국 후라이드 치킨과 양념 통닭만이 40년을 넘게 시장을 주도하고 있다. 빠르게 변화하는 것보다 느린 변화로 살아남는 것은 과자류도 마찬가지다. 새우깡(1974년생), 포테토칩(1980년생), 꼬깔콘(1983년생) 등이 아직도 시장을 주도하고 있다. 사실 자세히 보면 새로운 과자는 별로 없다.

식품의 특성을 다른 상품들과 비교해 보면 보다 명확하게 알 수 있다. 만일 전자회사가 40년 동안 똑같은 가전제품을 만들었다면 아직 살아남았을까? 패션업체가 40년 동안 똑같은 디자인의 옷을 만들면 살아남았을까? 살아남기 힘들었을 것이다. 하지만 식품 시장은 다른 상품과는 달리 새로운 것들이 잘 살아남지 못했다.

심지어 일본 교토의 이치와라는 가게는 똑같은 인절미 구이를 24대에 걸쳐 1,000년이나 만들었다. 그러나 그 누구도 이치와를 식상하다고 하지 않는다. 거꾸로 경의를 표하고 비싸더라도 1,000년의 역사를 가진 그 떡을 사 먹어보려고 멀리서 찾아간다. 어떻게 보면 빠른 변화의 성공이 시장을 주도하는 것처럼 보여도 결국 느린 변화가 승리하는 것─이것이 식품의 소비구조였다. 이러한 문제 때문에 농식품 기업들은 혁신적인 기업이 살아남기보다는 보수적인 기업, 전통을 고수하는 기업들이 더 잘 살아남았다. 이것이 바로 오랜 기간 살아남은 농식품 기업 중에 보수적인 기업들이 많은 이유가 아닐까 한다.

하지만 SNS의 영향력은 이러한 오랜 과거의 식품 소비 패턴을 바꾸어놓고 있다. 느린 변화의 농식품 소비 패턴을 빠른 변화가 주도하는 세상으로 바꾸어놓고 있는 것이다. 우리나라 유튜브 등에서 하는 먹방은 세계적인 콘텐츠로 성장할 정도로 발전하고 있다. 먹방 유튜버끼리의 경쟁도 치열하다. 그러다 보니 매일매일 유튜버들은 보다 자극적인 새로운 식품들을 찾아서 소개해 준다. 또 이렇게 소개된 제품을 먹어보고 싶어 하는 소비자들이 점차 늘어나고 있다.

다행히도 한국의 유튜버들은 해외 농산물보다는 우리 농산물, 특히 지역의 소외된 농산물 홍보를 선호한다. 최근에는 '진정성'을 매우 중요시하기 때문에 한국 유튜버가 지역의 발전에 기여하는 것이 인기를 유지하는 큰 방법이기 때문이다. 그런데 안타깝게도 우리 지역의 좋은 식품을 소개하는 이러한 유튜버의 다양한 노력이 묻히고 있다. 유튜버 등이 주도하는 식품 소비 패턴의 빠른 전환에 기존의 식품기업이나 지방자치단체가 잘 적응하지 못하고 있기 때문이다. 왜냐고? 빠른 변화에 대응하는 순간 실패의 늪에 빠졌던 과거의 경험 때문이다. 유튜버 등에 의한 빠른 변화가 농식품 소비의 주된 흐름이 되어가고 있는 지금도 과거의 느린 변화의 경험에서 벗어나지 못하고 있는 것이 안타까울 뿐이다.

얼마 전 제주 월동채소가 과잉 생산되는 문제에 대한 세미나에 참여할 기회가 있었다. 재미있게도 문제가 된 양배추나 당근은 최근 엄청난 인기를 끌고 있는 제품이었다. 인터넷상에서 양배추 스테이크나 당근 라페가 많은 인기를 끌고 있는데, 왜 이런 상품을 만들지 않고 있는지 궁금했지만, 사실 그것이 무엇인지조차 아는 분이 많지 않았다. 양배추 스테이크를 가정간편식으로 만든 사례가 없고, 당근 라페는 한국 상품이 없어 프랑스산이 수입돼 팔리고 있었다. 안타까운 일이다. 우리 농식품의 수요 진작을 위해서는 이제 유튜버 등이 만들어가고 있는 농식품 소비 패턴의 빠른 변화에 적응하려는 노력을 시작해야 한다. 시대적 흐름을 잘 읽고 활용하는 것이 우리 농산물의 부가가치를 보다 높여줄 수 있는 전략이 될 것이다.

〈자료: 농민신문, 2021. 5. 25.〉

제1절

마케팅 환경 분석

1. 마케팅 환경 분석의 의의

마케팅 환경(marketing environment)은 목표 고객과의 관계구축을 하는 마케터 및 마케팅 과정에 영향을 미치는 외부의 참여자들이나 요인을 일컫는다. 실제 마케팅 활동의 성패를 고려했을 때 아무리 잘 구축된 마케팅 전략이라 할지라도 예상하지 못했던 마케팅 환경의 영향을 받아 실패하는 경우도 있고, 불완전한 마케팅 전략의 경우도 마케팅 환경의 영향으로 쉽게 성공하는 경우들은 흔한 일이다. 따라서 마케터들은 마케팅 환경의 변화를 항상 추적하고 분석하여 마케팅 전략 수립 시 참고해야 하며 가능하다면 마케팅 환경을 주도해나가는 것도 필요하다.

마케터들은 마케팅 환경을 분석하고 그 변화를 지속적으로 추적하는 것이 필요하다. 이러한 마케팅 환경에는 미시환경과 거시환경이 존재한다. 미시환경(micro-environment)은 소비자와 마케터와의 관계에 직접적인 영향을 미치는 요소들로 소비자(consumer), 자사(company), 경쟁사(competitor) 및 기타 미시환경(공급업체, 중간상 등)으로 구성되어 있으며,

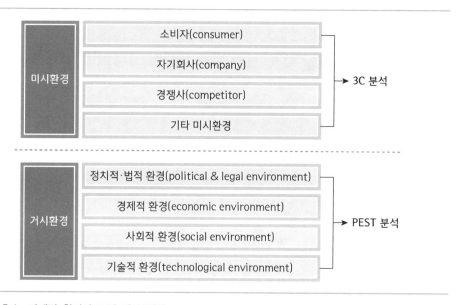

═ **그림 5-1** 마케팅 환경의 구성 및 분석법

거시환경(macro-environment)은 미시환경에 영향을 미치는 보다 큰 요인으로 정치적·법적 환경(political & legal environment), 경제적 환경(economic environment), 사회적 환경(social environment) 및 기술적 환경(technological environment) 등이 있다. 마케터는 이러한 환경을 주의 깊게 분석하고 항상 변화를 추적하여 기존 시장에서의 위협을 발견하고 새로운 시장기회를 확보할 필요가 있다.

2. 미시환경

마케팅을 둘러싼 미시환경에는 소비자(consumer), 자사(company), 경쟁사(competitor) 및 기타 미시환경(공급업체, 중간상 등)이 있다. 이를 분석하는 방법론을 소비자, 자사, 경쟁사의 분석을 해당 환경의 앞 글자를 따서 3C 분석으로 일컫기도 한다.

1) 소비자 환경

소비자들은 마케팅 환경에 있어서 가장 중요한 참여자들이다. 마케팅의 기본적인 목표는 신규 소비자들을 지속적으로 확보하며, 확보된 소비자들이 계속 자사의 상품을 구매할 수 있도록 관리하는 것이다. 이러한 소비자들은 크게 세 종류로 구분할 수 있다. 첫 번째는 개인이나 가구의 소비를 위해서 제품이나 서비스 등을 구매하는 개인 고객들이다. 두 번째는 제품이나 서비스를 구매하여 이를 재가공 등의 과정을 거쳐서 다른 주체에게 판매할 것을 목적으로 하는 비즈니스 고객이다. 세 번째는 공공을 위한 서비스를 하기 위해서 제품이나 서비스를 구매하는 정부기관들이다. 이러한 각각의 소비자들은 특성이 다르기에 어떤 소비자인지에 따라서 해당 소비자들의 특성에 대한 연구가 필요하며 마케팅 전략 구축 시 소비자 특성을 반영할 필요가 있다.

2) 자사 환경

마케터는 마케팅 전략을 수립함에 있어 소속된 회사의 미션과 비전, 그리고 소속된 회사의 다양한 부서와의 이해관계 등을 고려할 필요가 있다. 소속된 기업의 미션과 비전에 일치된 마케팅 전략을 수립하는 것은 마케팅 전략 및 실행에 대한 기업 구성원들의 동의와 지원을 보다 쉽게 끌어낼 수 있다는 장점이 있다. 또한 경쟁이 심화되고 새로운 제품의 개발 속도가 점차 빨라지고 있는 상황에서, 마케팅 부서와 다양한 부서와의 협력은 새로운 기업 경쟁력의 핵심이 되고 있다. 특히 마케팅 부서에서 수집한 고객의 욕구와 요구를 전체 기업의 구성원들이 이해하게끔 하는 것은 보다 효율적인 마케팅에 큰 영향을 미치기도 한다.

3) 경쟁사

기업의 마케팅 과정에 직접적인 영향을 미치는 요소로 경쟁사를 들 수 있다. 경쟁사의 행동에 대해서 즉시 반응하지 않으면 경쟁에서 쉽게 뒤처지는 경우가 많다. 마케터는 경쟁사에 비해서 보다 더 큰 가치를 고객들에게 제공하기 위해서 노력할 필요가 있다. 또한 경쟁사에 비해 더욱 큰 가치를 제공하고 있다는 점을 고객들에게 알리기 위해서도 노력해야 한다.

경쟁자와의 경쟁이 어려운 이유 중 하나는 다양한 경쟁자들이 존재하며, 각각의 경쟁자들은 대개 서로 다른 측면에서 우위를 주장하는 경우가 많다. 동일한 종류의 식품이라고 해도 가격이 저렴하다는 것을 경쟁력으로 삼을 수도 있고, 친환경적으로 재배했다는 것을 경쟁력으로 삼을 수도 있으며, 다이어트에 좋은 요소가 많다는 것도 경쟁력이 될 수 있다. 이렇게 다양한 경쟁자들 속에서 자사 제품의 경쟁력을 어떻게 소비자들에게 내세울 것인가는 마케터들의 핵심적인 고민거리 중 하나이다. 복잡한 마케팅 환경에서 가장 효율적인 마케팅 전략을 세우기 위해서 마케터는 자사와 경쟁사의 상대적인 크기나 소비자들의 인지도, 혹은 소비자들이 욕구와 요구 등을 파악하고 마지막으로 경쟁사의 경쟁력 특징을 잘 분석하여 어떻게 경쟁할지를 결정할 필요가 있다.

경쟁전략 수립 시에는 목표가 무엇인지에 대해서 많은 영향을 받는다. 대개 대기업들은 시장점유율을 최대한 확보하는 것을 목표로 삼는 경우가 많으며, 중소기업의 경우 이익극대화가 경쟁전략의 목표인 경우가 많다. 이 외에도 좋은 기업 이미지의 확보나 장기적인 충성 고객의 확보 등 다양한 목표를 세우고 경쟁자의 전략을 분석하여 자사의 최종적인 경쟁전략을 세우는 경우가 많다.

경쟁자가 누구인지는 쉽게 알 수도 있지만 쉽게 알기 어려울 때도 많다. 실제로 기업들의 경우 경쟁자임을 인식 못 했다가 낭패를 보는 경우가 종종 있다. 그럼 어떻게 경쟁자를 분석하는 것이 좋은가? 경쟁자는 크게 4가지 종류가 있을 수 있다는 것을 고려하여 분석하면 좋다.

첫 번째 경쟁자는 바로 직접 경쟁자이다. 예를 들어 롯데마트의 경쟁자는 누구일까? 이마트나

홈플러스라고 할 수 있다. 이것이 바로 직접경쟁자이다. 경쟁자라는 단어를 떠올렸을 때 가장 많이 떠올리는 경쟁자의 개념이 바로 직접경쟁자이다.

두 번째 경쟁자는 간접경쟁자이다. 롯데마트의 경쟁자가 이마트뿐일까? 사실상 소비자들을 동일한 농식품을 동네 슈퍼에서도 구매하고 편의점에서도 구매할 수 있다. 게다가 지난 몇 년 동안 농식품 유통의 주도권을 차지하고 있던 대형마트를 몰락시킨 것은 네이버쇼핑이나 쿠팡 같은 온라인 쇼핑이다. 이렇게 업태가 완전히 동일하지는 않으나, 기업의 마케팅 성과에 영향을 미치는 유사한 업종이나 동종의 상품을 판매하는 기업도 경쟁자가 될 수 있다. 이를 간접경쟁이라고 한다.

세 번째 경쟁자는 시장점유율이 아닌 소비자의 지갑점유율(share of wallet) 혹은 시간점유율(share of time)을 통해서 경쟁을 하는 경쟁자이다. 이런 좋은 예가 나이키가 닌텐도라는 경쟁자를 맞이해서 고생을 했던 사례이다. 나이키는 운동화나 운동복 등을 주로 판매하는 회사. 닌텐도는 게임기를 만드는 회사이다. 이 두 회사가 어떻게 경쟁상대가 될 수 있었을까? 실제로 닌텐도는 한때 위(Wii)라는 게임기를 출시한 적이 있다. 닌텐도 위(Wii) 게임기의 주요한 게임에는 집에서 운동을 하는 게임이 있었다. 이 게임기는 출시 당시 선풍적인 인기를 끌었는데, 이때 나이키의 매출과 이익이 급격하게 떨어지는 일이 발생했다. 왜일까? 그것은 바로 사람들이 위(Wii)로 운동을 하느라 밖에 나가서 운동을 하지 않았기 때문이다. 밖에 나가서 운동을 해야 운동화도 구매하고, 운동복도 구매하는데 위(Wii)는 밖에 나갈 소비자의 시간과 밖에서 운동할 때 운동화와 운동복을 구매하는 비용을 위(Wii)에다가 쏟게 했기 때문이다. 결국 나이키는 이에 대응하기 위해서 나이키 런 클럽 앱을 만들어서 출시한다. 내가 운동한 기록과 친구 간 운동한 기록을 쉽게 알 수 있도록 하여, 밖에서의 운동을 게임처럼 즐길 수 있도록 하게 해준 것이다. 소비자의 돈과 시간은 한정되어 있기 때문에 우리 제품이나 서비스를 구매할 돈과 시간을, 시간과 돈을 소모시키는 다른 경쟁자에게 투입하지 않도록 마케터는 주의를 기울여 관찰할 필요가 있다.

마지막으로 네트워크 경쟁을 들 수 있다. 몇 년 전 국회 앞에서 동네 제빵점 주인들이 모여서 휴대폰서비스 사업자들을 규탄하는 집회를 연 적이 있다. 이유는 간단했다. 대기업 제과점체인에 맞서는 동네빵집들의 전략은 저렴한 가격으로 빵을 판매하는 것이었다. 그런데, 대기업 제과점들이 SK텔레콤이나 KT와 제휴를 맺고 저렴하게 빵을 판매했던 것이다. 때문에 동네 제빵점들은 큰 어려움을 겪게 되었다. 그래서 동네 제빵점 주인들이 대기업 제과점들의 빵 가격을 낮추어주는 SK텔레콤이나 KT를 규탄하게 되었던 것이다. 이런 것이 바로 네트워크 경쟁이다. 동네 제빵점과 SK텔레콤 등은 직접적이거나 간접적인 경쟁자도 아니다. 또한 고객의 시간과 돈을 투입하는 것을 서로 막을만한 경쟁자도 아니다. 다만, 뚜레쥬르나 파리바게트와 같은 제과점들과 제휴하는 네트워크를 구성했기에, 동네 제과점의 무서운 경쟁자가 된 것이다. 이는 인터넷 서비스 구매도 마찬가지다. 해당 인터넷 서비스가 저렴한지, 혹은 잘되는지보다 많은 소비자들은 자신이 사용하고 있는 휴대폰 서비스 회사가 제공하는 인터넷 서비스를 집에서 사용한다. 이유는 묶음 할인같이 휴대폰 통신과 인터넷, 케이블 TV 등의 상품이 네트워크로 묶여있기 때문이다.

마케터는 어떤 경쟁자들이 존재하는지를 분명히 파악해야 한다. 단순히 직접경쟁자뿐만 아니라 다양한 경쟁자를 파악하고 대처 전략을 미리 세워놓지 않는다면, 실제 마케팅에 있어서 많은 어려움을 겪을 수 있기 때문이다.

나이키의 경쟁자는 닌텐도다?!

4) 기타 미시환경

기업의 마케팅에 직접적인 영향을 주는 환경은 3C인 소비자, 자사, 경쟁사 외에도 마케터가 소속된 기업의 특성상 다양한 환경들이 존재할 수 있다. 공급업체 환경, 미디어 환경, 마케팅 중간상 등이 있다.

공급업체들은 기업이 생산하는 제품이나 서비스의 원재료를 공급하기 때문에 기업의 마케팅에 직접적이고 심대한 영향을 줄 수가 있다. 예를 들어 원자재 가격이 갑자기 올라가거나 혹은 생산해야 하는 부품의 공급이 끊기는 경우 마케터는 마케팅을 수행함에 있어 직접적인 어려움을 겪을 수밖에 없다. 과거에는 공급업체를 납품업자 정도로 사고하는 기업들이 많았으나, 최근에는 대기업들도 공급하는 업체들을 마케팅의 파트너로 삼는 경우가 증가하고 있다.

온라인 중심적인 사회가 되면서 미디어 환경도 마케팅에 직접적인 영향을 미치는 미시환경으로 주목을 받고 있다. 특히 전통적인 미디어인 신문이나 TV보다는 최근 SNS 인플루언서들의 활동에 마케팅 노력이 많은 영향을 받게 되어, 인플루언서들에 대한 대처 방안이 마케팅에서 점차 중요해지고 있다.

마지막으로 마케팅 중간상도 미시환경으로 인정될 수 있다. 전통적인 도매상과 소매상 외에도 최근에는 온라인몰의 셀러나 혹은 온라인몰 셀러들을 지원하기 위한 온라인 도매업체들도 기업의 마케팅에 직접적인 영향을 미치고 있다.

3. 거시환경

마케팅을 둘러싼 거시환경에는 정치적·법적 환경(political & legal environment), 경제적 환경(economic environment), 사회적 환경(social environment) 및 기술적 환경(technological environment) 등이 있다. 이러한 거시환경은 마케팅 활동에 직접적인 영향을 미치기보다는 마케팅 미시환경에 영향을 미치는 환경이라고 이야기할 수 있다. 그러나 때로는 이러한 거시환경의 변화가 마케팅에 직접적인 영향을 미치는 경우도 있다. 이러한 거시환경을 분석하는 방법을 네 가지 거시환경의 앞글자를 따서 PEST 분석으로 일컫기도 한다.

최근 몇 년간 소비자들은 환경에 점차 민감해지고 있다. 이에 따라 많은 생수 기업들은 보다 친환경적인 포장을 위해서 플라스틱 병 위에 비닐을 씌우는 기존의 생수병에서 비닐을 제거하여 보다 분리수거와 재활용을 잘할 수 있는 투명한 무라벨 생수병을 만들고자 노력했다. 그러나 환경부의 '먹는샘물등의 기준과 규격 및 표시기준 고시'에서는 생수병에 라벨을 붙이지 않는 것이 불법으로 고시되고 있다는 문제가 있었다.

이에 대하여 2020년부터 본격적인 문제제기가 시작되었고 시민단체의 문제제기와 업계의 노력으로 인하여 2020년 12월 4일 고시는 변경되었고 무라벨 생수병의 출시가 가능해졌다.

무라벨 생수병 출시에 대한 소비자들의 반응은 폭발적이었다. 심지어 동일한 브랜드임에도 불구하고 라벨이 붙은 500ml 생수가 900원에 판매되고 있었고 라벨이 없는 동일한 브랜드의 생수는 950원에 판매되는 웃지 못할 일도 벌어졌다. 해당 생수 담당자는 라벨이 없는 생수는 라벨이 붙어 있는 생수에 비해서 생산 원가가 5원 정도 저렴하다고 응답하기도 했다. 그런데 왜 라벨이 없는 생수가 더 비싸게 판매가 됐을까? 이유는 간단하다. 소비자가 더 비싼 가격을 주고서라도 사고 싶어 했기 때문이다. 이렇듯 많은 경우 소비자가 희망하는 상품들을 출시하는 것이 법과 규제에 묶여있는 경우가 많다. 따라서 기업들은 법적인 환경 변화를 통해서 매출과 이익을 높이기 위해서 여러 가지로 노력한다.

법적인 환경 변화를 통해서야 가능했던 무라벨 생수병 마케팅

1) 정치적·법적 환경

어떠한 사회든 기업의 마케팅 활동에 영향을 미치거나 제약을 가하는 정부기관의 활동 혹은 시민단체의 활동 등이 존재한다. 이러한 정치적인 환경이나 법적인 환경은 마케팅 활동을 제약하기도 하며, 촉진하기도 한다. 예를 들어 종교와 정치가 일체화된 국가에서는 종교적인 측면을 고려하여 마케팅 활동을 전개해야 한다. 이슬람 국가에서는 라마단 기간에 낮에 식당을 운영하는 것은 금기시 될 수 있다. 또한 일부 국가는 술에 대한 광고나 심지어 판매도 허용하지 않는 경우가 있다. 또한 국가마다 정치적 환경 속에서 윤리와 사회적 책임 활동에 대한 요구 수준이 모두 다르다.

농식품의 경우 식품위생관련 법률이 국가마다 달라서 농식품 수출 마케팅을 전개할 때 그 국가의 정치적, 법적 환경을 면밀히 살펴볼 필요가 있다. 국가마다 판매할 수 있는 농식품의 종류나 식품위생관련 법률 등에 의해 판매되는 식품의 품질 기준이나 포장 기준, 또는 표시 기준 등이 모두 다르기 때문이다.

2) 경제적 환경

마케팅의 성과를 내기 위해서는 기본적으로 소비자들의 구매력이 있어야 한다. 경제적 환경은 바로 이런 소비자들의 구매력이나 소비유형 등에 영향을 미치는 요인이라고 할 수 있다. 특히 이러한 경제적 요인들 중에서 마케팅 활동에 많은 영향을 미치는 부분은 경기 불황 혹은 호황 등 경제성장률이다. 경기가 안 좋은 경우 소비자들의 구매력이 떨어지는 것이 일반적이다. 따라서 대부분의 마케터들은 판매가 잘 안 될 것에 대비하여 마케팅에 대한 투자비용이나 혹은 신제품 개발 등을 축소하여 마케팅 비용을 줄인다. 또한 경기가 호황일 때는 대부분의 마케터들은 적극적인 투자와 신제품 개발을 수행하여 새로운 시장기회를 포착하려고 노력하는 경우가 많다.

3) 사회적 환경

이제는 사회적 환경을 고려하지 않으면 마케팅 전략이 성공하기 어려워지는 상황에 처해있다고 할 수 있다. 최근의 사회적 환경은 기업이 사회적 책임을 다하지 않거나,

한국의 경우 생산가능인구가 감소세에 들어서 향후 지속적인 경제 저성장이 예상되고 있다. 그러나 경제 불황이라고 해서 모든 기업들이 어려움을 겪는 것은 아니다. 경제 불황 때문에 더 빨리 성장하게 된 기업들을 몇 가지 살펴보자. 경제 불황이 유리했던 대표적인 기업 중 하나는 일본 자스닥시장 시가총액 1위에 올라섰던 워크맨(workman)이라는 기업이다. 이 회사는 원래 작업복을 만드는 회사였다. 튼튼하고 오염이 잘 되지 않으며 저렴한 옷을 만드는 기술을 가진 회사였다. 일반인이 입는 패션과는 거리가 멀었던 회사였다. 그러나 장기적인 불황으로 인하여 구매력이 떨어진 소비자들이 저렴한 옷을 찾게 되었다. 게다가 많은 인구 수를 차지하게 된 고령층들이 음식을 먹을 때 음식을 흘려 옷이 더러워지는 문제가 자주 발생하는 문제를 해결해 줄 수 있는 옷을 찾게 되었다. 특히 고령층은 패션에 그렇게 민감한 계층이 아니었다. 이러한 불황의 다양한 영향 속에서 오염에 강하고 튼튼하고 저렴한 옷을 만드는 워크맨이 주목받게 되었다. 기존에 공장에서 근무하던 사람들을 위해서 옷을 만들던 워크맨은 장기 불황과 고령화로 인하여 일반 소비자들의 사랑을 받게 되었고, 자스닥 시가총액 1위 기업으로 성장할 수 있었다.

이외에도 과거 일본에서 '소개팅할 때 입으면 예의에 벗어나는 옷'으로 인식될 정도의 저렴한 가격의 옷을 판매했던 유니클로는 장기불황을 겪으면서 일본의 대중적인 패션으로 자리 잡게 되기도 했으며, 한국의 경우 저가상품을 주로 판매하는 다이소 같은 기업들이 최근의 경기 불황 속에서 급격하게 성장하기도 했다.

불황이기에 성장하는 기업들

윤리성이 결여된 행동을 하면 상품의 품질이나 마케팅 노력과 관계없이 소비자들이 해당 기업의 제품을 모두 외면하게 되는 경우가 많이 나타나고 있다. 이를 대표하는 용어가 바로 ESG 경영이다. ESG 경영이란 환경(environmental), 사회(social), 지배구조(governance)의 앞글자를 조합한 단어로 지속가능한 마케팅 활동을 위해서는 이제는 필수적인 부분이라고 할 수 있다.

그림 5-2 파타고니아 광고
자료: 파타고니아 홈페이지

　이러한 사회적인 환경 요인은 특히 소비자들의 구매 활동에 직접적인 영향을 미친다. 예를 들어서 '파타고니아'라는 회사는 자신들의 제품을 구매하지 말라는 광고를 한다. 이유는 새로운 옷을 사는 것이 결국 환경을 해치는 길이기 때문에 가능한 새로운 옷을 사지 말라는 뜻이다. 그러나 만일 새로운 옷을 꼭 사야만 한다면 친환경적으로 만들어진 파타고니아의 옷을 구매하라고 한다. 이러한 광고는 소비자들의 선호와 구매로 이어지는 성공을 거두기도 했다.

　또한 문화적인 측면도 마케터가 주의 깊게 살펴보아야 할 사회적 환경 중 하나이다. 개인주의적인 문화인지 혹은 집단주의적 문화인지도 살펴볼 필요가 있으며, 문화에 따라 마케팅 커뮤니케이션 전략도 세심히 짤 필요가 있다. 예를 들어 한 항공사는 홍콩취항 기념으로 첫 날 항공사를 이용하는 모든 고객들에게 흰색 국화를 한 송이씩 선물로 주었던 적이 있다. 해당 항공사는 흰색 국화는 동양권에서는 상가에서 죽은 사람에게 바치는 꽃이었던 것을 몰랐던 것이다. 이에 그 항공기에 탑승한 고객들이 크게 항의한 사건도 있었다.

4) 기술적 환경

　기술적인 환경은 소비자의 삶과 행동을 극단적으로 바꾸어놓는 경우가 많다. 최근 몇십 년을 살펴보았을 때 소비자 행동을 가장 많이 바꾸어놓은 기술적인 환경 변화는 인터넷과 스마트폰의 발전이라고 할 수 있다. 또한 향후에 소비자들의 삶을 가장 많이 바꾸어놓을 기술로는 인공지능(AI)과 로봇기술이 꼽히기도 한다. 마케터는 이러한 기술적 환경 변화를 항상 주목해야 하며 기술적 환경 변화가 소비자의 삶과 행동을 어떻게 바꾸어놓을지를 항상 분석하고 예측하여 마케팅 전략을 수립할 필요가 있다.

4. 마케팅 환경의 분석과 전략 도출 방법: SWOT

마케팅 환경 분석을 위해서 가장 많이 활용하는 도구는 SWOT 분석이라고 할 수 있다. SWOT 분석은 자사 혹은 자사 상품의 강점(strength), 약점(weakness), 기회(opportunity) 및 위협(threat) 요인을 찾아내고 이러한 요인들로 인한 새로운 전략을 도출하는 방법이다.

많은 경우 SWOT 분석을 SWOT 요인을 찾아내고서 마무리하고 있으나 이는 적절한 분석이라고 보기 어렵다. 강점과 약점, 기회와 위협 요인도 체계적으로 찾아낼 필요가 있다. 이때 강점과 약점 요인은 주로 미시적 환경 분석에서 그 요인을 찾는 경우가 많으며, 기회와 위협 요인은 주로 거시적 환경 분석에서 그 요인을 찾는 경우가 많다.

또한 SWOT의 단순한 나열이 아닌 SWOT를 활용해서 전략을 도출해 내는 것으로 마무리하는 것이 기업에게 전략적으로 의미있는 SWOT 분석이 될 수 있다. SWOT 분석으로 도출될 수 있는 전략은 SO전략(기업이 가진 강점으로 기회를 활용하려는 전략), ST전략(기업이 가진 강점으로 위험을 극복하려는 전략), WO전략(기회를 놓칠 만한 기업의 약점이 있다면 그것을 발견하고 기회를 활용할 수 있도록 수정·보완하는 전략), WT전략(기업의 약점과 환경의 위협요인이 복합되어 더 큰 위기를 가져오지 않도록 전략을 도출) 등이 있으며 이를 구체적

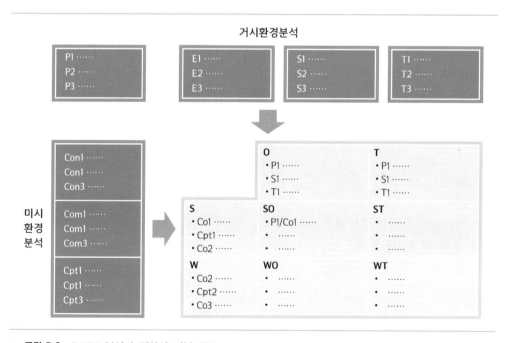

그림 5-3 SWOT 분석과 전략의 기본 구조

으로 제시할 필요가 있다.

마케팅 환경을 체계적으로 분석하는 방법을 제시하면 아래와 같다.

① 마케팅 대상 상품이나 서비스 혹은 자사의 기업활동에 영향을 미칠 것으로 생각되는 거시환경(PEST)을 요인별로 가장 큰 영향을 미칠 것으로 예상되는 요인을 3개[1]까지 조사하여 적는다.

② 마케팅 대상 상품이나 서비스 혹은 자사의 기업활동에 영향을 미칠 것으로 생각되는 소비자(consumor), 자사(company), 경쟁사(competior)의 주목할 만한 요인들을 최대 3개까지 기술한다.

③ 미시환경 중 마케팅 대상 상품 혹은 자사의 경쟁력의 강점이 될만한 요인 3개와 약점이 될 만한 요인 3개를 추출하여 강점과 약점을 기술한다.

④ 거시환경 중 목표하는 마케팅 활동에 있어서 기회요인이 될 만한 요인 3개와 위협요인이 될 만한 요인 3개를 골라서 기회와 위협요인을 기술한다.

⑤ SW와 OT요인을 조합하여 분석하여 최종 전략을 도출한다. SO는 강점으로 기회를 활용할 수 있는 전략, WO는 약점을 제거해서 기회를 살리는 전략, ST는 강점을 활용하여 위협을 최소화하는 전략, WT는 위협을 증폭시킬 수 있는 약점을 최소화하는 전략이다.

---

1 거시환경과 미시환경 요인을 3개씩으로 한정 짓는 이유는 3개가 넘어가면 분석할 것이 너무 많아져 사실상 분석이 불가능해지기 때문이다.

제2절

소비자 행동의 이해

1. 소비자와 소비자 행동

아기들이 먹는 분유의 경우 소비자는 과연 누구일까? 분명히 분유를 먹는 것은 아기이다. 그렇다면 아기가 분유의 소비자일까? 만일 아기가 소비자라면 마케터는 어떤 행동을 해야 할까? 아마 아기에게 이렇게 광고 등을 통해서 커뮤니케이션을 해야 정상일 것이다. '이 분유는 매우 맛있습니다'라고 말이다. 하지만 그런 광고를 본 적이 있을까? 법적인 문제도 있어서 광고할 수는 없지만, 광고를 할 수 있었던 과거에도 그렇게 광고한 회사는 본 적이 없다. 과거 분유광고가 많았던 시절에도 '아이가 똑똑해져요'라든지, '아이가 무럭무럭 자란다' 또는 '모유성분과 비슷해요' 등의 광고들이 대부분이었다. 왜 그럴까?

그것은 분유를 실질적으로 구매하는 사람이 그 아기의 부모님인 경우가 대부분이기 때문일 것이다. 그렇다면 분유의 소비자는 아기의 부모님일까?

재미있게도 분유 회사의 마케터는 아기의 부모님을 대상으로 마케팅을 전개하지 않는다. 아이의 분유 브랜드를 결정하는 더 중요한 사람이 있기 때문이다. 산부인과 의사나 산후조리원의 담당자들이다. 아기의 부모님들도 자신의 아기에게 산부인과 의사가 어떤 분유 브랜드가 적합하다고 추천하거나, 혹은 산후조리원 등에서 아기에게 어떤 브랜드의 분유를 급여하여 아기의 입맛이 그 브랜드에 맞추어지면 그 브랜드의 분유를 계속 아이에게 사주는 경향이 있기 때문이다.

마케팅에서 주목해야 할 소비자는 단순히 어떤 제품이나 서비스를 소모하거나 사용하는 사람은 아닐 수 있다. 돈을 내고 실질적으로 구매하는 사람일 수도 있고, 해당 제품이나 서비스에 대한 정보를 주는 영향력 행사자일 수도 있다. 제품이나 혹은 서비스에 대한 정보를 모으고, 구매하고 사용하는 과정에서 누가 가장 핵심적인 사람인지를 판단하고, 그 핵심적인 사람을 소비자로 생각해서 마케팅 전략을 수립할 필요가 있다.

분유의 소비자는 누구인가?

소비자는 제품이나 서비스를 구매하여 사용하는 자를 일컫는다. 이러한 소비자는 최종 소비자, 비즈니스 소비자, 정부라는 세 가지 형태로 존재한다. 하지만 일반적으로 소비자라는 단어를 사용할 때는 개인 혹은 가구에서 소모할 예정으로 제품이나 서비스를 구매하는 자를 이야기한다.

이 책을 읽는 대부분의 독자들은 최종 소비자로서 매일 무엇인가를 구매하는 의사결정을 내리고 있을 것이다. 마케터는 항상 소비자들이 언제, 어디서, 무엇을, 어떻게,

왜 구매하는지 등의 소비자 행동에 대해서 항상 분석하고 이를 마케팅에 활용하려고 하고 있다. 많은 연구에서 밝혀진 바에 따르면 소비자들은 구매행동 시 심리적 요인, 개인 상황적 요인 및 사회문화적 요인 등에 의해서 영향을 받는 것으로 나타나는데, 이에 대해 구체적으로 알아보도록 하자.

심리적 요인	개인/상황적 요인	사회/문화적 요인
・동기/태도 ・개성 ・지각 ・관여도	・연령/성격/생애주기 ・직업/소득/자아개념 ・라이프스타일과 가치관 ・구매상황	・준거집단/가족 ・사회적 역할과 지위 ・문화/사회계층

그림 5-4 소비자 구매행동에 영향을 미치는 요인

2. 심리적 요인

소비자의 심리상태는 소비자의 행동에 여러 가지 영향을 미친다. 이러한 영향을 미치는 요인으로는 동기와 태도, 개성, 지각, 관여도 등이 있다.

1) 동기

사람은 목마름이나 배고픔 등과 같은 다양한 욕구를 느끼고 이를 해결하려고 노력하는 특성을 가지고 있다. 이러한 사람의 욕구는 일정 수준에 도달했을 때 긴장상태가 유발되며, 이때 욕구는 동기(motive)가 된다. 동기는 발생한 욕구에 대한 만족을 적극적으로 해결하도록 압박하는 욕구를 뜻한다. 학자들은 이러한 인간의 동기에 대해서 다양한 연구들을 제시하였다. 지그문트 프로이트(Sigmund Freud)는 때때로 소비자들의 의사결정 행동은 자신도 잘 알 수 없는 의식수준 이하의 동기의 영향을 받을 수도 있다고 하였다.

또한 매슬로우(Maslow)는 인간의 욕구가 5종류로 구성되어 있으며 이를 채우기 위해서 사람들이 노력하는 것이라고 제시하였다. 그는 인간의 욕구는 생리적 욕구, 안전 욕구, 사회적 욕구, 존경 욕구 그리고 자아실현 욕구로 구성되어 있다고 제시하였다. 여기서 생리적 욕구는 갈증, 배고픔 등의 신체적 욕구이고, 안전 욕구는 자신의 안전에 대

한 욕구이다. 사회적 욕구는 집단에 소속되고자 하는 욕구이고, 존경 욕구는 남에게 존
경을 받으려고 하는 욕구이며, 자아실현 욕구는 자신의 추구하는 바를 달성하려고 하는
욕구이다. 사람들은 생리적 욕구부터 차례로 관심을 가지고 충족시키려고 노력하며, 각
단계별 욕구가 충족되면 더 이상 그 욕구가 동기 요인이 되지 않고 위 단계의 욕구를
충족하려고 한다고 하였다. 또한 일반적으로 매슬로우의 욕구 단계론에서 상위 단계의
욕구를 충족시킬 때 사람은 보다 많은 가치를 느낀다.

== **그림 5-5** 매슬로우(Maslow)의 인간 욕구 단계

"버섯이 1kg에 60만 원이요?" 해마다 명절을 지내다 보면 농산물의 가격이 한참 좋아지게 되는
것을 볼 수 있다. 특히, 선물용이나 제수용 농산물 가격은 정말 비싸진다. 필자가 할인점에서 근무
를 하면서 제일 놀랐던 것은 다름 아닌 자연산 송이버섯이었다. 추석 무렵에는 평소 1kg에 15만
원 하던 자연산 송이버섯이 추석 때가 되면 백화점 매장에서 60만 원 가까이 팔리는 모습들을 가
끔 볼 수 있다. 또, 한 개에 1만 원이 넘는 배 같은 제수용 과일도 명절 때만 되면 매우 비싼 가격
에도 불구하고 잘 팔린다. 혹시 이런 의문을 가져보신 적이 있으신지 모르겠다. "왜 명절이 되면
갑자기 사람들이 이렇게 비싼 가격을 이해하고 지불할까?"라는 의문 말이다. 만일 매일매일이 명절
같으면 아마 부자 되시는 농민 분들이 많아질 것 같은데 말이다. 한번 그 비밀을 밝혀볼까 한다.
먼저 조금 이론적인 것을 봐야 한다. 매슬로우라는 사람은 인간이 가진 욕구를 크게 5단계로 나누
어 제시하고 있다. 1단계는 생리적 욕구로 의식주에 해당하는 것이다. 2단계는 안전 욕구로 신체적,
감정적 안전에 해당하는 것이다. 3단계는 소속과 애정의 욕구, 4단계는 존경 욕구, 5단계는 자아실
현 욕구로 인간의 욕구가 이루어졌다는 것이다. 그는 인간은 하위 단계의 욕구가 채워지면 상위 단
계의 욕구를 채우려 한다고 하였다. 예를 들면 1단계 욕구인 의식주가 해결되면, 안전하게 살려는
2단계 욕구를 채우려 한다는 것이다. 다시 농산물을 보자. 평소 우리는 어떤 의도로 농산물을 판매

하고 있는가? 주로 1단계 욕구인 생존 욕구(의식주)에 부응하는 제품을 판매하고 있다. 요즘 한참 인기 있고 가격도 높게 받고 있는 유기농산물은 몇 단계일까? 바로 2단계 안전 욕구를 채워주고 있는 제품이다. 그렇다면 설날 선물로 판매되는 농산물은 몇 단계 욕구를 채워주고 있는 것일까? 설날 선물을 "생존"하기 위해서 사 가는 사람은 없다. 주로 서로 간의 "애정"을 확인하고, 조상에 제사를 드리며 자신의 "소속감"을 명확히 하는 용도로 사용한다. 이때 농산물 가격은? 2단계 안전 욕구를 채워주는 유기농산물보다 3단계인 애정과 소속감 욕구를 충족시키기 위해서 농산물을 소비할 때 더 비싼 가격을 소비자들은 기꺼이 지불한다. 사실 일반 기업들은 이러한 사실을 잘 활용하고 있다. 그래서 고객의 보다 상위 욕구를 충족시키는 제품을 만들고, 사람들에게 알리기 위해서 노력한다. TV에서 하는 최고급 냉장고의 광고는 어떤가? 고급 냉장고 광고에서 냉장력이 좋다는 말을 하는 경우가 별로 없다. 웬 예쁜 모델들이 나와서 화려한 삶을 보여주다가 예쁜 고급 냉장고를 잠시 보여준다. 그리고 한마디 한다. "여자라서 행복해요." 대체 무엇을 말하는 광고인가? 냉장고로 4단계인 존경 욕구를 채우거나 혹은 5단계인 자아실현을 하라는 것이다. 소비자들은 이러한 광고에 매우 만족하고 있으며, 고가의 냉장고를 기꺼이 구매하고 있는 모습을 볼 수 있다. 전문가들은 대부분의 일반인들은 8년산 이상의 위스키를 구별하지 못한다고 한다. 그럼에도 불구하고 17년산이나 21년산, 혹은 30년산 위스키도 잘만 팔린다. 누가 이런 잘 구별도 안 되는 비싼 위스키를 살까? 선물을 하며 3단계인 애정 욕구를 확인하기 위해, 혹은 비싼 것을 마시며 다른 이들의 부러움을 받기 위해(4단계 존경 욕구), 혹은 고급 위스키의 향과 맛을 느끼며 인생의 희열을 느끼기 위해서이다(5단계 자아실현 욕구). 조금 있으면 다가올 발렌타인 데이 때에 값비싼 초콜릿들이 팔리는 이유도 비슷한 원리 때문이다. 최근 높아진 한국의 소득 수준으로 인하여 우리 소비자들은 3단계 이상의 욕구 충족에 보다 많은 가치를 부여하고 있다. 이럴 때 농업이 1단계의 생존 욕구나 2단계의 안전 욕구의 충족에만 머물러 있어서는 안 될 것이다. 우리 농업이 보다 높은 부가가치를 창출하기 위해서는 3단계 이상의 욕구를 채울 수 있는 상품을 개발해 내고, 마케팅을 전개해 나가야 할 것이다. 이것이 바로 우리 농업 생산물이 매일매일 명절보다 더 좋은 가격을 받을 수 있는 비밀이 아닌가 한다.

〈자료: 한국농어민신문, 2006. 2. 6.〉

명절에 농산물이 비싼 이유

2) 개성

개인의 독특한 성격인 개성은 소비자 구매행동에 영향을 미친다. 개성은 보통 자신감, 사교, 방어와 공격 같은 특성들로 설명된다. 이러한 개성은 특정한 제품이나 서비스와 관련된 소비자 구매행동을 설명하는 데 유용하다. 이제 소비자들은 자신의 개성과 일치하는 이미지를 가진 상품을 소비한다. 유명한 오토바이 회사인 할리데이비슨(Harley-Davisdson)의 소비자들은 할리데이비슨 오토바이의 품질만큼이나 자유와 낭만을 추구하는 할리데이비슨의 브랜드 개성 이미지에 열광한다. 또한 아무리 제품이 좋아도 소비자 스스로가 인식하고 있는 자신의 개성과 일치하지 않는 브랜드 개성 이미지를 가진 상품은 소비하지 않는다.

3) 지각(perception)

소비자의 구매행동은 소비자들이 자신을 둘러싼 다양한 상황에 대한 주관적 지각에 영향을 받는다. 우리는 청각, 시각, 후각, 촉각과 미각 등 오감에 의해서 정보를 받아들인다. 그러나 동일한 감각정보를 받는다고 해도 사람마다 자신의 방법으로 다르게 받아들여서, 조직화하고 해석한다. 이렇게 감각정보를 받아들이고 조직화하며 해석하는 과정을 지각이라고 한다. 사람들은 동일한 자극물에 대해서 다르게 지각할 수 있다. 일반적으로 사람들은 매일같이 1,000개가 넘는 광고메시지에 노출되지만 이러한 모든 자극들에 주의를 기울이는 것은 불가능하다. 마케터는 소비자들이 감각정보를 받아들일수 있도록 여러 가지 노력을 기울일 필요가 있다. 또한 지각과 관련하여 사람들이 인식된 감각정보들을 선택적 보유한다는 사실을 기억할 필요가 있다. 즉, 사람들은 자신이 선호하는 정보들은 기억하지만, 자신이 선호하지 않는 정보들은 쉽게 망각하는 특성이 있다. 따라서 마케터들은 전달하고자 하는 메시지에 대해서 소비자들이 주의를 기울이고, 또 소비자들이 마음 속에 해당 정보를 보유할 수 있도록 노력을 기울일 필요가 있다.

4) 관여도(involvement)

동기의 마지막 결과는 관여도라고 하는 소비자의 심리적 상태를 불러일으키는 것이다. 관여도는 특정한 상황에서 개인적으로 지각된 중요성이나 관심 정도를 뜻한다. 관여도가 높다는 것은 소비자가 특정 상황에서 제품이나 서비스에 대해서 높은 중요도나 관심도를 가진다는 것을 뜻하며, 관여도가 낮다는 것은 제품이나 서비스에 대해서 낮은 중요도나 관심도를 가진다는 것이다. 소비자들의 관여도가 높은 경우 소비자들은 보다 신중하게 구매를 결정한다. 또한 관여도가 높은 제품이나 서비스의 경우 소비자들은 가격을 좀 더 지불하더라도 혜택을 최대화하려는 경향이 있다. 명품 제품같이 소비자의 지불능력 대비 가격이 높은 제품이거나 혹은 소비자들의 자아이미지와 관련된 제품들의 경우 일반적으로 높은 관여도를 끌어낸다고 할 수 있다. 또한 저관여 제품의 경우 제품 구매에 시간과 노력 투입을 최소화하는 경향이 있다.

5) 태도(attitude)

태도는 하나의 대상에 대해서 소비자들이 가지고 있는 일관된 평가, 감정 또는 행동성향을 일컫는다. 태도로 인해 소비자들이 어떤 상품이나 서비스를 좋아하거나 싫어하려는 감정을 가지게 된다. 이러한 태도는 선천적인 것이 아닌 학습된 선유경향이다. 일반적으로 한 번 형성된 소비자들의 태도를 바꾸기는 어렵다고 알려져 있다.

3. 개인적·상황적 요인

소비자는 연령, 성별, 라이프스타일이나 가치관 같은 개인적 요인이나 혹은 구매상황에 의해서 구매행동에 영향을 받기도 한다.

1) 개인적 요인

연령에 의한 세대 구분은 소비자들의 행동을 설명하고 이해하는 데 많은 도움이 된다. 일반적으로 세대의 구분은 연령대에 의한 구분이라기보다는 어떤 시대를 살았는지가 더 중요하며, 이에 따라 언제 태어났는지가 더 중요하다고 알려져 있다. 이러한 세대구분은 현재 네 개의 세대가 주요한 소비자로서 시장에 공존하고 있다고 이야기한다. 첫 번째는 베이비 부머(baby boomer)로 불리는 제2차 세계대전 이후인 1950년부터 1964년에 태어난 세대이다. 이 세대는 아날로그 중심적인 사회에서 생활했으며 이념을 중시하는 특성을 가지고 있다. 두 번째는 X세대로 불리는 세대로 1965년부터 1979년 사이에 태어난 세대이다. 물질주의가 만연한 사회환경 속에서 자랐났으며 성인이 되어서 디지털 환경을 맞닥뜨린 세대이다. 세 번째는 밀레니얼 세대(millennials generation)로 1980년부터 1994년 사이에 태어난 세대이다. 이들은 세계화가 이루어지고 있는 상황에서 자랐났으며, 자기표현과 주장이 강한 세대이다. 대개 10대 이전에 디지털 환경을 맞닥뜨려 디지털 환경에 매우 익숙한 세대라고 볼 수 있다. 네 번째는 Z세대로 1995년부터 2010년 사이에 태어난 세대이다. 이들은 디지털 환경 속에서 자란 세대이며 현실주의적인 경향이 강하고 윤리를 중시하는 경향이 있다. 2011년 이후 태어난 세대를 알파세대로 칭하나 아직까지 소비력이 높지는 않아 주목할 만한 소비자로 인정을 받지는 못하고 있다.

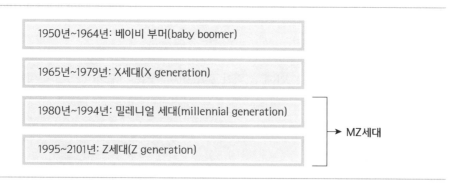

_ 그림 5-6 소비자의 세대 구분

    라이프스타일은 소비자들의 자신만의 행동패턴이라고 할 수 있다. 디지털화가 진행되면서 사람들은 보다 독특한 자신만의 행동패턴인 라이프스타일을 강화하고 있다. 특히 최근 SNS의 발달은 자신만의 라이프스타일을 즐길 수 있는 보다 많은 정보를 쉽게 얻을 수 있어 보다 자신만의 라이프스타일을 강화하게 되었다. 예를 들어 캠핑을 즐기는 라이프스타일을 선호하는 소비자들은 각종 SNS를 보면서, 캠핑을 보다 즐기는 방법을 쉽게 학습하고 체험할 수 있게 된 것이다.

2) 상황적 요인

    다양한 상황들은 소비자들의 행동에 많은 영향을 미친다. 소비자가 누구와 함께 소비행동을 하는지가 영향을 미치기도 한다. 예를 들어 혼자 식사를 하기 위해서 식당을 고르고 주문을 하는 행동과 데이트를 하기 위해서 식당을 고르고 주문을 하는 경우에 소비행동이 달라진다. 데이트를 하기 위해서 고른 식당이 좀 더 고급스럽고 비싼 음식을 판매하는 경우가 많은 것이다. 소비행동을 하는 데 있어서 시간의 압박 여부도 소비행동을 다르게 한다. 예를 들어 소비자가 충분한 시간이 있는 경우보다 시간이 급박한 경우 가격에 대한 민감도가 떨어지는 경향이 있다. 또한 어떤 주변 환경에 있는지에 따라서도 소비자들의 구매행동은 달라진다. 예를 들어 식당에서는 낮과 밤에 다른 메뉴가 팔린다. 이는 소비자들이 낮과 밤이라는 상황에서 다른 행동을 보여주기 때문이다.

4. 사회·문화적 요인

소비자를 둘러싸고 있는 사회·문화적 요소들도 소비자의 행동에 여러 가지 영향을 미친다. 이러한 영향을 미치는 요인으로는 준거집단과 가족, 사회적 역할과 지위 및 문화 등이 있다.

1) 준거집단

준거집단은 소비자들의 구매행동에 있어서 판단의 기준을 제공해 주는 집단을 의미한다. 이러한 준거집단은 크게 3가지로 분류할 수 있는데 소속집단(membership group), 희망집단(aspiration group), 회피집단(dissociative group) 등으로 분류할 수 있다. 소속집단은 현재 소비자 자신이 소속되어 있는 집단이다. 소비자가 소속집단을 인식하는 경우 소속집단의 다른 사람들과 동일한 유형의 구매행동을 하는 경우가 많다. 예를 들어 한때 매우 비싼 겨울 외투가 중고등학생들에게 유행한 적이 있다. 이는 또래 집단과 유사한 옷을 입어야만 또래 집단에서 함께 한다고 인식했기 때문이다. 희망집단은 소비자가 소속되기를 희망하는 집단이다. 많은 소비자들이 연예인들을 따라서 구매하는 현상은 연예인들처럼 살아보고자 하는 희망을 가지고 있기 때문이다. 마지막으로 회피집단이 있다. 회피집단은 소속되거나 혹은 해당 집단이 하는 것을 따라하기 싫은 경우에 해당하는 집단이다. 회피집단이 사용하는 제품이나 서비스에 대해서도 소비자들은 구매를 회피하게 되는 경향을 보인다.

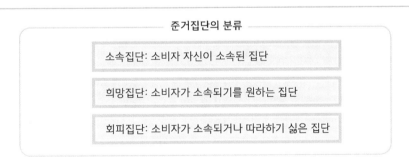

그림 5-7 준거집단의 분류

2) 사회적 역할과 지위

소비자의 사회적 역할과 지위도 소비행동에 영향을 미친다. 사회적 지위가 높다고 생각하는 집단의 경우 다른 사람들에게 보여지는 제품이나 서비스를 구매할 때보다 고급스러운 상품을 구매하려는 경향을 보이게 된다. 또한 사회적 역할에 따라 구매행동에 영향을 받기도 한다. 예를 들어 우리 농민을 돕고 한국 농업을 살리려는 것이 근본적인 목적인 농협에서 근무한다고 하면 농식품을 구매할 때 국산 농산물로 만들어진 농식품을 보다 우선적으로 구매해야 한다고 인식할 수 있는 것이다.

3) 문화

소비자들에게 문화는 소비자들이 살아가는 방식이라고 할 수 있기에 소비자 구매행동에 많은 영향을 미칠 수밖에 없다. 농식품 분야에 있어서도 지역마다 다른 식문화가 형성되어 있고, 이러한 식문화는 그 지역 사람들의 농식품 구매행동에 많은 영향을 미치고 있다. 이러한 문화는 한국의 지역별로도 다른 점들이 많지만, 완전히 다른 문화권을 비교하는 경우 문화가 식품 소비에 미치는 영향을 보다 명확하게 알 수 있다.

> IMF 금융위기 사태 때의 일이다. 세계적인 주류회사 A사는 한국의 대형 맥주회사를 하나 인수한다. A사는 600년 이상의 맥주 제조 기술과 노하우를 가진 글로벌 기업이었지만 한국시장 진출 초기에 수많은 실패를 한다. 한국의 술 문화가 매우 독특했기 때문이다.
>
> A사는 초기에 한국의 맥주 시장을 조사하다 깜짝 놀란다. 한국 소비자들은 매우 독특한 방법으로 맥주를 마시고 있었기 때문이다. 바로 '소맥'이었다. A사는 600년 이상 맥주를 만들었던 역사와 자부심이 있었다. 때문에 맥주에 싸구려 술인 소주를 섞어 마시는 것을 용납하기 어려웠다. 맥주의 고유한 맛과 향을 해치는 행위였기 때문이다.
>
> 이에 A사는 소맥을 마시는 이유에 대한 소비자 조사를 실시했다. 결론은 '맛있다'와 '빨리 취해서 놀 수 있다'였다. 유럽 맥주 전문가들은 기존 한국맥주의 알콜도수가 문제라고 판단했다. 소맥으로 알콜도수를 높이니 맛있다고 했고, 알콜도수가 높으면 당연히 빨리 취하기 때문이다. 그래서 A사는 최적의 소주-맥주 비율을 찾았고 고알콜 맥주를 출시했다. 한국 소비자들은 소맥을 만드는 귀찮은 과정을 거치지 않고, 최고로 맛있는 맥주를 즐길 수 있도록 말이다. 이 맥주는 잘 팔렸을까?
>
> 결국 깔끔하게 실패한다. 왜 실패했을까? 이유는 유럽과 한국의 술 문화의 차이였다. '술'의 의미와 각인이 유럽과 한국은 달랐던 것이다. 세계적인 소비문화코드 분석가 클로테르 라파이유는 프랑스의 술 문화를 분석하면서 이런 이야기를 한다. 프랑스 사람들은 어렸을 때부터 술의 맛과 향을 교육받는다. 가족 파티에서 부모님이 샴페인을 즐길 때 만일 아이가 "엄마 그게 뭐야? 나도 줘!"

라고 하면 거절하지 않는다. 한국처럼 "어린이는 안돼!"라고 거절하지 않는다. 프랑스 부모들은 크래커에 샴페인을 조금 찍어서 아이들에게 준다고 한다. 그러면 아이들은 '이건 무슨 맛이지?'하면서 향도 맡아보고 맛도 보고 하면서 자라난다. 어렸을 때부터 이런 교육을 받은 프랑스 사람들은 술의 맛과 향을 구분할 수 있게 되고, 맛과 향을 중시 여기게 된다. 그런데 한국은?

한국에서 술은 성인 전에는 못 마시는 것이다. 하지만 중고등학생 때 수학여행에서 몰래, 대학의 신입생 환영회에서는 쓰러질 때까지 마신다. 그래서 술의 맛과 향을 배울 기회는 한국사람에게 없다. 친구들과 놀기 위해 술을 마신다. 때문에 한국인의 무의식적인 술에 대한 각인은 바로 '재미를 위한 도구'이다. 한국 사람들에게 술의 맛과 향은 별로 중요하지 않다. 그래서 저렴한 소주가 많이 팔리게 되고, 맥주도 라거 한 종류만 있어도 상관없게 된다.

A사가 초기 실패한 원인은 유럽인의 술 문화로 한국 소비자를 해석한 것이다. 소맥을 먹는 한국 소비자들이 중시한 것은 맛과 향이 아니라 '재미'요소였던 것이다. 맛과 향이야 소맥보다는 A사가 만든 고알콜맥주가 더 좋았을 것이다. 그러나 재미 요소가 빠진 '이미 섞여진 소맥'을 한국인이 사려 하지 않았던 것이다.

사실 A사의 초기 실패는 또 있었다. 진출 초기에 한국 여성들은 레몬을 한 조각 넣어서 병째 마시는 C 수입 맥주를 선호했다. 이를 본 A사는 여성들을 위해서 레몬맥주를 출시한다. 결과는? 거의 실패! 사실 한국의 여성들은 레몬맛 맥주를 좋아한 것이 아니라 맥주에 레몬을 넣는 행동을 무의식 중에 재미 삼아 즐기고 있었던 것이었다. A사는 이런 실패를 바탕으로 한국 술 문화를 제대로 이해한 후 맥주 마케팅을 바꾸었고, 결국 한국에서 맥주 부문 1위를 차지한다.

한국 전통주의 부진과 지역주의 약진도 술 문화로 해석이 가능하다. 전통주는 역사를 통해서 이루어낸 맛, 향, 품질과 건강 등을 강조한다. 현대 한국 소비자들의 술 문화인 "재미"와는 거리가 있다. 때문에 법까지 제정해서 진흥하려 했지만 성과가 미미했던 것이다. 반면에 지역주는 매우 잘된다. 소비자들은 강릉에 가면 버드나무집 맥주를, 제주에 가면 제주 에일 같은 지역주를 마셔보고 싶어 한다. 판매도 잘 된다.

왜 그럴까? 그 지역주를 마신다는 이미지가 바로 강릉에 여행 온 재미, 제주에 여행 온 재미를 더해줄 수 있기 때문이다. 이런 지역주는 전통주 중 하나인 지역특산주가 아닌 경우가 많다. 대부분의 지역주는 맥주라서 그 지역농산물을 쓰는 경우가 많지 않기 때문이다. 아쉬운 일이다. 하지만 한국 술의 소비문화코드인 '재미를 위한 도구' 개념을 이해하면 왜 품질과 맛, 향 등에 초점을 맞춘 전통주는 활성화가 어려웠는지 알 수 있다. 지금까지 전통주는 소비자의 재미가 아닌 '품질'에 더 초점을 맞추었기 때문이었던 것이다.

코로나 거리두기가 없어진 오랜만의 여름이다. 많은 분들이 농어촌 지역으로 휴가를 계획하고 있다고 한다. 이에 한국의 술 문화를 이해하고 이에 맞는 지역주 마케팅을 준비했으면 한다. 재미를 줄 수 있는 지역주가 우리 농산물을 원료로 한 지역특산주면 더 좋겠다. 그렇게 해서 올여름 농어촌으로 휴가 오신 분께는 더 재미있는 추억을, 농어촌 지역민에게는 더 큰 수익을 드릴 수 있었으면 한다.

〈자료: 한국농어민신문, 2022. 7. 19.〉

지역주가 잘되고 전통주가 어려운 이유

　　세계 각국의 식품문화와 소비와의 관계를 살펴보면 매우 흥미롭다. 한국과 미국은 식품은 일을 하기 위해서, 힘을 내기 위해서 먹는 것이라고 인식한다. 미국이나 한국에서는 식사를 하고 나면 사람들이 '배부르다'라고 이야기한다. 즉, 식품에 대해서 미국과 한국은 전통적으로 배를 채우는 것이라는 문화적 의미가 강했다면, 프랑스의 경우 즐긴다는 의미가 강했던 것이다. 이를 라파이유(2007)는 미국 식문화에 대해서 '연료' 코드로 설명한다. 자동차 연료 같은 연료에 대해서 사람들은 채우는 것을 중시하며, 엔진에 문제가 생기지 않도록 연료에 이물질이 들어가지 않는 것을 중시 여긴다. 또한 연료를 빠르게 채우려고 한다는 것이다. '배부르다'고 이야기하는 것, 식품위생법이 프랑스 같은 국가에 비해서 매우 강한 것, 그리고 미국인의 평균 식사 시간이 6분이라는 점은 바로 식품에 대한 문화적 태도를 보여준다고 할 수 있다.

　　그러나 프랑스는 많이 다르다. 식품을 먹고 나서는 '맛있었다'라고 이야기한다. 식품을 즐기는 하나의 대상으로 보고 있는 것이다. 때문에 식품위생법도 프랑스에서는 상대적으로 관대하다. 유럽에서 치즈에 대한 저온 살균을 의무화하려고 하자 프랑스에서는 저온 살균이 치즈의 맛을 죽인다고 반대했다. 페쟝데(faisandee) 같은 숙성이 지나쳐 썩은 고기 요리법이 있는 이유이다. 안전보다는 맛에 더욱 신경을 쓰는 것이다. 물론 이러한 식품위생법규의 느슨함은 대가를 치른다. 미국의 인구가 프랑스에 비해 다섯 배나 많지만, 식품으로 인해 사망하는 숫자는 프랑스가 더 많은 정도이다. 마지막으로 식사 시간이 매우 길다. 저녁 식사를 몇 시간 동안 하는 모습은 프랑스에서는 별로 이상하지 않은 일이다. 미국인처럼 연료를 빠르게 채우는 모습과는 많이 다른 모습을 보여주고 있다.

　　아시아에 있어서도 식품을 바라보는 코드는 매우 다르다. 중국의 경우는 프랑스와 유사한 점이 많다. 식품을 즐기는 대상으로 바라본다. 하지만 일본의 경우 좋은 식품은 완성도가 있는 식품이라는 문화적 관점이 존재한다. 때문에 사케를 만들 때도 쌀을 깎고 깎고 또 깎아서 만든 술을 좋게 평가한다. 일본의 농식품 도매시장 경매에서 메론이 1개에 백만 원이 넘게 낙찰되는 것도 바로 이 완성도가 높은 식품을 높이 쳐주는 문화 때문이다. 또 몇 대에 걸쳐서 초밥을 만든다든지, 천년 동안 대를 이어 떡만 굽는다든지 하는 것이 모두 완성도를 높이기 위한 전략이다.

5. 소비자의 구매의사결정 과정

소비자의 구매의사결정 과정은 크게 욕구인식, 정보탐색, 대안평가, 구매결정, 구매 후 행동으로 이루어진다. 이에 대해서 자세히 살펴보도록 하자.

그림 5-8 소비자의 구매의사결정 과정

1) 욕구인식

소비자의 구매는 욕구를 인식하는 것으로부터 시작된다. 욕구는 내적 자극과 외적 자극에 의해 발생된다. 이러한 욕구인식은 현재 소비자가 처해있는 상황과 이상적 상황의 차이가 일정 수준 이상으로 벌어졌음을 인식하게 되었을 때 발생하게 된다. 예를 들어 목마르다는 욕구는 몸에 있는 수분이 적정량보다 일정한 수준 이하로 떨어지게 되면 목마르다는 욕구가 발생하는 것이다.

마케터는 이를 위해서 두 가지 전략을 제시할 수 있다. 첫 번째는 소비자가 생각하는 적정 수준을 높이는 방법이다. 이를 위해서는 시식, 시음 등 소비자의 체험이 많이 활용된다. 예를 들어 예전에 화장실의 뒤처리를 위해서는 휴지가 충분한 이상점이었으나, 비데가 보급되고 많은 분들이 비데를 체험한 후에는 화장지가 아닌 비데가 이상적인 상태로 바뀐 것과 같은 원리이다.

두 번째는 소비자에게 현실을 인식시키는 방법이다. 예를 들어 몸에 수분이 많이 부족해도 다른 일에 정신을 집중하고 있다면, 수분이 적은 것을 깨닫지 못하는 경우가 있다. 이런 경우 몸의 수분이 부족함을 소비자에게 일깨우는 전략들이 존재한다. 예를 들어 대형마트 등에서는 향을 활용해서 소비자들의 현실을 일깨운다. 고기 굽는 냄새나 빵 냄새 등을 활용하여 소비자들이 얼마나 배고픈지를 인식하도록 하기도 한다.

2) 정보탐색

소비자가 욕구를 인식하게 되면 다음으로는 정보를 탐색하는 단계로 전환된다. 정보탐색은 크게 내적 정보 탐색과 외적 정보 탐색으로 나눌 수 있다.

내적 정보 탐색은 소비자의 기억 속에서 정보를 탐색하는 것이다. 예를 들어 '목이 마르다'라는 욕구를 인식했다고 가정해 보자. 그럼 여러분들은 어떻게 이 문제를 해결하겠는가? 아마 생수를 주변 편의점에서 사서 해결하려고 할 것이다. 이때 어떤 브랜드의 생수를 살지는 이미 대부분의 소비자들은 기억을 활용해서 알아낼 것이다. 즉, 이러한 브랜드는 내 기억 속에 있는 생수 브랜드를 인출해서 사용하게 된다. 이를 내적 정보 탐색이라고 한다. 소비자들이 내적 정보 탐색을 활용하는 브랜드의 경우 중요한 것은 소비자들이 내적 정보 탐색을 할 때 기업이 원하는 브랜드가 소비자의 기억에 자리잡고 있어야 한다는 점이다. 이를 고려상표군(consideration set)이라고 한다. 즉, 소비자가 내적 정보 탐색을 활용해서 구매하는 제품의 경우 기업의 브랜드가 소비자의 고려상표군에 들어있지 않으면, 해당 브랜드의 선택이 차단될 수밖에 없다.

외적 정보 탐색은 소비자들이 기억 속에 브랜드에 대한 정보가 충분하지 않아 외부의 매체 등에서 정보를 탐색하는 활동이다. 최근에는 주로 디지털 매체를 활용해서 소비자들은 정보를 탐색한다. 인터넷 포털사이트 SNS 등을 주로 활용하고 있다. 소비자들이 외적 정보 탐색을 하는 경우 관련된 브랜드들은 온라인상에 충분한 정보를 올려놓을 필요가 있다.

3) 대안평가

소비자들이 정보를 충분히 탐색한 이후에는 다양한 대안을 놓고 평가를 해서 최선의 상품을 선택하게 되는 대안평가 단계에 이른다. 소비자들이 어떻게 대안을 평가하는지는 상황에 따라, 또 소비자의 개인의 특성에 따라 달라진다.

어떤 경우에는 모든 요소들을 신중하게 고려하여 상품을 선택하는 경우도 있다. 또 어떤 경우에는 가장 소비자들한테 중요한 하나 혹은 두 개의 특성만을 고려하여 상품을 선택하기도 한다. 따라서 마케터들은 소비자들이 실제로 어떻게 대안을 선택하는지에 대해 알기 위해서 노력해야 할 필요가 있다. 소비자들이 어떠한 평가 과정을 거치는지 이해할 수 있다면 마케터는 소비자의 결정에 영향을 미치기 위한 여러 가지 전략들을 제시할 수 있을 것이다.

4) 구매결정

소비자들은 다양한 방법으로 구매한 상품을 의도하게 된다. 하지만 구매의도와 최종적으로 상품을 구매를 하는 것은 꼭 일치하지 않을 수 있다. 아무리 구매하고 싶어도 해당 상품을 구매할 수 있는 장소가 없다든지, 혹은 재고가 없어서 구매하지 못할 수도 있다.

또한 소비자들은 구매결정 시 타인의 눈치를 보기도 한다. 자신이 구매하고 싶지만 자신의 사회적 지위나 체면 등에 악영향을 미치거나, 가족들이 부정적으로 인식한다면 그 상품의 구매에 대해서는 망설이게 될 것이다. 따라서 마케터는 소비자들이 구매하고 싶을 때 구매할 수 있는 환경을 조성하는 것이 매우 중요하며, 판매 시 소비자들의 해당 상품의 구매에 확신을 주는 활동을 하는 것도 중요한 일이라고 할 수 있다.

5) 구매 후 행동

소비자들의 구매 후 행동은 최근 마케터들이 가장 관심을 갖는 분야다. 소비자들이 구매 후에 사용 후기를 올린다든지, 해당 제품 혹은 서비스에 대한 평가를 하는 것들이 보편화된 지금에서 소비자들의 구매행동은 해당 상품의 재구매에 많은 영향을 미칠 뿐만 아니라, 다른 고객의 구매에도 영향을 미치기 때문이다.

때문에 많은 기업들은 소비자들의 구매 후 행동을 조절하기 위하여 여러 가지 노력들을 하고 있다. 예를 들어 카페의 경우 과거에는 커피 맛을 좋게 하는 데에 집중했으나, 지금은 커피 맛뿐만 아니라 인테리어, 조명 등에 많은 신경을 쓰고 있다. 매장에 방문했던 고객도 재구매 의사에 가장 큰 영향을 미치는 부분이 내가 해당 매장에서 찍어서 SNS에 올린 사진들이 얼마나 친구들과 다른 사람들로부터 '좋아요'를 받는지이기 때문이다. 또한 새로운 신규 고객 확보도 기존 고객들이 해당 매장 이용 후 얼마나 매력적인 사진이나 영상을 SNS에 올려주는지에 직접적인 영향을 받기 때문이다.

참고문헌

임종원(1995), 현대마아케팅관리론, 무역경영사.

홍성태 외(2017), 마케팅 가치창조 전달 그리고 소통 6판, 한경사

클로테르 라파이유(2007), 컬처코드, 김상철 옮김, 리더스북.

Kerin et al.(2017), Marketing in Asia, McGraw-Hill.

https://www.ama.org/the-definition-of-marketing-what-is-marketing/

요약 및 복습

01 마케팅 환경(marketing environment)은 목표 고객과의 관계구축을 하는 마케터와 마케팅 과정에 영향을 미치는 외부의 참여자들이나 요인을 일컫는다.

02 마케팅을 둘러싼 미시환경에는 소비자(consumer), 자사(company), 경쟁사(competitor) 및 기타 미시환경(공급업체, 중간상 등)이 있다.

03 마케팅을 둘러싼 거시환경에는 정치적·법적 환경(political & legal environment), 경제적 환경(economic environment), 사회적 환경(social environment) 및 기술적 환경(technological environment) 등이 있다.

04 마케팅 환경 분석을 위해서 가장 많이 활용하는 도구는 SWOT 분석이라고 할 수 있다. SWOT 분석은 자사 혹은 자사 상품의 강점(strength), 약점(weakness), 기회(opportunity) 및 위협(threat) 요인을 찾아내고 이러한 요인들로 인한 새로운 전략을 도출하는 방법이다.

05 SWOT 분석으로 도출될 수 있는 전략은 SO전략(기업이 가진 강점으로 기회를 활용하려는 전략), ST전략(기업이 가진 강점으로 위협을 극복하려는 전략), WO전략(기회를 놓칠 만한 기업의 약점이 있다면 그것을 발견하고 기회를 활용할 수 있도록 수정·보완하는 전략), WT전략(기업의 약점과 환경의 위협요인이 복합되어 더 큰 위기를 가져오지 않도록 전략을 도출) 등이 있으며 이를 구체적으로 제시할 필요가 있다.

06 소비자는 제품이나 서비스를 구매하여 사용하는 자를 일컫는다. 이러한 소비자는 최종 소비자, 비즈니스 소비자, 정부라는 세 가지 형태로 존재한다. 하지만 일반적으로 소비자라는 단어를 사용할 때는 개인 혹은 가구에서 소모할 예정으로 제품이나 서비스를 구매하는 자를 이야기한다.

07 소비자들은 구매행동 시 심리적 요인, 개인상황적 요인 및 사회문화적 요인 등에 의해서 영향을 받는다.

08 동기는 심리적 요인의 하나로 발생한 욕구에 대한 만족을 적극적으로 해결하도록 압박

하는 욕구를 뜻한다.

09 개성은 심리적 요인의 하나로 보통 자신감, 사교, 방어와 공격 같은 특성들로 설명된다. 이러한 개성은 특정한 제품이나 서비스와 관련된 소비자 구매행동을 설명하는 데 유용하다.

감각정보를 받아들이고 조직화하며 해석하는 과정을 지각이라고 한다. 그러나 동일한 감각정보를 받는다고 해도 사람마다 자신의 방법으로 다르게 받아들여서, 조직화하고 해석한다.

10 심리적 요인의 하나인 관여도는 특정한 상황에서 개인적으로 지각된 중요성이나 관심 정도를 뜻한다. 관여도가 높다는 것은 소비자가 특정 상황에서 제품이나 서비스에 대해서 높은 중요도나 관심도를 가진다는 것을 뜻하며, 관여도가 낮다는 것은 제품이나 서비스에 대해서 낮은 중요도나 관심도를 가진다는 것이다.

11 태도는 하나의 대상에 대해서 소비자들이 가지고 있는 일관된 평가, 감정 또는 행동성향을 일컫는다. 태도로 인해 소비자들이 어떤 상품이나 서비스를 좋아하거나 싫어하려는 감정을 가지게 된다. 이러한 태도는 선천적인 것이 아닌 학습된 선유경향이다. 일반적으로 한번 형성된 소비자들의 태도를 바꾸기는 어렵다.

12 연령에 의한 세대 구분은 소비자들의 행동을 설명하고 이해하는 데 많은 도움이 된다. 일반적으로 베이비 부머, X세대, Y세대(밀레니얼 세대), Z세대 및 알파세대 등으로 나뉘며 이들은 소비자 행동에 있어서 각각의 특성을 지니고 있다.

13 라이프스타일은 소비자들의 자신만의 행동패턴이라고 할 수 있다. 디지털화가 진행되면서 사람들은 보다 독특한 자신만의 행동패턴인 라이프스타일을 강화하고 있다.

14 다양한 상황들은 소비자들의 행동에 많은 영향을 미친다. 소비자가 누구와 함께 소비행동을 하는지가 영향을 미치기도 한다.

15 준거집단은 소비자들의 구매행동에 있어서 판단의 기준을 제공해주는 집단을 의미한다. 이러한 준거집단은 크게 3가지로 분류할 수 있는데 소속집단(membership group), 희망집단(aspiration group), 회피집단(dissociative group) 등으로 분류할 수 있다.

16 문화는 소비자들이 살아가는 방식이라고 할 수 있기에 소비자 구매행동에 많은 영향을 미칠 수밖에 없다. 농식품 분야에 있어서도 지역마다 다른 식문화가 형성되어 있고, 이러한 식문화는 그 지역 사람들의 농식품 구매행동에 많은 영향을 미치고 있다.

17 소비자의 구매의사결정 과정은 크게 욕구인식, 정보탐색, 대안평가, 구매결정, 구매 후 행동으로 이루어진다.

● 주요 용어

- 마케팅 환경
- SWOT 분석
- 개성
- 세대 구분
- 준거집단

- 미시적 환경
- 소비자
- 관여도
- 라이프스타일
- 문화

- 거시적 환경
- 동기
- 태도
- 상황적 영향
- 구매의사결정 과정

● 학습문제

01 매슬로우의 욕구 5단계 이론을 적용한 식품 마케팅 전략을 하나 제시하여 보시오.

02 마케팅을 둘러싼 미시적 환경과 거시적 환경은 무엇이 있는지 제시하여 보시오.

03 하나의 농식품을 정한 후 해당 농식품 품목에 대한 SWOT 분석을 실시하여 보시오.

04 하나의 농식품을 정한 후 해당 농식품 구매 시 소비자에게 영향을 미치는 요소는 어떤 것들이 있는지 제시하여 보시오.

05 소비자의 구매의사결정 과정의 단계마다 사용할 수 있는 마케팅 방안들을 제시하여 보시오.

목표시장의 설정과 포지셔닝

개요

이 장에서는 마케팅의 핵심 과정인 시장세분화, 목표시장의 설정 그리고 포지셔닝 전략을 알아보도록 한다. 먼저 시장세분화는 하나의 시장을 제품 혹은 서비스에 대한 욕구 혹은 구매행동이 유사한 소비자들로 이루어진 보다 작은 규모의 시장으로 나누는 것을 의미한다. 이렇게 시장을 나눈 다음 우리 제품(브랜드)에 가장 유리한 시장을 찾아내는 목표시장 설정의 단계를 거치게 된다. 목표시장은 기업이 충족을 시킬 수 있는 공통된 욕구와 특성을 가진 소비자들의 집합이라고 할 수 있다. 목표시장은 세분시장의 평가를 통해서 결정된다. 마지막으로 포지셔닝은 소비자의 마음 속에서 자사의 제품이 경쟁사의 제품과 비교하여 차지하고 있는 상대적 위치를 뜻한다. 이 포지셔닝 맵은 세분시장 중 자사에게 유리한 시장을 선정하기 위해서 활용하며 기업들은 각 세분시장의 크기와 성장성, 회사 목표 및 자원과의 적합성, 그리고 장기적인 매력성을 쉽게 평가해 볼 수 있는 유용한 도구이다. 포지셔닝 전략 구축 방법은 제품 특성, 상황 특성, 경쟁 특성, 이미지 특성, 사용자 특성 등을 가지고 포지셔닝 전략을 수립하며, 포지셔닝이 결정된 이후에는 모든 마케팅 활동은 결정된 포지셔닝과 일치되도록 수행될 필요가 있다.

주요 학습사항

1 마케팅이란 무엇인가?
2 시장세분화란 무엇이며 어떤 경우에 어떻게 시장을 세분화하는 것이 효과적인가?
3 목표시장의 선정이란 무엇이며 어떤 방법으로 목표시장을 선정할 수 있는 것인가?
4 포지셔닝은 무엇이며 어떻게 기업의 마케팅에 도움을 줄 수 있는가?
5 포지셔닝 맵의 선정이 무엇이며 어떤 경우에 사용하는가?

도입사례

세계에서 가장 불친절한 식당

영국 런던을 방문한 한국의 많은 분들이 시간이 되면 꼭 방문해 보는 식당이 하나 있다. 세계에서 가장 불친절한 식당으로 기네스북에 등재되어 있다고 소문이 나서 유명한 바로 왕케이 식당이다. 이 식당은 너무도 유명해서 포털이나 SNS 등으로 쉽게 찾아볼 수 있다. 재미있는 것은 이 식당에 대한 소비자들의 평가이다. 어떤 소비자들은 '정말 불친절했어요!'라고 하면서 좋아한다. 또 다른 소비자들은 '뭐가 불친절한 것인지 잘 모르겠어요'라며 실망감을 감추지 않는다. 일반적으로는 친절해야 만족하고 불친절하면 불만족하는데, 이 식당에 대해서 소비자들은 반대로 이야기한다. 도대체 이 식당은 어떻기에 세계에서 가장 불친절한 식당으로 많은 소비자들의 기대를 받게 되었을까? 직접 만족스럽게(?) 다녀온 몇몇 분들의 이야기를 소개하고자 한다.

남동생이 유럽 배낭여행을 간다고 했을 때 강력하게 추천했었다. 그래서 동생은 큰 기대를 가지고 방문했었다. 방문을 해보니 입구에서 안내해 주는 사람이 아무도 없었다고 한다. 한참을 기다리다가 '이것도 불친절인가 보다'라고 생각하고 아무 테이블에나 가서 앉았다고 한다. 유럽에서는 드문 일이다. 이번에는 테이블에 앉아 있는데 아무도 주문을 받으러 오지 않았다고 한다. 그런데 직원들이 너무 빨리 지나가서 결국 직원을 하나 껴안듯이 붙잡아서 가까스로 주문을 했다고 한다. 그리고 나서 밥을 먹다가 젓가락을 떨어뜨렸는데, 당연히 안 가져다줄 것을 예상하고 젓가락이 있는 장소에 직접 가서 가져다가 밥을 다 먹었다고 한다. 동생의 결론은 만족이었다. 유럽 문화에서 도저히 있을 수 없는 일들을 본 것 같다고 한다.

두 번째는 연구실에서 근무했던 대학원생의 이야기다. 런던에 관광차 갔었는데 그때 기대를 가지고 방문했다. 여성이었는데 입구에서 기다리는데 테이블을 안내해 주어서 조금은 실망했다고 한다. 테이블 안내 같은 것은 안 해주는 불친절을 기대하고 있어서였다. 그런데, 안내받고 그 테이블에 가보니 이미 손님들이 착석해있었다고 한다. 그래서 다시 안내해 준 직원에게 손님이 있다고 했더니, 직원이 그 테이블에 착석해야 한다고 안내를 다시 해주었다고 한다. 무슨 일인지 당황하고 있었는데 그 직원이 친절하게도 다시 안내를 해주었다고 한다. 4명이 앉는 테이블에 일행 3명이 식사를 하고 있었는데, 남은 한 자리에 앉아서 같이 먹으라고 했던 것이다. 이미 앉아있던 일행이나 그 대학원생에게 양해는 물론 구하지 않았다. 그래서 그 대학원생도 만족스럽게 돌아오게 되었다.

마지막으로는 여러 번 방문을 했었다는 분의 이야기다. 그분은 오랜만에 런던을 방문했는데 왕케이가 망하지 않았는지 궁금했다고 한다. 그렇게 불친절한데 사람들이 한두 번은 가보겠지만, 10년이 지나서 망했을 것이라고 생각했다고 한다. 그러나 왕케이 식당이 건재한 것을 보고 방문해서 식사를 하기로 했다. 그런데 재미있게도 왕케이 식당의 정책이 바뀐 것을 발견했다고 한다. 문 밖에 "Free Chinese Tea(중국 차 무료 제공)", "No Service Charge(팁을 받지 않습니다)" 등 서비스를 강화한 문구들이 써져있는 것이 아닌가? 그것을 보면서 서비스가 좋아져서 살아남았다고 생각하면서 음식을 먹었다고 한다. 그런데 마지막으로 계산서를 큰 접시에 올려놓고 가져다주는데 그 접시에 이렇게 써놓았다고 한다. "Service Charge Not Included. Thank You(계산서 금액에 팁은 포함되지 않았습니다. 감사합니다)" 계산서만 올리기에는 너무 큰 접시에 이렇게 쓴 것은 바로 팁을 달라는 무언의 압력이었던 것이다. 결국 웃으면서 나왔다고 한다. '역시 왕케이는 살아있네'라고 하면서 말이다.

어떻게 이런 왕케이가 나쁜 서비스를 제공했음에도 살아남았을까? 이것이 바로 마케팅에서 말하는 '포지셔닝'의 힘이다. 소비자들은 1등을 하게 되면 잘 기억을 한다. 그것이 긍정적인 1등이든 부정인 1등이든 말이다. 그리고 부정적인 1등이라도 호기심이나 재미를 충족시키면 해당 제품을 구매하곤 한다. 바로 왕케이는 소비자들의 머릿속에서 확실한 포지셔닝을 구축했고, 그것 때문에 소비자들이 찾는 식당이 되었다. 또한 이렇게 세계에서 가장 불친절한 식당이라는 이미지로 인하여 런던에 방문한 외지인들이나 관광객들이 꼭 들려보는 명소가 되었다. 마케팅에서는 이렇게 소비자를 선택하는 과정을 시장세분화와 목표시장의 선정이라고 이야기한다. 한국의 '욕쟁이 할머니 집'도 런던의 왕케이 식당과 유사한 포지셔닝 전략이라고 이야기할 수 있다.

하지만 재미있는 것은 왕케이 식당이 2020년부터 전략을 바꾸었다고 한다. 친절한 식당으로 거듭나겠다고 노력하고 있다는 소식이 들린다. 과연 특별한 음식이나 특징이 없었던 왕케이 식당이 친절해진다면 더 많은 손님들이 방문하게 될까?

〈자료: 저자의 경험〉

제1절

시장세분화

1. 시장세분화의 정의와 종류

1) 기본 개념

기업이 생산하는 제품에 대해서 모든 소비자들이 동일한 요구를 가지는 경우는 거의 없다. 소비자들마다 욕구나 선호도, 태도, 구매행동 그리고 구매습관 등은 모두 다르다. 시장세분화(market segmentation)는 모든 소비자들을 하나의 시장으로 인식하는 것이 아니라 각자 욕구가 다를 수 있다는 가정을 가지고, 전체 시장 내에서 가능한 욕구나 구매행동이 유사한 소비자들을 묶은 후 분리하여 각 시장에 맞는 제품이나 서비스를 제공하는 전략이다. 즉, 시장세분화는 하나의 시장을 제품 혹은 서비스에 대한 욕구 혹은 구매행동이 유사한 소비자들로 이루어진 보다 작은 규모의 시장으로 나누는 것을 의미한다. 마케터들은 이렇게 시장을 나누어 보다 명확하게 제공할 제품이나 서비스의 상품 특성을 정의할 수 있다.

시장세분화는 마케팅을 하는 기업과 구매를 하는 소비자들 모두에게 이익을 준다. 마케터는 마케팅 자원을 보다 효율적으로 사용할 수 있다. 소비자가 요구하는 것에 집중해서 사용하는 것이 가능해진다. 이렇게 소비자가 요구한 부분에 집중하여 만들어진 제품의 경우, 당연히 해당 소비자의 만족도를 높일 수 있다. 다만 시장세분화는 다음과 같은 단점이 있을 수 있다. 세분시장이 너무 작은 경우 규모의 경제를 이루지 못해 공급단가가 비싸지거나 혹은 기업이 이익을 내지 못하게 된다는 문제가 발생할 수 있다. 규모의 경제를 이루는 단위를 낮추는 것이 최근 IT 기술의 발전을 통해 상당 부분 개선되고는 있으나, 아직까지는 너무 작은 세분시장에 대응하는 것은 한계가 있는 것이 사실이다.

2) 종류

하나의 기준으로 모든 소비자 시장을 세분화하는 것은 불가능하다. 시장을 세분화하는 방법과 종류는 매우 다양하다. 〈표 6-1〉은 우리가 시장을 나누는 다양한 세분화

표 6-1 시장세분화의 변수와 예시

세분화 변수	세분화의 예
인구통계적 변수	나이, 성별, 가구구성원 수, 소득, 직업, 교육, 세대, 인종 등
심리적 변수	라이프스타일, 충성도, 동기, 태도 등
행동적 변수	구매빈도, 구매량, 구매 유통채널,
지리적 변수	대륙, 국가, 도시, 지형, 인구밀도 등
구매자 특성	소비자(소비재), 재판매자(산업재 시장)

기준 변수를 제시하고 있다.

소비재 시장에서 가장 많이 활용되는 세분화 변수는 인구통계적 변수이다. 나이와 성별, 그리고 가구 내 가족구성원 숫자 등이 시장세분화 변수로 많이 활용된다. 심리적 변수는 소비자들의 라이프스타일이나 충성도, 동기, 태도 등이 있을 수 있다. 일반적으로 마케팅 전략의 효과적인 적용 면에서는 심리적 변수가 인구통계적 변수보다는 훨씬 효과적이나, 소비자들의 심리적인 상태를 알아내고 분석할 방법이 제한된다는 문제가 있다. 이외에도 소비자의 행동적 변수, 지리적 변수 및 구매자가 소비자인지 산업체인지 등의 구분 등이 시장세분화에서 유용한 시장세분화 변수로 사용되고 있다.

(1) 인구통계적 세분화

인구통계적 세분화(demographic segmentation)는 시장을 나이, 성별, 가구구성원 수, 소득, 직업 등과 같은 변수를 기준으로 나누는 것이다. 인구통계적 변수는 일반적으로 시장세분화에 가장 많이 사용된다. 우선 나이나 성별 등에 따라 명확하게 소비자의 욕구나 행동이 나뉘는 경우가 많아 실제 마케팅에 상당히 효율적으로 활용할 수 있으며, 실무적으로 볼 때 쉽게 측정이 되어 활용이 가능하기 때문이다.

나이(age)는 소비자의 욕구 변화를 가장 잘 설명해 주는 변수 중 하나이다. 어렸을 때의 욕구와 성인이 되어서의 욕구, 고령화되었을 때의 욕구는 동일한 사람이라 할지라도 서로 달라질 수밖에 없다. 따라서 마케터는 나이에 따라 어떠한 새로운 욕구가 생기는지 파악하고, 이에 맞추어 시장세분화 전략을 수립하는 것이 필요하다. 그러나 이러한 세분화를 나이별로 하기는 어려워 세대로 구분하기도 한다. 한국에서는 1964년 이전 출생한 베이비 부머 세대, 1965~1979년에 태어난 X세대, 1980~1995년에 출생한 Y세대(밀레니얼 세대), 1996년 이후 출생한 Z세대로 구분해서 마케팅 전략을 수립하는 경우가 많다. 물론 이러한 나이나 세대 구분이 명확하게 소비자의 욕구를 나타내줄 수 있는 것은 아니다. 연령과 소비행동은 대체적으로 일치하지만 꼭 일치하는 것은 아니기 때문이다. X세대의 연령대임에도 불구하고 베이비 부머 세대처럼 생각하고 행동하는 소비자도, 혹은 Y세대처럼 생각하고 행동하는 소비자도 있을 수 있다.

성별(gender) 또한 많은 기업들이 시장세분화의 기준 변수로 사용해 왔다. 과거에는 주로 생물학적인 성별(sex)이 활용되었으나, 이제는 점차 정신적인 측면의 성적 정체성을 뜻하는 성별(gender)을 마케팅 기준변수로 점차 더 많이 활용하고 있다. 과거에는 남성과 여성의 경우 소비행동에 있어서 상당한 차이가 있어 성별 변수가 매우 효과적인 변수였으나, 최근에는 이러한 경계가 점차 허물어지는 특성이 있다. 예를 들어 화장품의 경우 과거에는 여성들이 주로 사용하는 상품이었으나, 2000년대 이후 남성의 화장품 사용이 급격히 늘어나는 현상을 보이고 있다. 또한 운동에 사용되는 상품들은 과거에는 주로 남성을 타깃으로 하여 상품을 판매했으나, 여성 시장이 점차 커지는 특성을 보이고 있기도 하다.

소득도 매우 중요한 소비행동을 결정하는 기준변수로 활용될 수 있다. 아무래도 소득이 높은 소비자와 소득이 낮은 소비자의 소비행동은 달라질 수밖에 없다. 다만, 절대적인 소득이 높고 낮고보다는 가처분소득이 더 중요하다고 할 수 있다. 이러한 소득을 중심으로 다양한 회사들이 시장세분화를 하고 있다. 신용카드 업계에서는 고소득자를 대상으로 '블랙카드' 등의 연회비가 매우 비싸고 대신 서비스의 수준을 대폭 향상시킨 신용카드를 출시하기도 한다. 소득이 꼭 높은 고객을 목표 고객으로 할 필요는 없다. 소득으로 시장세분화를 시도한 후 소득 수준이 낮은 고객을 목표 고객으로 하여 성공한 회사들도 많기 때문이다. 예를 들어 한국의 '다이소' 같은 회사는 소득이 높지 않은 소비자들을 대상으로 상품 구색을 갖추고 가격을 책정하여 성공했다. 유사하게 미국의 경우 달러 제너럴(Dollar General) 등이 저소득 및 중산층을 대상으로 비즈니스를 전개하여 크게 성공하기도 하였다.

(2) 심리적 요인에 의한 세분화

많은 마케터들은 라이프스타일을 좋은 시장세분화의 기준으로 제시한다. 그러나 라이프스타일은 분류체계나 종류가 너무 많은 문제가 있기도 하다. 예를 들어 식물식을 위주로 하는 채식주의도 하나의 라이프스타일이라고 할 수 있다. 그러나 채식주의도 여러 가지로 분류되어, 식품을 제공할 때 유의할 필요가 있다. 플렉시테리언의 경우 약간의 육류 섭취는 가능하며, 폴로테리언은 가금류는 섭취한다. 락토－오보 베지테리언은 계란과 우유를 섭취하며, 비건은 식물식만, 프루테리언은 과일이나 열매만 섭취하기도 한다. 이러한 채식주의자들과 완전히 반대쪽에 있는 육식주의자(carnivore)도 존재한다. 식품에 대한 라이프스타일을 중심으로 마케터는 시장을 세분화하고 각 세분시장에 대응하는 것도 매우 효율적인 마케팅 전략이 될 수 있다.

제품이나 서비스에 대한 충성도도 중요한 세분화 변수 중 하나이다. 일반적으로 고객을 상대할 때 신규 고객인지 혹은 가끔 방문했던 고객인지, 단골 고객인지에 따라 소비자 대응 전략을 차별화해서 짜는 것이 효율적이다. 일반적으로는 기존 고객에게 재구매를 하도록 마케팅 활동을 한 경우보다 신규 고객을 확보하는 비용이 5배에 이르는 것으로 알려져 있다. 따라서 기존 고객이 떠나가지 않도록 충성도를 높이는 방법이 훨씬 효율적일 수 있다.

동기에 의하여 시장을 세분화하는 경우도 있다. 초콜릿 제품의 경우 구매 동기가 맛있는 것을 먹는 것인지 아니면 발렌타인 데이에 사랑의 의미로 선물을 하기 위한 동기인지에 따라서 전혀 다른 제품 형태와 포장이 필요한 것이다.

(3) 행동적 요인에 의한 세분화

최근에는 구매빈도와 구매량이 높은 소비자와 낮은 소비자를 세분화하여 마케팅 활동을 하는 것이 보편화되고 있다. 구매빈도와 구매량이 높은 소비자들에게는 구독경제(일정한 기간에 자동으로 재구매를 하도록 하는 시스템)를 제안하는 경우가 많아지고 있다. 그러나 자주 구매하지 않는 고객들에게는 일시적인 프로모션이나 브랜드 이미지를 고양시키는 광고가 전달되도록 하는 것이 더 효율적인 시장세분화 전략이 될 수 있다.

소비자들이 구매할 때 선호하는 유통채널에 따라서도 시장을 세분화하는 것이 필요하다. 과거 PC로 쇼핑을 했을 때 많은 소비자들은 가격비교를 중시 여기는 행동을 보였다. 포털 사이트나 가격비교사이트에서 가격을 비교하고 가장 저렴한 곳, 혹은 신뢰할 수 있는 곳 중 저렴한 곳에서 구매하는 것이 일반적인 소비자의 구매행동이었다. 그러나 모바일을 활용하여 구매하면서 소비자의 행동은 달라졌다. 모바일 중심으로 쇼핑몰을 구축했던 소셜커머스의 경우 소비자들은 하나의 소셜커머스 내에서만 가격과 상품비교를 할 뿐, 다른 소셜커머스 브랜드 쇼핑몰에서까지 가격이나 상품비교를 수행하려하지 않았다. 이에 따라 PC로 주로 구매하는 상품들은 최저가로 판매하는 데 신경을 써야 했으며, 모바일을 기반한 소셜쇼핑몰들은 가격비교보다는 지금 구매할 수 있도록 하는 프로모션이나, 고객이 관심있는 제품을 보여주는 것에 더 신경을 쓰는 시장세분화 전략이 수행되기도 하였다.

소비자들이 언제 쇼핑을 하는지도 세분화 전략에 많이 활용되는 시장세분화 변수이다. 대형마트 등의 오프라인 매장은 평일 오전에 할인을 하는 경우가 많다. 평일 오전에는 직장 주부의 경우 쇼핑이 어려우나, 전업주부는 쇼핑이 가능하다. 일반적으로 전업주부의 경우 가격에 민감하기 때문에 가격에 민감한 전업주부 시장만을 대상으로 할인을 하여 전업주부를 만족시키는 전략이다. 직장을 다니는 주부의 경우 가격보다는 시간에 민감하다. 따라서 대형마트들은 전업주부들이 주로 평일 오전과 낮 시간에 쇼핑을 할 수 있도록 하여 평일 저녁과 주말에 쇼핑하는 직장을 다니는 주부들이 보다 빠르고 쾌적하게 쇼핑을 할 수 있도록 해주는 것이다.

(4) 지리적 요인에 의한 세분화

지리적 요인에 의한 세분화도 다양한 시장세분화 전략이 존재한다. 어떠한 영역을 중심으로 매장을 입지시키는 전략, 즉 상권을 고려해서 입지를 하는 것도 일종의 지리적 요인에 의한 시장세분화라고 할 수 있다. 도시와 지역을 나누어서 시장을 관리하는 것도 좋은 시장세분화 전략이다. 인구밀도가 높고 소비수준도 높은 도시지역과 인구밀도가 낮고 소비수준도 낮은 지역의 경우 다른 전략이 필요한 경우가 많다. 농식품 온라인 업체들 중 새벽에 배송하는 서비스는 인구밀도가 높고 소비수준도 높은 도시지역을 목표로 해서 진행하였다. 새벽 배송 기업들은 이렇게 시장을 세분화하여 이익이 나는 세분시장을 선택할 수 있게 되었다.

(5) 구매자 분류에 의한 세분화

구매자가 소비자인지 혹은 산업체인지에 따라서도 시장이 세분화될 수 있다. 소비자는 상품을 최종적으로 소모하지만, 산업체는 대부분 구매한 상품을 재판매하거나 혹은 다른 상품의 재료로 사용하여 결국 다른 최종 제품을 판매한다. 소비자와 산업체는 상품 구매의 목적과 방법에서 많이 차이가 난다. 소비자의 경우 감정적인 소비 등을 많이 할 수 있는 것에 반하여, 산업체는 상품의 규격 등을 논의를 통해서 미리 정한 후 구매를 진행하는 등 이성적인 소비를 하는 것이 대부분이다. 또한 일반 소비자들의 경우 구매 수량이 적은 것에 비하여, 산업체의 경우 구매하는 상품의 양이 매우 많아지기도 한다. 따라서 마케터들은 소비자들을 대상으로는 감정에 소구하는 광고 등을 자주 활용하기도 하며, 기업을 대상으로는 상품의 품질에 대한 객관적인 우수성 자료를 제공하는 등 이성적으로 자사의 상품이 뛰어남을 제시하는 마케팅 활동을 하는 경향이 있다.

(6) 기타 요인에 의한 세분화

식품의 경우 종교적인 요인에 의한 세분화도 글로벌 농식품 마케팅에 있어서는 중요한 주제라고 할 수 있다. 불교나 힌두교 등을 믿는 국가는 고기류에 대한 섭취가 제한된다. 대표적인 불교국가 중 하나인 대만을 살펴보아도 채식이 매우 발전해있는 모습을 볼 수 있다. 전 세계 인구 중 상당수를 차지하고 있는 무슬림은 할랄 인증된 식품을 주로 먹는다. 따라서 무슬림 시장을 목표로 하기 위해서는 할랄 인증에 대해서 자세하게 알아야 한다. 특히 할랄 인증의 경우 하나의 국가에서 인증된 것이 다른 국가에서 인정이 안 되는 경우도 많아 유의가 필요하다. 유대인들의 경우 코셔 인증된 식품을 선호한다. 글로벌 농식품 마케팅을 위해서는 이러한 종교와 식품 간의 관계에 대해서 이해하고 시장을 정확하게 세분화하여 대응하는 전략이 필요하다.

2. 효과적인 시장세분화의 조건

시장세분화를 하기 위해서는 시장세분화가 적절하고 효과적인지를 먼저 검토할 필요가 있다. 예를 들어 음료수 구매자들이 안경을 썼는지의 여부는 쉽게 구분될 수 있다. 그러나 안경의 착용 여부가 음료수 구매에 영향을 미치는지는 알 수 없다. 즉, 안경을 쓴 소비자와 안 쓴 소비자로 시장을 세분화하는 것은 음료수 마케터에게 별로 의미가 없는 시장세분화일 수 있다는 것이다. 시장세분화가 마케팅에 있어서 효과적이며 효율적으로 사용되기 위해서는 다음과 같은 조건을 갖출 필요가 있다.

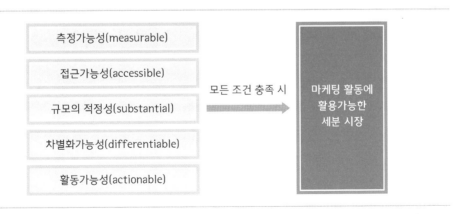

그림 6-1 시장세분화의 조건

1) 측정가능성(measurable)

세분시장의 크기나 특성, 구매력 등이 측정될 수 있어야 한다. 예를 들어 매운 떡볶이를 출시하기 위해서 소비자의 시장을 '매운 것을 좋아하는 소비자'와 '매운 것을 싫어하는 소비자'로 시장을 세분화한다고 가정해보자. 이때 매운 것을 좋아하는 소비자의 숫자가 얼마나 되는지, 그들의 구매력은 얼마나 되는지를 이해할 수 있어야, 제품의 생산규모를 결정할 수 있다. 만일 매운 것을 좋아하는 소비자의 숫자와 구매력을 확인할 수 없다면 제대로 된 제품 생산규모 등을 결정할 수 없어 적절한 마케팅 활동을 하기 어려워질 수 있다.

2) 접근가능성(accessible)

세분시장의 크기를 알 수 있다고 해도 해당 세분시장에 접근가능성이 없는 경우는 시장세분화가 무의미할 수 있다. 실제로 온라인이 발전하기 전까지는 많은 세분시장이 접근이 어려운 시장이었던 적이 있다. 온라인 카페 등이 활성화되기 전에 심장이상을 측정해주는 시계를 개발했던 사례가 있었다. 마라톤을 좋아하는 사람들은 어느 정도 뛰게 되면 엔돌핀이 분비되어 몸의 이상을 느끼지 못하고 단순히 기분이 좋아지기만 하여 계속 뛰고 싶다는 생각이 들게 된다고 한다. 이때 심장에 무리가 가서 사망하는 사건이 여럿 발생했다. 그래서 한 기업이 러시아의 기술을 도입하여 달리기를 하다가 심장마비가 올 확률이 있는 경우 경보를 울려주는 시계를 개발한 적이 있다. 해당 기업은 10km 이상 달리기를 좋아하는 사람들이 있다는 것도 알고 있고, 또 설문조사 등을 통해서 10km 이상 달리기를 좋아하는 사람들의 규모도 추정할 수 있었다. 그러나 달리기를 좋아하는 사람들에게 그 심장마비를 예방해주는 시계의 정보를 전달할 방법이 없었다. 달리기를 좋아하는 사람들이 모이는 곳도 없었고, 그들은 관련된 잡지나 신문들도 잘 보지 않았다. 결국 많은 돈을 들여 달리기를 하다 심장마비가 오는 것을 예방해 주는 시계를 개발한 업체는, 전국의 달리기 하는 사람들에게 효과적으로 접근하는 방법을 찾지 못해 사업이 실패하고 말았다. 시장세분화를 통해서 좋은 시장을 발견한다고 해도 마케터가 비용효율적으로 해당 시장에 접근하여 정보를 전달하고 상품 판매를 할 수 없다면 시장세분화는 큰 의미를 가지지 못할 수 있다. 그러나, 최근에는 SNS의 발전 등으로 법적, 정치적 문제가 없는 경우를 제외하고는 어떠한 세분시장이라도 접근이 쉬워졌다.

3) 규모의 적정성(substantial)

세분시장은 해당 세분시장을 대상으로 마케팅 활동을 전개해서 이익을 얻을 수 있는 만큼 충분한 규모와 수익성을 가지고 있어야 한다. 이때 규모의 적정성은 기술의 발전과 밀접한 관계를 가진다. 생산의 유연화가 발전되어 적은 수량을 생산하고 판매해도 충분한 수익을 낼 수 있다면 세분시장의 규모는 더 작아질 수도 있다. 유통의 경우는 수익을 내기 위한 상권 규모의 적정성이 중요하다. 예를 들어 소매점은 운영비용을 적게 할 수 있는 기술을 개발해낸다면 훨씬 유리해진다. A사와 B사가 유사한 메뉴를 파는 식당이라고 가정해보자. A사는 하루에 1,000명의 손님이 와야 수익이 나기 때문에 하나의 동지역에 1개의 매장만 운영할 수 있으나, 하루에 100명의 손님만 와도 수익이 나게끔 운영비를 절감한 B사는 하나의 동지역에 10개의 매장을 운영한다고 가정해보자. 소비자의 매장 접근성은 당연히 B사가 높을 것이기에 소비자들은 유사한 제품을 판매한다고 하면 가까이에 있는 B사를 더 선호할 확률이 높다. 하루 1,000명 정도의 수요를 A사가 생각하고 하나의 동지역에 매장을 하나 냈는데, B사가 해당 지역에 10개 정도의 매장을 냈다면 결국 A사는 1,000명의 고객을 확보하지 못할 것이고 장기적으로 문을 닫을 수밖에 없다. 이렇듯 기술을 통해서 비용을 낮추어 보다 세분화된 시장을 공략할 수 있다면 경쟁에서 유리한 고지를 차지하게 된다.

4) 차별화가능성(differentiable)

세분시장들은 그에 소속된 소비자들의 특성들이 다른 세분시장의 소비자들과 구별될 수 있어야 한다. 또한 동일한 마케팅 활동을 다른 세분시장에 전개했을 때 세분시장별로 다른 마케팅 활동에 대한 다른 반응을 보여줄 수 있어야 한다. 예를 들어 어떤 식품에 대해서 어른이나 아이들이나 동일한 반응을 보여준다면, 나이로 시장을 세분화할 필요가 없다는 것을 뜻한다.

5) 활동가능성(actionable)

효과적인 시장세분화의 활동을 위해서는 세분화한 시장들에 대한 각각의 마케팅 프로그램이 기획되고 실행될 수 있어야 한다. 계획된 마케팅 프로그램은 세분시장 활성화뿐만 아니라 세분시장에 대한 철수도 포함된다. 활동가능성은 법적인 혹은 사회적인 규제로 인해서 불가능한 경우가 많다. 예를 들어 이슬람 문화권에서는 술에 대한 마케팅 활동은 거의 불가능하다. 또한 아동, 청소년 등을 대상으로 하는 경우 마케팅 활동이 법적으로 금지되는 경우도 많다. 이런 경우 시장세분화를 해도 실제 마케팅 활동은 어렵기 때문에 의미가 없다고 할 수 있다.

제2절
목표시장의 선정

1. 세분시장 평가

시장세분화를 통해서 차별적인 욕구를 가지는 소비자들의 집단을 구별해 내었다고 해도 모든 세분시장을 공략하는 경우는 많지 않다. 경쟁자들이 많은 경우 일반적으로 자사에 가장 유리한 세분시장을 선택하여 해당 세분시장을 중심으로 마케팅 활동을 펼치는 경우가 많다. 즉, 자사에 유리한 시장을 선택하는 과정을 목표시장의 설정이라고 한다. 목표시장은 꼭 하나의 세분시장일 필요는 없다. 전체 시장을 세분화한 시장 중에서 하나만 목표시장으로 선택할 수도 있으나, 두 개 혹은 모든 세분시장을 공략하겠다고 목표시장을 설정할 수도 있다.

세분시장 중 자사에게 유리한 시장을 선정하기 위해서는 기업들은 각 세분시장의 크기와 성장성, 회사 목표 및 자원과의 적합성, 그리고 장기적인 매력성을 평가해 볼 필요가 있다. 기업들은 경쟁력을 유지할 수 있는 적정한 규모와 성장성을 가지고 있고, 경쟁회사를 이길 수 있는 경쟁력을 갖출 수 있으며, 회사의 목표와 가용자원에 적합한 세분시장에만 진출할 필요가 있다.

1) 크기와 성장성

세분시장이 클수록 향후 성장성이 높을수록 해당 세분시장을 좋은 세분시장으로 평가할 수 있다. 그러나 세분시장이 크고 빠르게 성장하는 것이 모든 기업들에게 다 좋지만은 않다. 세분시장이 큰 데다 빠르게 성장 중이라면 경쟁자가 진입할 가능성이 크기 때문이다. 세분시장이 충분히 크고 성장성이 높다고 판단되면 경쟁자가 해당 세분시장에 들어와서 결국 나와 경쟁자 둘 다 적정한 이익을 유지하기 어려워질 수 있다. 따라서 세분시장이 빠르게 성장하는 시장이고 해당 세분시장에 선두로 진입하고자 한다면, 다른 경쟁자들의 진입을 막는 진입장벽에 대한 전략도 세분시장 진입과 동시에 수립되어야 할 필요가 있다. 만약에 진입장벽을 쌓는 방법이 없거나 혹은 규모가 매우 작은 소기업이라면 수익을 낼 수 있는 가능한 작은 시장을 선정하는 것이 경쟁자 진입을 막는 또 다른 방법이 될 수 있다.

2) 매력도

세분시장이 얼마나 매력적인지를 판단해 볼 필요가 있다. 세분시장의 매력도는 경쟁이 얼마나 치열한지, 경쟁자의 경쟁력이 얼마나 강한지, 구매자의 힘은 얼마나 강한지, 우리 기업에 납품을 해주는 공급업자들의 힘은 얼마나 강한지도 검토할 필요가 있다.

경쟁자가 너무 많거나 경쟁자의 경쟁력이 강해 우리 기업이 살아남을 수 없다고 한다면, 해당 세분시장은 우리 기업에 매력적인 시장이 될 수 없다. 또한 구매자의 힘이 강해 구매자가 가격인하 혹은 다양한 서비스 등을 요구할 수 있다면 그 시장도 우리 기업에게 매력적인 시장이 되기 어렵다. 또한 공급자의 힘이 강력해서, 납품가격을 높인

몇 년 전 주스 전문점들을 주변에서 많이 볼 수 있을 때가 있었다. 당시 소비자들은 커피나 탄산음료 대신 몸에 좋은 음료를 찾았고, 그런 음료로 천연 과일 주스가 인기가 있었다. 거의 전 연령대의 소비자들이 과일 주스를 많이 구매하기 시작했고 그에 따라 주스 전문점 프랜차이즈가 많이 늘어났다. 아파트 단지 내 한 상가에 서로 다른 브랜드의 주스 전문점이 동시에 3~4개가 오픈하는 일도 있었다. 각 브랜드의 본사는 상권 분석 시 해당 상권에는 주스 전문점이 없었고, 다른 브랜드의 주스 전문점이 입점할 것을 고려하지 않고 소비자의 수요 분석과 예측을 했었던 것이다.

문제는 주스 전문점 1개 정도가 살아남을 수 있는 상권에 3~4개의 서로 다른 브랜드의 주스 전문점이 동시에 입점을 했다는 사실이었다. 이런 일들이 전국적으로 일어났다. 이후 1개 정도밖에 살아남지 못하는 상권에 점포를 오픈한 3~4개의 점포들은 서로 치열하게 경쟁을 할 수밖에 없었고, 경쟁 속에서 이익을 내기 어려웠다. 거기다가 천연 과일 주스에 대한 인기가 시들해지면서 대부분의 점포들은 폐업하게 되었다. 적절한 세분시장을 선정할 때는 크기뿐 아니라 경쟁사의 대응 전략 및 시장이 성장하는지 쇠퇴할 것인지도 동시에 고려할 필요가 있다.

사라진 주스 전문점들

다든지 혹은 공급 제품의 품질을 떨어뜨린다든지 하여 우리 기업이 충분한 이익이나 매출을 내지 못하게 할 수 있다면 이 또한 좋은 세분시장이라고 평가하기는 어렵다.

3) 회사 목표 및 자원과의 적합성

세분시장이 적절한 규모와 성장성이 있으며, 우리 기업에 매력적인 시장이라 할지라도 회사의 목표 및 자원과 일치하지 않는다면 목표시장이 되기는 어렵다. 예를 들어 세분시장이 매우 매력적이지만 회사가 해당 세분시장을 공략하기 위한 충분한 자원을 가지고 있지 못한다면 목표시장으로 할 수 없다. 슈퍼마켓을 하고자 하는데 구매력이 높고 상대적으로 슈퍼마켓의 수가 부족한 서울의 강남지역에 슈퍼마켓을 내고 싶어도, 강남지역의 상가 보증금이나 임대료 등을 낼 수 있는 정도의 충분한 자금 여력이 없다면 강남지역을 목표시장이라고 하기 어렵다.

2. 목표시장 전략과 선정 방안

목표시장(target market)은 기업이 충족을 시킬 수 있는 공통된 욕구와 특성을 가진 소비자들의 집합이라고 할 수 있다. 목표시장은 세분시장의 평가를 통해서 결정된다. 이러한 목표시장은 목표한 시장의 크기에 따라서 크게 4가지 목표시장 전략으로 나눌 수 있는데, 대량 마케팅, 세분시장 마케팅, 니치시장 마케팅, 마이크로 마케팅이 해당된다.

넓은 목표시장 ←——————————————————→ 좁은 목표시장

═ 그림 6-2 목표시장 전략의 범위

1) 목표시장 전략

(1) 대량 마케팅(mass marketing)

대량 마케팅은 세분시장 간 차이를 고려하지 않고 하나의 상품으로 전체 시장을

공략하는 전략을 뜻한다. 대량 마케팅은 소비자들 간 욕구의 차이에 초점을 맞추지 않고, 다양한 소비자들 간의 공통의 욕구에 초점을 맞추어 마케팅을 진행한다. 소비자들의 욕구가 맞춤화된 상품보다는 가격이 저렴한 상품에 초점을 맞추는 경우 대량 마케팅 전략이 효과적이다.

(2) 세분시장 마케팅(segmented marketing)

세분시장 마케팅은 세분시장 중 복수의 시장을 목표시장으로 결정한 후 각 세분시장별로 세분시장이 요구하는 다른 특성을 가진 상품을 공급하는 전략으로, 차별화 마케팅(differential marketing)이라고도 한다. 예를 들어 삼성전자는 자사의 스마트폰에 세분시장 마케팅 전략을 활용하고 있다. 최고급 시장에는 갤럭시 폴더와 제트플립을, 프리미엄 시장에는 갤럭시 S시리즈를, 보급형 시장에는 갤럭시 A를 공급한다. 세분시장에 따라서 차별적인 다른 특성을 가진 상품을 공급하고 있는 것이다.

세분시장에 따라서 상품과 마케팅을 다르게 적용함으로써, 각 세분시장별로는 보다 강력한 경쟁력을 가질 수 있다. 이렇게 세분시장 마케팅을 구사하는 경우 비용만 통제될 수 있다면 대량 마케팅에 비해서 보다 소비자들이 선호하는 마케팅이 될 수 있다.

(3) 니치시장 마케팅(nich marketing)

니치시장 마케팅은 작은 시장 혹은 틈새시장으로 불리는 작은 세분시장을 선택하여 높은 시장점유율을 추구한다. 니치시장을 대상으로 하는 경우 대부분 1개 국가의 소비자들만 대상으로 하기에는 규모가 너무 작아 이익을 창출할 수 있는 규모가 되기 어려운 경우가 많다. 최근에는 온라인으로 세계에 모두 판매를 할 수 있어, 니치시장은 글로벌 시장으로 확대되어 많은 기업들의 관심을 받게 되기도 하였다. 예를 들어 어른들을 위한 장난감이라고 할 수 있는 액션 피규어 시장의 경우도 틈새라고 할 수 있는 작은 시장이었지만, 온라인을 통해 전 세계로 시장을 확장함에 따라 활발히 거래가 되는 시장으로 성장하기도 하였다.

(4) 마이크로 마케팅(micro marketing)

마이크로 마케팅은 특정한 개인이나 혹은 지역의 욕구를 맞추어주기 위하여 상품을 맞춤해 주는 마케팅 활동들을 말한다. 크게 지역 마케팅(local marketing)과 개인맞춤형 마케팅 등이 있다.

지역 마케팅의 경우 몇 가지 한계가 존재한다. 첫 번째는 지역에 맞춤화하여 상품화를 하게 되면 규모의 경제를 갖추지 못해 가격을 높게 받아야만 수익을 낼 수 있게 된다는 점이다. 따라서 지역 맞춤형 마케팅을 위해서는 원가를 낮은 수준에서 유지할 수 있는 기술적인 뒷받침이 필요하다. 둘째로 지역에 맞추어 마케팅을 전개하는 경우, 지역마다 기업이 전달하는 상품에 대한 컨셉이나 메시지가 달라질 수 있어 소비자들의 혼란을 가중시킬 수 있다는 점이다. 특히 SNS가 매우 발전해있는 상황에서 지역마다 다른 마케팅 컨셉으로 다가가는 것은 온라인을 통해 다른 지역의 소비자들에게 쉽게 공개될 수 있으며, 소비자들의 불만을 야기할 수도 있을 것이다. 그러나 기술의 발전과 마케팅 기법들의 발전 등으로 인하여 당근 마켓과 같이 지역 마케팅을 위주로 하는 기업들도 비용 통제와 지역마다 마케팅 메시지를 다르면서도 통일되게끔 잘 조화시키고 있는 사례들도 존재한다.

개인맞춤형 마케팅은 극단적인 시장세분화를 통한 마케팅이라고 할 수 있다. 세분시장을 소비자의 집단이 아닌 개인 수준까지 끌어내려서 마케팅 전략을 구축하는 것이다. 이러한 개인맞춤형 마케팅은 개인화(personalization)와 대량 고객화(mass customization)로 나눌 수 있다. 개인화는 소비자 하나하나에 맞추어 마케팅을 전개하는 것이다. 예를 들어 맞춤형 수제 구두 같은 것들이 이러한 사례로 볼 수 있다. 이에 반해서 대량 고객화는 고객 맞춤형 상품을 생산하면서도 대량생산을 할 수 있도록 하는 방법이다. 예를 들어 부품을 대량생산한 이후 고객 한 사람 한 사람에 맞추어 해당 부품들을 선택하여 조립하여 제공하는 방법이라고 할 수 있다. 최근 정보화가 발전하면서 정보 서비스 부분에 있어서 많이 활용되고 있는 기법이다.

2) 목표시장 전략의 선정

목표시장을 선정하기 위해서는 회사의 자원, 상품의 제품 수명주기, 동일 세분시장 내에서 경쟁사들의 전략 등을 고려할 필요가 있다.

첫 번째는 회사의 자원을 고려할 필요가 있다. 회사의 자원이 제한적인 경우 다양한 세분시장을 공략하기는 어렵다. 회사의 자원이 충분한 경우에는 대량 마케팅 전략이나 세분시장 마케팅 전략이 유용하며, 회사의 자원이 부족한 경우는 니치시장 마케팅 전략이 적절할 수 있다.

두 번째는 상품의 제품 수명주기를 고려할 필요가 있다. 세상에 없던 신제품이 태어난 초기에 세분시장 마케팅 전략을 짜려고 한다면, 해당 신제품을 이해할 수 있는 작은 세분시장을 집중적으로 공략하는 것이 적절하다. 완전히 새로운 상품이라면 설명하고 또 제품의 초기 생산 시 문제점 등을 해결해야 하는 시기이다. 이렇게 소비자들이 아직 잘 모르고 초기 생산에 따른 제품이나 공정의 문제점을 해결해야 하는 상황이면 니치시장 마케팅 전략이나 마이크로 마케팅 전략을 활용하는 것이 효과적일 것이다. 만약에 성숙기나 쇠퇴기에 들어간 상품의 경우는 대량 마케팅을 통해서 재고를 빨리 정리하는 것이 효과적일 수 있다.

마지막으로 경쟁사들의 전략을 고려할 필요가 있다. 경쟁사가 대량 마케팅을 하고 있다면 시장을 세분화하여 마케팅을 하는 세분시장 마케팅 전략이나 니치시장 마케팅 전략, 마이크로 마케팅 전략을 활용하는 것이 유리할 것이다. 만약에 경쟁사가 이미 니치시장 마케팅 등 시장세분화를 하고 들어온 상황이라면, 시장을 더 세분화해서 들어가든지 아니면 다른 시장을 찾는 것이 현명한 판단이 될 수 있다.

3. 포지셔닝 전략

1) 포지셔닝 개념

세분시장 중에서 어떤 시장을 목표시장으로 할 것인지를 결정한 이후 기업은 선정한 목표시장의 욕구와 해당 시장의 경쟁을 분석하여 목표시장 고객들에게 차별화된 가치를 제안하게 된다. 이렇게 제안되는 차별화된 가치를 소비자들의 시각으로 정의하여 제시하는데 이를 포지셔닝(positioning)이라고 한다. 포지셔닝은 소비자의 마음 속에서 자사의 제품이 경쟁사의 제품과 비교하여 차지하고 있는 상대적 위치를 뜻한다.

예를 들어 자동차 시장을 살펴보면 현대자동차의 경우 가성비, 즉 가격 대비 성능이 뛰어난 차임을 소비자의 시각에서 포지셔닝하고 있다면, 벤츠는 고급스러움을 중심으로 포지셔닝하고 있으며, 볼보의 경우는 안전한 이미지로 포지셔닝을 하고 있다고 할 수 있다. 그러나 단순히 제품이나 기업이 어떤 이미지를 가지고 싶다고 해서 관련 광고를 한다고 포지셔닝된 것은 아니다. 포지셔닝 전략은 기업의 마케터가 의도한 포지셔닝이 소비자들의 마음 속에서 각인되어 소비자들이 기억하게 될 때 비로소 의미가 있는 포지셔닝이 될 수 있다.

이렇게 포지셔닝을 통해서 소비자들이 기억할 수 있도록 하는 차별적인 가치 제안을 상품 가치 제안(product value proposition) 혹은 브랜드 가치 제안(brand value proposition)이라고 한다.

한 개그맨이 TV에서 "2등은 기억하지 않는 더러운 세상"이라는 말로 한때 유명해진 적이 있었다. 정말일까? 사실 사람들은 2등을 기억하지 않는 것이 아니라 기억하지 못한다. 포지셔닝은 이러한 소비자들의 심리적인 특성 때문에 매우 유용한 전략이라고도 이야기할 수 있다. 몇 가지 예를 살펴보자. 세계에서 가장 높은 산은? 대부분의 사람들은 이에 대한 답을 알고 있다. 에베레스트산이다. 하지만 세계에서 두 번째로 높은 산은? 알고 있는가? 두 번째로 높은 산을 기억하는 분들은 드물다. 세계에서 두 번째로 높은 산은 케이투(K2)라는 산이다. K2는 아마 많이 들어보셨을 것이다. 한 아웃도어 회사가 K2라는 브랜드를 쓰고 있어서 광고에서 들어본 분들도 많을 것이다. 하지만 세계에서 두 번째로 높은 산이 K2임을 기억하는 사람들은 많지 않다. 이는 한국의 광고에서 나온 질문을 다시 돌아본다면 더 명확하게 알 수 있다. 한국사람들이라면 국보 1호가 무엇인지 대부분 알고 있다. 남대문으로도 불리는 숭례문이다. 하지만 국보 2호가 무엇인지 아는 사람은 많지 않다. 국보 2호는 원각사지십층석탑이다. 아마 들어본 적이 있을 것이다. 왜냐하면 초중고등학교 때 배우는 경우가 많다. 하지만 사람들은 기억하지 못한다. 이유가 정확하지는 않지만 사람의 뇌는 1등만을 쉽게 기억한다. 2등은 기억하지 못하는 것이다. 이러한 이유로 소비자의 기억 속에서 살아남기 위해서는 세분시장 내에서는 1등을 해야 한다. 소비자들의 뇌는 2등을 기억하기 어려워하기 때문이다.

"2등은 기억하지 않는 더러운 세상"은 사실일까?

소비자들의 마음 속에 각인되어 기억되기 위해서는 1등을 할 필요가 있다. 소비자들은 1등은 쉽게 기억하지만 2등은 잘 기억을 못한다. 이러한 기억은 바로 소비자의 선택에 영향을 미친다. 즉, 1등 상품만을 기억할 수 있기 때문에 1등을 더 많이 구매하는 것이다. 실제로 첫 번째로 소비자들의 인식에 각인된 브랜드가 2위가 되는 경우는 많지 않다. 두 번째로 출발한 상품이나 브랜드가 정말 엄청난 광고비를 쏟아부어 소비자의 인식에 자리 잡는 방법을 쓰지 않는다면, 소비자들은 2위를 기억하지 못하기 때문이다.

차별적인 가치를 제안해야 하는 것을 전제로 하는 포지셔닝 개념도 1등만을 기억하는 소비자들의 심리적인 측면에 기반하고 있다고 할 수 있다. 그래서 2위로 출발한 기업이라면 더 열심히 해서 1위를 이겨내기보다는, 현재의 1위와 다른 방향에서 1등을 하는 것이 더 효율적이라고 이야기하는 것이다. P&G의 프링글스는 이러한 좋은 사례로 많이 알려져 있다. P&G는 기존의 감자칩을 만드는 것과는 전혀 다른 방식으로 프링글스를 개발했다. 감자를 간 다음 기존 감자칩 모양으로 재성형해서 감자칩을 만들었던 것이다. 그러다보니 모든 감자칩의 모양이 똑같았다. 감자를 얇게 썰어 튀긴 감자칩이 각기 다른 모양이었지만, 감자를 갈아서 재성형을 한 감자칩이라 맛과 모양이 똑같을 수 있었던 것이다. 때문에 프링글스는 맛을 잘 컨트롤 할 수 있었고 또 기존과 같이 질소 충전을 한 봉지에 담을 필요가 없이, 통에 담을 수 있어 보관 부피를 줄일 수 있었다. 프링글스는 그렇게 세상에 태어났고 초기에 상당한 인기를 끌었다. 프링글스가 인기를 끌자 기존에 미국 감자칩 시장 1등을 하고 있던 와이즈는 다음과 같은 광고로 프링글스를 공격한다.

> "
> 와이즈는 감자, 식용유, 소금으로 만들어졌습니다. 그런데 프링글스는 건조감자,
> 단일 및 이중 글리세라이드, 아스코르빈산 그리고 뷰틸수산아니솔로 만들어졌군요.
> "

이 광고에 대해서 소비자들은 민감하게 반응한다. 광고 이전에는 없었던 신고들이 이어지기도 했다. 프링글스에서 두꺼운 종이 씹는 맛이 난다는 것이었다. 이에 P&G는 프링글스가 완전 천연 성분에서 기인한 식품임을 강조했다. 그러나 소비자들은 P&G의 광고를 믿지 않았다. 글리세라이드, 아스코르빈산 같은 화학물질이 떠오르는 단어 때문에 소비자들은 프링글스를 자연스러운 식품이라고 인식하지 않았던 것이다.

사실 와이즈의 광고는 좀 억지스러운 면이 있었다. 아스코르빈산은 비타민 C를 말하는 것이고, 단일 및 이중 글리세라이드도 식물성 기름이나 동물성 기름에서 나오는 것일 수 있다. 이를 일반인들이 잘 모르는 용어를 사용해 프링글스를 공격했던 것이다.

P&G는 천연 성분임을 강조했지만 소비자들의 설득에 실패했다. 와이즈보다 더 좋은 감자칩이라는 인식을 지켜낼 수 없었던 것이다. 그래서 전략을 완전히 바꾼다. 기존의 감자를 얇게 썰어서 튀겨낸 와이즈가 절대 할 수 없는 것들에 대한 광고를 한다. 그리고 프링글스의 새로운 포지션을 소비자들에게 인식시킨다. 광고에서는 남자인 청년 2명이 지붕이 열린 컨버터블 차를 타고 가면서 프링글스를 먹는다. 프링글스 통에서 프링글스를 한꺼번에 여러 개를 겹쳐서 꺼내서 입을 크게 벌리고 한꺼번에 먹는다. 그리고 통을 뒷좌석에 휙 던져 넣는다. 와이즈는 절대 할 수 없는 일들이다. 우선 와이즈는 감자칩의 크기나 혹은 튀겨졌을 때의 굴곡이 모두 다르다. 여러 개의 감자칩을 겹쳐서 먹는 것은 매우 어렵다. 그리고 감자칩이 부서지지 않게 비닐봉지 안에 질소충전을 잔뜩 해서 판매를 했다. 비닐봉지에 들었기 때문에 더 먹기 싫었을 때라도 다시 봉지를 닫아서 뒷자리에 던져 넣을 수 없다. 지붕이 열린 차에서 그런 행동을 했으면 아마 감자칩 봉지는 날아갔을 것이다. P&G는 프링글스를 더 이상 자연에서 온 감자칩이라고 하지 않았다. 기존의 와이즈와는 다른 방향으로 나간 것이다. 기존에 1등을 하던 '와이

즈' 감자칩을 이기기 위해서 와이즈보다 더 맛있다거나 혹은 와이즈에 비해서 건강하다
는 식으로 접근하지 않았다. 프링글스는 10~20대들에게 자유와 즐거움을 주는 감자칩
임을 소구했다. 재미있게 먹고 싶을 때 똑같은 모양의 감자칩이기에 한꺼번에 먹든지
혹은 낱개로 먹든지 자신이 재미있게 먹을 수 있다고 했다. 또 그만 먹고 싶을 때 언제
든지 그만 먹어도 되는 자유가 있는 감자칩임을 선언했다. 와이즈보다 뛰어난 것을 강
조하기보다는 다름을 추구했던 P&G의 프링글스는 결국 1등을 하게 되었다.

펩시 제로슈거의 경우도 다름을 추구해서 성공한 사례라고 할 수 있다. 기존의 코카
콜라 제로는 칼로리가 있는 코카콜라의 맛을 최대한 유사하게 하려고 해서 소비자들을
끌어들이려고 했다. 그러나 펩시 제로슈거는 라임 맛을 추가해 기존 펩시와 또 기존의
코카콜라 라이트와의 다름을 추구했다. 이 전략은 크게 성공하여 한국의 전체 제로탄산
음료 시장 중 50%를 펩시 제로슈거가 차지하게 되었다. 이전의 칼로리가 없었던 Pepsi
MAX가 칼로리가 있던 기존 펩시의 맛을 재현하려 했을 때 나타났던 5%의 시장점유율을
고려해본다면 라임맛 펩시 제로슈거의 시장점유율은 놀라운 성과로 판단할 수 있다.

포지셔닝은 세분시장에서 1등으로 각인되는 과정이라고 이야기할 수 있다. 다만 과
거의 다양한 사례들을 살펴볼 때 만약에 기존 시장에서 이미 1등을 하고 있는 다른 브
랜드가 있다면, 그 1등 브랜드의 특성보다 더 잘해서 1등을 하기보다는, 소비자들이 유
사한 강도로 선호하는 다른 장점을 부각시켜서 1등을 하는 방법이 효율적인 포지셔닝
전략이라고 할 수 있다.

한국의 유통업을 보면 어떻게 1등으로 소비자에게 각인되는지를 잘 보여주고 있다. 초기 유통업
태에 있어서 한국의 대표적인 유통업태는 백화점 업태였다. 1980년대 백화점은 기존의 근대적인
한국 소매업을 혁신시켜주었던 핵심 유통업태였다. 이는 식품 소매업계도 마찬가지였다. 이때 소매
업체 중의 1등은 단연 롯데백화점이었다고 할 수 있다. 많은 한국의 소매업체들이 롯데백화점을 벤
치마킹했었다. 그러다 1990년대에 이르러서 유통업태의 트렌드가 바뀌게 된다. 1993년 신세계 이
마트의 출발을 중심으로 1990년대와 2000년대 초반까지 한국 식품 소매업태의 꽃은 바로 대형마
트였다고 할 수 있다. 재미있는 것은 이전까지 1등을 했었던 롯데백화점이 대형마트 부분에서는
1등을 하지 못했다는 점이다. 만년 2위였던 신세계 백화점의 계열사인 이마트가 1등으로 주도권을
행사하게 된다. 고급스러움을 주요 가치로 삼았던 백화점 업태와는 달리 대형마트는 저렴한 가격을
주요한 제안 가치로 삼았고 이러한 부분에서 신세계 그룹은 롯데 그룹을 앞설 수 있게 된 것이다.

이후 점차 케이블 TV의 보급이 늘어나면서 홈쇼핑이, 1인 가구가 늘어나면서 편의점이 유통업
계의 주도권을 잡게 되었다. 홈쇼핑 업계에서는 1위가 신세계 그룹이나 롯데 그룹이 아니었다. CJ홈
쇼핑과 GS홈쇼핑이 경쟁을 했다. 물론 롯데홈쇼핑도 신세계홈쇼핑도 존재한다. 하지만 CJ홈쇼핑과

GS홈쇼핑은 기존의 고급스러움(백화점)과 저렴한 가격(대형마트)이 아닌 쇼핑과 소비의 즐거움을 전달하는 매체로 자리 잡는다. 그러면서 기존의 유통업계 1등을 몰아내고 1등을 차지할 수 있었던 것이다. 편의점도 마찬가지다. 7-eleven(롯데 그룹)이나 이마트24(신세계 그룹)도 있지만 CU와 GS가 1등을 놓고 경쟁한다. 역시 1인 가구에 적합한 상품을 주요한 가치로 제시하면서 기존의 유통 공룡들을 젖혔던 것이다.

이러한 현상은 온라인 쇼핑으로 오면서 다시 반복된다. PC 기반 인터넷 쇼핑 시대에는 지마켓이나 옥션을 가지고 있는 한국이베이가 모바일 쇼핑 시대에는 네이버와 쿠팡이 1위를 놓고 경쟁하게 된 것이다.

이렇게 과거의 사례를 보면 항상 결과는 같았다. 기존의 1등 소매업체와 같은 방법으로 더 뛰어나도록 노력한 경우에 1등 식품 소매업체가 바뀐 경우는 없었다. 하지만 새로운 소매 환경에서 새로운 가치를 제시하고 기존 1등과는 차별화되게끔 변화를 시도한 경우 식품 소매시장의 1등이 될 수 있었던 것이다. 이렇게 차별된 가치를 제안하는 방법이 좋은 포지셔닝 전략이라고 할 수 있다.

한국 식품 소매업태의 1위 기업은 누구인가?

2) 포지셔닝 맵

차별적인 포지셔닝 전략을 수립하기 위해서 마케터들이 가장 많이 활용하는 도구는 소비자들이 지각하는 포지셔닝을 도표화한 포지셔닝 맵(perceptual positioning map)이다. 포지셔닝 맵은 목표한 세분시장의 소비자들이 상품 구매 시 중시하는 욕구 등을 축으로 하여 구매차원을 구성하고, 이러한 구매차원상에서 자사 상품(혹은 브랜드)과 경쟁사 상품(혹은 브랜드)에 대한 상대적인 소비자들의 지각을 보여준다. '바나나는 원래 하얗다!?' 사례를 읽어본 후 포지셔닝 맵의 사례인 〈그림 6-3〉을 살펴보자.

바나나맛 우유의 대명사는 단지 모양의 병으로 유명한 빙그레 바나나맛 우유이다. 그런데 어느 날 매일유업에서 공격적인 광고를 통해서 새로운 제품을 출시한다. '바나나는 원래 하얗다'라는 제품이었다. 당시 많은 논란이 있었다. 기존의 바나나맛 우유는 노란색이었다. 하지만 노란색은 바나나 껍질의 색깔이고 우리가 먹는 부위는 하얗다. 그렇다면 기존 바나나맛 우유의 노란색은 무엇이었을까? 이런 의문을 소비자에게 던져준 것이다. "바나나의 원래 하얗다"는 광고를 본 소비자들은 기존의 바나나맛 우유가 노란 색소를 사용한 것이 아닌가 하는 생각을 하게 된다.

기존의 빙그레 바나나맛 우유가 맛을 강조하고 바나나라는 과일을 통해서 건강이라는 이미지를 소비자들에게 주고 있었다면, '바나나는 원래 하얗다'는 제품은 기존의 소비자들에게 기존의 바나나맛 우유에서 바나나를 떠올리는 노란색은 허상이라는 것을 전달하고, 정말 건강한 바나나 우유는 매일유업의 '바나나는 원래 하얗다'라는 것을 소구하려고 했던 것이다. 당시 많은 소비자들이 충격을 받은 것은 사실이었고, 매일유업의 '바나나는 원래 하얗다'라는 브랜드는 시장에서 빠르게 자리를 잡았다.

새로운 건강함 이라는 이미지 포지셔닝으로 바나나맛 우유 시장을 치고 들어온 매일유업의 '바나나는 원래 하얗다' 브랜드에 대해서 빙그레는 포지셔닝의 정석을 보여주는 전략을 구사했다. 빙그레는 건강하다는 이야기를 아예 하지 않았다. 재미있어 보이는 단지모양의 용기와 맛으로만 승부했다. 새로운 경쟁자와 전혀 다른 포지셔닝을 취함으로써 1등을 차지하기 위해서 노력했던 것이다. 어차피 건강을 생각하는 소비자라면 바나나가 섞인 우유가 아니라 흰 우유를 마실 것이다. 그렇다면 건강을 중시하는 소비자를 포기하

고 맛과 재미를 추구하는 소비자를 목표시장으로 하여, 맛과 재미를 전달하려 노력했던 것이다. 이러한 빙그레의 정석적인 포지셔닝 전략으로 '바나나는 원래 하얗다'의 도전을 극복하고 더 빠르게 성장하는 것이 가능했던 것이다.

이후에도 바나나맛 우유는 백종원 선생님을 등장시켜 바나나맛 우유를 통한 새로운 음료나 요리를 제안하기도 하고, '마이스트로우' 캠페인 등을 통해서 재미를 강조하기도 했다. 특히 '마이스트로우' 캠페인은 매우 효율적인 마케팅으로 평가되고 있다. 기존의 빨대에서 벗어나서 단지 모양의 바나나맛 우유를 더 재미있게 먹는 다양한 방법을 제시했던 것이다. 위 그림을 살펴보면 바나나맛 우유의 뚜껑에 스프레이를 뿌릴 수 있는 스트로우를 만들었다. 소비자들은 이 빨대(?)를 활용하여 매운 것을 먹으면서 혀에 뿌리기도 하고, 또 이 스프레이 빨대를 활용하여 빨리 바나나맛 우유 먹기 대회를 하기도 했다. 이 모든 것은 소비자들의 SNS에 실려 또 다른 무료 광고를 양산하는 결과를 낳기도 했다. 또한 가운데에 있는 하트 모양 빨대는 연인들이 좋은 추억과 사진을 남기는 도구로 쓰이기도 했으며, '상남자 빨대'로 알려진 오른쪽의 빨대도 SNS에 빙그레 바나나맛 우유를 올리게 하는 좋은 도구들이 되기도 했다. 더 흥미로운 것은 이렇게 결국 SNS에 실려 바나나맛 우유의 무료 홍보 도구로 활용되었던 다양한 빨대들은 빙그레가 무료로 제공한 것이 아니었다는 것이다. 빙그레는 이러한 빨대들을 팔았고 결국 소비자들에게 돈을 내고 무료로 광고를 해주는 행동을 하도록 하는 도구로 사용되었다.

바나나는 원래 하얗대?

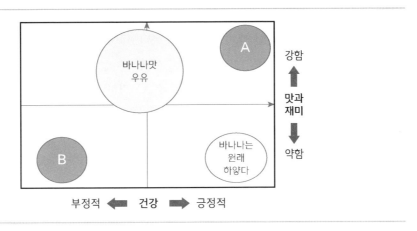

그림 6-3 바나나맛 우유와 바나나는 원래 하얗다 우유의 포지셔닝

　　바나나맛 우유의 시장을 표시하기 위해서 우선 소비자들이 바나나맛 우유에 기대하는 욕구를 중심으로 포지셔닝 맵을 그린다. 만약에 소비자들이 바나나맛 우유에 대해서 가장 기대하는 것이 '맛과 재미' 요인과 '건강' 요인이라면 앞에 있는 〈그림 6−3〉과 같이 포지셔닝 맵을 그릴 수 있을 것이다. 바나나맛 우유의 경우 맛과 재미라는 측면에 있어서는 강점이 있었지만, 건강에 많은 도움이 되리라고 소비자들이 생각하기에는 무리가 있다. 하지만 '바나나는 원래 하얗다' 우유의 경우 진심이 전해지는 브랜드로 맛과 재미는 약해도 건강에는 긍정적인 위치를 차지하고 있었다고 볼 수 있다. 그래서 소비자 세분시장을 '맛과 재미 중시−건강 중시', '맛과 재미 중시−건강 미중시', '맛과 재미 미중시−건강 중시', '맛과 재미 미중시−건강 미중시' 시장으로 소비자를 나누어 본 후, '바나나는 원래 하얗다' 브랜드는 '맛과 재미 미중시−건강 중시' 시장을 차지하게 된 것이다. 이에 따라 '바나나는 원래 하얗다' 브랜드는 맛과 재미를 미중시하고 건강을 중시한다는 류의 광고 등의 마케팅 커뮤니케이션 활동을 진행했던 것이다. 실제로 빙그레 바나나맛 우유가 '건강 중시' 세분시장에 본격적으로 뛰어들지는 않았기에 '바나나는 원래 하얗다' 브랜드도 계속 살아남게 된다. 다만, 건강 중시 세분시장의 소비자들은 '바나나는 원래 하얗다'라는 첨가물이 들어간 우유보다는 아무것도 첨가하지 않은 하얀 우유가 더 건강하다고 인식하기 때문에 건강 중시 세분시장에서 '바나나는 원래 하얗다' 브랜드는 어려움을 겪게 된다.

　　만약에 '바나나는 원래 하얗다' 제품이 시장에 들어왔을 때 빙그레 바나나맛 우유가 맛과 재미도 있고, '바나나는 원래 하얗다' 브랜드처럼 건강에도 좋다고 이야기를 할 수 있는 우상단의 "A 포지션"으로 전략을 취했으면 어떠했을까? 아마 소비자들에게 건강과 재미, 맛 모든 것을 줄 수 있다고 설득에 성공했다고 해도 세 가지를 모두 충족하는 제품을 만들려면 비용이 많이 들었을 것이다. 즉 가격이 비싸졌다는 뜻이다. 가격이 비싸지면 사실상 소비자들이 구매할지는 다시 한 번 살펴보아야 한다. 어떻게 보면 A포지션이 가장 좋은 포지션으로 보이지만 결국 A포지셔닝과 같이 모든 것을 다 해준다는 포지셔닝은 별로 가능성이 없다. 왜냐하면 기업도 이익을 내야 하기 때문이다. 그렇다면 B포지셔닝은 어떨까? 건강도 신경 안 쓰고 맛과 재미도 없는 세분시장에 자리 잡는 것이다. 이런 경우는 대부분 가격을 매우 저렴하게 판매할 수 있는 경우에 한한다. 즉, 실제로는 가격이라는 축을 하나 더 만들어서 가격이 가장 싼 제품임을 강조하면 이를 구매할 소비자들을 다시 새로운 가치 제안을 통해 끌어모을 수 있게 되는 것이다.

마지막으로 포지셔닝 맵의 동그라미 크기는 목표한 세분시장의 크기를 뜻한다. 바나나맛 우유의 특성상 맛과 재미를 추구하는 소비자들의 크기가 크다고 판단하여 큰 동그라미로 표현했고, '바나나는 원래 하얗다' 우유의 경우 바나나맛 우유를 구매하려고 하면서 건강에 관심이 있는 소비자들의 숫자는 적다고 판단하여 작은 동그라미로 표현한 것이다.

3) 포지셔닝 전략

얼마나 많은 수의 차별점을 활용하여 포지셔닝을 하는 것이 적절한가? 〈그림 6-3〉에서는 '맛과 재미', '건강'의 두 가지 요인을 가지고 포지셔닝 맵을 그려서 포지셔닝 전략을 구축하였다. 실제로 1~3개 정도의 요인을 활용하여 포지셔닝 맵을 그리는 것이 일반적이다. 1개의 요인으로 포지셔닝 전략을 구축하는 것이 가장 효과적일 수도 있으나, 경쟁자가 많은 현대의 마케팅 환경에서는 2~3개의 요인을 가지고 포지셔닝 전략을 구축하는 것이 일반적인 일이 되고 있다.

포지셔닝 전략 구축에 있어서 또 하나의 어려움은 어떤 요인을 가지고 포지셔닝 전략을 구축할 것인지에 대한 부분이다. 〈표 6-2〉에서는 제품 특성, 상황 특성, 경쟁 특성, 이미지 특성, 사용자 특성 등을 가지고 포지셔닝 전략을 수행할 수 있다고 제시하고 있다. 이외에도 포지셔닝 변수는 수없이 많으며 창의적으로 이러한 변수를 도입하여 적절한 포지셔닝을 찾아서 전략 수립에 활용할 필요가 있다.

포지셔닝은 모든 마케팅 활동의 중심이다. 실제로 대부분의 기업들은 자사 혹은 특정 브랜드의 포지셔닝을 중심으로 모든 마케팅 활동을 통일시킨다. 예를 들어 샤넬같이 '고급 이미지'를 중심으로 포지셔닝을 한다면 마케팅 믹스인 제품, 가격, 유통, 촉진의

▭ **표 6-2** 포지셔닝 변수

구분	포지셔닝 변수 설명
제품	• 제품의 기본적이며 핵심적인 특성으로 포지셔닝을 설계 　예) 가장 튼튼한 스마트폰, 가장 예쁜 스마트폰, 가장 맛있는 식당, 가장 사진이 잘 나오는 식당, 가장 저렴한 식당 등
상황	• 어떤 특정한 상황에서 1등으로 생각나는 제품 　예) 술 마시기 전에 마시는 음료, 스마트폰이 고장나면 가장 잘 고쳐주는 브랜드, 졸릴 때 가장 졸음을 잘 쫓아주는 음료
경쟁	• 경쟁자와 비교하여 자사 상품/브랜드의 우위를 강조 　예) (콜라와 대비) 카페인, 색소가 없는 청량한 음료(7-UP 음료) 　　　AVIS의 We are nunber two 캠페인
이미지	• 경쟁사와 비교한 자사 브랜드의 이미지 독특성을 강조 　예) 가장 화려한 색조 화장품(M.A.C), 샤넬 등의 명품류 등
사용자	• 고객에 따른 포지셔닝 　예) 대학생들만 사용하는 (에브리타임 앱), 나이 들어 눈이 잘 안 보이는 분들에게 가장 좋은 스마트폰(액정 화면이 큰 스마트폰)
기타	• 직원의 독특성　예) Hooters, 욕쟁이 할머니 집 등 • 유통 채널의 독특성　예) 암웨이

모든 활동은 '고급 이미지'에 맞추어 수행한다. 제품은 고급스럽게 만들어야 하며, 가격은 비싸게, 유통망은 직영하는 고급 매장을 활용하거나 혹은 고급스러운 백화점에만 입점한다. 또한 광고, 촉진 방법도 고급스러운 이미지를 전달할 수 있는 광고 모델을 섭외하여 고급스러운 이미지를 소비자에게 전달할 수 있는 커뮤니케이션이 되어야 할 것이다. 최근 이러한 기업의 포지셔닝은 주로 브랜드 포지셔닝을 중심으로 전략이 구축되고 실행되고 있다.

● 참고문헌

임종원(1995), 현대마아케팅관리론, 무역경영사.

홍성태 외(2017), 마케팅 가치창조 전달 그리고 소통 6판, 한경사.

Kerin et al.(2017), Marketing in Asia, McGraw-Hill.

https://www.ama.org/the-definition-of-marketing-what-is-marketing/

https://www.instagram.com/binggraekorea/?hl=ko (빙그레 인스타그램 페이지)

● 요약 및 복습

01 시장세분화는 하나의 시장을 제품 혹은 서비스에 대한 욕구 혹은 구매행동이 유사한 소비자들로 이루어진 보다 작은 규모의 시장으로 나누는 것을 의미한다.

02 마케터들은 시장세분화를 통하여 명확하게 제공할 제품이나 서비스의 상품 특성을 정의할 수 있다.

03 시장세분화는 마케팅을 하는 기업과 구매를 하는 소비자들 모두에게 이익을 준다. 마케터는 마케팅 자원을 보다 효율적으로 사용할 수 있다. 소비자가 요구하는 것에 집중해서 사용하는 것이 가능해진다. 이렇게 소비자가 요구한 부분에 집중하여 만들어진 제품의 경우, 당연히 해당 소비자의 만족도를 높일 수 있다.

04 하나의 기준으로 모든 소비자 시장을 세분화하는 것은 불가능하다. 시장을 세분화하는 방법과 종류는 매우 다양한데 인구통계적 변수, 심리적 변수, 행동적 변수, 지리적 변수, 구매자 특성 변수 등을 활용하여 시장세분화를 하기도 한다.

05 효과적인 시장세분화를 위해서는 측정가능성, 접근가능성, 규모의 적정성, 차별화가능성, 활동 가능성 등을 고려하여 시장을 세분화할 필요가 있다.

06 자사에 유리한 시장을 선택하는 과정을 목표시장의 설정이라고 한다. 목표시장은 꼭 하나의 세분시장일 필요는 없다. 전체 시장을 세분화한 시장 중에서 하나만 목표시장으로 선택할 수도 있으나, 두 개 혹은 모든 세분시장을 공략하겠다고 목표시장을 설정할 수도 있다.

07 세분시장 중 자사에게 유리한 시장을 선정하기 위해서는 기업들은 각 세분시장의 크기와 성장성, 회사 목표 및 자원과의 적합성, 그리고 장기적인 매력성을 평가해 볼 필요가 있다.

08 목표시장(target market)은 기업이 충족을 시킬 수 있는 공통된 욕구와 특성을 가진 소비자들의 집합이라고 할 수 있다. 목표시장은 세분시장의 평가를 통해서 결정된다.

09 목표시장 전략은 크게 대량 마케팅 전략, 세분시장 마케팅 전략, 니치시장 마케팅 전략, 마이크로 마케팅 전략 등으로 나누어 볼 수 있다.

10 목표시장을 선정하기 위해서는 회사의 자원, 상품의 제품 수명주기, 동일 세분시장 내에서 경쟁사들의 전략 등을 고려할 필요가 있다.

11 포지셔닝은 소비자의 마음 속에서 자사의 제품이 경쟁사의 제품과 비교하여 차지하고 있는 상대적 위치를 뜻한다.

12 포지셔닝을 통해서 소비자들이 기억할 수 있도록 하는 차별적인 가치 제안을 상품 가치 제안(product value proposition) 혹은 브랜드 가치 제안(brand value proposition)이라고 한다.

13 포지셔닝은 세분시장에서 1등으로 각인되는 과정이라고 이야기할 수 있다. 다만 과거의 다양한 사례들을 살펴볼 때 만약에 기존 시장에서 이미 1등을 하고 있는 다른 브랜드가 있다면, 그 1등 브랜드의 특성보다 더 잘해서 1등을 하기보다는, 소비자들이 유사한 강도도 선호하는 다른 장점을 부각시켜서 1등을 하는 방법이 효율적인 포지셔닝 전략이라고 할 수 있다.

14 포지셔닝 맵은 목표한 세분시장의 소비자들이 상품 구매 시 중시하는 욕구 등을 축으로 하여 구매차원을 구성하고, 이러한 구매차원에서 자사 상품(혹은 브랜드)과 경쟁사 상품(혹은 브랜드)에 대한 상대적인 소비자들의 지각을 보여준다.

15 포지셔닝 전략 구축 시 제품 특성, 상황 특성, 경쟁 특성, 이미지 특성, 사용자 특성 등을 가지고 포지셔닝 전략을 수행할 수 있다. 이외에도 포지셔닝 변수는 수없이 많으며 창의적으로 이러한 변수를 도입하여 적절한 포지셔닝을 찾아서 전략 수립에 활용할 필요가 있다.

● 주요 용어

• 시장세분화	• 세분시장	• 측정가능성
• 접근가능성	• 규모의 적정성	• 차별화가능성
• 활동가능성	• 목표시장	• 대량 마케팅
• 세분시장 마케팅	• 니치시장 마케팅	• 마이크로 마케팅
• 포지셔닝	• 포지셔닝 맵	• 제품 가치 제안
• 브랜드 가치 제안		

○ 학습문제

01 최근 제주도 맥주, 광화문 맥주 등 지역주가 지역에서 많은 인기를 끌고 있다. 이러한 지역주의 소비자들을 어떻게 세분화하는 것이 좋을지에 대하여 세분시장을 구분하는 변수들(나이, 연령, 취미 등)을 중심으로 설명하여 보시오.

02 귀하가 거주하고 있는 지역에서 지역 맥주를 출시했다면(출시한다면) 어떤 세분시장을 목표시장으로 선정하는 것이 좋을지 설명하여 보시오.

03 현재 동일한 시장에서 경쟁하고 있는 브랜드를 2개 이상 골라 포지셔닝 맵을 그리고 그 안에 각 브랜드의 포지셔닝을 제시하여 보시오.

04 포지셔닝 맵 등을 활용하여 현재의 자신을 포지셔닝 맵 위에 나타내어 보고, 미래에 어떻게 변화할 것인지를 포지셔닝 맵을 활용하여 제시하여 보시오.

마케팅 실행 전략

개요

이 장에서는 마케팅 믹스의 개념을 알아보고 마케팅 믹스 중 제품과 촉진 전략에 대해서 자세히 알아보기로 한다. 모든 기업은 살아남기 위해서는 지속적으로 신제품을 성공적으로 개발할 필요가 있다. 본 장에서는 이러한 신제품을 효과적으로 개발하는 방법론과 개발 단계를 제시하고 있다. 또한 신제품의 포장도 제품의 광고홍보 활동에 많은 영향을 미치게 되며 가장 효과적인 포장은 VIEW 요인을 충족하는 포장이다. 신제품에 대한 마케팅 활동을 할 때 신제품이 개발되고 시간이 지남에 따라서 소비자가 혁신자–얼리어답터–조기 다수자–후기 다수자–래가드로 변화하고 그에 따라 마케팅 활동도 변화해야 한다. 제품 수명 주기의 개념을 소개하고 제품 수명 주기에 해당하는 도입기–성장기–성숙기–쇠퇴기에 따른 마케팅 전략을 제시하였다. 마지막으로 마케팅 믹스 중 촉진 활동은 온라인이 활성화되면서 통합적 마케팅 커뮤니케이션으로 진화하게 되었으며, 통합적 마케팅 커뮤니케이션의 효율적 실행을 위해서는 목표 소비자의 파악, 커뮤니케이션 목표의 설정, 메시지 설정, 커뮤니케이션 채널의 선택, 커뮤니케이션 예산의 설정, 프로모션 믹스 결정 및 전략 수립, 피드백 수집 및 성과 측정, IMC 과정 관리의 단계로 이루어짐을 제시하였다.

주요 학습사항

1 마케팅 믹스란 무엇인가?

2 신제품이란 무엇인가?

3 신제품 마케팅의 핵심 용어들은 무엇이며 해당 용어의 정의는 무엇인가?

4 신제품 개발 단계와 각 단계별로 어떤 일을 해야 하는가?

5 제품 수명 주기란 무엇인가?

6 제품 수명 주기 관련 핵심 용어들은 무엇이며 해당 용어의 정의는 무엇인가?

7 제품 수명 주기에 따른 마케팅 전략은 무엇인가?

8 통합적 마케팅 커뮤니케이션이란 무엇인가?

9 통합적 마케팅 커뮤니케이션의 핵심 용어들은 무엇이며 해당 용어의 정의는 무엇인가?

10 통합적 마케팅 커뮤니케이션의 실행 방안 및 단계는 무엇인가?

도입사례

판매 걱정 없는 6차 산업 신상품 개발 방법: 크라우드 펀딩

최소 이익 확보 가능한 크라우드 펀딩
일정 기준 못 미치면 생산 안 하면 그만
두려움 없이 신상품 개발 도전 기회

작년에 지역 산업을 자문하면서 보았던 두 가지 안타까운 사례가 있었다. 첫 번째는 한 지역의 생강 가공산업이다. 작년에 생강 산업은 잘 될 수밖에 없는데 왜 자문을 요청하는지 의문이 들었다. 생강은 감기 등에 특효가 있는 것으로 알려져 코로나19 상황에서 전 세계적으로 인기를 끌었기 때문이다. 생강 가공품 매출이 10배 이상 뛴 나라들도 있었지만, 유독 한국의 경우 그렇지 않았다. 코로나19 상황에서 생강 홍보도 부족했지만, 코로나19 상황에 적합한 생강 가공상품이 전혀 출시되지 않았기 때문이다. 관계자분들께 왜 코로나19의 기회를 놓쳤는지 물었다. 이유가 있었다. 새로운 상품을 개발하려면 비용이 들어가는데, 그 새로운 상품이 성공할지 확신할 수 없어서였다는 것이다. 틀린 말은 아니다. 일반적으로 신상품의 성공확률은 10% 이내이다. 10개 개발해서 1개 성공하는 것이다. 문제는 우리 6차 산업 기업은 영세해서 새로운 상품을 9개나 실패할 자금적 여유가 없다. 때문에 코로나19의 기회를 놓치더라도, 자칫하면 6차 산업 기업이 망할 수 있는 신상품 개발을 두려워했던 것이다. 어쩌면 합리적인 의사결정이었을 것이다. 덕분에 그 지역의 생강 산업은 코로나19같이 두 번 다시 보기 힘든 기회를 놓쳐버리고 말았다.

두 번째로 안타까웠던 것은 포도 와인 농가가 있는 지역의 자문이었다. 그 지역에서는 포도 와인을 주로 체험농장 방문객을 대상으로 판매했다. 몇 년 지나고 해당 지역의 와인 체험농장들이 점점 알려지면서 체험객은 점점 늘어났다. 체험객이 증가하자 해당 지역에서는 와인 농가가 하나 둘씩 늘어났다. 그러다 코로나19 상황이 닥쳤다. 그리고 체험농장 방문객의 발길은 뚝 끊겼다. 하지만 체험농장 방문객이 끊겼다고 해도 와인 생산을 멈출 수는 없다. 와인은 생산하고 몇 년 지나서 판매해야 한다. 때문에 올해 손님이 없어도 2~3년 뒤에 손님을 위해서 지금 와인을 담가두어야 한다. 문제는 몇 억 단위의 와인을 팔지도 못하는 상황에서 지하창고에 잠재워야 한다는 것이다. 더 불안한 것은 미래에 그 와인이 현금화된다는 보장도 없다는 것이다. 체험객이 없어 수입이 없는 상황에서 계속 포도 농사를 짓기 위해, 또 생활비를 위해 빚을 내며 농가는 미래를 너무 불안해하셨다. 더 안타까운 것은 상당수 농가가 불안을 해소하기 위해서, 미래를 위한 새로운 와인을 개발해서 생산하기 시작했다는 것이다. 코로나 때문에 2년간 쌓인 기존 와인 판매도 불확실한 상황이다. 거기에 실패 위험이 큰 새로운 와인 제조까지 한다면 부도 위험은 매우 높아질 수밖에 없다. 안타까운 상황이었다.

생강 산업은 코로나19로 큰 기회를 맞았으나 신상품 개발의 위험을 두려워해 기회를 놓쳤던 사례다. 와인농가 사례는 코로나19로 위기를 맞았는데 개발한 신상품의 판매가능성 여부를 알 수 없어 더 큰 위기로 몰려가고 있는 사례다. 완전히 상반된 사례지만 마케팅 전문가의 시각으로 보았을 때 한 가지만 해결하면 되는 문제다. 바로 새로운 상품을 개발할 때 '판매 보장'이 된다면 모두 해결된다. 생강의 경우도 새롭게 개발한 상품의 판매가 100% 보장된다면 코로나19 상황에 적합한 신상품 개발을 안 할 이유가 없다. 와인의 경우도 '판매 보장'만 된다면 신상품 와인을 개발하면서 부도 위험에 두려워할 필요가 없다. 새롭게 상품 개발을 할 때, 상품이 나오기도 전에 이렇게 100% 판매 보장이 되는 것이 가능할까? 예전에는 불가능한 일이었다. 하지만 4차 산업이 보편화되고 있는 지금은 가능하다. 그 방법은 바로 크라우드 펀딩이다.

신상품 개발과 판매 관련 크라우드 펀딩의 과정은 이렇다. 새로운 상품 아이디어와 개발가능한 기간, 최소 이익을 확보할 수 있는 수량과 희망 가격을 크라우드 펀딩 사이트에 올린다. 상품은 필요 없다. 신상품을 잘 설명할 수 있는 그림과 글만 있으면 된다. 크라우드 펀딩 사이트에서 소비자들은 해당 상품을 보고 구매 여부를 결정한다. 만일 신상품 개발기간을 기다려서라도 구매하고자 하면 고객들은 결제를 한다. 결제한 고객이 최소 이익 확보가 가능한 숫자가 넘어가야 해당 상품의 판매는 확정된다. 그러면 그때부터 생산을 하면 된다. 만일 소비자들이 내가 희망한 최소 수량만큼 안 사주면? 생산 안 하면 된다. 소비자들에게는 돈을 돌려준다. 즉 새로운 상품을 생산했다가 안 팔려서 낭패보는 일은 없는 것이다. 생강도 와인도 이 방법을 썼다면 시장기회를 놓치지도, 또 안 팔릴까 봐 불안해할 필요도 없었을 것이다.

코로나19가 마무리되고 있는 시기로 보인다. 코로나19가 마무리되면 또 한 번의 큰 변화가 있을 것으로 예상된다. 그 변화에 발맞추어 우리 농수산식품업계도 새로운 상품을 개발해서 변화 속의 기회를 놓치지 않았으면 한다. 실패의 걱정은 크라우드 펀딩에 맡겨놓고 말이다.

〈자료: 한국농어민신문, 2021. 3. 23.〉

제1절

마케팅 믹스의 정의와 분류

마케팅 활동을 하는 데 있어서 구체적으로 마케터가 고려해야 하는 마케팅 실행 요소들을 마케팅 믹스(marketing mix)라고 부른다. 마케팅 믹스는 일반적으로 4P가 과거 많이 활용되어 왔으며, 최근에는 4C 혹은 5C 등이 제안되고 있기도 하다.

4P는 제품(product), 가격(price), 유통(place), 촉진(promotion)의 약자로 마케팅 실행 전략을 짤 때 고려해야 하는 전통적인 마케팅 믹스라고 할 수 있다. 마케터들은 전통적으로 제품을 어떻게 할지, 또한 가격을 어떻게 결정할지, 유통은 어떤 유통망으로 할지, 촉진을 어떻게 해서 상품 판매를 활성화할지를 고민하게 된다.

4C는 제품(contents 혹은 customer solution), 비용(cost), 유통(convenience 혹은 channel), 촉진(communication)을 뜻하는 단어로 온라인 마케팅이 활성화되면서 나온 개념이다. 보다 고객중심적으로 마케팅 믹스를 고려하려는 개념이기도 하다. 제품을 콘텐츠(contents) 혹은 고객 문제 해결 방안(customer solution)이라고 표현한 이유는 고객의 입장에서 보았을 때 제품 자체가 중요하다기보다는, 제품을 활용해서 소비자들이 얻는 혜택이 중요하다는 뜻이 담겨있다. 예를 들어 오리온의 마켓오 브라우니 과자의 경우 포장지에 브라우니 과자를 더 맛있게 먹는 방법을 알려주고 있다. 그냥 먹어도 되지만 전자레인지로 잠시만 가열해서 먹으면 더 맛있다는 것이다. 즉, 제품 판매가 아닌 제품을 사용하는 방법과 제품이 결합된 콘텐츠를 소비자들에게 공급했던 것이다.

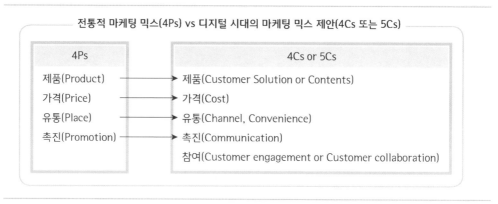

그림 7-1 전통적 마케팅 믹스 vs 디지털 시대의 마케팅 믹스 제안

가격도 비용의 개념인 코스트(cost)로 제시하기도 한다. 실제로 소비자들에게 중요한 것은 가격이 아니라는 뜻이다. 예를 들어 우유를 한 통 사려고 한다고 가정해보자. 집앞에 있는 편의점에서는 1L 우유를 3,500원에 판매하고 있고, 버스를 타고 가야 하는 멀리 떨어진 대형마트에서는 2,800원에 판매하고 있다고 가정해보자. 어디가 더 싼 곳인가? 그것은 가격은 대형마트가 저렴할지 모르겠으나, 실제 소비자들이 우유를 사기 위해서 들어가는 교통비와 시간비용까지 고려한다면 집 앞의 편의점이 더 저렴해질 것이다. 소비자들은 단지 가격만 보고 구매를 결정하지 않는다. 소비자들은 단순히 제품에 붙어있는 가격보다는 구매에 들어가는 제반비용 심지어는 시간비용까지 전체 비용을 고려한다. 이러한 개념으로 제시된 것이 비용개념이다. 마케터는 소비자의 비용을 줄여주기 위해서 노력할 필요가 있는 것이다.

유통도 과거에는 입지(place) 개념을 사용했다. 온라인이 발전하지 않은 상황에서 유통에 있어서 가장 중요했던 것은 소비자와 얼마나 가까운 곳에 매장을 여는가였기 때문이었다. 하지만 온라인이 발전하면서 이러한 입지 중심의 유통 개념이 잘 맞지 않게 되었다. 소비자들이 어떻게 하면 보다 편리(convenience)하게 구매할 것인가와 어떤 유통 경로(channel)로 소비자들에게 접근할 것인지가 가장 중요한 문제가 되었다.

마지막으로 촉진(promotion)보다도 커뮤니케이션이 중요하게 되었다. 촉진의 영어 단어 개념은 앞쪽 방향으로(pro−), 외친다(−motion)는 뜻이다. 즉 과거에 광고 등 기업들이 준비한 메시지를 일방적으로 소비자들에게 전달하는 것이 촉진의 주요한 방법이었다. 하지만 온라인이 주요한 마케팅 환경으로 자리를 잡으면서, 소비자들에게 정보를 전달하는 것도 중요하지만 소비자들의 목소리를 듣고 수용하는 등 소비자와의 대화(communication)가 더 중요한 촉진의 수단으로 자리 잡게 되었다.

마케팅 믹스로는 5C 등도 제시되고 있는데 위에서 설명한 4C에 고객 참여(customer collaboration 또는 customer egagement)가 중요한 마케팅 활동 요인, 즉 마케팅 믹스라고 주장하는 경우도 있다. 점차 소비자들이 마케팅에 참여하는 경우가 많아지고 있고, 기업은 이를 촉진하는 활동이 필요하다. 소비자들이 제품을 제안하는 경우도 있고, 미샤라는 브랜드의 화장품은 소비자들에게 신제품의 가격 책정을 어떻게 할지 물어보는 코너를 홈페이지에 만들기도 했다. 또한 SNS를 통해서 소비자들이 자발적으로 어떤 상품의 홍보를 해주는 일들은 흔해졌으며, 소비자들끼리 단체를 구성해서 제품의 유통을 해주는 경우도 있다. 이렇게 소비자들은 전방위적으로 과거 기업이 수행했던 마케팅 활동에 참여하고 있으며 이러한 활동까지도 마케팅 전략 실행 전술로 활용해야 한다는 개념이 5C라고 할 수 있다.

일반적으로 학술적으로 정의된 마케팅 믹스는 4P가 활용되고 있다. 4C나 5C의 경우 마케팅 학문에서 공통적으로 인정되지는 않고 있다. 하지만 과거 역사를 살펴볼 때 1950년대까지만 하더라도 마케팅 믹스는 수십 개가 제시되기도 하였다. 이후 4개로 정리된 것임을 살펴볼 때 4P가 절대적인 것은 아니라고 할 수 있다. 때문에 많은 학자들은 4P의 마케팅 믹스도 온라인 시대가 점차 성숙됨에 따라 4C나 5C로 전환될 수 있다고 판단하고 있다.

본 장에서는 4P의 마케팅 믹스 중에서 제품과 촉진에 대해서 다루며, 가격은 1장 2절을 유통은 1장 3절 및 2장을 참고하도록 한다.

제2절

신제품 개발 과정의 이해

1. 제품의 정의와 분류

1) 제품의 종류

마케팅적 관점에서 제품(product)은 크게 3가지로 나누어 볼 수 있다. 첫 번째는 유형의 상품(goods)으로 복숭아나 과자같이 형태를 가진 상품을 뜻한다. 두 번째는 서비스(service)인데, 교육이나 컨설팅처럼 형태가 없는 제품을 뜻한다. 마지막으로 아이디어(idea)도 제품의 한 종류에 속하는데, 특허와 같은 상품을 아이디어라고 한다.

물론, 이러한 분류는 절대적인 것은 아니다. 예를 들어 정의상으로는 유형의 상품과 서비스가 다르지만 실제로 이 두 가지 상품은 혼합되어 존재하는 경우가 많기 때문이다. 예를 들어 식당의 경우 유형의 제품인 식사와 종업원들의 서비스가 혼합되어 상품화되는 경우라고 생각할 수 있다. 또한 스마트폰의 경우도 단순히 유형의 제품만 판매하고 있기보다는, 앱스토어 등을 활용해서 제품과 서비스를 복합한 형태를 판매하고 있기 때문이다. 그러나 유형의 상품과 서비스는 마케팅적인 특성이 다르기에 마케팅적인 관점에서는 유형의 상품과 서비스를 구분하고 있다.

서비스의 경우 유형의 상품에 비해서 4가지 특성을 더 가지고 있다. 그것은 무형성

(intangibility)과 이질성(heterogeneity), 비분리성(inseparability) 그리고 소멸성(perishability)이라는 특성이다. 서비스는 이 네 가지 특성으로 인해서 유형의 상품과는 다른 마케팅 전략을 제시할 수 있게 되기도 하였다.

무형성은 만지기도 보기도 어렵다는 뜻이다. 농촌 관광을 생각해보면 쉽다. 어떤 농촌 관광 상품이 얼마나 좋은지를 어떻게 설명할까? 놀이공원을 생각해 보자. 롯데월드 같은 놀이공원의 특성을 어떻게 설명하면 좋을까? 다르게 설명하면 롯데월드라는 말을 들었을 때 소비자들은 어떤 이미지를 떠올려야 할까? 서비스의 무형성이라는 특성으로 인해서 딱히 떠오르는 이미지를 만들기가 쉽지 않다. 이런 문제 때문에 서비스 기업은 자신만의 유형적인 상징을 만들어서 소비자들에게 전달한다. 예를 들면 롯데월드는 로티와 로리라는 너구리 상징물을 만들어서 소비자들에게 전달한다. 유사하게 미국의 디즈니월드는 미키마우스, 구피 같은 상징물을 만들어 소비자들에게 이미지를 전달한다. 저 소비자들이 롯데월드 하면은 너구리를 떠올리고 디즈니월드 하면은 미키마우스와 구피 등을 떠올릴 수 있도록 한다. 농촌관광상품도 마찬가지다. 소비자들은 일반적인 농촌을 떠올릴 수 있겠지만 만일 내가 운영하는 관광농원을 소비자들이 기억하기를 바란다면 우리 관광농원만의 유형의 이미지를 만들어서 소비자들에 전달하는 것이 효과적이다.

이질성은 똑같은 기업이나 혹은 동일한 사람이 서비스를 제공한다 할지라도 상황에 따라 그 서비스 품질 특성이 달라질 수 있음을 뜻한다. 헤어샵의 경우 똑같은 사람이 서비스를 제공해 주어도 매번 머리의 모양이 똑같지 않을 수 있다. 브랜드의 헤어샵이어도 다른 사람이 서비스를 제공해 주면 완전히 달라질 수도 있다. 이러한 문제를 극복하기 위해서 헤어샵들은 매뉴얼을 가지고 매뉴얼대로 하는 경우가 많다. 이질성의 문제를 해결하기 위해서 매뉴얼대로 서비스를 하도록 강제한다.

비분리성은 서비스를 제공하는 사람과 소비자가 떨어질 수 없다는 뜻이다. 과거 대부분의 서비스는 서비스를 제공하는 그 상황에서 소비자와 서비스 제공자가 같은 공간에 있어야만 했다. 예를 들어 헤어샵을 살펴보면 서비스를 제공하는 미용사와 소비자는 같은 공간에서 있어야 서비스를 제공받을 수 있었다. 유형의 제품의 경우 대부분 상품을 생산하는 공장과 소비자가 다른 공간에서 있는 것과는 다른 것이다. 서비스의 약점이지만 이러한 약점을 극복하는 서비스 마케팅 전략이 제시될 수 있다. 예를 들어 과거에는 은행 창구에 가야지만 은행에서 현금을 찾을 수 있었으나, IT의 발전으로 지금은 ATM 혹은 스마트폰에서 은행거래를 할 수 있다. 서비스 제공자와 서비스 소비자가 분리되고 있는 것이다. IT를 활용해서 서비스의 생산자와 소비자의 공간적 위치를 점차 떨어뜨리고 있는 것은 서비스 마케팅에서 큰 기회이자 전략으로 자리잡기도 한다.

패밀리 레스토랑에 방문했을 때의 일이다. 자주 가던 브랜드의 패밀리 레스토랑 식당이었는데 다른 지점에 방문했었다. 식당에서 식사를 하고 나가려는데 서빙을 해주었던 직원이 "빵 좀 챙겨드릴까요?"라고 물었다. 당연히 챙겨달라고 했고, 끝까지 챙겨주었던 그 직원의 서비스에 대해서 매우 만족해하면서 식사를 마쳤다. 두세 번 더 갈 기회가 있었는데 그 직원은 계속 빵을 챙겨주곤 했다.

문제는 원래 가던 그 브랜드의 패밀리 레스토랑에 갔을 때 생겼다. 회사 근처의 패밀리 레스토랑은 식사를 마치고 가려고 했을 때, 서빙 직원이 "빵 좀 챙겨드릴까요?"라는 이야기를 하지 않는 것이었다. 빵을 달라고 하면 왠지 거지가 되는 느낌이 들 것 같아서 찜찜하지만 그냥 계산하고 나왔다. 그리고 지인을 통해서 그 식당의 서비스 매뉴얼이 무엇인지 물어보게 되었다. 그 패밀리 레스토랑 체인의 직원의 서빙 매뉴얼에는 손님이 빵을 챙겨달라고 하면 챙겨주는 것이 매뉴얼이었다. 빵을 챙겨줄 수 있는 권한이 직원에게는 있지만, 손님이 요구하기 전에 먼저 빵을 챙겨주는 것은 매뉴얼의 행동이 아니었던 것이다.

과연 빵을 먼저 챙겨주었던 그 직원은 좋은 서비스를 제공한 것일까? 아니면 빵을 챙겨주는 지점을 방문했던 손님들이 다른 지점을 방문했을 때 매뉴얼대로 하던 직원들에 대한 행동에 불만을 느낄 수 있기 때문에, 서비스 매뉴얼을 지키지 않고 빵을 따로 챙겨준 그 직원은 잘못된 서비스를 제공한 것일까?

고객의 불만을 일으키는 '나만의 친절'

마지막으로 소멸성은 서비스 상품의 경우 지금 바로 구매하지 않으면 다시 구매할 수 없다는 그런 특징을 나타낸 것이다. 오늘 판매되지 못한 주차장 공간을 내일 판매할 수 없다. 오늘 주차장이 비었다고 내일 동일한 주차장에 2대를 세울 수 없다는 뜻이다. 상품의 경우 오늘 못 팔면 재고화하여 내일 판매를 하면 되나, 서비스의 경우는 재고를 보관하는 것이 불가능한 경우가 대부분이기 때문이다. 때문에 수요와 공급을 잘 맞추려는 시도를 많이 한다. 놀이공원의 경우 봄과 가을에 손님이 많고 여름과 겨울에 손님이 없다. 이를 극복하기 위해서 에버랜드는 캐리비안 베이를 만들어서 여름에도 손님이 유지되도록 조치했으며, 썰매장을 만들어 겨울에도 손님이 올 수 있도록 조치했다. 소멸성 때문에 재고를 보유할 수 없는 서비스 특성을 어떻게 극복할지를 고민하면서 나온 마케팅 전략들이라고 할 수 있다.

또 하나의 제품의 구분 방법은 소비재와 산업재로 분류하는 것이다. 이 중 소비재는 크게 편의품(convenience goods), 쇼핑품(shopping goods), 전문품(specialty goods)과 비탐색품(unsought goods)으로 구분할 수 있으며, 각각의 구분에 따라 4P 전략은 달라질 수 있다.

편의품은 치약, 칫솔, 케이크 등 우리가 자주 구매하는 저렴한 제품군을 뜻한다. 이러한 제품군의 경우 주로 가격은 저렴한 경우가 많으며, 유통망은 소비자의 가까이 있

_ **표 7-1** 소비재의 유형

	편의품	쇼핑품	전문품	비탐색품
Product	치약, 케이크, ATM 등	TV, 의류, 가구 등	명품, 의료서비스	소화기, 묘지, 보험 등
Price	저자격	공정한 가격	고가격	다양한 가격
Place	Widespread (많은 유통망)	적절히 거리가 떨어진 오프라인 유통망/온라인 유통망	한정된 오프라인 유통망/ 집단상가 형성이 유리	설득/설명형 유통망 (보험설계사, 홈쇼핑 등)
Promotion	가격과 접근편의성	차별화 강조	브랜드의 유일성/권위	상품 인지도 강화
Brand Loyalty	대체품 구매가 많음	일부 대체품 구매	브랜드 로열티 높음	대체품 구매가 많음
Purchase Behavior	쇼핑에 적은 시간 투입	쇼핑 시 비교 구매	쇼핑에 많은 시간 투여	매우 가끔 쇼핑을 함

는 유통망에 최대한 배치시키는 것이 유리하다. 또한 소비자에 대한 소구점으로는 가격, 그리고 접근 편의성을 이야기하는 경우가 많으며, 소비자들은 이러한 제품군에 대해서는 브랜드 충성도가 낮은 경우가 많다. 편의품 쇼핑 시에는 소비자들이 시간을 많이 투입하지 않는다는 특징도 가지고 있다. 예를 들면 생수 같은 제품을 뜻한다. 생수는 어떻게 마케팅 실행 전략을 짜야지 유리할까? 소비자들이 500ml 생수를 구매하고 싶은 경우 대부분 현재 소비자의 위치에서 가까운 가게를 찾는다. 롯데 아이시스를 좋아하는 고객이라면 아이시스를 우선 구매하려 하겠지만, 가격이 비싸다든지 아니면 아이시스가 그 가게에 없다든지 할 때도 끝까지 아이시스 브랜드를 고집하는 경우는 별로 없다. 대부분 다른 저렴한 혹은 대체할 만한 브랜드가 있다면 쉽게 대체해서 구매하곤 한다. 따라서 마케터는 편의품인 경우 최대한 많은 유통망에 제품을 저렴하게 배치해서, 소비자들이 쉽게 접근하고 부담없이 구매할 수 있도록 해주는 것이 필요하다.

　쇼핑품은 의류나 TV, 가구 등 어느 정도 가격대가 있고, 구매할 때 여러 가지 정보를 찾아보면서 구매하는 제품군을 뜻한다. 쇼핑은 제품의 품질이 중요하기 때문에 소비자들은 너무 저렴한 가격을 원하지 않는다. 따라서 공정한 가격이라고 생각할 수 있도록 하는 것이 중요하다. 유통망의 경우 최근 온라인 유통망이 매우 각광을 받고 있다. 오프라인 유통의 경우에는 적절히 거리가 떨어져서 매장을 개설하는 것이 좋다. 오프라인 매장의 경우 매장 간의 거리가 너무 가까우면 결국 가격경쟁이 시작되어 적절한 이익을 취하기 어려운 한계가 있기 때문이다. 주요한 촉진 전략은 차별화를 강조하는 전략을 주로 활용하고 있다. 쇼핑품은 편의품에 비해서 브랜드 로열티가 강해서 브랜드 대체가 쇼핑품처럼 일어나지는 않는다. 또한 쇼핑 시 인터넷으로 정보를 찾아보고 비교를 해본 후 구매하는 등의 소비자들의 노력이 많이 들어가는 제품군이라고 할 수 있다. 따라서 쇼핑품의 마케터는 인터넷상에 좋은 정보를 많이 올려서 소비자들이 제품을 찾아보고 비교할 때 우리 제품이 유리한 고지에 있을 수 있도록 조치할 필요가 있다. 또한 촉진 전략 구축 시 차별화를 강조하는 것이 효과적이다.

전문품은 명품이나 의료서비스와 같이 소비자들이 해당 상품에 품질을 판단하기 어려운 상품이라고 할 수 있다. 전문품은 대부분 고가격대이며 유통망은 집단 상가를 형성하는 경우가 많다. 예를 들어 병원들은 한 건물에 모여있는 경우가 많으며, 명품도 주변에 다른 명품숍이 있는 데 모여있는 경우가 많다. 이는 고가의 제품 구매시 소비자들이 여러 군데를 방문하면서 비교한 후 사려는 특성이 있기 때문에, 소비자들이 비교하기 좋은 곳에 입지를 해야 하기 때문이다. 효과적인 촉진 전략으로는 브랜드의 유일성, 또 브랜드의 우위성을 강조하는 것이 유용하다. 대부분 소비자들은 브랜드 충성도가 높게 형성되어 있으며, 쇼핑할 때 많은 시간을 투여하는 것이 일반적이다. 따라서 전문품 마케터는 브랜드 홍보에 많은 신경을 써야 할 필요가 있다.

마지막으로 비탐색품은 소비자들에게 필요하나 소비자들이 굳이 사려고 하지 않는 제품이라고 할 수 있다. 예를 들면 소화기, 묘지, 보험 등이다. 어떤 소비자들은 언젠가 내가 소화기가 필요할 수 있을 것이라고 알고 있다. 또한 모든 사람은 죽는다. 따라서 묘지도 모든 사람들이 꼭 구매해야 하는 제품 중 하나이다. 그러나 문제는 그게 언제인지는 모른다는 것이다. 소비자들은 사용해야 된다는 것은 알지만 언제 구매해야 할지 알 수 없기 때문에, 일반적으로 구매 결정을 늦추는 경우가 많다. 그래서 비탐색품의 경우에는 사람이 설득을 해서 판매를 시도하는 경우들이 대부분이다. 보험 같은 경우가 그 예라고 할 수 있다.

2) 신제품의 정의와 분류

신제품은 새로 시장에 나온 제품을 뜻한다. 하지만 이러한 신제품은 연속적 혁신제품(continuous innovation product), 반연속적 혁신제품(dynamically innovation product), 및 단절적 혁신제품(Discountinuous innovation product) 등 크게 3가지로 분류될 수 있다.

연속적 혁신제품은 삼성의 스마트폰인 갤럭시 시리즈를 생각하면 쉽게 이해할 수 있을 것이다. 갤럭시20, 갤럭시21, 갤럭시22 등 삼성전자는 계속 신제품을 출시하고 있다. 갤럭시21을 고려해볼 때 갤럭시22은 신제품인가? 신제품이다. 하지만 완전히 새로운 제품이라고 보기는 어렵고 갤럭시 시리즈의 진화과정에서 가장 최신으로 나타난 제품을 뜻한다. 이런 제품도 신제품으로 분류할 수 있으며, 신제품 중에서는 연속적 혁신제품(continuous innovation product)이라고 불린다.

반연속적 혁신제품(dynamically innovation product)은 연속적인 진화의 과정에 있는 제품은 아니나 혁신이 일어났고 기존의 제품을 계승하는 개념에서의 혁신을 한 제품을 뜻한다. 〈그림 7-2〉에 있는 하인즈 캐첩의 신제품이 바로 반연속적 혁신제품의 예로 제시할 수 있다. 하인즈는 케첩이 조금 남아있을 때 소비자들이 케첩을 플라스틱 병에서 짜내기 어렵다는 것을 알게 되었다. 이 때문에 병의 입구를 아래쪽으로 배치했던 것이다. 기존 제품을 완전히 혁신했다고 보기도 어렵고, 또한 어떤 일련의 진화과정에서 나타난 신제품도 아닌 이러한 혁신을 통한 신제품을 반연속적 혁신제품이라고 한다. 마지막으로 단절적 혁신제품(discountinuous innovation product)은 과거에 존재하지 않았던 완전히 새로운 형태의 제품을 뜻한다. 예를 들어 인터넷을 최초로 발명했을 때, 인터넷 상품은 단절적 혁신 제품이라고 할 수 있게 된다.

그림 7-2 하인즈사의 케첩상품

자료: 크래프트하인즈 홈페이지

2. 신제품 개발 과정과 마케팅 방법

1) 개발 방법과 방법의 필요성

기업이 신제품을 개발하는 방법은 두 가지가 있다. 첫 번째는 외부에서 개발한 신제품을 인수하는 것이다. 두 번째는 자사가 제품을 새롭게 개발하는 것이다. 본 교재에서는 자사가 어떻게 신제품을 개발하는지를 집중적으로 다루어 보고자 한다.

신제품 개발 과정은 매우 어려운 작업이라고 할 수 있다. 전체 개발되는 신제품의 95%가 3년 이내에 시장에서 사라지는 것으로 알려져 있다. 또한 개발되는 신제품의 90%는 실패한다. 즉, 개발에 들어간 비용을 회수하지 못하고 시장에서 사라지는 것이다. 마케팅 학자들은 신제품이 성공할 수 있도록 하는 체계적인 신제품 개발 과정을 연구했으며, 이를 같이 살펴보도록 한다.

2) 개발 절차

신제품의 개발 절차는 ① 신제품 개발 전략의 수립, ② 아이디어 탐색, ③ 아이디어 심사 및 평가, ④ 제품 컨셉의 개발과 테스트, ⑤ 사업성 분석, ⑥ 제품 개발, ⑦ 테스트 마케팅, ⑧ 상업화라는 8단계를 제시할 수 있다.

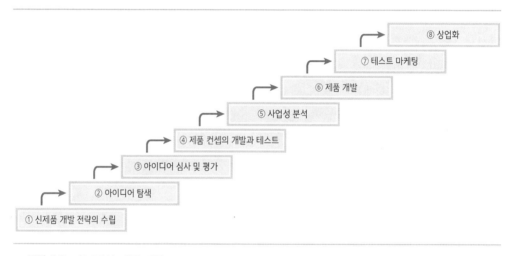

그림 7-3 신제품의 개발 절차

(1) 신제품 개발 전략의 수립

신제품을 개발할 때는 소비자 욕구와 수요를 분석하여 적절한 신제품의 개발 방향을 우선적으로 제시할 필요가 있다. 아무리 혁신적인 신제품이라고 할지라도 그것을 구매하겠다는 소비자가 없다면 의미가 없기 때문이다. 기업은 대부분 끊임없이 신제품을 개발해야만 살아남을 수 있기 때문에, 신제품 개발 전략을 수립하기 위해서는 정기적인 시장조사 활동을 하는 것이 좋다. 시장조사 활동을 통해서 소비자들이 새로운 제품을 원하는 동향을 포착했다면 해당 소비자들에게 맞는 제품인지, 새로운 제품을 원하는 세분시장 소비자의 크기와 예상 지출 금액은 어느 정도인지를 파악할 필요가 있다. 이후 보다 구체적인 제품 개발 방향을 수립할 수 있다.

또한 새로운 제품의 전략적 역할도 동시에 모색되고 평가될 필요가 있다. 많은 기업들이 판매를 많이하거나 혹은 수익을 내는 것을 고려하지 않고 고급 상품을 출시하는 경우들이 있다. 이러한 고급 상품 신제품의 전략적 역할은 기업의 브랜드 이미지 제고에 있는 경우도 있기 때문이다.

(2) 아이디어 탐색

아이디어의 탐색 방법은 크게 5가지가 있다. 첫 번째는 고객이나 납품회사 등에서 아이디어를 제안받는 방법이다. 특히 소비자들의 경우 본인들이 구매할 상품에 대한 직접적인 아이디어를 제공하는 것이기 때문에, 소비자들의 아이디어를 기반으로 신상품을 개발한 경우 실패하지 않을 확률이 높다. 다만, 소비자의 아이디어 획득은 어떤 기업이든 어렵지 않게 할 수 있는 일이기 때문에, 장기적으로 볼 때 경쟁사 대비 큰 이익을 얻거나 매출이 매우 높아진다든지 하는 일은 드물다.

두 번째 방법은 내부 직원으로부터 아이디어를 얻는 것이다. 내부 직원들은 해당 제품에 대해서 상당히 많은 고민을 하고 있다. 따라서 내부 직원으로부터 아이디어를 얻는 경우 비용을 절감하거나 당장의 제품 판매에 있어서 막혀 있는 문제를 해결하는 데 좋은 방법이 될 수도 있다.

세 번째 방법은 연구개발 부서에서 아이디어를 제안받는 것이다. 이 방법의 장점은 상당히 혁신적인 제안을 많이 하기 때문에 실제로 제품화가 되는 경우, 상당히 큰 이익을 내는 제품이 될 확률이 높다는 것이 장점이다. 그러나 이 세 번째 방법은 전문가들의 시각이 섞여 있는 신제품이기 때문에 일반 소비자가 그 내용을 이해하지 못하는 경우가 많다. 따라서 연구개발 부서에서 아이디어를 얻는 방법은 성공하게 되면 그 과실이 크나 실패할 확률이 매우 높은 그런 전략이라고 이야기할 수 있다.

네 번째 방법은 이미 잘 판매가 되고 있는 경쟁사의 제품을 벤치마킹하는 방법이다. 이 방법은 이미 검증된 제품을 벤치마킹하는 것이기 때문에 실패 확률이 매우 적다. 하지만 특허나 디자인 저작권, 여론의 비난 등의 문제가 생길 수 있다는 단점이 존재한다.

마지막 방법은 대학의 교수, 발명가, 기술 강소기업 등으로부터 상품 아이디어를 구매해오는 방법이 있다. 이 방법은 상당히 저렴한 비용으로 혁신적인 신제품 아이디어를 가져올 수 있다는 장점이 있으나 대부분의 경우 신제품 아이디어를 상품화해 본 경험이 없는 곳으로부터 구매해 오기 때문에 실제 상품화가 될지 확신할 수 없다는 단점도 존재한다.

(3) 아이디어 심사 및 평가

아이디어의 심사 및 평가는 우선 내부 평가를 거친 후 외부 평가를 거치는 경우가 많다. 신상품 담당 개발 부서 직원들의 평가를 거쳐서, 해당 아이디어가 충분히 새로운 상품으로 만들어질 수 있다고 판단되는 경우 설문조사 혹은 FGI 등의 외부 평가를 받게 된다. 이러한 평가과정을 거쳐서 살아남은 아이디어는 다음 단계로 진입하게 된다.

(4) 제품 컨셉의 개발과 테스트

신제품에 대한 아이디어는 제품 컨셉(product concept)으로 정리될 필요가 있다. 신제품의 아이디어가 시장에서 판매할 만한 제품의 아이디어라고 한다면, 제품 컨셉은 의미 있는 소비자의 언어로 정리된 신제품의 아이디어를 뜻한다. 예를 들어 1인 가구를 위한 가정간편식에 대한 제품 컨셉을 만든다면 다음과 같이 만들 수 있다.

- 제품 아이디어: 귀리를 활용한 냉동 귀리 도시락
- 제품 컨셉: 집에 언제 들어와서 식사를 할지가 불분명하고, 다이어트를 신경쓰고 있으며, 식품의 건강함과 신선함을 중시 여기는 20대와 30대 여성을 위한 저녁식사용 저칼로리 냉동 도시락

(5) 사업성 분석

사업성 분석은 이렇게 개발되고 있는 신제품이 과연 시장에서 적절한 판매 매출과 이익을 낼 수 있는지를 평가하는 단계라고 볼 수 있다. 이때에는 주로 설문조사 등을 통해서 소비자들이 해당 제품을 얼마나 많이 구매할 것인지, 그리고 어느 정도의 가격대로 구매할 것인지를 조사하게 된다. 이러한 조사 결과를 바탕으로 수요와 이익을 예측하게 되며, 충분한 이익이 난다고 결론이 난 경우 다음 단계에 진입하게 된다. 일반적으로 사업성 분석은 다음의 단계를 거친다.

(1) 목표 세분시장 및 용도의 결정
(2) 시장 규모 산출(구매 희망 소비자 크기×예상 침투율)
(3) 시제품 테스팅(인터뷰/설문조사)을 통한 수요−가격 곡선 추정 후 적정 가격 산출
(4) 총 매출 예상(소비자 크기×예상 침투율×구매 가능 고객 수×1년 평균 소비량)
(5) 예상 비용 및 수익성 계산

(5-1) 초기 투입 설비 투자 비용 추정 및 감가상각 추정

(5-2) 재료비 및 1년 시설 운용비, 인건비 계산

(5-3) 1~5년차 손익 추정(현금 흐름 포함)

(6) 제품 개발

제품 개발 단계에서 가장 중요한 것은 비용을 얼마나 줄일 수 있는지의 여부이다. 일반적으로 소비자가 원하는 가격대를 맞추어서 제품을 생산하는 것은 매우 어렵다. 또한 한두 개 생산을 하는 것과 대량 생산하는 것은 완전히 다른 문제일 때가 많다. 특히 식품산업의 경우 정부의 각종 규제를 고려하면 대량 생산을 한다는 것이 쉬운 일이 아닌 경우가 많다. 그래서 많은 식품 기업들은 주로 이 단계에서 어떻게 하면은 원료 수급을 보다 저렴하게 할 수 있는지, 공정을 어떻게 효율화시켜서 더 저렴한 비용으로 대량 생산이 가능하도록 할 수 있는지 등을 검토하게 된다.

(7) 테스트 마케팅

제품 개발이 완료되었으면 시제품을 생산하여 이 시제품을 시장에서 테스트하는 과정을 거치게 된다. 일반적으로 많이 하는 방법은 소비자들을 대상으로 새로 개발된 제품의 시음 시식을 진행하거나 혹은 일부 테스트 소매점포를 대상으로 시범 판매를 해 보는 것이다. 대부분의 경우 문제가 발생되어 제품 개발 단계로 다시 돌아가는 경우가 많다. 이런 단계를 마치고 제품이 원래 기획했던 정도에 부합한다고 판단되면 이후 상업화를 진행하게 된다.

(8) 상업화

이 모든 과정을 성공적으로 시행할 경우 상업화의 단계에 들어서게 된다. 상업화는 본격적으로 제품을 소매 매장에 놓고 판매를 하는 단계라고 볼 수 있다. 그러나 모든 신제품의 개발 단계가 상업화에서 끝나는 것은 아니다. 항상 신제품의 판매를 하면서 소비자 모니터링을 통해서 제품의 단점, 불만족 요인 등을 찾아내고 이를 보완·개선하는 과정은 필수적이다. 또한 신제품 판매 후 소비자 불만 혹은 아이디어를 가지고 보완·개선하는 과정 속에서 또 다른 신제품의 아이디어가 나오기도 한다.

상업화 단계에서 가장 유의할 점은 바로 언제 제품을 출시하는지에 대한 부분이다. 가능한 제품 수요가 많아지는 시기가 있다면 그 시기에 제품을 출시하는 것이 좋다. 예를 들어 맥주라면 신제품 판매를 맥주가 많이 판매되기 시작하는 6월경에 맞추는 것이

좋다. 이렇게 판매가 많이 되는 시기에는 도매점이나 소매점들이 신제품을 부담없이 주문하여 매장에 가져다 놓을 수 있기 때문이다. 그러나 겨울 시즌에 맥주 신제품을 출시한다면, 도매점이나 소매점은 판매 성공 여부가 불확실한 신제품을 판매하기보다는 안정적으로 매출이 일어나고 있는 기존 제품을 판매하는 것을 선호할 수밖에 없다. 따라서 겨울 같은 기간에 맥주 신제품을 출시하기 위해서는 많은 신제품 마케팅 비용을 지출할 수밖에 없는 것이다.

이상과 같이 제시된 신제품 개발 과정의 모든 과정을 정확하게 거치는 경우 신제품의 성공률이 거치지 않는 경우에 비해서 향상될 수 있다. 일반적인 신제품의 성공확률이 5~10% 정도로 알려진 것에 반하여, 위 단계를 거치는 경우 신제품 성공률이 30% 이상까지 올라간다고 알려져 있다. 신제품 성공률이 30%라는 것은 신제품 3개 중 2개가 실패하는 확률이긴 하지만, 일반적인 신제품 성공률보다는 3~6배 정도 성공확률이 높아진다는 것을 뜻하기도 하다.

다만, 이러한 신제품 개발 방법론은 회사나 제품 종류에 따라서 달라질 수 있다. 모 글로벌 기업은 자신들만의 신제품 개발 프로세스와 신제품 아이디어 선정 방법론을 많은 돈을 들여서 개발하여 가지게 되었는데, 해당 신제품 개발 프로세스 방법론으로 신제품을 개발하는 경우 성공(손익분기점을 넘어서 회사에 이익을 가져다준 제품)한 경우가 전체의 67%에 달하기도 하였다.

또한 최근에 많은 인기를 끌고 있는 온라인 크라우드 펀딩 등을 활용하는 경우 사업성 분석이나 테스트 마케팅 등이 필요없을 수도 있다. 제품의 컨셉까지만 개발해서 크라우드 펀딩 사이트에 올리면 소비자들이 판단해서 주문을 한다. 최소 생산량 이상 주문이 되면 생산 단계에 들어서면 되며, 최소 생산량 이하의 주문에 대해서는 소비자들의 주문이 자동취소되게 되어 손해나는 생산을 하지 않을 수 있도록 해주기도 한다.

3) 구매 고객

신제품은 누가 구매하는가? 신제품 출시 이후 시간에 따라서 고객 계층은 달라진다고 한다. 신제품이 나온 이후 가장 빠르게 신제품을 구매하는 소비자들은 혁신자(innovator)들이다. 혁신자는 제품이 새롭다는 이유로 주로 구매를 하며 전체 소비자들의 2.5% 정도를 구성하고 있다고 알려져 있다. 새롭다는 이유로 구매를 하는 계층이다보니 주로 광고를 보고 구매를 한다. 가격에 대해서는 상대적으로 둔감한 편이라 고가격의 제품도 구매하며, 신제품이 이루어주는 가능성을 보고 구매를 한다. 두 번째로 구매하는 소비자 계층은 얼리어답터(early adoter)라고 불리는 소비자 계층이다. 얼리어탑터는 해당 제품의 장점을 받아들여 빠르게 신제품을 구매하는 특성을 가지며 전체 소비자의 13.5%를 차지하고 있다고 알려져 있다. 그러나 이 계층은 이노베이터와는 다르게 SNS를 통한 구전 등을 많이 활용하기도 한다. 가격에 대해서는 상대적으로 둔감한 편이라 고가격의 제품도 구매하는 것은 혁신자와 유사하나, 해당 제품이 새롭다는 이유로 구매를 한다기보다는 해당 제품이 더 좋기 때문에 구매하는 것이 혁신자와는 차이가 난다.

세 번째로 구매하는 소비자들은 조기 다수자(early majority)라고 불리는 소비자 계층이다. 조기다수자는 제품이 새롭다거나 혹은 더 좋다는 이유만으로 사지 않는다. 이 계층은 제품에 대한 구전 등을 철저하게 살펴보고 제품의 효과와 안정성이 확실하다고 판단되면 구매를 한다. 가성비를 고려하긴 하지만 조금 높은 가격을 받아들일 용의가 있으며 전체 소비자의 34% 정도를 차지한다고 알려져 있다.

네 번째로 구매하는 소비자 계층은 후기 다수자(late majorty)이다. 후기 다수자는 제품의 효과나 안정성 등을 확인할 뿐만 아니라 가격이 충분히 떨어졌다고 판단되었을 때 구매를 하는 계층이다. 전체 소비자의 34%를 차지한다고 알려져 있다.

마지막으로 제품을 구매하는 소비자 계층은 래가드(laggards)이다. 래가드는 제품의 품질이나 성능적 특성보다는 가격에 초점을 맞추어 구매한다. 가격이 최대로 내려갔을 때 구매하는 소비자 계층이라고 할 수 있으며, 전체 소비자의 16% 정도를 차지한다고 알려져 있다.

일반적으로 혁신자와 어얼리어탑터의 경우는 제품의 가능성을 보고 구매한다고 해

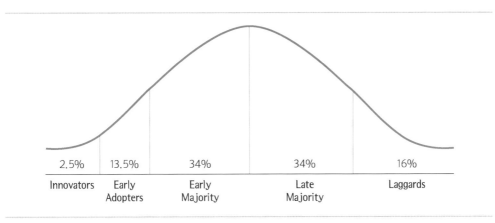

_ **그림 7-4** 혁신 수용에 따른 소비자 구분

서 비저너리(visionary)라고 분류하며, 조기 다수자, 후기 다수자, 래가드의 경우 제품의 성능이나 품질 등을 확실하게 검증한 다음 구매하는 실용주의자라고 해서 실용주의자(pragmatist)로 분류하기도 한다.

이러한 소비자의 구분은 신제품 출시 이후 마케팅을 하는 데 있어서 많은 시사점을 제공한다. 신제품 출시 초기에는 가성비 등을 소구하는 것보다는 신제품이 열어주는 새로운 가능성에 관련한 내용을 소구하는 것이 비저너리들에게 더 효과적이며, 시간이 지나서 전제 시장의 16%를 차지하는 비저너리 이후의 실용주의자들이 구매하는 시기가 오면 제품의 안정성이나 가성비를 중심으로 소구하는 것이 효과적임을 알 수 있다.

4) 포장

신제품의 경우 포장은 매우 중요하다. 포장은 제품을 보호하는 특성 외에도 제품 정보를 소비자들에게 전달하는 중요한 역할을 한다. 특히, 오프라인 혹은 온라인 소매점에 진열되어 있을 때 소비자들의 제품의 이미지에 대한 첫인상을 결정하기도 한다. 이러한 제품 포장을 만들 때 VIEW라는 4가지 요소를 유의할 필요가 있다.

첫 번째는 가시성(Visibility)이다. 제품의 포장은 다른 제품의 포장과 차별화되어 쉽게 소비자들이 찾을 수 있도록 디자인될 필요가 있다. 두 번째는 정보전달(Information) 가능성이다. 제품 포장 디자인은 제품에 대한 정보를 충분히 소비자들에게 전달할 필요가 있다. 다만, 정보전달 가능성은 포장에 제품에 대한 여러 가지 특성을 글로 써놓으라는 것은 아니다. 가능한 그림이나 사진 등의 디자인으로 간결하게 제품의 핵심 특성을 전달하는 것이 글로 설명하는 것보다는 훨씬 효과적이다. 세 번째는 감정적 소구(Emotional Appeal)이다. 논리적이거나 이성적인 디자인보다는 감성적인 포장 디자인이 훨씬 효과적이다. 마지막으로는 기능성(Workability)이다. 포장의 기본적인 기능은 제품 보호다. 가시성, 정보전달 가능성, 감정적 소구를 충분히 반영하면서도 제품을 안전하게 보호할 필요가있다. 〈그림 7−5〉는 삼성전자의 스마트폰인 갤럭시 노트 시리즈 중 한 포장이다. 가운데에 갤럭시 노트 스마트폰의 특징인 펜을 화려한 색감으로 넣은 것을 볼 수

그림 7-5 갤럭시 노트 스마트폰의 포장디자인

있다. 독특한 디자인으로 인해서 충분한 가시성을 확보했으며, 펜이라는 갤럭시 노트의 핵심적인 정보를 전달하고 있다. 또한 고급스러운 검은색에 보랏빛 펜만을 넣음으로써 디자인적으로 고급스러운 스마트폰이라는 감정적인 소구를 하고 있으며, 충분히 제품을 보호하고 있는 디자인이라고 평가할 수 있다.

제3절
제품 수명 주기 관리

1. 제품 수명 주기의 이해

인간은 태어나서 자라고 성숙했다가 점차 나이가 들며 쇠퇴해가는 과정을 거쳐서 세상에서 사라지게 된다. 이러한 인간의 수명 주기와 유사한 주기가 제품에도 있다고 가정한 것이 바로 제품 수명 주기(product lifecycle)의 개념이다. 즉, 제품의 경우도 도입되고, 시장에서 성장하며 성숙하고 이후 시장에서 쇠퇴되는 과정을 거친다는 것이다. 마케터는 이러한 제품 수명 주기에 따라서 맞춤형 마케팅 전략을 활용할 필요가 있다.

많은 전자제품들의 경우 이러한 이론이 잘 맞는다고 하지만, 농식품에서도 이러한 제품 수명 주기라는 것이 존재하는지에 대한 의문은 존재할 수 있다. 쌀의 경우 수천 년동안 재배해 왔으며, 사과나 배도 몇백 년 동안 존재한 것이 아닌가 하는 의문을 가질 수도 있다. 하지만 자세히 살펴보면 농산물의 경우도 이러한 제품 수명 주기가 적용되고 있음을 살펴볼 수 있다. 예를 들어 사과의 경우 과거에는 국광 등의 품종이 주를 이루고 있었으나, 현재에는 국광은 사라졌고 다양한 부사 품종이나 홍옥 등이 사과의 주요한 자리를 차지하고 있다. 또한 엔비 사과 등 새로운 사과품종들이 신상품으로 기존의 사과 시장에 새롭게 도전하기도 한다.

이러한 수명주기는 〈그림 7-6〉과 같이 나타낼 수 있다. 제품의 경우 태어나서 도입기를 거치게 된다. 성공적으로 도입기를 거친 경우 소비자들에게 제품이 알려지면서 매출이 성장하게 된다. 하지만 매출 성장은 한계가 있을 수밖에 없다. 어느 정도 시장이 포화가 되면 매출이 더 이상 성장하지 않는 성숙기 단계에 이르게 된다. 마지막으로 또 다시 새로운 제품들이 시장에 출시되면 기존의 상품들의 매출이 줄어드는 쇠퇴기를 맞이하게 되며, 더 이상 찾는 소비자가 없거나 혹은 기업이 수요가 너무 적어 손익을 낼 수 없어 제품을 단종하게 되면 해당 제품은 사라지게 된다.

실선으로 표시된 제품의 매출 부분의 흐름도 중요하지만, 해당 단계에서의 수익을 나타내고 있는 점선을 이해하는 것도 중요하다. 초기 도입기에서 대부분의 기업들은 적자를 낸다. 신제품을 만들기 위한 개발비나 광고비 등이 계속 지출되었기 때문이다. 그러다 소비자들이 해당 제품을 선호하여 성장기를 맞게 되면 수익이 나게 된다. 그래프를 보면 성장기 후반이 매출이 가장 높을 때가 아니지만, 이익은 가장 높다는 것을 찾아볼 수 있다. 이유는 성장기 때부터 경쟁이 심화되기 시작하며, 시장이 더 이상 성장하지 않는 시기인 성숙기에는 경쟁이 극대화되어 실질적으로 수익을 내기 쉽지 않기 때문이다.

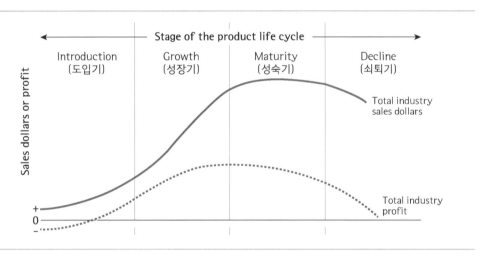

그림 7-6 제품 수명 주기

2. 제품 수명 주기 단계별 마케팅 전략

제품 수명 주기에 따라서 마케팅 전략은 달라질 수밖에 없다. 이러한 제품 수명 주기를 판단함에 있어서 중요한 것은 내가 상품을 새로 만들었는지가 중요한 것이 아니라, 해당 제품군이 현재 소비자들에게 어떤 단계의 제품이냐는 것이다. 예를 들어 내가 중국음식 식당을 새로 냈다고 해서 도입기가 되는 것은 아니라 나에게는 도입기일지 모르지만 소비자들의 시각에서는 수많은 중국음식 식당의 하나일 뿐인 것이다. 이런 경우 해당 식당은 식당을 창업한 나에게는 신제품일 수 있으나 소비자의 시각으로 판단하여 성숙기라고 판단하고, 성숙기 전략을 활용하는 것이 적절하다고 할 수 있다.

1) 도입기

새로운 제품이 도입되면 소비자들은 해당 제품을 잘 모르는 특징을 가지고 있다. 따라서 이 시기에 가장 중요한 것은 소비자들에게 우리 제품을 알리는 것이다. 농식품의 경우 가장 효율적인 제품을 알리는 전략은 시음, 시식 등의 시용전략이다.

이 시기의 특징을 살펴보면 매출은 높지 않으며, 비용은 초기 투자비용이 있어 매우 고비용 상황이다. 따라서 수익은 마이너스 수익이 나는 것이 일반적이다. 새로운 상품으로 진입한 것이기 때문에 경쟁자는 거의 없다.

이 시기의 마케팅 전략은 홍보에 치중하는 것이 좋다. 제품의 경우도 여러 가지 형태의 제품을 제공하기보다는 하나의 제품을 제공하는 것이 홍보에도 유리하며 원가관리에도 유리하다. 유통망의 경우도 많이 가져가기보다는 한두 개 유통망만 가져가면서 제품의 소비자 반응을 살펴보는 것이 중요하다. 또한 비용구조도 고정비에 투자하기보다는 가능한 변동비 비중을 높이는 전략이 필요하다. 예를 들어 새로운 외국음식으로 창업을 하려고 해당 점포에 그 국가의 이미지를 구현하기 위해서 많은 돈을 사용하게 되면 큰 문제가 될 수 있다. 왜냐하면 신제품의 성공률은 아무리 신제품 개발 마케팅 과정을 잘 거쳤어도 30% 정도 수준에 머무를 수밖에 없기 때문이다. 만약에 초기에 실패를 해서 다른 음식의 식당을 차리기로 한다면, 기존에 쏟아부었던 인테리어 비용(고정비)이 무용지물이 될 수도 있기 때문이다. 그래서 항상 도입기에는 비용을 최소화하고, 가능하면 고정비보다는 렌트나 리스 등을 활용하여 고정비 대신 변동비를 지출하는 것이 효율적인 운영전략이 될 수 있다.

가격의 경우도 너무 저렴하게 책정하는 것은 좋지 않다. 어느 정도 수익을 낼 수 있는 가격대를 제시하고, 다만 시식/시음에 필요한 쿠폰 등을 발행하거나 행사를 진행하는 것이 좋다. 초기 가격을 너무 저렴하게 제시하는 경우 나중에 적정가격을 제시했을 때 소비자들이 완전히 외면해버리는 경우가 있기 때문이다.

2) 성장기

도입기를 성공적으로 지나서 소비자들이 제품을 많이 알게 되고 재구매가 일어나기 시작하면 성장기로 들어서게 된다. 다만, 상품들은 도입기에서 바로 도태되는 경우도 많다. 도입기를 지나 성장기에 들어선 상품들은 대개 매출이 빠르게 증가한다. 또한 매출 증가에 따라 수익도 빠르게 증가하는 특징을 가진 경우가 많다. 이 시기에는 경쟁자가 점차 증가하게 된다. 매출과 이익이 생긴다는 것을 확인할 수 있기에 시장에 진입하고자 하는 경쟁자들이 생길 수밖에 없기 때문이다.

성장기의 마케팅 목표는 시장점유율 극대화이다. 예를 들어 내가 새로운 외국 음식을 도입했는데 소비자들이 많이 몰려들고 있다고 가정해보자. 이때 중요한 것은 제품의 품질을 지키는 것이 아니라 가능한 많은 소비자들에게 제품을 제공하려고 노력하는 것이다. 사실 이 단계에서 많은 기업들이 시장점유율을 지켜내지 못하고, 원조 기업들이 시장에서 탈락하는 현상들이 벌어지기도 한다. 대부분의 원조 기업들은 기술력에 있어서 자신감을 가지고 있고, 또 기술이나 품질에 집착하는 경우가 많다. 그러다보니 생산량을 급격하게 늘리지 못하는 경우가 많다. 그러나 성공하고 있음을 본 경쟁자가 만일 품질이 좀 떨어지더라도 대량 생산을 통해서 소비자를 장악한다면, 나중에 그 소비자들이 원조 기업으로 돌아가지 않는 경우가 많기 때문이다. 원조와 패스트 팔로워(fast follower) 간의 기술격차가 크지 않다면, 소비자들은 굳이 위험을 안고 새로운 제품을 구매하기보다는 자신이 첫 경험을 했던 농식품을 재구매하려는 경향이 강할 수밖에 없기 때문이다.

또한 제품 측면에서는 반복구매하는 소비자들이 보다 더 다양한 선택을 할 수 있도록 제품을 다양화하는 것이 중요하다. 그래야 소비자들이 지루하지 않게 두 번, 세 번 제품을 구매해 줄 수 있는 것이다. 가격의 경우 두 가지 전략이 있을 수 있다. 생산한 제품이 독점성을 가지고 있다면 고가격으로 판매하여 충분한 수익을 확보하는 것이 중요하다. 그러나, 독점적인 기술이나 생산을 할 수 없는 제품이라면 가격을 낮은 수준으로 유지하는 것이 유리한 경우도 있다. 아무래도 경쟁사보다 일찍 시장에 들어와서 규모의 경제를 이룬 우리 회사가 낮은 가격을 계속 유지하면, 초기 비용을 만회해야 하는 뒤늦게 시장에 들어온 경쟁사는 어려워질 수밖에 없다. 유통망의 경우 소비자의 수요에 맞게 대형 유통 등으로 넓혀가는 것이 좋으며, 판매촉진 비용도 점차 감소시키는 것이 효율적이다.

운영에 있어서는 고정비를 투자하는 것이 유리해진다. 예를 들어 기계를 하루에 2시간만 돌린다면, 기계를 잠시 빌리는 것이 저렴할 것이다. 그러나 식품 가공공장을 24시간 운영한다고 하면 빌리기보다는 기계 등의 고정 자산을 구매해서 배치하는 것이 비용을 더 줄일 수 있는 방법이 될 것이다.

3) 성숙기

시장에 제품이 도입되고 확산이 되면 언젠가는 성숙기 시장을 맞게 된다. 성숙기 시장에 진입하면 경쟁사 매출을 포함한 전체 제품군의 매출 규모가 더 이상 늘지 않으며, 경쟁이 치열해져 수익을 내기 점차 어려운 상황으로 변해가게 된다.

매출 성장은 정체되면서 수익도 경쟁으로 인해 점차 줄어들기 시작한다. 경쟁자의 경우 성장기 시장 후반과 성숙기 초기에 최대치를 형성하게 된다.

이러한 성숙기 시장의 가장 중요한 마케팅 활동 목표는 시장점유율을 지키는 것이다. 또한 수익을 보전하는 방법이다. 이를 위해서는 소비자들이 고가격으로 우리 회사의 제품을 구매할 수 있도록 하는 것이다. 이를 위해서 브랜드의 강화 및 차별화 전략을 수행하게 된다. 또한 가격도 경쟁사와 비교하여 결정하게 되며, 다양한 유통망에 진출해서 어떻게든 매출을 더 높여보려는 노력을 하게 된다. 운영 전략은 고정비를 다시 축소하게 된다. 주로 아웃소싱을 통해서 납품을 받으면서, 본사는 브랜드 팀을 중심으로 움직이는 것이 이상적인 성숙기 시장의 기업 모습이다. 왜냐하면 성숙기 때는 경쟁으로 인해 매출의 안정성이 불안정해지기 때문이다. 매출은 불안정한데 비용은 안정적으로 지출되면 곤란하다. 따라서 매출 불안정으로 인한 충격을 아웃소싱 회사에 넘기는 것이 보다 안정적인 수익 창출에 유리하기 때문이다.

표 7-2 제품수명주기(PLC)에 따른 특징 및 전략

구분		도입기	성장기	성숙기	쇠퇴기
특징	매출	낮은 매출	빠른 매출 성장	매출성장률 정체	매출의 하락
	비용	고비용	평균비용	저비용	저비용
	수익	마이너스 수익	수익의 증가	수익 증가 정체	수익 감소
	경쟁자	거의 없음	증가	최대치	감소
마케팅전략	목표	소비자의 인지증대	시장점유율 극대화	시장점유율 방어	비용지출 축소 및 수확
	제품	기본형태 제품 제공	제품 확장	브랜드화/차별화	경쟁력 없는 제품 철수
	가격	원가 가산법	수익확보 가능한 고가격대 유지	경쟁사 비교 가격	가격 인하
	유통	선택적 유통	집중적 유통	집중적 유통 확대	점진적 철수
	촉진	시용을 위한 강력한 판매촉진	판매촉진 감소	차별화 이미지 전달 위한 판매촉진	최소 수준으로 감소
	운영전략	고정비 최소화	고정비 투자 확대	고정비 축소	고정자산 매각

4) 쇠퇴기

쇠퇴기는 점차 수요가 줄어드는 시기이다. 수요가 줄어드는 이유는 다양하다. 해당 제품을 대체할 수 있는 새로운 신제품이 세상에 나왔을 수도 있다. 혹은 단순히 소비자의 관심이 없어진 경우도 있다. 이런 쇠퇴기 시장에 들어서면 많은 경쟁사들이 시장에서 철수하기도 한다.

쇠퇴기에 마케팅의 목표는 비용을 축소하고 최대한 이익을 수확하는 것이다. 때문에 이익이 나지 않는 제품 종류는 바로 철수하고 가격을 인하하여 시장에 있는 재고를 빠르게 소진하고 현금화할 필요가 있다. 다만, 수요가 많이 줄어들었으나 안정적인 수요가 존재하고 또 우리 기업이 독점적인 기업이라면 가격을 올리는 것도 하나의 전략이 될 수 있다. 예를 들어 무선호출기의 경우 수요는 매우 작으나 전자기기가 많아 휴대전화를 사용할 수 없는 병원에서는 아직도 지속적으로 활용되고 있다고 한다면, 무선호출기 가격은 고가격을 받아도 충분히 판매될 수 있다. 또한 광고, 홍보도 최소화할 필요가 있다.

공장 자산 매각 등도 고려할 필요가 있다. 실제 많은 경우 한국에서 쇠퇴기를 맞은 상품을 생산하는 공장을 외국에 매각하여 마지막 수익을 챙긴 사례들도 많다.

잘 알려지지 않은 상품 '도입' 후
가격 오르고 수요 느는 '성장기' 거쳐
누구나 생산할 수 있는 '성숙기'
찾는 소비자 없는 '쇠퇴기'로 전환하는 데 따른
마케팅 성공 원칙 따져보길

"무슨 작물을 하면 좋을까요?" 요즘 쌀 개방과 FTA 협상 탓인지 여기저기서 농민 분들이 작물을 전환하려 하는 모습을 담은 뉴스를 자주 보게 된다. 쌀 농사를 지으시던 분이 사과를 심는다든지, 혹은 배 값이 떨어져 감을 심어본다든지 하는 일들을 흔하게 볼 수 있다. 굳이 이뿐만 아니라 특히 밭작물 같은 경우는 매해 이런 고민을 해야 하는 경우가 많다. 대체 무슨 작물을 하면 돈을 벌 수 있을까? 필자가 돈 되는 작물을 찍어드릴 자신은 없지만, 마케팅에서 성공적인 작물 전환에 대한 원칙을 하나 제공하고 있으니 그것이 무엇인지를 한 번 소개해 볼까 한다. 마케팅 교과서를 살펴보면 상품도 마치 생명을 담은 사람처럼 태어나고, 자라나고, 번성하다, 사라진다고 한다. 예를 들어 23도의 소주를 보면 25도 소주가 주로 팔리던 시절 새롭게 태어나서, 점차 많이 팔리다가, 가장 많이 팔리는 술로 자리잡게 되었었고, 지금은 16.5도 소주에 자리를 내어주고 사라져갔다. 마케팅에서는 이러한 것을 상품의 수명 주기 이론이라고 한다. 상품은 태어난 후 시간에 따라 도입기,

성장기, 성숙기를 거쳐 쇠퇴기에 이른다고 하며, 각 단계마다 다른 전략을 사용해야 한다고 충고하고 있다. 첫 번째로 상품이 태어나면 도입기를 거친다. 이때는 생산하는 사람도 별로 없고, 소비자들도 대부분 이 상품을 모르는 단계이다. 도입기 상품의 특징은 성공하면 돈을 무척 많이 벌지만, 거의 대부분 실패한다는 것이다. 통계적으로 볼 때 새로 개발된 상품의 90% 이상은 실패한다. 특히, 벤처라고 돈을 많이 벌 수 있을 것 같은 처음 보는 작물을 시도하는 경우, 아무리 기술적으로 성공할 가능성이 높을 것 같은 작물이라도 시장에서의 수많은 실패를 각오해야 할 필요가 있다. 생산자도 처음 보고 소비자들도 아직 잘 모르는 도입기 단계 작물의 선택은 매우 위험하다. 따라서, 실패를 해도 전체 농가 경영에 타격이 없는 경우만 도입기 단계 작물의 선택을 시도하는 것이 현명한 일일 것이다. 두 번째로 상품이 거치는 단계는 성장기다. 대부분의 소비자들이 그 상품에 대해서 알고 있고 한 번 사보고자 하지만 아직 구매해 본 소비자는 별로 없는 단계로, 가격도 높고 수요도 계속 성장한다. 예를 든다면 요즘의 샤인머스켓 같은 포도나 킹스베리 같은 딸기가 성장기 단계의 상품이라고 할 수 있다. 이러한 단계의 작물은 충분한 기술이 있는 경우 빨리만 재배하면 대부분 돈을 벌 수 있다. 다만, 이런 농산물도 성숙기 단계로 넘어가면 돈을 벌 수 있는지를 장담할 수 없다. 따라서, 재배하던 상품이 성숙기로 넘어가면 또 새로운 작물로 바꾸어야 하니 상당히 빨리 움직여야 한다는 부담이 있다. 세 번째 단계는 성숙기다. 많은 소비자들이 그 상품을 사용하고 있고, 또 누구나 생산할 수 있는 단계이다. 대부분의 농산물들이 해당된다. 성숙기에서 돈을 버는 사람들은 딱 두 종류다. 하나는 싸게 생산할 수 있는 사람이나 혹은 1등 상품을 만들 수 있는 사람들이다. 이 단계에서 살아남으려면 수입 제품보다도 가격 경쟁력이 있는 상품을 생산할 수 있거나, 혹은 정말 1등 상품을 만들 수 있어야 한다. 그렇지 않다면 다른 작물로 전환하는 것이 좋다. 마지막 단계는 쇠퇴기이다. 생산되는 상품은 아직 있으나, 소비자들이 그 상품을 점차 찾지 않게 되며, 가격은 생산원가를 건지기 어려운 정도로 떨어진다. 노지 감귤 같은 상품이 이 단계에 와있다고 볼 수 있다. 이러한 경우는 두 가지 전략이 있다. 첫 번째는 철수전략이다. 빨리 그 작물을 포기하고 다른 작물을 찾는 것이다. 두 번째 방법은 그 상품의 새로운 용도를 찾는 일이다. 한때 잊혀간 누에가 실을 뽑는 것이 아니라 특정 병에 효과가 있는 약용 상품으로서 다시 재배가 활성화된 것이 그 예라고 볼 수 있다. 이렇게 상품의 수명 주기에 따른 농작물 선택과 재배 전략을 좀 살펴보았다. 다만, 유의할 것은 같은 상품이라도 세월이 지나면 그 단계가 변한다는 것이다. 그러면, 농가 경영 전략은 다시 변화해야 할 것이다. 모쪼록, 새로운 변화를 시도하는 농민 분들께 이러한 마케팅의 지혜가 새로운 작물의 선택에 조금이나마 도움이 되었으면 한다.

〈자료: 한국농어민신문, 2006. 3. 6. 일부 사례 수정〉

'작물 전략' 성공원칙

제4절

통합적 마케팅 커뮤니케이션

1. 기본 개념

마케팅 믹스 중 촉진(promotion)은 통합적 마케팅 커뮤니케이션으로 진화했다. 촉진이 소비자들에게 자사의 상품을 알리고, 선택하려는 활동이며, 촉진을 통해서 기업은 소비자들에게 정보를 제공하고 호의적인 태도를 갖도록 설득하며 구매를 이끌어내고자 하였다. 또한 과거 촉진활동의 가장 핵심은 TV 광고와 판촉 활동(sales promotion)이었다. 그러나 점차 TV 광고 이외의 다양한 커뮤니케이션 도구가 발전되게 된다. 특히 최근 소비자들이 가장 많은 시간을 소비하는 온라인 매체들은 기존 TV 광고와는 달리 소비자와 상호작용하는 특징을 가지게 되었다. 이에 과거에 일방적인 정보 전달을 위주로 했던 촉진의 개념보다는 통합적 마케팅 커뮤니케이션 개념이 주요한 마케팅 믹스로 자리잡게 되었다.

통합적 마케팅 커뮤니케이션(integrated marketing communication, IMC)은 바로 마케팅 개념과 커뮤니케이션 개념을 통합한 것이다. 마케팅 개념이란 개별 고객의 평생가치를 최대화할 수 있도록 마케팅 믹스에 대한 전략을 수립하는 것이며, 커뮤니케이션 개념은 개별소비자의 욕구, 관심 또는 문제와 관련된 정보를 언어나 그림, 영상 등을 통해 소통하는 것이다. 따라서 통합적 마케팅 커뮤니케이션의 개념은 단순히 상호작용적인 광고나 판촉에 그치는 것이 아니라 가격이나 제품 등 다른 마케팅 믹스에도 직접적으로 영향을 미치는 요인이라고 할 수 있다.

2. 커뮤니케이션 수단

통합적 마케팅 커뮤니케이션의 수단은 크게 5가지로 나누어 볼 수 있다. 광고(advertising), 판촉(sales promotion), PR(public relations), CI(corporate Identity), 인적판매(personal selling) 등이다.

광고(advertise)는 소비자의 태도를 변화시킬 목적으로 매체를 통해서 정보를 전달하는 활동이다. 광고의 경우 TV나 라디오, 신문, 잡지, 온라인 등을 통해서 기업이 원하는 정보를 소비자들에게 전달하는 좋은 방법이다. 과거에는 TV 광고가 광고의 주를 이루었으나 최근에는 온라인 광고가 가장 주목받는 광고라고 할 수 있으며, 과거의 광고가 일방향적으로 이루어졌다면 최근 광고는 쌍방향적으로 이루어지는 경우가 많아지고 있다. 특히 온라인 광고에서는 온라인 광고를 실제 올려주는 온라인 매체를 크게 3가지로 나누어 관리하기도 한다. 소유한 매체(owned media), 무료사용매체(earned media), 그리고 유료 매체(paid media)이다. 소유한 매체는 기업의 자사 홈페이지 같이 자사가 소유한 매체를 뜻한다. 두 번째로 무료사용매체는 기업의 브랜드가 특별히 돈을 내지 않았지만, 네이버와 같은 포털의 검색서비스나 SNS 같이 자동으로 검색을 해서 소비자들에게 노출해주는 매체를 뜻한다. 마지막으로 유료 매체는 돈을 내고 온라인에서 광고를 하는 매체를 뜻한다. 네이버나 구글에서 광고를 할 때도 따로 돈을 내야 하는데 이러한 매체들이 바로 유료 매체이다. 최근 많은 미디어들이 기업의 광고나 홍보영상을 돈을 받고 홍보해주는 경우가 많아지고 있어 점차 유료 매체는 늘어나고 있는 상황이다.

판촉은 판매촉진의 약자로 소비자들에게 바로 지금 상품을 구매해야만 하는 동기를 부여하는 활동이다. 일반적으로 많이 활용되고 있는 판촉활동은 할인판매, 쿠폰, 덤 증정 행사, 시식/시음 행사 등이 있다. 판촉활동은 지금 당장 판매가 일어난다는 장점이 있으나 고급스런 브랜드 이미지를 구축한 제품의 경우 브랜드 이미지에 타격을 줄 수 있는 경우도 있다.

PR은 기업이 소비자와의 호의적인 관계를 끌어내기 위한 모든 활동을 뜻한다. 광고와는 달리 정보 제공시 직접적인 돈을 내기보다는 신제품에 대한 신문 기사 제공이나 기타 후원 활동 등을 통해서 언론 혹은 SNS 등에 알려지도록 하는 활동이다.

CI는 기업 이미지에 대한 정체성을 규정하는 활동이다. 주로 기업의 로고나 브랜드 디자인 등으로 표현되기도 한다. 소비자들에게 기업의 일관된 이미지를 각인시키고, 또 기업의 브랜드를 기억시키는 데 도움을 주는 요인이라고 할 수 있다.

인적판매는 영업사원 혹은 판매사원 등이 소비자들에게 정보를 전달하고 때로는 설득을 하여 판매를 하는 활동이다. 인적 판매는 효율적인 판매활동이 될 수 있으나 상대적으로 비용이 많이 들어가는 활동이기도 하다. 일반적으로 비탐색품의 경우 인적판매가 효율적이다.

3. 통합적 마케팅 커뮤니케이션(IMC) 전략의 수립 과정

통합적 마케팅 커뮤니케이션 전략의 수립과정은 〈그림 7-7〉과 같은 8단계로 이루어져 있다.

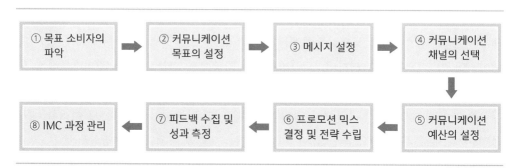

— **그림 7-7** 통합적 마케팅 커뮤니케이션 전략의 수립 과정

1) 목표 소비자의 파악

통합적 마케팅 커뮤니케이션 실행의 가장 첫 단계는 목표 소비자가 누구인지를 파악하는 것이다. 목표 소비자의 연령, 성별 등의 정보뿐만 아니라 통합적 마케팅 커뮤니케이션을 하고자 하는 상품에 대한 목표 소비자들의 태도를 파악하는 것은 중요하다. 통합적 마케팅 커뮤니케이션 대상 상품에 대하여 목표 소비자들의 인지도나 선호도의 수준 등을 파악해야지 커뮤니케이션 목표를 보다 명확하게 설정할 수 있기 때문이다.

2) 커뮤니케이션 목표의 설정

광고 등을 포함하는 통합적 마케팅 커뮤니케이션 효과에 대한 일반적인 오해는 통합적 마케팅 커뮤니케이션의 목표는 소비자들의 구매라는 것이다. 그러나 소비자들이 지금까지 알지도 못하는 제품을 단 한 번의 광고로 구매를 유도한다는 것은 거의 불가능하다.

소비자들이 어떤 제품을 구매할 때 소비자들은 크게 3가지 단계(인지 형성 → 긍정적 태도 형성 → 구매의도 형성)로 변화한 후 제품을 구매하기 때문이다. 따라서 커뮤니케이션의 목표는 소비자들의 단계를 하나 정도 올려주는 것으로 목표를 삼는 것이 가장 효과적이라고 할 수 있다. '① 목표 소비자의 파악' 단계에서 파악된 목표 소비자의 상태가 해당 제품을 들어본 적이 없는 소비자가 대부분이라고 판단되면, 제품의 인지도를 형성시켜주는 것이 커뮤니케이션의 목표가 되는 것이 합리적이다. 만일 목표 소비자들이 해당 제품에 대해서 긍정적인 태도를 형성하고 있다면, 구매의도를 높이는 것을 커뮤니케이션 목표로 설정하고 통합적 마케팅 커뮤니케이션 프로그램을 설계하고 집행하는 것이 타당하다.

3) 메시지 설정

커뮤니케이션 목표에 맞는 메시지의 내용과 구조, 형식을 결정할 필요가 있다. 메시지의 내용은 해당 메시지를 이성적으로 소구할 것인지, 혹은 감성적으로 소구할 것인지 등을 결정해야 한다. 일반적으로 이성적 소구보다는 감성적 소구가 더 효과적인 것으로 알려져 있다. 두 번째는 메시지의 구조를 결정해야 한다. 결론만을 제시할 것인지, 혹은 장점만을 부각할 것인지 장점과 단점을 모두 제시하면서 제품에 대한 신뢰성을 강화하는 전략을 쓸 것인지 등이다. 마지막으로는 메시지의 형식도 결정할 필요가 있다. 인쇄 광고 형식을 사용할 것인지, 동영상 등 온라인 매체에 적합한 형식을 활용할 것인지 등을 결정해야 한다.

4) 커뮤니케이션 채널의 선택

커뮤니케이션 채널은 크게 판매사원이나 영업사원, 텔레마케터 등을 활용하는 인적 커뮤니케이션 채널과 TV, 신문, 잡지, 온라인 등의 비인적 커뮤니케이션 채널로 구분할 수 있다. 이러한 채널 선택은 소비자의 특성과 커뮤니케이션 목표, 메시지의 특성을 모두 고려하여 결정할 필요가 있다. 예를 들어 70대 이상의 고령층 소비자를 대상으로 통합적 마케팅 커뮤니케이션을 한다면 온라인 광고보다는 신문 등을 활용하는 것이 효과적일 것이다. 고령층은 정보 취득 시 신문 등의 인쇄매체에 보다 더 많이 의존하기 때문이다.

통합적 마케팅 커뮤니케이션 채널 중 광고 부분은 크게 ATL(above the line)과 BTL(below the line)로 구분하기도 한다. ATL은 전통적인 광고 채널로 TV, 라디오, 신문, 잡지 등을 일컬으며, BTL은 구전, 전시, 이벤트, 스폰서십, PPL(product placement) 광고 등 ATL광고에서 주로 활용하지 않았던 매체를 활용하는 광고를 뜻한다. 소비자의 정보

취득에 있어서 온라인 채널이 더 중요해진 이후, 소비자와의 상호작용이 상대적으로 강할 수 있는 BTL 광고 채널이 소비자들의 SNS 활용도 증가와 더불어 더 효과적인 광고 채널로 주목받고 있다.

5) 커뮤니케이션 예산의 설정

커뮤니케이션의 예산의 결정 방법은 크게 4가지가 있다. 첫 번째는 가용예산법이다. IMC에 기업이 지불할 수 있는 가능한 금액을 책정하고 이에 맞추어 커뮤니케이션을 진행하는 방법이다. 커뮤니케이션이 중요하지 않거나 혹은 기업의 예산이 한계가 있는 경우 활용된다.

두 번째는 목표 과업법이다. 커뮤니케이션의 목표를 설정하고 해당 목표를 달성하기 위해서 얼마나 많은 비용이 필요한지 계산한 후, 해당 비용을 커뮤니케이션 비용으로 책정하는 것이다. 예를 들어 전 국민 중 20% 정도에게 우리 제품을 인지시키기 위해서 커뮤니케이션 목표를 전 국민 중 20%에게 우리 제품의 광고나 혹은 다른 커뮤니케이션 활동을 3회 이상 노출시키겠다고 가정해보자. 그렇다면 전 국민의 20%에게 광고, 혹은 다른 IMC 활동을 3회 이상 노출시키는 비용을 계산하여 목표로 정하는 것이다. 가장 합리적인 예산 결정 방법이나, 비용이 많이 들어갈 수 있어 충분한 광고 비용이 책정될 수 있는 기업에서만 활용이 가능한 방법이다.

세 번째는 매출액 비율법이다. 예를 들면 매출액 중 1%를 IMC 비용으로 책정하는 것이다. 매출액 비율법은 가장 간단한 예산책정 방법이기도 하나, 주객이 전도되었다는 비판도 듣는다. 광고를 해서 매출을 끌어올리는 것이 아니라 매출이 올라가면 광고 등의 IMC 활동이 많아지게 되는 결과를 낳게 된다. 하지만 그 간편성과 전체적인 기업 예산 관리의 안정성을 이유로 가장 많이 활용되는 커뮤니케이션 예산 편성 방법이다. 마지막으로는 경쟁 기준법이 있다. 경쟁사에서 사용하는 통합적 마케팅 커뮤니케이션 예산을 보고 우리의 예산을 전략적으로 결정하는 방법이다.

6) 프로모션 믹스 결정 및 전략 수립

프로모션 믹스는 광고, 인적판매, 판매촉진, PR 등을 어떤 비중으로 활용하여 통합적 마케팅 커뮤니케이션을 전개할 것인지를 결정하는 단계이다. 주로 제품 인지도 향상을 위해서는 온라인이나 TV 광고의 비중을 높게 가져가는 경우가 많으며, 제품에 대한 소비자의 태도를 긍정적으로 바꾸기 위해서는 PR, 긍정적 태도를 형성하고 있는 고객들이 제품을 구매하게끔 하기 위해서는 판매촉진이나 인적판매를 주로 강화하는 전략을 수립한다.

7) 피드백 수집 및 성과 측정

전체적인 통합적 마케팅 커뮤니케이션 전략이 계획되고 실행되었으면, 실행 시에 일어난 문제점에 대한 피드백과 커뮤니케이션 목표를 효과적으로 달성했는지에 대한 성과를 측정할 필요가 있다. 통합적 마케팅 커뮤니케이션 목표 달성 정도에 대해서 소비자 태도 변화나 혹은 인지도 변화의 경우는 설문조사로 측정하며, 매출 증대의 경우는 매출 데이터를 분석하여 결과를 측정한다.

8) IMC(통합적 마케팅 커뮤니케이션) 과정 관리

피드백 및 성과 분석을 통해 전체 통합적 마케팅 커뮤니케이션 과정을 수정하여 통합적 마케팅 커뮤니케이션의 효과성을 높인다.

이러한 8단계 과정을 통해서 보다 효과적이고 효율적으로 통합적 마케팅 커뮤니케이션을 집행할 수 있으며 지속적으로 발전되는 통합적 마케팅 커뮤니케이션 과정으로 진화하는 것이 가능해진다.

● 참고문헌

임종원(1995), 현대마아케팅관리론, 무역경영사.

홍성태 외(2017), 마케팅 가치창조 전달 그리고 소통 6판, 한경사

Kerin et al.(2017), Marketing in Asia, McGraw-Hill.

https://www.ama.org/the-definition-of-marketing-what-is-marketing/

Moore, Geoffrey A.(1991), "Crossing the Chasm", Harper Business Essentials

● 요약 및 복습

01 마케팅 활동을 하는 데 있어서 구체적으로 마케터가 고려해야 하는 마케팅 실행 요소들을 마케팅 믹스(marketing mix)라고 부른다. 마케팅 믹스는 일반적으로 4P가 과거 많이 활용되어 왔으며, 최근에는 4C 혹은 5C 등이 제안되고 있기도 하다.

02 4P는 제품(product), 가격(price), 유통(place), 촉진(promotion)의 약자로 마케팅 실행 전략을 짤 때 고려해야 하는 전통적인 마케팅 믹스라고 할 수 있다.

03 온라인이 활성화되면서 4C 혹은 5C 등이 제안되고 있다. 4C는 제품(contents 혹은 customer solution), 비용(cost), 유통(convenience 혹은 channel), 촉진(communication)을 뜻하며, 여기에 고객참여(customer collaboration) 개념이 추가된 것이 5C이다.

04 마케팅적 관점에서 제품(product)은 유형의 상품(goods), 서비스(service) 및 아이디어(idea)로 나눌 수 있으며, 다른 관점에서는 산업재와 소비재로 나누기도 한다.

05 제품 중 소비재는 크게 편의품(convenience goods), 쇼핑품(shopping goods), 전문품(specialty goods)과 비탐색품(unsought goods)으로 구분할 수 있으며, 각각의 구분에 따라 4P 전략은 달라질 수 있다.

06 신제품은 새로 시장에 나온 제품을 뜻한다. 하지만 이러한 신제품은 연속적 혁신제품(continuous innovation product), 반연속적 혁신제품(dynamically innovation product), 및 단절적 혁신제품(discountinuous innovation product) 등 크게 3가지로 분류될 수 있다.

07 신제품의 개발 절차는 ① 신제품 개발 전략의 수립, ② 아이디어 탐색, ③ 아이디어 심사 및 평가, ④ 제품 컨셉의 개발과 테스트, ⑤ 사업성 분석, ⑥ 제품 개발, ⑦ 테스트 마케팅, ⑧ 상업화라는 8단계를 제시할 수 있다.

08 신제품 출시 이후 시간에 따라서 고객 계층은 달라진다고 한다. 신제품이 나온 이후 가장 빠르게 신제품을 구매하는 소비자들은 혁신자이며, 이후 얼리어답터, 조기 다수자,

후기 다수자, 래가드 순으로 구매한다. 각각의 고객 계층은 모두 선호 특성이 달라 마케팅 전략을 변화시킬 필요가 있다.

09 제품 포장을 개발할 때는 VIEW 요소를 고려해야 한다. VIEW는 가시성(visibility), 정보전달(information), 감정적 소구(emotional apeal), 기능성(workability)을 뜻한다.

10 인간이 수명 주기를 가지고 있는 것과 마찬가지로 제품들도 수명 주기를 가지고 있으며 이를 도입기-성장기-성숙기-쇠퇴기로 구분한다. 이에 따라 마케팅 전략은 변화될 필요가 있다.

11 촉진활동은 온라인이 주된 매체로 자리잡으면서 통합적 마케팅 커뮤니케이션으로 진화하였다.

12 통합적 마케팅 커뮤니케이션의 수단은 크게 5가지로 나누어 볼 수 있다. 광고(advertising), 판촉(sales promotion), PR(public relations), CI(corporate identity), 인적판매(personal selling) 등이다.

13 통합적 마케팅 커뮤니케이션은 ① 목표 소비자의 파악, ② 커뮤니케이션 목표의 설정, ③ 메시지 설정, ④ 커뮤니케이션 채널의 선택, ⑤ 커뮤니케이션 예산의 설정, ⑥ 프로모션 믹스 결정 및 전략 수립, ⑦ 피드백 수집 및 성과 측정, ⑧ IMC 과정 관리의 8단계로 이루어져 있다.

주요 용어

• 마케팅 믹스	• 4P	• 4C(5C)
• 제품	• 신제품	• 유형의 상품
• 서비스	• 아이디어	• 산업재
• 소비재	• 편의품	• 쇼핑품
• 전문품	• 비탐색품	• 신제품
• 연속적 혁신	• 반연속적 혁신	• 단절적 혁신
• 혁신자	• 얼리어답터	• 조기 다수자
• 후기 다수자	• 래가드	• 가시성
• 정보전달	• 감정적 소구	• 기능성
• 제품 수명 주기	• 통합적 마케팅 커뮤니케이션	• 광고
• 판촉	• PR	• CI
• 인적판매	• ATL	• BTL

● **학습문제**

01 농식품 제품 하나를 선정한 후 해당 제품의 마케팅 믹스는 어떠했는지 설명하여 보시오.

02 주변에서 새롭게 나타난 신제품을 찾아보고 그 신제품은 연속적 혁신제품, 반연속적 혁신제품 또는 단절적 혁신제품인지를 분류해보고, 분류를 그렇게 한 이유를 설명해 보시오.

03 과거 신제품 개발 방식과 온라인의 제품 크라우드 펀딩을 이용한 개발 방식이 어떻게 다를 수 있는지를 설명하여 보시오.

04 농식품 제품을 임의로 하나 선정한 후 제품 수명 주기에 따른 해당 제품의 마케팅 전략을 제시하여 보시오.

05 전통적인 촉진활동과 통합적 마케팅 커뮤니케이션의 차이를 설명하여 보시오.

Part 3

농식품 유통분석 방법과 적용

계층분석(AHP)

이 장에서는 AHP의 개념과 분석 단계, 그리고 엑셀에서 AHP를 분석하는 방법을 살펴보기로 한다. 먼저 다양한 의사결정법의 종류와 AHP의 개념을 알아보고, AHP의 기초가 되는 쌍대비교에 대해서 알아본다. 다음으로는 AHP의 이론적 배경에 대해서 살펴본다. 먼저 AHP가 제대로 작동하기 위해 요구되는 전제조건이 무엇인지 알아보고, AHP의 분석이 진행되는 단계를 순차적으로 살펴본다. AHP 분석 단계에서는 의사결정 문제를 계층구조화하는 절차, 쌍대비교 행렬에서 가중치 벡터를 도출하는 방법, 의사결정자의 일관성을 검토하는 방법 등을 학습하게 된다. 특히, 가중치 벡터 도출 방법 중 고유벡터 방법의 기초가 되는 고윳값 분해는 이후에 학습할 주성분석을 이해하는 데에도 필요한 개념으로 확실하게 이해할 필요가 있다. 마지막으로 간단한 데이터를 사용하여 엑셀에서 AHP 분석을 시행하는 방법을 알아본다.

주요 학습사항

1 AHP란 무엇인가?
2 AHP의 분석 단계는 어떻게 구성되고, 단계별로 분석해야 하는 내용들은 무엇인가?
3 가중치 벡터를 도출하는 두 가지 주요한 방법은 무엇이고, 두 방법 간에는 어떠한 차이가 있는가?
4 의사결정자의 일관성을 검토하는 척도에는 무엇이 있고, 척도의 값에 따라 어떤 결정을 내릴 수 있는가?
5 AHP 분석에 필요한 엑셀 함수에는 어떤 것들이 있는가?

제1절

개요

　우리는 생활 속에서 빈번하게 선택 상황에 놓이게 된다. 어떤 상품을 구매할지 말지, 어떤 행동을 할 것인지 아닌지와 같은 이분법적인 선택부터 휴가철 여행지 선택이나, 여행지까지의 교통수단 선택과 같은 여러 가지 대안 중에서 하나를 선택해야 하는 상황까지 다양한 선택 상황에 직면한다. 선택해야 할 대상이 하나 또는 둘이라면 선택은 큰 어려움 없이 이루어질 수도 있다. 하지만 선택 시 고려해야 할 기준이 여러 개이면서 동시에 대안도 여러 개인 경우라면 직관적으로 하나의 대안을 선택하는 것은 생각보다 쉽지 않다.

　간단한 예로 휴가철 여행지를 선택하는 상황을 생각해보자. 고려하고 있는 여행지는 A, B, C 지역이며, 의사결정의 궁극적 목표는 여행지에 대한 최고의 만족이다. 여행지 선택 시 여행지에 대한 만족도를 결정하는 기준은 기후, 관광명소, 환경, 비용 등 4개이다. 3개의 여행지에 대해 4개의 기준을 고려해야 하는 상황이며, 경우의 수는 12가지가 된다. 이 상황을 정리해보면 〈그림 8-1〉과 같다.

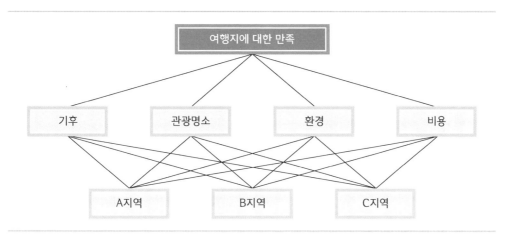

ㅡ **그림 8-1**　여행지 선택 문제에 대한 계층구조

　〈그림 8-1〉은 여행지 선택에 대한 의사결정을 나타내는 계층구조이며, 최상위 단계에는 목표, 최하위 단계에는 대안, 그리고 중간 단계에는 선택 기준이 위치한다. 최종

적으로 하나의 여행지를 선택하기 위해서는 한 여행지에 대해 4개의 기준을 묶어서 3번의 상호비교를 해야 하고, 이 과정에서 4개 기준의 상대적인 중요도도 결정해야 한다. 이 예에서는 선택 기준을 구성하는 계층이 하나뿐이지만, 필요하다면 더 많은 수준의 기준을 포함하는 또 다른 계층을 고려할 수 있다. 예를 들어 휴가에 가장 적합한 여행지를 선정하기 위해 기후라는 기준은 강우 확률, 온도, 일광 등과 같은 하위 기준으로 세분화할 수 있다.

이처럼 의사결정과 관련된 선택 기준의 계층이 증가하게 되면 의사결정은 더 복잡해지고, 체계적인 접근방법 없이는 최선의 대안을 선택하는 일이 매우 어려울 것이다. 현실의 의사결정 주체들이 당면하는 문제들은 대부분 여행지 선택 문제에 비해 복잡할 가능성이 높다. 개인들의 가치가 다원화되고 의사결정에 영향을 미치는 주체들의 수가 증가하는 상황에서 최상의 의사결정을 내리는 것은 개인뿐만 아니라 기업, 정부 기관의 의사결정 및 정책 입안자들에게 점점 더 어려운 과제가 되고 있다.

1. 다기준 의사결정법

위에서 살펴본 여행지 선택 문제는 의사결정 시 고려해야 하는 기준이 여러 개라는 점에서 다기준 의사결정 문제에 해당하며, 최선의 대안 선택 시 다기준 의사결정법을 사용한다. 다기준 의사결정법(MCDM: Multi-Criteria Decision Making)은 현실 문제에 대해 여러 기준에 입각해서 대안들에 대한 선호의 순서를 결정하거나 하나의 최적 대안을 선택하는 방법론이다.[1] 다기준 의사결정법은 크게 다목적 의사결정법(MODM: Multiple Objective Decision Making)과 다속성 의사결정법(MADM: Multiple Attribute Decision Making)으로 분류할 수 있다.[2]

다목적 의사결정법은 여러 가지 제약 조건에 의해 함축적으로 정의된 무한개의 대안 집합에서 달성하고자 하는 목적들을 가장 잘 만족하는 최적의 대안을 찾는 방법이다. 다목적 의사결정법에서는 선택할 수 있는 대안들이 사전에 결정되어 있는 것은 아니며, 주어진 목적을 가장 잘 만족하는 대안을 탐색하는 방법이라고 할 수 있다. 따라서 의사결정의 목표는 상호 갈등 관계에 있을 수 있는 다양한 목적들을 일정 수준 달성하

---

1 박무종 외(2008)

2 이창효(2000)

면서 의사결정자를 가장 만족시키는 대안을 선택하는 데 두고 있다.[3]

한편, 다속성 의사결정법은 최적의 대안을 탐색한다는 점에서 다목적 의사결정법과 유사하지만 고려해야 하는 대안 집합이 유한하다는 점에서 차이가 있다. 즉, 다목적 의사결정법은 정해지지 않은 무한개의 가능한 대안들 중에서 최선의 대안을 탐색하는 방법인 데 반해, 다속성 의사결정법은 사전에 결정된 유한개의 대안들에 대해 우선순위를 결정하는 방식이라고 할 수 있다. 결국 두 가지 방법 중에서 어떤 방법을 사용하는 것이 적절한가는 고려하고자 하는 대안의 수에 따라 결정된다고 할 수 있다.[4]

2. 계층분석과정의 개념

복잡한 의사결정 문제를 어떻게 하면 체계적이고 효과적으로 접근할 수 있을까? 어떤 문제든 고려해야 할 평가 기준이 많은 경우 평가 기준의 상대적인 중요도를 적절하게 고려하면서 대안들의 우선순위를 결정하는 것은 쉽지 않다. 앞서 살펴본 여행지 선택 문제의 경우만 하더라도 4개의 선택 기준의 상대적인 중요도를 고려하면서 3개의 여행지 중 최선의 여행지를 탐색해야 한다. 만약 기준별로 고려해야 할 하위 기준이 존재하고, 동시에 가족 구성원들 모두의 의사결정까지 반영해야 한다면 의사결정 문제는 더 복잡해진다. 이와 같은 상황에서 계층분석과정은 의사결정을 분석하는 유용한 도구가 된다.

계층분석과정(Analytic Hierarchy Process: 이하 AHP)은 의사결정의 목표나 선택을 위한 평가 기준이 다수이면서 복합적인 경우 상호 배타적인 대안들을 체계적으로 평가하여 우선순위를 도출하는 의사결정 방법이다. AHP는 1970년대 초 펜실베이니아(Pennsylvania) 대학의 토마스 사티(Thomas Saaty) 교수가 미 국무부의 무기통제 및 군비축소국에서 세계적 경제학자, 게임이론 전문가들과 협력작업을 하는 과정에서 발생한 의사결정과정의 비능률을 개선하기 위해 개발하였으며, 이후 정성적(qualitative)인 요소 또는 기준을 포함하는 다기준 의사결정에 널리 사용되어 왔다.

---

3 다목적 의사결정법은 유효해를 찾는 방법에 따라 가중치 부여법, 다목적 선형계획법, ϵ-제약법 등으로 구분한다(KDI, 2000).

4 다속성 의사결정법에는 이 장의 주제인 계층분석과정(AHP: Analytic Hierarchy Process) 외에도 목표달성평가법(GAM: Goal Achievement Method), 다속성 효용함수법(MAUT: Multi-Attribute Utility Theory), 평점모형(Scoring Method) 등이 있다. 이에 대한 자세한 내용은 KDI(2000)에서 확인할 수 있다.

AHP는 문제가 복잡하고 다수의 평가 기준이 있는 경우 인간의 뇌가 단계적으로 또는 계층적으로 분석하는 과정을 활용하여 판단한다는 원리에 기초하고 있다. AHP는 복잡한 문제를 계층화하여 주요 요인과 세부 요인들로 분해하고, 이러한 요인들에 대한 쌍대비교(pairwise comparison)5를 통해 생성된 데이터를 기반으로 상대적 중요도 또는 선호도를 체계적으로 비율척도(ratio scale)로 변환한다는 특징을 갖고 있다. 이런 특징으로 인해 구성 요소의 중요도나 우선순위를 정해야 하는 평가 기준이 많을 때 AHP는 유용한 의사결정 방법이며, 평가 기준이 정성적이어서 계량화가 어려운 문제라도 적용할 수 있다.

쌍대비교를 통한 상대적 중요도의 비율척도 변환과정에서는 상대 측정(relative measurement)이라는 개념을 적용한다. 상대 측정에서는 수량의 정확한 측정보다는 이들 사이의 비율(proportions)에 관심이 있다. 두 물체의 무게를 측정하는 경우를 생각해보자. 만약 우리의 관심이 정확한 무게를 아는 데 관심이 있고, 첫 번째 물체의 무게가 2kg, 두 번째 물체의 무게가 1kg이라면 측정값을 (2, 1)이라는 순서쌍으로 기록하게 된다. 하지만, 상대 측정에서 우리는 각 물체가 다른 물체에 비해 얼마나 무거운 것인가에 관심을 둔다. 따라서 첫 번째 물체의 무게가 두 번째 물체의 무게의 두 배로 표현된 모든 순서쌍은 타당한 측정값으로 생각할 수 있다. 이 예에서 상대 측정 개념을 사용하면 (2, 1)뿐만 아니라, (2/3, 1/3), (4, 2), (8, 4)도 정확한 측정값이라고 할 수 있다.

상대 측정 개념은 최상의 대안을 선택해야 하는 문제에 적합하다. 사실, 많은 의사결정 문제에 있어서 대안의 정확한 점수에 실제로 관심이 없을 수 있으며, 어떤 대안이 가장 좋은지 알기 위해 상대적 측정을 하는 것만으로 충분한 경우가 많다. 특히, 대안의 속성이 정성적인 경우 측정 척도를 만들어내기가 어려운데, 이런 상황에서는 상대적인 측정을 사용하면 분석이 간단해진다.

AHP는 복잡한 의사결정 문제를 전문가의 판단과 수리적인 분석을 통하여 해결하는 방법으로 전문가들이 참여하는 집단의사결정에서 특정인의 영향력에 좌우되지 않고 합의 도달을 위한 시간 및 비용 등의 현실적인 문제점을 완화하는 장점이 있다. 이러한 장점으로 인해 AHP는 에너지 수급 및 수송계획, 고등교육에 대한 계획, 환경정책 수립과 같은 공공부문 의사결정 문제나 건물 후보 입지 선정, 시장에 출시할 제품 선정과 같은 민간부문의 의사결정 문제 등 다양한 현실적인 문제에 적용할 수 있다.

---

5 쉽게 말해서, 여러 개의 비교 대상 중 두 개씩 골라서 서로 짝을 지어서 비교하도록 하는 방법이다.

제2절

AHP의 이론적 배경

1. AHP의 전제조건

AHP가 유용한 이유는 비율척도를 통해 정량적인 기준과 함께 정성적인 기준의 측정을 적용할 수 있는 것인데, 의사결정 문제를 다양한 계층으로 구성된 요소들로 분해하고 상위 계층부터 점진적으로 하위계층의 구성 요소들로 내려가면서 하위계층에 속한 구성 요소들의 단순한 쌍대비교를 통해 하위계층의 구성 요소들과 상위 계층의 구성 요소들을 연결할 수 있다는 것이 강점이다. AHP의 이러한 기능이 제대로 작동하고 타당성을 유지하기 위해서는 다음과 같은 4가지 공리를 만족해야 한다.[6]

첫 번째는 상호비교(reciprocal comparison) 공리이다. 이는 의사결정자가 대안들을 비교할 수 있어야 하고, 선호도의 강도를 나타낼 수 있어야 함을 의미한다. 또한, 선호도의 강도는 역의 조건을 충족해야 한다. 즉, A를 B보다 x배 선호하면, B를 A보다 $1/x$배 선호해야 한다. 상호비교의 공리는 의사결정자의 판단이나 쌍대비교를 이끌어 내는 질문이 모호한 경우 위배될 수 있으므로 질문을 명확하고 정확하게 작성하여야 한다.

두 번째는 동질성(homogeneity) 공리이다. 동질성은 비교 대상들의 비교가 가능하기 위한 조건으로 선호도가 한정된 범위 내의 척도를 통해 표현되어야 함을 의미한다. 동질성의 공리가 성립하지 않으면 비교의 척도가 동질적이지 않기 때문에 쌍대비교가 성립될 수 없다. 따라서 설문 내에서 중요도를 측정할 경우 질문지를 동일한 척도로 구성하여야 한다.

세 번째는 독립성(independence) 공리이다. 이는 상대적인 중요도를 평가하는 동일 수준의 평가 기준들은 특성이나 내용 측면에서 서로 관련이 없어야 하며, 평가 기준의 중요도에 대한 가중치를 산출하는 과정이 의사결정에서 고려하는 대안들과 독립적이어야 함을 의미한다. 이 공리가 위배될 경우 특정 대안의 선택에 유리한 평가 기준의 가중치 산출을 초래할 수도 있으므로 의사결정 결과의 타당성 측면에서 문제가 될 수 있다.

네 번째는 기대성(expectations) 공리로 계층구조가 의사결정자들의 합리적 기대에 부합하는 완전한 구조를 갖고 있다는 가정이다. 이는 계층구조가 의사결정에 관련된 모든 사항을 완전하게 포함해야 함을 의미한다. 기대성의 공리가 충족되지 않으면 의사결정자가 합리적인 기대를 충족하는 데 사용 가능한 모든 판단 기준이나 대안을 사용하지 않기 때문에 의사결정이 불완전하게 이루어지게 된다.

2. AHP 분석 단계

AHP 분석은 6단계로 진행되는데, 문제 정의 및 목표 설정, 의사결정 문제의 계층구조화, 평가요소 비교(중요도 평가), 가중치 산출, 우선순위 선정, 검토 등이다. 각 단계별로 구체적인 내용을 살펴보도록 하자.

표 8-1 AHP의 분석 단계

구분	절차	내용
1단계	문제 정의 및 목표 설정	해결해야 하는 문제와 목표를 규정
2단계	의사결정 문제의 계층구조화	다양한 평가요소(대안) 계층화
3단계	평가요소 비교 (중요도 평가)	전문가를 대상으로 쌍대비교 설문 후, 일관성 비율(Consistency Ratio: CR) 검토
4단계	가중치 산출	Saaty(1980)의 가중치 계산방법 이용
5단계	우선순위 선정	가중치를 종합하여 최종 우선순위를 도출하고 대안을 선정
6단계	검토	평가결과에 대한 전체적인 일관성 검토나 문제의 계층구조 설정의 재구성 등

1) 문제 정의 및 목표 설정

AHP 분석의 첫 번째 단계는 문제 정의 및 의사결정의 목표를 설정하는 것이다. 이 단계에서는 우선 문제의 정의 및 목표 설정을 위해 일반적으로 브레인스토밍을 통해 모든 관련된 항목과 대안을 열거하고, 평가의 목표를 명확히 한 후 평가에 중요한 요인들을 도출한다.

2) 의사결정 문제의 계층구조화

두 번째는 의사결정 문제를 계층적으로 구조화하는 단계이다. 의사결정에 영향을 미치는 요소들을 계층화하는 단계로서 최상위 계층에는 문제의 궁극적인 목표를 나타내고 하위 계층으로 갈수록 보다 상세한 의사결정 요소들이 세분화하게 된다. 이때 계층 간의 의사결정 요소들은 종속적 관계, 같은 계층의 요소들끼리는 독립적인 관계가 유지되어야 한다. 계층적 구조의 일반적인 형태는 〈그림 8−2〉와 같다.

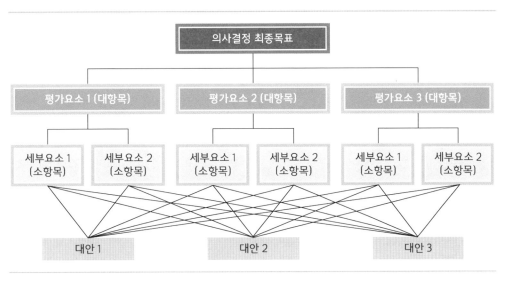

⎯ **그림 8-2** AHP의 계층적 구조

3) 평가요소 및 대안들의 비교·평가: 쌍대비교 행렬

세 번째는 평가요소 및 대안들을 비교·평가하는 단계이다. 이 단계에서는 계층적 구조화 분석을 통해 도출한 각각의 의사결정 요소와 대안에 대한 의사결정자의 선호(preference) 정도를 쌍대비교(pairwise comparison)를 통해 도출하고, 도출한 결과는 쌍대비교 행렬의 형태로 정리한다. 의사결정자의 선호 정도 척도로는 일반적으로 Saaty가 제안한 9점 척도를 사용하지만, Pöhjönen et al.(1997)이 제안한 균형척도 등 다른 척도들도 사용되고 있다.[7] Saaty의 9점 척도의 정의와 의미는 〈표 8−2〉와 같다.

---

[7] 선호도의 척도에 대한 자세한 내용은 Ji et al.(2007)을 참고하길 바란다.

_ **표 8-2** 쌍대비교 시 중요도의 척도

중요도	정의	의미
1	α와 β가 동등하게 중요 (equal importance)	비교되는 두 가지의 요소가 상위 단계의 목표에 동등하게 중요한 역할을 한다.
3	α가 β보다 약간 중요 (weak importance)	경험이나 판단으로 볼 때 한 가지의 요소가 다른 요소에 비해 약간 더 중요하게 상위의 목표에 영향을 미친다.
5	α가 β보다 중요 (strong importance)	경험이나 판단으로 볼 때 한 가지의 요소가 다른 요소에 비해 매우 필수적이거나 상대적으로 훨씬 중요하다.
7	α가 β매우 중요 (very strong importance)	경험이나 판단에 의해서가 아니라 실증적으로 다른 요소에 대한 중요성이 입증된 경우이다.
9	α가 β보다 절대 중요 (absolute importance)	실증적으로 하나의 요소가 다른 요소에 비해 가장 강한 결정적 요소임을 확인할 수 있음이 증명된 경우이다.
2, 4, 6, 8	두 개의 척도들 사이의 중간 값	위에서 정의된 중간척도 값들이 필요로 하는 경우, 예를 들어 6의 경우는 중요(5)와 매우 중요(7)의 중간 값이 된다.
위의 숫자들의 역수	1, 1/2, 1/3, …, 1/8, 1/9	요소 α가 요소 β에 대해 위의 척도 중의 하나인 n값을 가질 때 요소 β는 요소 α에 대해 $1/n$의 중요도를 갖는다.

자료: Winston(2003).

  쌍대비교 행렬은 몇 개의 평가요소로 구성된 계층에서 두 요소의 쌍대조합 (i, j)에 대해 요소 i를 요소 j보다 얼마나 더 중요하게 생각하는지 질문하고, 응답결과를 행렬 형태로 정리하여 생성한다. 만약 평가요소가 n개라면 쌍대비교 행렬의 형태는 A와 같다([식 8-1]). 쌍대비교 행렬에서 a_{ij}는 평가요소 i가 평가요소 j보다 얼마나 더 중요한가를 나타내며, AHP의 전제조건이 성립하는 경우 $a_{ji} = 1/a_{ij}$가 성립한다.[8] a_{ii}는 평가요소 자체에 대한 비교이기 때문에 1이 된다.

$$A = [a_{ij}] = \begin{bmatrix} a_{11} & a_{12} & a_{13} & \cdots & a_{1n} \\ a_{21} & a_{22} & a_{23} & \cdots & a_{2n} \\ \vdots & \vdots & \vdots & \ddots & \vdots \\ a_{n1} & a_{n2} & a_{n3} & \cdots & a_{nn} \end{bmatrix} = \begin{bmatrix} 1 & a_{12} & a_{13} & \cdots & a_{1n} \\ 1/a_{12} & 1 & a_{23} & \cdots & a_{2n} \\ \vdots & \vdots & \vdots & \ddots & \vdots \\ 1/a_{1n} & 1/a_{2n} & 1/a_{3n} & \cdots & 1 \end{bmatrix}, \ a_{ji} = 1/a_{ij} \qquad [8\text{-}1]$$

8 몇 개의 쌍대비교 행렬을 형성하는가는 분석하고자 하는 문제의 AHP의 계층적 구조에 따라 결정된다. 4개의 평가요소로 구성된 계층 하나와 3개의 대안이 있는 경우라면 평가요소의 중요도에 대한 행렬 하나와 각 평가요소별 3개 대안의 선호도에 대한 행렬 3개 등 총 4개의 쌍대비교 행렬이 생성된다.

4) 평가요소의 가중치 및 평가요소별 대안 점수 산출

가중치(weights) 산출 방식을 이해하기 위해서는 먼저 쌍대비교 행렬과 가중치와의 관계를 살펴보아야 한다. 의사결정 과정에서 의사결정자가 각 평가요소의 중요도에 따른 점수를 부여하는 상황을 생각해 보자. n개로 구성된 평가요소 집합 $X=\{x_1, x_2, ..., x_n\}$가 주어지면 의사결정자는 각 평가요소에 대한 점수로 구성된 $\mathbf{w}=(w_1, w_2, ..., w_n)^T$ 벡터를 찾아야 한다. 여기서 w_i는 평가요소 x_i의 점수를 일관되게 나타내는 값으로 x_i의 우선순위(priorities) 또는 가중치(weights)라고 하며, w_i의 값이 클수록 i번째 대안이 더 좋다고 할 수 있다.

의사결정자가 일관적(consistent)일수록 쌍대비교 행렬의 각 원소 a_{ij}는 대안 i와 j의 가중치 비율과 비슷해야 한다.[9]

$$a_{ij} \approx \frac{w_i}{w_j} \ \forall i, j \qquad\qquad [8\text{-}2]$$

만약 의사결정자가 완벽하게 일관적(consistent)이라고 한다면 쌍대비교 행렬 A는 [식 8−3]과 같이 표현될 수 있다.

$$A=(w_i/w_j)_{n\times n}=\begin{bmatrix} w_1/w_1 & w_1/w_2 & \cdots & w_1/w_n \\ w_2/w_1 & w_2/w_2 & \cdots & w_2/w_n \\ \vdots & \vdots & \ddots & \vdots \\ w_n/w_1 & w_n/w_2 & \cdots & w_n/w_n \end{bmatrix} \qquad [8\text{-}3]$$

이해를 돕기 위해 3개의 평가요소로 구성된 집합 $X=\{x_1, x_2, x_3\}$에 대한 쌍대비교 행렬이 B이고, 각 평가요소의 가중치 벡터는 $\mathbf{w}=(w_1, w_2, w_3)^T=(6/9, 2/9, 1/9)^T$라고 가정하자. 각 평가요소의 가중치 $w_1=6/9, w_2=2/9, w_3=1/9$를 [식 8−3]과 같은 방식으로 대입하면 그 결과가 쌍대비교 행렬 B와 동일함을 확인할 수 있다. 즉 이 예제에서 가중치 벡터는 정확하게 의사결정자의 평가요소에 대한 중요성을 나타내고 있음을 알 수 있다.

9 Saaty et al.(2012).

$$B = \begin{array}{c} \\ x_1 \\ x_2 \\ x_3 \end{array} \begin{array}{ccc} x_1 & x_2 & x_3 \end{array} \atop \begin{bmatrix} 1 & 3 & 6 \\ 1/3 & 1 & 2 \\ 1/6 & 1/2 & 1 \end{bmatrix}$$

[8-4]

문제는 쌍대비교 행렬 B로부터 가중치 벡터 $\mathbf{w} = (6/9, 2/9, 1/9)^T$를 어떻게 찾아내는가이다. 가중치 벡터를 도출하는 대표적인 방법에는 고유벡터 방법(Eigenvector method)과 기하평균 방법(Geometric mean method)이 있다.

(1) 고유벡터 방법

쌍대비교 행렬 B와 가중치 벡터 $\mathbf{w}$를 곱한 결과를 살펴보자.

$$B\mathbf{w} = \begin{bmatrix} 1 & 3 & 6 \\ 1/3 & 1 & 2 \\ 1/6 & 1/2 & 1 \end{bmatrix} \begin{bmatrix} 6/9 \\ 2/9 \\ 1/9 \end{bmatrix} = \begin{bmatrix} 18/9 \\ 6/9 \\ 3/9 \end{bmatrix} = 3 \begin{bmatrix} 6/9 \\ 2/9 \\ 1/9 \end{bmatrix} = 3\mathbf{w}$$

[8-5]

평가요소의 수가 $n = 3$인 점을 고려하면 [식 8−5]의 결과를 $B\mathbf{w} = n\mathbf{w}$와 같이 나타낼 수 있으며, 이는 선형대수학의 고윳값 분해(eigenvalue decomposition)에 해당한다. 고윳값 분해는 행렬을 정규 형식(canonical form)으로 분해하는 것으로, 고윳값 분해 후에 행렬은 고윳값(eigenvalue)과 고유벡터(eigenvector)로 표시된다.[10] 따라서 의사결정자가 일관적일 경우 가중치 벡터 $\mathbf{w}$는 쌍대비교 행렬의 고윳값 분해로 계산할 수 있음을 알 수 있다.

---

10 표준 형식(canonical form)은 수학적 수식으로 나타내질 수 있는 개체의 표현형을 고유하게 나타내는 표준 방식을 말한다(위키백과, https://ko.wikipedia.org/wiki/).

고윳값과 고유벡터는 정방행렬(square matrix)에 대해서만 정의된다. 임의의 행렬 A가 크기가 $n \times n$인 n차 정방행렬일 때 아래 식을 만족시키는 0이 아닌 벡터 $\mathbf{v}$와 실수 λ가 존재한다면 λ를 행렬 A의 고윳값, $\mathbf{v}$를 고유벡터라고 한다.

$$A\mathbf{v} = \lambda\mathbf{v} \Leftrightarrow \begin{bmatrix} a_{11} \cdots a_{1n} \\ \vdots \ddots \vdots \\ a_{n1} \cdots a_{nn} \end{bmatrix} \begin{bmatrix} v_1 \\ \vdots \\ v_n \end{bmatrix} = \lambda \begin{bmatrix} v_1 \\ \vdots \\ v_n \end{bmatrix} \qquad [8\text{-}6]$$

행렬의 열(또는 행)들이 선형독립(linearly independent)인 n차 정방행렬 A에서 고윳값과 고유벡터는 최대 n개까지 존재할 수 있으며, 고윳값 중 일부가 중복될 경우 n개보다 작을 수도 있다. n차 정방행렬 A가 선형종속(linearly dependent)인 경우에는 최소한 하나의 고윳값이 0이 된다.[11] 선형독립성 여부는 간단하게 행렬식으로 판단할 수 있으며, 행렬식의 값이 0이면 선형종속, 0이 아니면 선형독립이다.

고윳값과 고유벡터는 연립방정식 $A\mathbf{v} = \lambda\mathbf{v}$의 풀이를 통해 계산된다. 아래 식에서 I는 n차 단위행렬, $\mathbf{0}$은 영벡터이다.

$$A\mathbf{v} = \lambda\mathbf{v} \Rightarrow A\mathbf{v} - \lambda\mathbf{v} = 0 \Rightarrow (A - \lambda I)\mathbf{v} = 0 \qquad [8\text{-}7]$$

위 식에서 $\mathbf{v} \neq 0$이므로 $(A - \lambda I)$의 역행렬을 이용해 위 식을 풀면 다음과 같다.

$$(A - \lambda I)^{-1}(A - \lambda I)\mathbf{v} = (A - \lambda I)^{-1}0 \Rightarrow \mathbf{v} = 0 \qquad [8\text{-}8]$$

$(A - \lambda I)$의 역행렬이 존재한다면 고유벡터는 항상 $\mathbf{v} = 0$이 된다. 그런데, 고유벡터는 정의에 의해 영벡터가 아니어야 하므로 $(A - \lambda I)$의 역행렬이 존재하지 않는 경우에만 고유벡터가 존재할 수 있다. 행렬 $(A - \lambda I)$의 역행렬이 존재하지 않기 위해서는 $(A - \lambda I)$의 행렬식이 0이어야 한다.

$$\det(A - \lambda I) = 0 \qquad [8\text{-}9]$$

[식 8-9]를 행렬 A의 특성방정식(characteristic equation)이라고 부르며, 이 식을 λ에 대해 풀면 고윳값을 구할 수 있다. 고유벡터는 계산된 λ값을 [식 8-7]의 $(A - \lambda I)\mathbf{v} = 0$에 대입하여 계산한다. 간단한 예로 다음과 같은 2차 정방행렬 A에 대한 고윳값과 고유벡터를 계산해 보자.

---

11   $\lambda = 0$이라면 $A = A - \lambda I$, $\det(A) = \det(A - \lambda I)$가 성립한다. 정방행렬 A에 선형종속인 행 또는 열이 존재할 경우 $\det(A) = 0$이 되고, $\lambda = 0$일 때 $\det(A - \lambda I) = \det(A)$이 성립하므로 0은 A의 고윳값이 된다.

$$A = \begin{bmatrix} -1 & 2 \\ 3 & 4 \end{bmatrix}$$ [8-10]

먼저, 행렬 A를 [식 8-9]에 대입하여 특성방정식의 해인 고윳값을 계산한다.

$$\begin{aligned} \det(A - \lambda I) &= \det\left(\begin{bmatrix} -1 & 2 \\ 3 & 4 \end{bmatrix} - \lambda \begin{bmatrix} 1 & 0 \\ 0 & 1 \end{bmatrix} \right) \\ &= \begin{vmatrix} -1-\lambda & 2 \\ 3 & 4-\lambda \end{vmatrix} \\ &= (-1-\lambda)(4-\lambda) - 6 \\ &= \lambda^2 - 3\lambda - 10 \\ &= (\lambda+2)(\lambda-5) \end{aligned}$$ [8-11]

따라서 고윳값 λ는 -2와 5가 된다. 고윳값 $\lambda = -2$에 대응하는 고유벡터를 구하기 위해 $\lambda = -2$ 을 $(A - \lambda I)\mathbf{v} = 0$에 대입하고 정리한 결과는 [식 8-12]와 같다.

$$\begin{aligned} \begin{bmatrix} -1-(-2) & 2 \\ 3 & 4-(-2) \end{bmatrix} \begin{bmatrix} v_1 \\ v_2 \end{bmatrix} &= \begin{bmatrix} 0 \\ 0 \end{bmatrix} \\ \begin{bmatrix} 1 & 2 \\ 3 & 6 \end{bmatrix} \begin{bmatrix} v_1 \\ v_2 \end{bmatrix} &= \begin{bmatrix} 0 \\ 0 \end{bmatrix} \\ v_1 + 2v_2 &= 0 \\ 3v_1 + 6v_2 &= 0 \end{aligned}$$ [8-12]

[식 8-12]를 만족하는 v_1과 v_2의 수는 무한대이다. 일례로 $\mathbf{v} = [2, -1]^T$와 $\mathbf{v} = [4, -2]^T$ 모두 고유벡터가 될 수 있다. 실제로 어떤 벡터 $\mathbf{v}$가 고유벡터가 되면 이 벡터에 어떤 실수 c를 곱한 벡터 $c\mathbf{v}$도 고유벡터가 된다. 이런 점 때문에 보통 고유벡터를 표시할 때는 길이가 1인 단위벡터가 되도록 고유벡터 $\mathbf{v}$를 $\mathbf{v}$의 노름(norm)인 $\|\mathbf{v}\|$로 나누어 정규화(normalization)를 한다. $\lambda = -2$일 때 정규화 이후의 고유벡터는 $\mathbf{v} = [2/\sqrt{5}, -1/\sqrt{5}]^T$이 된다. 같은 방식으로 $\lambda = 5$에 대응하는 고유벡터를 계산할 수 있다.

고윳값과 고유벡터 개념은 선형연립방정식의 풀이, 특이값분해(singular value decomposition), 주성분분석(principal component analysis) 등 다양한 분야에서 활용된다.

고유벡터 방법은 Saaty(1980)가 제안한 방법으로 의사결정자가 완벽하게 일관적이
지 않은 경우에도 적절한 방법임을 입증하였다. 설명을 위해 다음과 같은 연립방정식
체계를 고려하자.

$$A\mathbf{w} = \lambda \mathbf{w} \qquad\qquad\qquad [8\text{-}13]$$

위 식에서 A는 n차원 행렬, λ는 미지수, $\mathbf{w}$는 알려지지 않은 n차원 열벡터이다.
만약 A가 [식 8−3]과 같은 완벽하게 일관된 의사결정자의 쌍대비교 행렬이고, λ가 0
이 되는 것을 허용하지 않는다면 [식 8−13]의 유일한 비자명해(nontrivial solution)는
$\lambda = n$, $\mathbf{w} = [w_1\, w_2 \cdots w_n]$이 된다.[12] 이는 일관된 의사결정자의 가중치 w_i는 [식 8−13]의
유일한 비자명해로 얻어질 수 있으며, 다음과 같은 식을 고려할 때 고유값 분해로 가중
치 벡터를 구할 수 있음을 의미한다.

$$A\mathbf{w} = \begin{bmatrix} w_1/w_1\; w_1/w_2 \cdots w_1/w_n \\ w_2/w_1\; w_2/w_2 \cdots w_2/w_n \\ \vdots\qquad \vdots\qquad \ddots\qquad \vdots \\ w_n/w_1\; w_n/w_2 \cdots w_n/w_n \end{bmatrix} \begin{bmatrix} w_1 \\ \vdots \\ w_n \end{bmatrix} = \begin{bmatrix} nw_1 \\ \vdots \\ nw_n \end{bmatrix} = n\mathbf{w} \qquad [8\text{-}14]$$

다음으로 의사결정자가 완벽하게 일관적이지 않은 상황을 가정해 보자. 이 경우
[식 8−13]이 비자명해를 가질 수 있는 가장 큰 수를 λ_{max}, 해를 $\mathbf{w}_{max}$라고 하자. 만약
의사결정자의 쌍대비교 행렬이 완벽하게 일관된 경우와 차이가 크지 않다면, λ_{max}와
$\mathbf{w}_{max}$는 각각 n과 $\mathbf{w}$에 근접할 것으로 기대할 수 있다. 이러한 이유를 근거로 Saaty(1980)
는 $\mathbf{w}$를 $\mathbf{w}_{max}$로 근사하고, 의사결정자의 일관성 정도를 λ_{max}가 n과 얼마나 가까운가를
기준으로 측정할 것을 제안하였다.

(2) 기하평균 방법

가중치 벡터를 추정하는 또 다른 방법은 Crawford와 Williams(1985)가 제안한 기하
평균 방법이다. 가중치 벡터 $\mathbf{w}$의 각 원소 w_i는 다음과 같이 계산된다.

$$w_i = \left(\prod_{j=1}^{n} a_{ij}\right)^{\frac{1}{n}} \bigg/ \sum_{i=1}^{n}\left(\prod_{j=1}^{n} a_{ij}\right)^{\frac{1}{n}} \qquad\qquad [8\text{-}15]$$

위 식에서 분자는 쌍대비교 행렬의 i번째 행에 위치한 원소들의 기하평균 값이며, 분모는 모든 행의 기하평균 값을 합한 값이다. 기하평균 방법은 고유벡터 방법과는 달리 가중치를 쌍대비교 행렬의 원소들로 표현할 수 있고, AHP의 전체 계층구조의 최종 가중치를 각 계층구조에 있는 모든 쌍대비교 행렬의 원소로 표현할 수 있다는 점에서 차이가 있다. 이러한 부분은 민감도 분석을 수행하는 데 이점으로 작용할 수 있다.

(3) 기타 방법

고유벡터 방법과 기하평균 방법 이외에 최소자승법(least squares method)과 산술평균법(arithmetic mean method)도 많이 이용되고 있다.

최소자승법은 의사결정자가 일관적이라면 a_{ij}와 w_i/w_j가 같다는 점을 이용하며, w_i의 모든 합은 1이어야 하고, 각 w_i는 0보다 큰 양수라는 제약조건하에서 가중치를 찾기 위한 목적식은 다음과 같다.

$$\min_{w_1,\ldots,w_n} \sum_{i=1}^{n}\sum_{j=1}^{n}\left(a_{ij} - \frac{w_i}{w_j}\right) \qquad\qquad [8\text{-}16]$$

최소자승법은 최적화 과정을 통해 가중치를 탐색한다는 장점이 있지만, 국지적 최소화가 도출될 가능성이 있다는 단점도 있다.

산술평균법은 가중치를 계산하기 이전에 쌍대비교 행렬의 각 열의 합이 1이 되도록 모든 열을 정규화한 다음 행렬의 각 행의 산술평균으로 가중치를 계산한다. 이 방법은 쉽게 가중치를 구할 수 있지만, 이론적 근거가 부족하다는 단점이 있다.

5) 대안의 우선순위 선정

다음은 대안들의 우선순위를 선정하는 단계이다. AHP 구조의 최하위 계층에 있는 대안들의 상대적 비중 또는 우선순위를 구하기 위해 각 계층에서 계산된 평가요소들의 상대적 가중치를 종합하는 과정이 이루어진다. 달리 표현하면 최상위 계층에 있는 의사결정 문제의 목표를 달성하는 데 최하위 계층에 있는 대안들이 어느 정도 영향을 미치는지 또는 어느 정도의 중요성을 갖고 있는지를 알아보기 위해 대안들의 종합가중치(composite relative weights)를 구하는 과정이라고 생각하면 된다.

AHP의 구조가 최상위 목표와 하나의 평가요소 계층, 그리고 대안 계층으로 구성된 경우 대안 i의 종합가중치는 다음과 같이 구할 수 있다.

$$W_i = \sum_{j=1}^{m} w_j u_{ij} \qquad\qquad [8\text{-}17]$$

위 식에서 W_i는 i번째 대안의 종합가중치, w_j는 평가요소 j의 상대적 가중치, u_{ij}는 평가요소 j에 대한 i번째 대안의 가중치, m은 평가요소의 수를 의미한다. 이들 대안의 종합가중치는 대안의 상대적 비중 또는 우선순위라고도 하며, 대안의 선택 기준을 제공한다.

일례로 평가요소가 3개, 대안도 3개인 경우의 가중치 벡터들이 다음과 같다고 가정하자.

$$\mathbf{w}^{(1)} = \begin{bmatrix} 4/9 \\ 4/9 \\ 1/9 \end{bmatrix} \quad \mathbf{w}^{(2)} = \begin{bmatrix} 6/10 \\ 3/10 \\ 1/10 \end{bmatrix} \quad \mathbf{w}^{(3)} = \begin{bmatrix} 1/11 \\ 2/11 \\ 8/11 \end{bmatrix} \quad \hat{\mathbf{w}} = \begin{bmatrix} 1/7 \\ 2/7 \\ 4/7 \end{bmatrix} \qquad [8\text{-}18]$$

위 식에서 $\mathbf{w}^{(1)}$, $\mathbf{w}^{(2)}$, $\mathbf{w}^{(3)}$은 각각 평가요소 1, 2, 3에 대한 대안별 가중치 벡터이며, $\hat{\mathbf{w}}$는 평가요소의 가중치 벡터이다. 이 경우 종합가중치 벡터는 다음과 같이 도출한다.

$$\begin{aligned} \mathbf{w} &= \hat{w}_1 \mathbf{w}^{(1)} + \hat{w}_2 \mathbf{w}^{(2)} + \hat{w}_3 \mathbf{w}^{(3)} \\ &= \frac{1}{7} \begin{bmatrix} 4/9 \\ 4/9 \\ 1/9 \end{bmatrix} + \frac{2}{7} \begin{bmatrix} 6/10 \\ 3/10 \\ 1/10 \end{bmatrix} + \frac{4}{7} \begin{bmatrix} 1/11 \\ 2/11 \\ 8/11 \end{bmatrix} \\ &\approx \begin{bmatrix} 0.287 \\ 0.253 \\ 0.460 \end{bmatrix} \end{aligned} \qquad [8\text{-}19]$$

위 결과로부터 대안 3의 종합가중치가 0.460으로 가장 높아 최종 목표 달성을 위해 대안 3을 선택해야 함을 알 수 있다.

지금까지의 논의는 의사결정자가 한 명일 경우에 국한하였다. 만약 의사결정자가 여러 명이라면 대안의 우선순위 선정은 의사결정자들의 쌍대비교 행렬로부터 집단 가중치 벡터($\mathbf{w}^G$)를 도출한 이후에 진행되어야 한다. Forman과 Peniwati(1998)에 따르면, 의사결정자가 m명일 경우 쌍대비교 행렬 $A_1,...,A_m$ 집합에서 의사결정자 집단의 가중치 벡터 $\mathbf{w}^G$를 도출하는 두 가지 방법이 있으며, 두 방법은 집계가 이루어지는 시점에 따라 구분한다.

① 개별 판단(쌍대비교 행렬)의 집계(Aggregation of individual judgments: AIJ)

개별 의사결정자의 쌍대비교 행렬 $A_1,...,A_m$을 단일 쌍대비교 행렬 $A^G = \left(a_{ij}^G\right)$로 먼저 집계한 다음 집계된 쌍대비교 행렬 A^G로부터 가중치 벡터를 계산한다.

② 개별 우선순위 벡터의 집계(Aggregation of individual priorities: AIP)

개별 의사결정자의 쌍대비교 행렬로부터 먼저 가중치 벡터 $\mathbf{w}_1,...,\mathbf{w}_m$를 계산한 다음 의사결정자 전체 집단의 가중치 벡터 $\mathbf{w}^G$로 집계한다.

어떤 방식을 사용하든 집계 과정이 필요하며, 산술평균보다는 기하평균이 이론적인 우월성을 지니는 것으로 알려져 있다.[13]

6) 일관성 검토

AHP 분석 과정의 마지막 단계는 의사결정자의 판단이 얼마나 논리적인 일관성을 유지하는지를 검토하는 것으로 선택 대안(또는 평가요소)의 수 n과 $\lambda_{\max}$를 이용하여 평가한다.[14]

쌍대비교 행렬 A가 주어졌을 때 최대 고윳값인 $\lambda_{\max}$는 행렬이 일관된 경우에만(일관되지 않은 경우 n보다 더 큼) n과 같다는 결과에 따라 Saaty(1977)는 다음과 같은 일관성 지수(Consistency Index: CI)를 제안하였다.

$$CI(A) = \frac{\lambda_{\max} - n}{n-1} \qquad\qquad [8\text{-}20]$$

하지만 수치 연구 결과에 따르면 차수가 $n+1$인 임의 행렬의 CI 기댓값은 평균적으로 차수가 n인 임의 행렬의 CI 기댓값보다 큰 것으로 나타났다.[15] 결과적으로 CI는 차

---

13 Aczél et al.(1983), Saaty et al.(1986)
14 CI, CR 이외에도 행렬식 지수(Index of determinants), 기하 일관성 지수(Geometric consistency index), 조화 일관성 지수(Harmonic consistency index) 등 다양한 지수들이 있다(Brunelli, 2015).

수가 다른 행렬들의 일관성을 비교하는 지수로 적절치 않으며, 척도의 조정이 필요하다.

일관성 비율(Consistency Ratio: CR)은 척도가 조정된 CI라고 할 수 있다. 차수가 n인 행렬 A의 CR은 CI를 난수 지수(Random Index: RI)로 나누어 계산하며, CR이 0에 가까울수록 일관성이 유지된 쌍대비교가 수행되었음을 의미한다.

$$CR(A) = \frac{CI(A)}{RI_n} \times 100\%$$
[8-21]

RI_n은 충분히 많은 수의 무작위로 생성된 n차 행렬로부터 구한 평균 CI의 추정치이다. 차수에 따른 RI_n의 추정값들은 〈표 8-3〉과 같다. 한편, CR에 따른 일관성 정도에 대해 Saaty(1980)는 CR이 10% 이내일 경우 쌍대비교 행렬이 일관성이 있다고 규정하였고, 20% 미만일 경우에는 용납할 수 있는 수준의 일관성을 구비한 것으로 판단하였다.

표 8-3 난수 지수(Random Index)

n	3	4	5	6	7	8	9	10
RI_n	0.5247	0.8816	1.1086	1.2479	1.3417	1.4057	1.4499	1.4854

자료: Saaty(1980).

제3절

엑셀을 활용한 AHP 분석

본 절에서는 엑셀을 사용하여 AHP 분석을 수행하는 방법을 알아본다. AHP 분석에 사용한 데이터는 1절에서 예로 들었던 휴가철 여행지 선택을 고려하여 가상으로 생성한 쌍대비교 행렬자료이다. 해당 예에서 대안은 A, B, C 등 세 개의 지역이고, 여행지 선택 시 여행지에 대한 만족도를 결정하는 평가요소(또는 평가기준)로 기후, 관광명소, 환경, 비용 등 4개를 고려하였다. 따라서 평가요소별로 대안을 쌍대비교한 행렬 4개와 평가요소들을 쌍대비교한 행렬 1개 등 총 5개의 쌍대비교 행렬을 사용한다(〈그림 8-3〉 참조).[16] 쌍대비교 행렬의 각 원소들은 Saaty(1980)가 제안한 9점 척도로 측정된 값이다.

	A	B	C	D	E	F	G	H	I
1	평가요소 쌍대비교 행렬								
2		기후	관광명소	환경	비용				
3	기후	1	5	2	4				
4	관광명소	1/5	1	1/2	1/2				
5	환경	1/2	2	1	2				
6	비용	1/4	2	1/2	1				
7									
8	기후에 대한 관광지 쌍대비교 행렬					관광명소에 대한 관광지 쌍대비교 행렬			
9		A	B	C			A	B	C
10	A	1	2	4		A	1	1/2	1/3
11	B	1/2	1	2		B	2	1	1/3
12	C	1/4	1/2	1		C	3	3	1
13									
14	환경에 대한 관광지 쌍대비교 행렬					비용에 대한 관광지 쌍대비교 행렬			
15		A	B	C			A	B	C
16	A	1	1/7	1/3		A	1	1/4	1/7
17	B	7	1	3		B	4	1	2
18	C	3	1/3	1		C	7	2	1

그림 8-3 쌍대비교 행렬

1. 가중치 도출

본 소절에서는 쌍대비교 행렬에서 가중치를 도출하는 주요 방법인 고유벡터 방법과 기하평균 방법을 설명한다. 고유벡터 방법으로 가중치를 도출하려면 쌍대비교 행렬의 고윳값과 고유벡터를 구해야 하는데, 아쉽게도 엑셀에는 이들을 바로 계산하는 기능이 없다. 하지만 쌍대비교 행렬의 특성방정식과 고유벡터의 정규화 개념, 그리고 엑셀의 '목표값 찾기' 기능을 활용하면 고윳값과 고유벡터를 계산할 수 있다.

---

16 쌍대비교 행렬은 Winston(2003)의 예를 사용하였다.

1) 고유벡터 방법

평가요소 행렬을 이용하여 엑셀에서 고윳값과 고유벡터를 찾는 과정을 살펴보자. 엑셀에서 고윳값은 λ값에 따라 변화하는 $(A-\lambda I)$ 행렬과 특성방정식 $\det(A-\lambda I)$를 구성하고, $\det(A-\lambda I)=0$을 만족하는 λ값을 목표값 찾기 기능으로 찾아낼 수 있다. 이를 위해 λ값을 지정하는 셀과 항등행렬 I를 설정한 다음 $(A-\lambda I)$ 행렬과 $\det(A-\lambda I)$값을 계산하는 셀을 만들어 준다(〈그림 8-4〉참조). H11셀은 정방형 배열의 행렬식을 구하는 =MDETERM() 함수를 사용한다. 〈그림 8-4〉는 $\lambda=4$인 경우 $(A-\lambda I)$의 행렬식 값이 -3.1임을 알 수 있다.

$$=\text{MDETERM}(\text{배열의 범위})$$

▱ 그림 8-4 목표값 찾기를 위한 모델 생성

모델이 설정된 다음에는 엑셀의 '목표값 찾기' 기능을 사용하여 $(A-\lambda I)$의 행렬식 값을 0으로 만드는 고윳값 λ를 찾는다. 이때 λ값을 어떤 값으로 설정하느냐에 따라 최종적인 λ값이 달라지기 때문에 λ의 초깃값을 적절하게 설정해야 한다.[17] Saaty(1980)의 논

---

17 〈그림 8-4〉에서 λ의 값을 3보다 크게 설정한 경우 $\lambda \approx 4.047$이 되지만, 3 이하의 수로 설정하면 $\lambda \approx 0$이 된다. 이는

의에 기초하면 적절한 λ의 초깃값은 쌍대비교 행렬의 차수인 n으로 판단되는데, 그 이유는 일관된 의사결정자의 경우 쌍대비교 행렬의 유일한 비자명해가 n이기 때문이다. 한편, 의사결정자가 일관적이지 않을 때는 고윳값 중 가장 큰 수가 n보다 크기 때문에 목표값 찾기의 결과가 n보다 작다면 λ값을 변화시키면서 n보다 큰 고윳값을 찾아야 한다.

엑셀의 목표값 찾기 기능은 '데이터' → '가상분석' → '목표값 찾기' 순으로 선택할 수 있다. '목표값 찾기'를 클릭하면 '목표값 찾기' 팝업창이 뜨게 되는데, 여기에서 '수식 셀'에는 특성방정식을 계산하는 셀(H11)을 입력하고, '찾는 값'에는 특성방정식의 값이 0이 되는 λ값을 찾는 것이기 목적이기 때문에 0을 입력한다. '값을 바꿀 셀'에는 λ값을 지정한 셀(C8)을 입력한다.

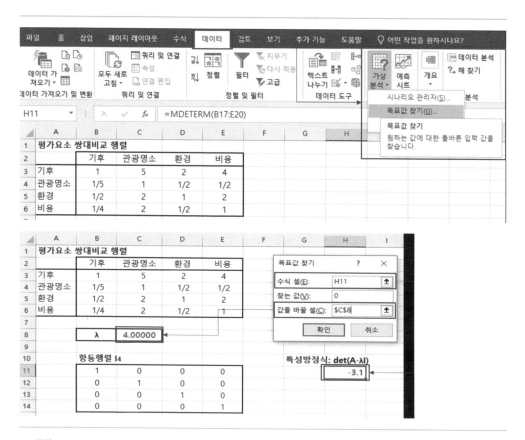

그림 8-5 목표값 찾기를 위한 모델 생성

$\det(A - \lambda I)$이 λ의 4차 함수이기 때문에 λ값의 위치에 따라 $\det(A - \lambda I)$이 0이 되는 점을 찾아가는 방향이 달라지기 때문이다.

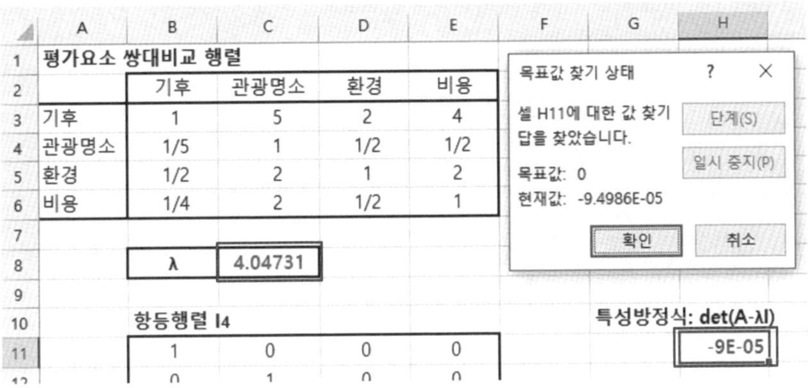

그림 8-6 목표값 찾기 결과

'목표값 찾기' 결과 특성방정식 값과 λ값은 각각 $-9\text{E}-05$와 4.04731로 바뀐 것을 확인할 수 있으며, λ값이 4와 크게 차이가 나지 않아 의사결정자가 완벽하지는 않지만 상당 수준 일관된 것을 알 수 있다.

다음으로 고유벡터를 찾아보자. 앞에서 우리는 고유벡터 v에 어떤 실수 c를 곱한 벡터 $c\text{v}$도 고유벡터가 된다고 배웠다. 이는 고유벡터의 한 원소값을 특정한 값으로 설정하게 되면 고유벡터의 나머지 원소들은 특정한 값으로 설정한 원소의 변환 비율과 동일하게 변환됨을 의미한다. 예를 들어 고유벡터 v = [2, 4]에서 첫 번째 원소를 1로 설정하면 두 번째 원소가 2로 변환되어 v' = [1, 2]로 바뀌게 된다. 이와 같은 성질을 이용하면 n차 정방행렬의 고유벡터를 계산할 때 필요한 방정식의 수는 $n-1$개가 된다.

3차 정방행렬에서 고유벡터의 첫 번째 원소를 1로 설정하고 $(A-\lambda I)\text{v}=0$ 적용하면 다음과 같은 연립방정식을 얻을 수 있다.

$$\begin{bmatrix} a_{11}-\lambda & a_{12} & a_{13} \\ a_{21} & a_{22}-\lambda & a_{23} \\ a_{31} & a_{32} & a_{33}-\lambda \end{bmatrix} \begin{bmatrix} 1 \\ v_2 \\ v_3 \end{bmatrix} = \begin{bmatrix} 0 \\ 0 \\ 0 \end{bmatrix}$$

$$\begin{aligned} (a_{11}-\lambda) + a_{12}v_2 + a_{13}v_3 &= 0 \quad (1) \\ a_{21} + (a_{22}-\lambda)v_2 + a_{23}v_3 &= 0 \quad (2) \\ a_{31} + a_{32}v_2 + (a_{33}-\lambda)v_3 &= 0 \quad (3) \end{aligned}$$

[8-22]

위 식에서 $v_1 = 1$이라는 정보가 이미 반영되었기 때문에 v_2와 v_3는 방정식 (2)와 (3)으로 구할 수 있다. 방정식 (2)와 (3)을 정리하면 다음과 같다.

$$\begin{bmatrix} a_{22} - \lambda & a_{23} \\ a_{32} & a_{33} - \lambda \end{bmatrix} \begin{bmatrix} v_2 \\ v_3 \end{bmatrix} = - \begin{bmatrix} a_{21} \\ a_{31} \end{bmatrix} \qquad [8\text{-}23]$$

따라서 v_2와 v_3는 다음과 같이 계산할 수 있다.

$$\begin{bmatrix} v_2 \\ v_3 \end{bmatrix} = - \begin{bmatrix} a_{22} - \lambda & a_{23} \\ a_{32} & a_{33} - \lambda \end{bmatrix}^{-1} \begin{bmatrix} a_{21} \\ a_{31} \end{bmatrix} \qquad [8\text{-}24]$$

[식 8-24]는 행렬곱 연산함수인 MMULT()와 역행렬을 계산하는 MINVERSE() 함수를 이용하여 계산한다. MMULT() 함수를 사용할 때는 배열 1의 열의 수와 배열 2의 행의 수와 같은지 확인해야 한다. 그렇지 않으면 행렬곱의 조건이 성립되지 않기 때문이다. 한편, 행렬곱과 같은 배열 수식을 계산하기 위해서는 결과가 도출되는 범위(배열 1의 행의 수×배열 2의 열의 수)를 먼저 지정하고, 수식을 입력한 후 [Ctrl]+[Shift]+[Enter]로 계산을 마무리한다(〈그림 8-7〉 참조). 계산된 가중치 벡터는 각 원소의 값을 모든 원소의 합으로 나누는 정규화 작업을 진행한다.[18]

=MMULT(배열 1, 배열 2)

=MINVERSE(배열)

평가요소별 대안의 쌍대비교 행렬도 동일한 방법으로 가중치 벡터를 찾아낼 수 있다. 고유벡터 방법으로 찾아낸 쌍대비교 행렬의 가중치 벡터는 〈그림 8-8〉과 같다. 평가요소 중에서 기후가 최종 목표 달성에 가장 중요한 평가요소임을 알 수 있으며, 평가요소별로는 기후는 지역 A, 관광명소는 지역 C, 환경은 지역 B, 그리고 비용은 지역 C가 가장 선호됨을 알 수 있다.

---

[18] 〈그림 8-7〉의 정규화된 가중치 벡터는 고유벡터를 해당 벡터의 노름으로 정규화한 것이다. AHP에서 가중치 벡터의 합은 1이 되어야 하므로 최종적으로 정규화된 가중치 벡터의 합으로 나누는 작업이 필요하다.

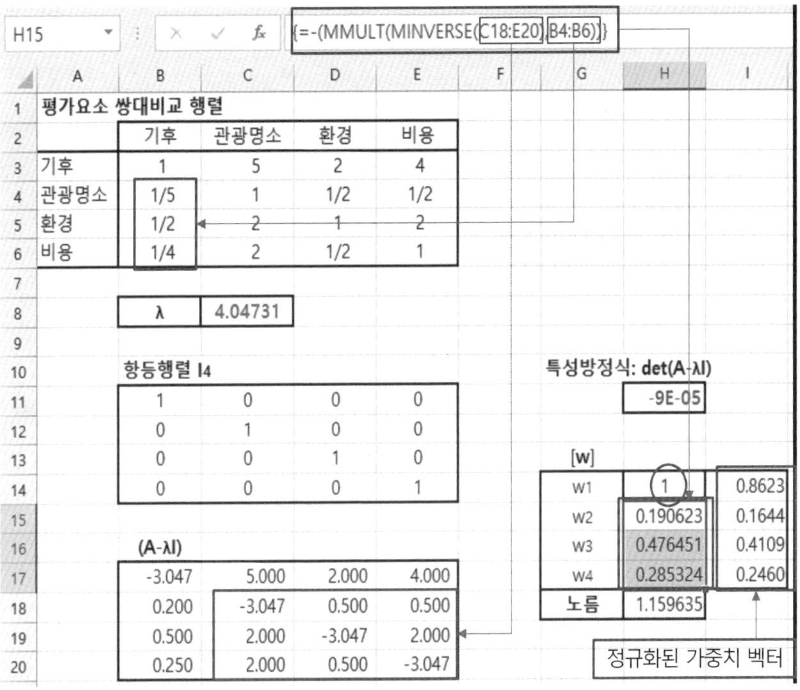

그림 8-7 가중치 벡터

평가요소 가중치 벡터

평가요소	가중치
기후	0.5122
관광명소	0.0976
환경	0.2440
비용	0.1461
합계	1.0000

평가요소별 가중치 벡터

지역	기후	관광명소	환경	비용
A	0.5714	0.1571	0.0879	0.0655
B	0.2857	0.2493	0.6694	0.4467
C	0.1429	0.5936	0.2426	0.4879
합계	1.0000	1.0000	1.0000	1.0000

그림 8-8 고유벡터 방법으로 산출한 가중치 벡터

2) 기하평균 방법

기하평균 방법에서 가중치 벡터의 각 원소 w_i는 쌍대비교 행렬의 i번째 행에 위치한 원소들의 기하평균 값을 모든 행의 기하평균 값의 합으로 나누어 계산한다([식

8-15] 참조). 엑셀의 GEOMEAN()은 지정한 범위 내 값들의 기하평균을 계산하는 함수이다. 값들은 반드시 양수여야 한다.

$$=\text{GEOMEAN}(범위\ 1,\ [범위\ 2,\ ...])$$

≡ **그림 8-9** 기하평균 방법으로 산출한 평가요소의 가중치 벡터

기하평균 방법으로 평가요소의 가중치 벡터를 구한 결과는 〈그림 8-9〉와 같다. 일례로 기후의 가중치는 먼저 쌍대비교 행렬의 기후 행에 대해 =GEOMEAN(B3:E3)을 계산하고, 계산된 값을 기하평균의 합인 4.8841로 나누어 계산한다. 같은 방식으로 나머지 요소들에 대한 가중치 벡터 값을 계산한다. 도출한 가중치 벡터에서 기후요소가 최종 목적 달성에 가장 중요한 요소임을 알 수 있다.

기하평균 방법으로 도출한 결과를 고유벡터 방법의 결과와 비교해 보면 두 결과가 비슷한 것을 알 수 있다. 실제로 의사결정자가 완벽하게 일관된 경우라면 두 방법으로 도출한 결과는 동일하다.

평가요소별 대안의 쌍대비교 행렬도 동일한 방법으로 가중치 벡터를 찾아낼 수 있다. 기하평균 방법으로 찾아낸 쌍대비교 행렬의 가중치 벡터는 〈그림 8-10〉과 같다. 평가요소 중에서 기후가 최종 목표 달성에 가장 중요한 평가요소임을 알 수 있으며, 평가요소별로는 기후는 지역 A, 관광명소는 지역 C, 환경은 지역 B, 그리고 비용은 지역 C가 가장 선호됨을 알 수 있다.

평가요소 가중치 벡터

평가요소	가중치
기후	0.5149
관광명소	0.0968
환경	0.2435
비용	0.1448
합계	1.0000

평가요소별 가중치 벡터

지역	기후	관광명소	환경	비용
A	0.5714	0.1571	0.0879	0.0695
B	0.2857	0.2493	0.6694	0.4220
C	0.1429	0.5936	0.2426	0.5085
합계	1.0000	1.0000	1.0000	1.0000

그림 8-10 기하평균 방법으로 산출한 가중치 벡터

2. 종합가중치와 대안의 우선순위 도출

모든 쌍대비교 행렬의 가중치 벡터가 도출되면 각 대안의 종합가중치 계산을 위해 각 평가요소별 가중치 벡터와 평가요소 가중치 벡터를 종합할 수 있다. 종합가중치는 앞서 살펴본 [식 8−17]과 같이 계산된다.

$$W_i = \sum_{j=1}^{m} w_j u_{ij} \qquad [8\text{-}17]$$

위 식에서 W_i는 i번째 대안의 종합가중치, w_j는 평가요소 j의 상대적 가중치, u_{ij}는 평가요소 j에 대한 i번째 대안의 가중치, m은 평가요소의 수를 의미한다.

엑셀에서 [식 8−17]의 계산은 행렬곱을 수행하는 MMULT() 함수를 이용한다. 고유벡터 방법과 기하평균 방법의 종합가중치 계산 결과는 〈그림 8−11〉과 같다. 종합가중치 계산을 위해서는 먼저 범위 K6:K8를 선택한 다음 수식 입력창에 =MMULT(E6:H8, B6:B9)를 입력하고 [Ctrl]+[Shift]+[Enter]를 누른다. 두 방법 모두 지역 B가 가장 선호되고, 다음으로는 지역 A, 지역 C의 순서대로 선호됨을 알 수 있다.

≡ **그림 8-11** 종합가중치 및 대안의 우선순위

3. 일관성 검토

AHP의 최종 분석 단계로 의사결정자의 쌍대비교가 일관적인지를 검토한다. 고유벡터 방법으로 AHP를 진행한 경우에는 이미 최대 고윳값 λ_{max}를 구하였기 때문에 [식 8-20]과 [식 8-21]로 각각 CI와 CR을 계산할 수 있다. 하지만 기하평균 방법에서는 λ_{max}를 계산하지 않았기 때문에 별도로 λ_{max}를 계산하는 과정을 거쳐야 한다. λ_{max}는 고윳값 분해에서 보았던 연립방정식 $A\mathrm{w} = \lambda\mathrm{w}$의 좌변 $A\mathrm{w}$를 w로 원소별 나눗셈을 적용한 후 최종적으로 평균값을 계산하여 도출한다. 이 과정을 평가요소 쌍대비교 행렬을 이용하여 설명하면 다음과 같다.

1단계: $A\mathrm{w}$를 계산한다.

$$A\mathrm{w} = \begin{bmatrix} 1 & 5 & 2 & 4 \\ 1/5 & 1 & 1/2 & 1/2 \\ 1/2 & 2 & 1 & 2 \\ 1/4 & 2 & 1/2 & 1 \end{bmatrix} \begin{bmatrix} 0.5149 \\ 0.0968 \\ 0.2435 \\ 0.1448 \end{bmatrix} = \begin{bmatrix} 2.0651 \\ 0.3939 \\ 0.9841 \\ 0.5889 \end{bmatrix} \qquad [8\text{-}25]$$

2단계: [식 8-25]의 결과 벡터를 w로 원소별 나눗셈을 적용한 후 평균을 계산한다.

$$\lambda_{max} = \frac{1}{4}\sum_{i=1}^{4}\frac{A\text{w의 } i\text{번째 원소}}{\text{w의 } i\text{번째 원소}}$$
$$= \left(\frac{1}{4}\right)\left\{\frac{2.0651}{0.5149} + \frac{0.3939}{0.0968} + \frac{0.9841}{0.2435} + \frac{0.5889}{0.1448}\right\}$$
$$= 4.0472$$

[8-26]

엑셀로 [식 8-25]와 [식 8-26]의 과정을 계산한 결과는 〈그림 8-12〉이며, 기하평균 방법으로 계산한 평가요소 쌍대비교 행렬의 최대 고윳값은 4.0472임을 알 수 있다.

_ **그림 8-12** 기하평균 방법의 최대 고윳값 계산

	A	B	C	D	E	F	G	H	I	J
1			고유벡터					기하평균		
2	쌍대비교 행렬	최대 고윳값	n	CI	CR		최대 고윳값	n	CI	CR
3	평가요소	4.0473	4	0.0158	0.0179		4.0472	4	0.0157	0.0178
4	기후	3.0000	3	0.0000	0.0000		3.0000	3	0.0000	0.0000
5	관광명소	3.0536	3	0.0268	0.0511		3.0536	3	0.0268	0.0511
6	환경	3.0070	3	0.0035	0.0067		3.0070	3	0.0035	0.0067
7	비용	3.7706	3	0.3853	0.7343		3.7496	3	0.3748	0.7143
8										
9			RI3=	0.5247				RI3=	0.5247	
10			RI4=	0.8816				RI4=	0.8816	

_ **그림 8-13** 기하평균 방법의 최대 고윳값 계산

각 쌍대비교 행렬에 대한 CI와 CR은 〈그림 8-13〉과 같다. CR 계산 시 행렬의 차수를 고려해야 하므로 평가요소 쌍대비교 행렬은 $RI_4 = 0.8816$, 대안별 쌍대비교 행렬은 $RI_3 = 0.5247$을 각각 적용한다. 일관성 지수와 비율의 산출결과를 보면 비용을 제외한 경우 CR이 모두 0.1 이하이므로 쌍대비교가 합리적인 일관성을 갖는 것으로 판단할 수 있다. 그러나 비용의 CR은 약 0.7 이상으로 나타나 일관성이 상당히 부족한 것으로 나타났으며, 이런 경우에는 비용에 대한 재조사가 필요하다고 판단할 수 있다.

● 참고문헌

박무종·최성욱(2008), "다기준 의사결정기법을 기반으로 하는 침수위험 평가기법의 개발", 한국수자원학회논문집, 41(4), pp. 365-377.

이창효(2000), 다기준 의사결정론, 세종출판사, p. 132.

E. Forman and K. Peniwati(1998), "Aggregating individual judgments and priorities with the analytic hierarchy process", European Journal of Operational Research 108(1), pp. 165-169.

G. Crawford and C. Williams(1985), "A note on the analysis of subjective judgment matrices", Journal of Mathematical Psychology, 29(4), pp. 387-405.

J. Aczél and T. L. Saaty(1983), "Procedures for synthesizing ratio judgments", Journal of Mathematical Psychology 27(1), pp. 93-102.

Luis G. Vargas(1990), "An overview of the Analytic Hierarchy Process and its applications", European Journal of Operational Research 48, pp. 2-8.

M. A. Pöhjönen, R. P. Hämäläinen, and A. A. Salo(1997), "An experiment on the numerical modelling of verbal ratio statements", Journal of Multi-Criteria Decision Analysis 6(1), pp. 1-10.

M. Brunelli(2015), Introduction to the Analytic Hierarchy Process, Springer.

P. Ji and R. Jiang(2003), "Scale transitivity in the AHP", Journal of the Operational Research Society 54(8), pp. 896-905.

T. L. Saaty(1977), "A scaling method for priorities in hierarchical structures", Journal of Mathematical Psychology 15(3), pp. 234-281.

T. L. Saaty(1980), The Analytic Hierarchy Process: Planning, Priority Setting, Resource Allocation, McGraw-Hill, New York.

T. L. Saaty and C. Alsina(1986), "On synthesis of judgements", Socio-Economic Planning Sciences 20(6), pp. 333-339.

Wayne L. Winston(2003), Operations Research: Applications and Algorithms(4th ed.), Cengage Learning.

요약 및 복습

01 다기준 의사결정법(MCDM: Multi-Criteria Decision Making)은 현실 문제에 대해 여러 기준에 입각해서 대안들에 대한 선호의 순서를 결정하거나 하나의 최적 대안을 선택하는 방법론이며, 다목적 의사결정법(MODM: Multiple Objective Decision Making)과 다속성 의사결정법(MADM: Multiple Attribute Decision Making)으로 분류할 수 있다.

02 AHP는 의사결정의 목표나 선택을 위한 평가 기준이 다수이면서 복합적인 경우 상호 배타적인 대안들을 체계적으로 평가하여 우선순위를 도출하는 의사결정 방법이다.

03 쌍대비교를 통한 상대적 중요도의 비율척도 변환과정에서는 상대 측정(relative measurement)이라는 개념을 적용한다.

04 AHP의 분석 결과가 타당성을 유지하기 위해서는 상호비교 공리, 동질성 공리, 독립성 공리, 기대성 공리를 만족해야 한다.

05 AHP 분석은 '문제 정의 및 목표 설정' → '의사결정 문제의 계층구조화' → '평가요소 비교' → '가중치 산출' → '우선순위 선정' → '검토' 단계를 거친다.

06 가중치 벡터를 도출하는 대표적인 방법에는 고유벡터 방법(eigenvector method)과 기하평균 방법(geometric mean method)이 있다.

07 고윳값 분해는 행렬을 정규 형식(canonical form)으로 분해하는 것으로, 고윳값 분해 후에 행렬은 고윳값(eigenvalue)과 고유벡터(eigenvector)로 표시되며, 이때 고유벡터가 가중치 벡터가 된다.

08 기하평균 방법은 쌍대비교 행렬의 각 행의 기하평균을 전체 기하평균으로 나누어 가중치를 계산한다.

09 최상위 계층에 있는 의사결정 문제의 목표를 달성하는 데 최하위 계층에 있는 대안들이 어느 정도 영향을 미치는지 또는 어느 정도의 중요성을 갖고 있는지를 알아보기 위해 대안들의 종합가중치(composite relative weights)를 계산한다.

10 n차 쌍대비교 행렬의 일관성 지수(CI)는 최대 고윳값에서 n을 빼준 값($\lambda_{max}-n$)을 $n-1$로 나누어서 계산한다.

11 일관성 비율(CR)은 일관성 지수(CI)를 난수 지수(RI)로 나누어 계산한다.

12 CR이 10% 이내일 경우 쌍대비교 행렬이 일관성이 있다고 판단하고, 20% 미만일 경우에는 용납할 수 있는 수준의 일관성을 구비한 것으로 판단한다.

◯ 주요 용어

- 계층분석과정(AHP)
- 상대 측정
- 고유벡터
- 정규화
- 일관성 지수
- 다기준 의사결정법
- 일관성
- 가중치 벡터
- 기하평균
- 일관성 비율
- 쌍대비교
- 고윳값 분해
- 특성방정식
- 종합가중치

◯ 학습문제

01 AHP의 개념을 설명하시오.

02 AHP의 분석 단계를 설명하시오.

03 AHP의 분석 결과가 타당하기 위한 전제조건을 간략하게 설명하시오.

04 가중치 벡터를 구하는 대표적인 두 가지 방법을 설명하시오.

05 고윳값 분해에서 특성방정식의 값이 0이 되어야 하는 이유를 설명하시오.

06 의사결정자의 일관성을 검토하는 두 가지 지표의 산출 방법을 설명하시오.

07 의사결정자의 일관성 유무를 판단하는 일관성 비율 값은 무엇인지 설명하시오.

08 어떤 사람이 새 자동차를 구매하려고 한다. 자동차 구매의 주요 결정 요인으로 '가격', '사용자 편리성', '서비스 품질'을 고려하고 있다. 현재 구매를 고려하고 있는 자동차는 Car A, Car B, Car C 등 총 3종류이다. 이 구매자의 결정 요인과 각 결정 요인별 쌍대비교 행렬은 다음과 같다. 주어진 데이터로 AHP 분석을 시행하고 다음 질문에 답하시오.

	A	B	C	D	E	F	G	H	I
1	평가요소 쌍대비교 행렬					가격에 대한 자동차 쌍대비교 행렬			
2		가격	편의성	서비스			A	B	C
3	가격	1	3	5		A	1	2	4
4	편의성	1/3	1	2		B	1/2	1	2
5	서비스	1/5	1/2	1		C	1/4	1/2	1
6									
7	사용자 편리성에 대한 자동차 쌍대비교 행렬					서비스 품질에 대한 자동차 쌍대비교 행렬			
8		A	B	C			A	B	C
9	A	1	4	2		A	1	1/3	1/7
10	B	1/3	1	1/2		B	3	1	1/5
11	C	1/2	2	1		C	7	5	1

(a) 어떤 자동차를 구매해야 하는가?

(b) 각 쌍대비교 행렬의 일관성을 검토하시오.

만족도-중요도 분석(IPA)

개요

이 장에서는 IPA의 개념과 의의, IPA 분석의 이론적 배경을 알아보고, 엑셀에서 IPA 분석을 시행하고 결과를 해석하는 방법을 살펴보기로 한다. 먼저 경영 분야의 마케팅 관점에서 IPA 분석이 필요한 이유와 IPA 분석의 개념을 알아본다. 이 부분에서 IPA 사분면 각각이 갖는 의미에 대해 자세하게 설명한다. 다음으로는 IPA 분석을 위한 설문 작성 방법과 방법별 장단점에 대해 알아본다. 마지막으로 실제 설문조사 결과의 일부를 정리한 데이터로 엑셀을 이용하여 IPA 분석을 실행하는 과정들을 차례대로 알아본다. 먼저 고객들이 응답한 만족도와 중요도에 대한 설문 결과를 직접 활용하는 직접 측정 방법을 살펴보고, 다음에는 중요도를 간접적으로 추정하는 간접측정 방법을 살펴본다.

주요 학습사항

1 IPA란 무엇인가?
2 IPA의 분석 절차는 어떻게 구성되고, 단계별로 분석해야 하는 내용들은 무엇인가?
3 고객들이 생각하는 중요도를 측정하는 방식에는 어떤 것들이 있으며 방식 간에는 어떤 차이가 있는가?
4 IPA 분석 차트에서 영역별로 어떤 시사점을 얻을 수 있는가?
5 IPA 분석에 필요한 엑셀 함수에는 어떤 것들이 있는가?

제1절

IPA 개요

1. IPA 분석의 필요성

중요도－만족도(또는 성취도) 분석(IPA: Importance－Performance Analysis)은 상품이나 서비스에 대한 이용자의 만족을 측정하기 위해 각 속성의 이용 전 중요도와 이용 후 만족도를 평가하여 각 속성의 상대적 중요도와 만족도를 동시에 비교 분석하는 평가기법이다. IPA 분석은 Martilla와 James(1977)가 성취도 분석을 위해 최초로 사용하였으며, 이후 경영 분야의 마케팅 관점에서 소비자의 만족도를 파악하기 위한 목적으로 많이 활용되고 있다.

기업은 사업을 성공적으로 완수하여 이익을 창출하는 것이 궁극적인 목표지만 기업이 이를 위해 사용할 수 있는 예산이나 인력 등은 제한되어 있다. 이로 인해 주어진 자원을 얼마나 효율적으로 사용하는 가는 기업의 성과를 결정하는 중요한 의사결정 사항이다. 기업이 성공하기 위해서는 기업 내 가장 시급하고 중요한 문제를 발견하고 해결할 수 있는 능력을 보유하고 있어야 한다. 만약 기업이 소비자 대다수가 관심이 없는 이슈에만 집중한다면 기업이 보유한 자원이나 역량을 효율적으로 이용하지 못하게 된다. 가장 중요한 일을 가장 먼저 하는 것은 기업의 기본적인 성공 요인일 것이다.

이러한 상황은 기업이 일상에서 직면하게 되는 모든 의사결정에 적용된다. 예를 들어 건강기능식품 제조기업이 한 달 후에 열릴 식품 박람회에서 새로운 제품을 선보이려고 한다고 생각해보자. 한 달밖에 남지 않은 시간 동안 이 기업은 신제품의 기능성을 높이는 것과 섭취가 편하도록 포장을 개선하는 것 중에서 어떤 것이 제품 홍보에 더 효과적일지를 고민하고 있지만 아무런 정보가 없다면 올바른 의사결정을 하기는 결코 쉽지 않을 것이다. IPA 분석은 기업 차원에서 중점적으로 개선해야 하는 요소들을 구분해낼 수 있도록 하는 분석 방법으로 이러한 상황에서 의사결정을 내리는 데 도움을 줄 수 있다.

2. IPA 분석의 이해

IPA 분석은 고객을 대상으로 측정된 제품이나 서비스의 주요 속성에 대하여 고객이 인지하고 있는 만족도와 중요도를 X와 Y축으로 하는 2차원 평면상에 표현하는 분석 방법이다. 여기에서 중요도는 제품이나 서비스의 각 속성이 서비스의 최종 목적에 미치는 영향력에 대한 고객의 지각 정도로 정의된다.[1] IPA 분석은 개선이 시급한 분야와 불필요하게 과잉 투자가 이루어진 분야를 파악하는 데 매우 유용한 방법으로 분석 대상 속성별 특성 파악과 향후 개선 전략을 수립하고자 할 때 사용할 수 있다.

IPA 분석에서 이용하는 중요도와 만족도는 상대적인 값을 측정하기 때문에 중요도와 만족도를 구분하는 중심선을 결정해야 한다. 중심선의 선택 기준은 분석 목적에 따라 상이하며, 선택 기준에 따라 「IPA 사분면 분석 모형」과 「IPA 대각선 분석 모형」으로 구분한다.[2]

IPA 사분면 분석 모형은 중요도나 만족도의 산술 평균값, 또는 측정도구의 중간값 기준으로 4개의 영역으로 구분하는 반면(〈그림 9-1〉의 왼쪽), IPA 대각선 분석 모형은 사분면의 우상향하는 45° 대각선을 기준으로 위쪽을 1개의 영역으로, 아래쪽을 3개의 영역으로 구분한다(〈그림 9-1〉의 오른쪽).

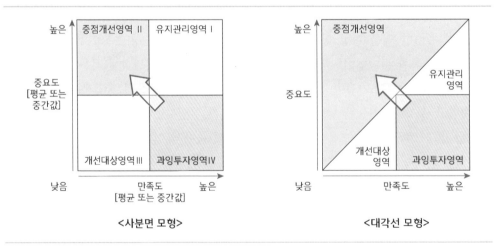

그림 9-1 IPA 분석 모형

1 Slack(1994)
2 Bacon(2003)

IPA 분석은 중심선을 기준으로 기업의 활동 영역을 크게 ① 유지 관리 영역, ② 중점 개선 영역, ③ 개선 대상 영역, ④ 과잉 투자 영역의 4개 영역으로 구분한다. IPA 사분면 분석 모형의 경우 2차원 평면에 중요도와 만족도의 평균값을 기준으로 해당 속성의 좌표값의 위치에 따라 「유지 관리 영역(Ⅰ사분면)」, 「중점 개선 영역(Ⅱ사분면)」, 「개선 대상 영역(Ⅲ사분면)」, 「과잉 투자 영역(Ⅳ사분면)」으로 구분하며, 각 영역은 다음과 같이 해석할 수 있다.[3]

먼저 「유지 관리 영역」은 응답자, 즉 소비자들에게 중요한 의미가 있는 영역이면서 동시에 해당 기업이 소비자들을 비교적 잘 만족시키고 있는 영역이다. 이 영역에 속하는 속성은 중요도와 만족도가 모두 높아 경쟁에 있어서 상대적 우위를 점할 수 있는 속성이라고 할 수 있다. 기업 입장에서는 이미 충분히 잘하고 있고, 소비자들도 별다른 불만이 없기 때문에 현재 수준을 지속적으로 유지하는 것이 필요하다.

「중점 개선 영역」은 소비자들이 생각하는 중요도가 높은데도 불구하고 소비자가 인지하고 있는 만족도가 낮은 영역이다. 예를 들면 건강기능식품을 구매할 때 소비자가 생각하는 중요한 속성이 기능성임에도 불구하고 해당 제품의 기능성이 낮은 경우가 이에 해당된다. 이 영역에 속하는 속성은 가장 시급하게 개선이 필요하며, 개선 활동에 대한 효과성도 가장 큰 속성이기 때문에 전반적 만족도 향상을 위해 집중적인 관심과 투자가 필요하다.

「개선 대상 영역」은 중요도와 만족도가 모두 낮은 영역으로 현재는 크게 신경 쓸 필요가 없는 영역이다. 향후 중요도가 상승할 경우에는 만족도가 낮은 것이 문제가 될 수 있고 개선의 필요성이 부각될 수 있지만, 현재는 소비자들이 별로 신경을 쓰거나 중요하게 여기지 않기 때문에 만족도의 높고 낮음 자체가 큰 문제가 되지 않는 부분들이다. 따라서 해당 영역은 장기적인 개선과제로 우선순위가 밀려나는 부분이라고 할 수 있다.

마지막으로 「과잉 투자 영역」은 고객들이 인지하는 중요도가 낮음에도 불구하고 서비스를 제공하는 조직이 자원을 과잉 투자하여 불필요한 정도로 고객의 만족도가 높은 영역이다. 이 영역은 기업의 입장에서 보면 문제가 큰 영역이라고 할 수 있다. 일례로 소비자들이 건강기능식품을 구매할 때 포장지를 전혀 중요하게 여기지 않고 있음에도 불구하고 지나칠 정도로 포장지에 대한 만족도가 높다면 해당 기업의 마케팅 활동들이 매우 비효율적이며 예산을 낭비하는 방식으로 이루어졌다는 것으로 생각할 수 있다.

---

3 Martilla et al.(1977)

따라서 해당 영역의 속성과 관련된 자원의 투입량을 감축하고, 감축된 자원을 중점 개선 영역에 포함되는 속성의 만족도 제고에 투입하는 것이 필요하다.

IPA 대각선 분석 모형은 사분면 분석 모형을 이용할 때 특정 속성이 사분면 경계선에 근접하는 경우 해당 속성의 우선순위에 대한 전략적 판단이 어려울 수 있다는 문제점을 보완할 수 있다. 대각선 분석 모형에서는 대각선의 위쪽에 포함되는 속성을 만족도보다 중요도가 높아 개선이 필요한 속성으로 분류하고, 아래쪽에 위치하는 속성은 중요도에 비해 이미 충분한 수준의 서비스가 이루어지는 속성으로 분류한다.

대각선 분석 모형에서는 사분면 분석 모형의 Ⅰ사분면과 Ⅲ사분면의 일부를 중점 개선 영역으로 분류하여 중요도보다 만족도가 낮은 모든 속성을 집중적으로 개선할 필요가 있다고 판단하기 때문에 이러한 측면에서 사분면 분석 모형보다는 자료를 보수적으로 해석하는 방법이라 할 수 있다. 대각선 분석 모형에서의 속성 분류의 범주는 〈그림 9-1〉과 같이 사분면 분석 모형과 동일하며, 해당 영역에 대한 해석도 동일하게 적용한다.

이상의 내용을 정리하면 IPA 분석은 상품이나 서비스가 지니고 있는 속성들의 상대적인 중요도와 만족도를 동시에 비교·분석하여 소비자의 인식을 파악함으로써 정해진 인력과 예산으로 우선적으로 해결해야 할 것과 지양해야 할 것을 결정하는 데 유용한 정보를 제공하는 분석 도구라고 할 수 있으며, 평균값과 매트릭스를 이용하기 때문에 어려운 통계적 기법 없이 쉽고 빠르게 결과를 도출할 수 있는 강점을 갖고 있다. 이를 통해 기업은 보다 효율적인 마케팅 활동이나 신제품 개발 등이 가능할 것이다. 분석을 위해 수집한 데이터에 따라 IPA 분석 대상은 기업의 마케팅 활동이나 신제품의 세부 기능이 될 수도 있으며, 이외에도 다양한 방식으로 활용이 가능하다.

제2절

IPA 분석을 위한 설문과 데이터

1. 설문지 설계

IPA 분석을 하기 위해서는 분석에 적합한 데이터 수집 방법 검토가 설문지 개발 단계 이전부터 이루어질 필요가 있다. 필요한 데이터 수집을 위한 설문지 구성 방법은 중요도를 어떻게 측정할 것인가에 따라 두 가지로 구분할 수 있다.

첫 번째는 만족도와 중요도를 각각 분리하여 응답자에게 설문하는 방법이다. 이 방법은 일반적으로 리커트(Likert) 척도[4]에 기반한 속성들의 중요도에 대한 설문조사에서 고객들이 응답한 결과를 직접 활용하기 때문에 직접측정 방법이라고도 한다. 이 방법은 간단하게 제품이나 서비스의 특정 속성에 대한 만족도와 중요도 데이터를 동시에 얻을 수 있다는 장점이 있지만, 만족도와 중요도를 각각 따로 질문하기 때문에 설문 문항이 많아지고 복잡해지는 단점이 있다.

직접측정 방법의 경우 설문조사 진행 시 중요도를 고객들로부터 직접 측정할 때 대다수의 속성이 중요한 것으로 평가되어 속성 간 중요도의 차별화가 어려워지는 경향이 있으며, 설문에 대하여 응답자가 신중한 고려 없이 중요도를 평가할 때 중요도의 직접적인 측정에 신뢰도 측면에서 문제가 있을 수도 있다는 비판이 제기되기도 하였다.[5] 그러나 대다수의 속성이 중요하다고 평가되더라도 이들 간의 차이를 상대적으로 비교함으로써 차별화가 가능하기 때문에 응답자가 평가대상 제품이나 서비스에 대한 충분한 경험만 있다면 직접측정 방식을 이용하는 데 문제는 없다.[6]

두 번째는 개별적인 각 속성의 만족도가 전반적인 만족도에 기여하는 정도를 해당 속성의 중요도로 평가하는 방법이며, 중요도를 간접적으로 추정하기 때문에 간접측정 방법이라고도 한다. 간접측정 방법은 다시 개별적인 각 속성의 만족도와 전반적인 만족도 간의 상관관계를 중요도의 추정값으로 사용하는 방식과 전반적인 만족도를 종속변수로, 각 속성의 만족도를 독립변수로 하는 다중회귀분석의 계수 추정값을 사용하는 방식으로 구분한다. 간접측정 방법은 각 속성의 만족도와 전반적인 만족도 사이에 인과관계가 있으며, 중요도와 만족도 사이에 상관관계가 높다는 전제하에서 사용하게 된다. 이 방법은 데이터 수집에 필요한 설문 문항의 수를 직접측정 방법의 절반 수준으로 줄일 수 있다는 장점이 있다. 실제 설문조사를 수행할 때 긴 설문지로 인하여 설문을 회수하는 것이 어려운 상황이라면 직접측정 방법보다는 간접측정 방법이 선호될 것이다.

---

4 리커트 척도(Likert scale)는 설문조사 등에 사용되는 심리 검사 응답 척도의 하나로, 각종 조사에서 널리 사용되고 있다. 리커트 척도에서는 응답자가 제시된 문장에 대해 얼마나 동의하는지를 답변하도록 한다. 리커트 척도라는 명칭은 이 척도 사용에 대한 보고서를 발간한 렌시스 리커트(Rensis Likert)의 이름에서 따온 것이다. 라이커트 척도라고도 한다(출처: 위키백과).

5 Abalo et al.(2007)

6 Bacon(2003)

2. 사례 검토

〈표 9−1〉과 〈표 9−2〉는 한국농촌경제연구원(KREI) 농업관측센터에서 농산물 생산자, 유통인 등에게 제공하는 농업관측정보를 대상으로 IPA 분석에 필요한 설문 문항을 구성한 예이다.7 농업관측정보의 주요 속성은 〈표 9−3〉에 제시된 것처럼 농산물 유통정보가 높은 질적 수준을 유지하기 위해 충족해야 하는 기준을 준용하였으며, 구체적으로는 적합성, 정확성, 신뢰성, 신속성, 편리성, 형평성, 비밀보장성 등 7개의 속성으로 구성하였다. 〈표 9−1〉은 농업관측정보의 7개 속성에 대해 농업관측정보 사용자들이 인식하는 중요도에 대한 설문 문항이며, 〈표 9−2〉는 사용자들이 인식하는 농업관측정보의 각 속성에 대한 만족도를 묻는 문항이다.

설문 문항 구성 시 〈표 9−1〉과 〈표 9−2〉를 모두 포함하면 중요도를 직접 측정하는 방법이 되고, 〈표 9−2〉만 포함하면 중요도를 간접 측정하는 방법이 된다. 간접측정 방법의 경우 IPA의 분석 대상이 되는 제품이나 서비스에 대한 전반적인 만족도 문항이 포함되는 점에 유의한다.

표 9-1 IPA 분석을 위한 설문 예: 중요도

Q1. 귀하께서 이용하시는 농업관측정보에 대한 평가 기준을 다음 표와 같이 정리할 때, 해당 기준에 대한 중요도를 아래 표에서 각각 선택해 주십시오.

평가 기준	전혀 중요 하지 않음	별로 중요 하지 않음	보통임	대체로 중요함	매우 중요함
적합성: 정보 이용자의 **요구를 충분히 반영해야** 함	1	2	3	4	5
정확성: 정보를 수집·분석하는 과정에서 **왜곡이나 실수(오류)가 없어야** 함	1	2	3	4	5
신뢰성: 정보에 대한 객관적인 근거와 입증 자료가 있어 **믿을 수 있어야** 함	1	2	3	4	5
신속성: 정보 이용자가 **원하는 시기에 신속하게 제공**되어야 함	1	2	3	4	5

7 농산물은 수요와 공급이 비탄력적(inelastic)인 특성을 가지고 있는데, 이는 농산물 가격의 급등락을 야기하여 농가의 수취 소득을 불안정하게 하고 소비자 가계의 부담을 증가시킨다. 이에 정부는 한국농촌경제연구원이 농업관측본부를 운영하도록 하여 농업관측 정보를 생성·분산하여 농산물 수급 안정에 기여하도록 하고 있다(김성훈 외, 2021). 한국농촌경제연구원은 1996년 농업관측팀을 설치하고 6개 채소를 대상으로 관측사업을 시작한 이후, 관측 대상과 범위를 늘려왔는데 2022년 기준 36개 농축산물(채소 10, 과일 6, 과채 8, 축산 6, 곡물 2, 국제곡물 4)을 대상으로 하는 관측사업을 수행하고 있다.

평가 기준	전혀 중요 하지 않음	별로 중요 하지 않음	보통임	대체로 중요함	매우 중요함
편리성: 정보에 **접근하고 이용하기에 편리**해야 함	1	2	3	4	5
공평성: 정보를 원하는 **누구에게나 정보가 공평하게 제공**되어야 함	1	2	3	4	5
비밀보장성: 정보 수집 **대상의 익명성이 보장**되어야 함	1	2	3	4	5

▬ **표 9-2** IPA 분석을 위한 설문 예: 만족도

Q2. 귀하께서는 농업관측정보에 대해 전반적으로 얼마나 만족하십니까?

　　① 전혀 만족하지 않음　　② 별로 만족하지 않음

　　③ 보통임　　④ 대체로 만족함　　⑤ 매우 만족함

Q3. 귀하께서 이용하시는 농업관측정보가 아래 기준에 부합하는지를 아래 표에서 각각 선택해 주시기 바랍니다.

평가 기준	전혀 그렇지 않음	별로 그렇지 않음	보통임	대체로 그러함	매우 그러함
적합성: 정보 이용자의 **요구를 충분히 반영**해야 함	1	2	3	4	5
정확성: 정보를 수집·분석하는 과정에서 **왜곡이나 실수(오류)가 없어야** 함	1	2	3	4	5
신뢰성: 정보에 대한 객관적인 근거와 입증 자료가 있어 **믿을 수 있어야** 함	1	2	3	4	5
신속성: 정보 이용자가 **원하는 시기에 신속하게 제공**되어야 함	1	2	3	4	5
편리성: 정보에 **접근하고 이용하기에 편리**해야 함	1	2	3	4	5
공평성: 정보를 원하는 **누구에게나 정보가 공평하게 제공**되어야 함	1	2	3	4	5
비밀보장성: 정보 수집 **대상의 익명성이 보장**되어야 함	1	2	3	4	5

▬ **표 9-3** 농산물 유통정보의 평가 기준

구분	평가 기준
적합성	정보 이용자의 요구를 충분히 반영
정확성	정보 수집·가공·분석에서 임의의 왜곡이나 실수 또는 오류 배제
신뢰성	정보에 대한 객관적인 근거와 입증 자료 확보
신속성(시의 적절성)	정보 이용자가 원하는 시기에 신속하게 전달
편리성	정보에 접근하고 이용하기에 편리
형평성	정보를 원하는 누구에게나 공평한 정보 제공
비밀보장성	정보 수집 대상의 익명성 보장

농업관측정보에 대한 설문 문항은 리커트 5점 척도로 구성되어 있으나 응답자들의 인식을 좀 더 세부적인 조사할 필요가 있다면 7단계 또는 9단계 척도를 사용할 수도 있다. 리커트 척도는 어떤 문장을 제시하고 응답자들이 해당 문장에 대한 긍정적 반응과 부정적 반응을 측정하는 방식이기 때문에 응답 범주에는 명확한 서열성이 있어야 한다. 리커트 척도는 응답자가 극단적인 선택을 피하려는 경향, 제시된 문장에 동의하고 싶어 하는 경향, 자신과 자신이 속한 조직이 긍정적으로 보이도록 하려는 경향 등으로 인해 응답 결과에 왜곡이 발생할 가능성이 있다는 점도 고려해야 한다.

제3절

엑셀을 활용한 IPA 분석[8]

본 절에서는 앞에서 제시한 설문지 문항들에 대한 설문조사 결과를 토대로 엑셀을 이용하여 IPA 분석을 실행하는 과정들을 차례대로 살펴본다. 먼저 고객들이 응답한 만족도와 중요도에 대한 설문 결과를 직접 활용하는 직접측정 방법을 살펴보고, 다음에는 중요도를 간접적으로 추정하는 간접측정 방법을 살펴본다.

1. 직접측정 방법

직접측정 방법은 리커트(Likert) 척도에 기반한 속성들의 만족도와 중요도에 대해 고객들이 응답한 결과를 직접 활용하기 때문에 별다른 통계적 기법 없이 IPA 분석 차트를 만들 수 있다. 이를 위해 우선 속성별 만족도와 중요도에 대한 응답자들의 응답 결과를 코딩하여 엑셀 자료를 만들고, 전체 응답자의 속성별 만족도와 중요도의 평균값을 구한다. 농업관측정보에 대한 설문조사 결과를 토대로 정리한 엑셀 자료는 〈그림 9-2〉와 같으며, 전체 응답자 수는 157명임을 알 수 있다. 엑셀에서 평균값 계산은 AVERAGE() 함

---

8 본 절에서 사용한 분석 자료는 김성훈 외(2021)의 「농업관측정보의 질적 수준 및 확산 제고 방안」에서 IPA 분석에 이용한 설문조사 결과의 일부를 정리한 자료이다. 해당 자료는 박영사 홈페이지에서 확인할 수 있다.

수를 사용하며, 만족도 중 적합성 속성의 경우 응답자 평균값이 4.01274임을 알 수 있다.

$$=AVERAGE(데이터\ 범위)$$

IPA 분석의 핵심은 제품 또는 서비스 이용자들이 인식하고 있는 속성별 만족도와 중요도의 위치가 전체 속성들의 만족도와 중요도 평균값과 비교하여 어떤 영역에 위치하는가를 파악하는 데에 있다. 이를 위해 이전 단계에서 계산한 전체 응답자의 속성별 만족도와 중요도 평균값으로 구성된 표를 작성하고, IPA 분석 차트 생성 시 필요한 만족도와 중요도의 평균값, 최솟값, 그리고 최댓값을 계산한다(〈그림 9-3〉 참조). 엑셀에서 최솟값은 MIN() 함수, 최댓값은 MAX() 함수를 이용한다.

C162		▼	⋮	×	✓	f_x	=AVERAGE(C3:C159)								

	A	B	C	D	E	F	G	H	I	J	K	L	M	N	O	P
1	obs.	전반적 만족도	만족도							중요도						
2			적합성	정확성	신뢰성	신속성	편리성	공평성	비밀 보장성	적합성	정확성	신뢰성	신속성	편리성	공평성	비밀 보장성
3	1	4	4	4	4	4	4	4	4	5	5	5	5	5	5	4
4	2	5	5	5	5	4	4	4	3	5	5	5	4	3	3	3
5	3	5	4	4	5	4	4	4	4	5	5	3	4	4	4	4
6	4	4	3	5	4	4	4	5	4	5	5	5	5	5	5	5
7	5	4	3	4	4	5	5	4	4	3	5	5	5	4	3	3
8	6	4	4	4	3	3	4	4	3	3	5	4	3	3	4	3
9	7	5	4	5	5	4	5	5	5	4	5	5	4	5	5	5
10	8	4	4	4	5	4	3	3	4	4	5	4	4	4	4	5
11	9	4	4	4	4	4	4	5	5	4	5	5	5	4	4	5
12	10	5	4	5	5	4	3	3	4	4	5	5	4	4	4	4
148	146	4	3	4	5	5	4	5	5	5	5	5	5	4	4	5
149	147	4	4	4	4	5	5	4	4	5	5	5	5	5	5	5
150	148	4	4	3	4	4	4	5	5	4	5	5	4	5	5	5
151	149	4	4	4	4	4	4	4	4	5	5	5	5	4	5	5
152	150	4	3	3	3	4	3	4	3	3	4	3	4	2	2	2
153	151	4	3	3	3	5	5	3	4	5	5	5	5	5	5	4
154	152	4	4	4	4	4	4	4	4	4	5	5	4	4	5	5
155	153	4	4	3	4	4	4	5	4	4	5	4	4	5	4	3
156	154	4	4	3	4	3	4	4	4	4	5	3	5	5	5	3
157	155	4	3	5	5	3	2	4	5	4	5	5	4	4	3	3
158	156	4	3	4	4	4	4	4	4	4	4	4	5	5	4	3
159	157	4	4	4	3	3	4	3	4	5	5	5	5	5	5	5
160																
161			적합성	정확성	신뢰성	신속성	편리성	공평성	비밀 보장성	적합성	정확성	신뢰성	신속성	편리성	공평성	비밀 보장성
162		평균값	4.01274	4.2293	4.2293	3.98726	4.14013	4.20382	4.19745	4.25478	4.68153	4.61783	4.4586	4.3758	4.30573	3.98089

⚏ **그림 9-2** 농업관측정보 사례의 엑셀 자료

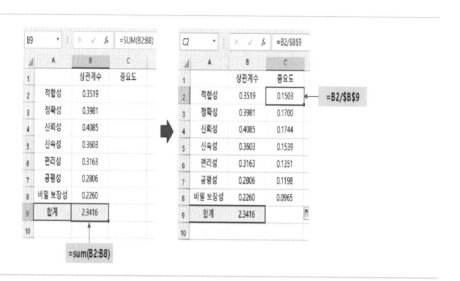

그림 9-3 IPA 분석 차트 생성에 필요한 자료

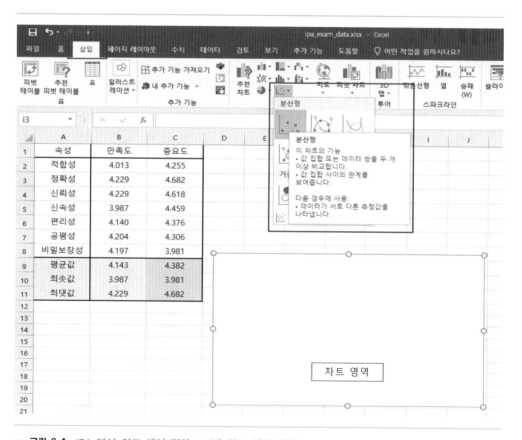

그림 9-4 IPA 분석 차트 생성 절차 1: 빈 차트 영역 생성

IPA 분석의 최종 단계에서는 〈그림 9-3〉에 제시된 자료를 이용하여 IPA 분석 차트를 작성하고, 각 영역별로 분류된 속성들을 식별한다. IPA 분석 차트는 X축을 만족도, Y축을 중요도로 하는 2차원 평면상에 각 속성들의 만족도와 중요도 쌍을 표시하는 산점도 형태로 작성한다. 산점도를 도출하는 단계는 다음과 같다. 우선 엑셀 메뉴의 **삽입**으로 들어가서 **차트-분산형**을 클릭하여 〈그림 9-4〉와 같은 빈 **차트 영역**을 생성한다.

다음에는 빈 차트 영역에 들어갈 각 속성별 만족도와 중요도 값을 지정한다. 차트 영역에서 마우스 우측 버튼을 클릭하면 〈그림 9-5〉처럼 팝업 메뉴가 뜨게 되는데, 여기서 **데이터선택** 메뉴를 클릭하거나, 도구 메뉴에서 **데이터선택** 메뉴를 클릭한다. 그러면 〈그림 9-6〉과 같이 **데이터 원본 선택**창이 나타나고, 여기에서 **추가** 버튼을 클릭하면 〈그림 9-7〉처럼 **계열 편집**창이 생성된다. 〈그림 9-7〉은 계열 편집창에서 적합성 관련 데이터를 입력한 경우이다. 적합성에 대한 데이터 입력 완료 후 **확인** 버튼을 누르면 〈그림 9-6〉에서 본 **데이터 원본 선택**창이 다시 뜨게 되며, **추가** 버튼을 눌러 나머지 속성 관련 데이터 입력 과정을 반복한다. 이 과정을 완료한 후 최종적으로 나타나는 엑셀 화면은 〈그림 9-8〉과 같다.

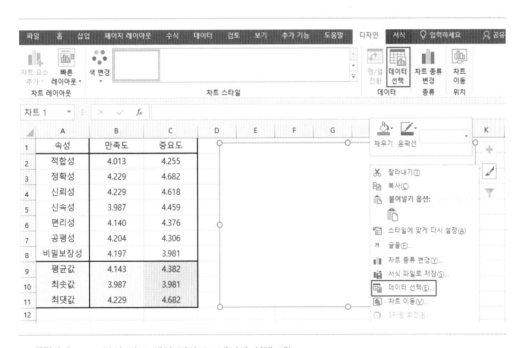

▬ **그림 9-5** IPA 분석 차트 생성 절차 2: 데이터 선택 메뉴

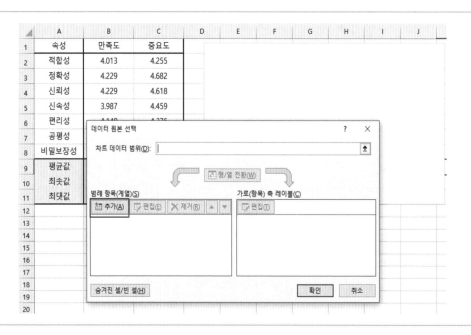

그림 9-6 IPA 분석 차트 생성 절차 3: 데이터 원본 선택

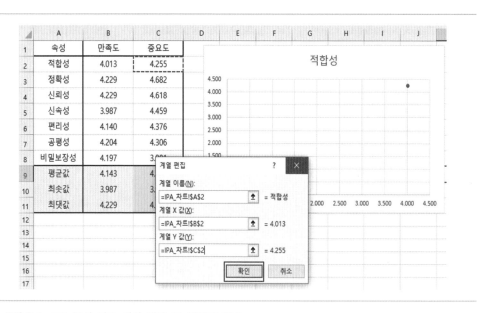

그림 9-7 IPA 분석 차트 생성 절차 4: 데이터 입력

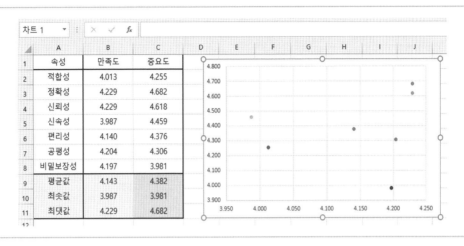

그림 9-8 IPA 분석 차트 생성 절차 5: 데이터 입력 완료 화면

〈그림 9-8〉의 산점도에서 각 속성별 만족도와 중요도 쌍은 상이한 색상의 점으로 구분되어 있지만, 어떤 점이 어떤 속성을 표시하고 있는지가 명확하지 않다. 따라서 추후에 각 점들이 어떤 속성을 나타내고 있는지를 알 수 있도록 텍스트 상자로 레이블링 작업을 진행한다.

IPA 분석의 핵심은 각 속성들이 4개 기업의 활동 영역 중 어떤 영역에 위치하는가를 파악하는 것이기 때문에 〈그림 9-8〉의 산점도에 표시된 속성들을 만족도와 중요도 평균값을 기준으로 구분하여야 한다. 이를 위해 산점도의 X축과 Y축의 위치를 각각 만족도와 중요도 평균값을 기준으로 설정하는 작업을 진행한다. X축의 위치를 변경하기 위해 산점도에서 X축을 선택한 후 마우스 오른쪽 버튼을 클릭하면 생성되는 팝업 메뉴의 **축 서식**을 선택한다(〈그림 9-9〉 참조). 축 서식을 선택하면 축 관련 옵션이 생성되는데, 이 중에서 **세로 축 교차**의 축 값을 선택한 후 빈 칸에 만족도의 평균값을 입력한다(〈그림 9-10〉 참조). 그러면 산점도의 X축이 만족도의 평균값으로 이동한다. 같은 방식으로 Y축의 위치도 중요도의 평균값인 4.382로 변경한다. 축 변경 작업을 완료하면 산점도는 〈그림 9-11〉과 같이 변경된다.

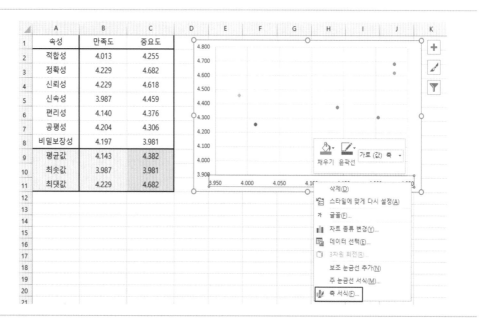

= **그림 9-9** IPA 분석 차트 생성 절차 6: 축 서식

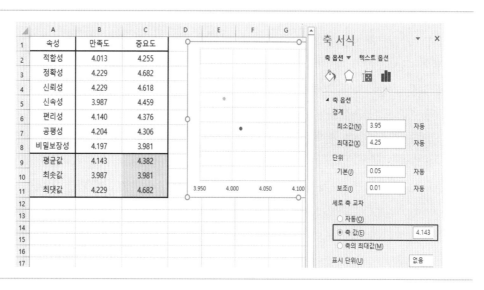

= **그림 9-10** IPA 분석 차트 생성 절차 7: 축 옵션에서 세로 축 교차의 축 값 변경

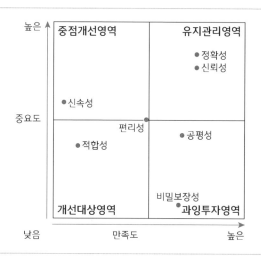

	A	B	C	D	E	F	G	H	I	J
1	속성	만족도	중요도							
2	적합성	4.013	4.255							
3	정확성	4.229	4.682							
4	신뢰성	4.229	4.618							
5	신속성	3.987	4.459							
6	편리성	4.140	4.376							
7	공평성	4.204	4.306							
8	비밀보장성	4.197	3.981							
9	평균값	4.143	4.382							
10	최솟값	3.987	3.981							
11	최댓값	4.229	4.682							
12										

그림 9-11 IPA 분석 차트 생성 절차 8: 축 변경 이후의 산점도

최종적인 IPA 분석 차트는 엑셀 산점도의 최솟값과 최댓값 조정, 눈금선 및 눈금 레이블 삭제 등의 정리 작업 이후 파워포인트와 같은 도구를 사용하여 작성하며, 그 결과는 〈그림 9–12〉와 같다.

그림 9-12 직접측정 방법의 IPA 분석 차트

IPA 분석 결과를 해석해 보면 정보의 정확성과 신뢰성은 유지 관리 영역에 위치하고 있어 현재 수준을 지속적으로 유지하는 것이 필요하고, 신속성의 경우 이용자들이 생각하는 중요도에 비해 만족도가 상대적으로 낮은 중점 개선 영역에 위치하고 있어 농업

관측정보를 이용자가 원하는 시기에 신속하게 제공할 수 있는 방안을 강화할 필요가 있음을 알 수 있다. 개선 대상 영역에 포함된 적합성과 편리성은 지속적인 질적 수준 제고를 위한 중장기적인 노력이 필요한 것으로 나타났다. 마지막으로 공평성과 비밀보장성은 과잉 투자 영역에 위치하고 있어 이들 속성과 관련된 자원의 투입량을 감축하고, 감축된 자원을 중점 개선 영역에 포함된 신속성의 만족도 제고에 투입하는 것이 필요하다.

2. 간접측정 방법

앞서 언급한 것처럼 간접측정 방법에는 개별적인 각 속성의 만족도와 전반적인 만족도 간의 상관관계를 중요도의 추정값으로 사용하는 방식과 전반적인 만족도를 종속변수로, 각 속성의 만족도를 독립변수로 하는 다중회귀분석의 계수 추정값을 사용하는 방식이 있다. 하지만, 일반적으로 전반적인 만족도와 개별적 만족도 간의 상관관계를 이용하는 방법을 많이 사용하기 때문에 본 소절에서는 이 방법을 중심으로 IPA 분석 과정을 설명한다.

C162 | =CORREL($B$3:$B$159,C3:C159)

	A	B	C	D	E	F	G	H	I
1	obs.	전반적 만족도	만족도						
2			적합성	정확성	신뢰성	신속성	편리성	공평성	비밀 보장성
3	1	4	4	4	4	4	4	4	4
4	2	5	5	5	5	4	4	4	3
5	3	5	4	4	5	4	4	4	4
6	4	4	3	5	4	4	4	5	4
7	5	4	3	4	4	5	5	4	4
8	6	4	4	4	3	3	4	4	3
153	151	4	4	3	3	3	5	3	4
154	152	4	4	4	4	3	4	4	4
155	153	4	4	3	4	4	4	5	4
156	154	4	4	3	4	3	4	4	4
157	155	4	3	5	5	3	2	4	5
158	156	4	3	4	4	4	4	4	4
159	157	4	4	4	3	3	4	3	4
160									
161		전반적 만족도	적합성	정확성	신뢰성	신속성	편리성	공평성	비밀 보장성
162		상관계수	0.35193	0.39808	0.40846	0.36032	0.31626	0.28056	0.22598

그림 9-13 엑셀 함수를 이용한 상관계수 계산

첫 번째는 전반적인 만족도와 개별 속성에 대한 만족도 간의 상관계수를 계산하는 단계이다. 두 변수 간에 선형적으로 어떤 관계가 있는가를 분석하는 방법을 상관 분석 (correlation analysis)이라 하며, 두 변수 간의 존재하는 관계의 강도를 상관계수(correlation coefficient)라고 한다. 상관계수는 두 변수 간의 연관된 정도를 나타낼 뿐이며, 두 변수 간의 인과관계를 설명하는 것은 아니라는 점에 유의할 필요가 있다.

농업관측정보의 전반적인 만족도와 7개 속성 각각의 상관 분석을 시행하면 전반적인 만족도에 미치는 각 7개 속성의 개별적인 영향력을 계산할 수 있으며, 이를 각 속성의 중요도로 사용할 수 있다. 엑셀에서 CORREL() 함수를 사용하면 상관계수를 계산할 수 있다.

$$=CORREL(데이터1의 \ 범위, \ 데이터2의 \ 범위)$$

〈그림 9-13〉에서 전반적인 만족도와 적합성 간의 상관계수 추정값은 셀 주소 C162에 있는 0.35193이며, 해당 수치를 계산하는 엑셀 함수식은 =CORREL($B$3:$B$159, C3:C159)이다. 함수식에서 $B$3:$B$159는 절대 참조라고 하는데, 절대 참조를 하게 되면 참조하는 주소가 바뀌지 않고 고정된다. 이는 적합성 이외에 정확성 등 다른 속성과 전반적인 만족도 간의 상관계수 계산을 위해 수식 자동 채우기를 할 때 전반적인 만족도의 범위를 고정하면 계산이 편하기 때문이다. C162를 I162까지 수식 자동 채우기를 하면 전반적인 만족도와 정확성부터 비밀보장성까지의 상관계수를 계산할 수 있으며, 비밀보장성과 전반적인 만족도 간 상관계수를 계산하는 함수식은 =CORREL($B$3:$B$159,I3:I159)가 됨을 확인할 수 있다.

두 번째는 이전 단계에서 계산한 상관계수를 활용하여 전반적인 만족도에 미치는 7개 속성의 개별적인 중요도를 계산하는 단계이다. 이를 위해 〈그림 9-14〉의 왼쪽과 같은 표를 작성한다. 우선 표의 첫 번째 열에는 농업관측정보의 7개 속성을, 두 번째 열에는 각 속성의 상관계수를 기입하고, 상관계수의 총합을 구한다. 이 예에서 7개 상관계수의 합계는 2.34159이다. 이제 각 속성의 중요도를 구해야 한다. 중요도는 각 속성의 상관계수를 상관계수의 합계로 나누어 계산한다. 일례로 적합성 속성의 중요도는 0.3519/2.3416=0.1503이다. 같은 방식으로 다른 속성의 중요도를 모두 구할 수 있다.

세 번째는 2단계에서 구한 속성별 중요도와 설문조사 결과에서 구한 각 속성별 만족도의 평균값을 X-Y 좌표 평면에 산점도로 도식화하는 단계이다. 산점도를 도출하는 과정은 앞서 살펴본 직접측정 방법에서 소개한 절차와 동일하며, 결과는 〈그림 9-15〉

와 같다. 〈그림 9－15〉의 산점도를 직접측정 방법에서 도출한 산점도와 비교하면 적합성 속성이 개선 대상 영역에서 중점 개선 영역으로 이동한 것을 알 수 있다. 적합성을 제외한 나머지 속성들은 직접측정 방법의 분석 결과와 같은 영역에 위치하고 있다.

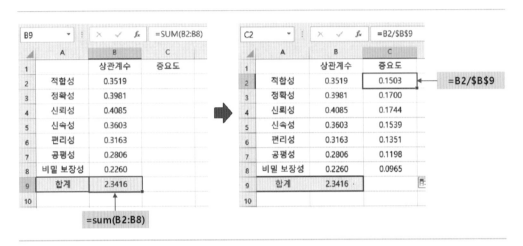

그림 9-14 상관계수를 활용한 중요도 산출

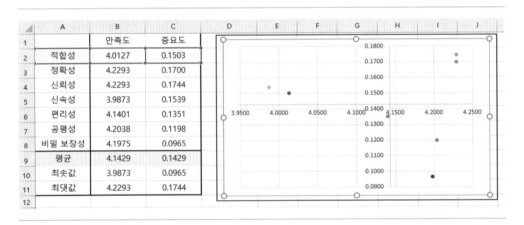

그림 9-15 IPA 분석 산점도

○ 참고문헌

김성훈, 홍승지, 김가을, 박선민(2021), 농업관측 정보의 질적 수준 및 확산 제고 방안, 한국
   농업경제학회.

D. R. Bacon(2003), "A comparison of approaches to Importance-Performance Analysis",
   International Journal of Market Research 45(1), pp. 55-68.

J. Abalo, J. Varela and V. Manzano(2007), "Importance values for Importance-Performance
   Analysis: A formula for spreading out values derived from preference rankings",
   Journal of Business Research 60(2), pp. 115-121.

J. A. Martilla and J. James(1977), "Importance-performance analysis", Journal of
   Marketing 41(1), pp. 77-79.

N. Slack(1994), "The importance-performance matrix as a determinant of improvement
   priority", International Journal of Operation Production Management 14(5), pp.
   59-75.

위키백과, https://ko.wikipedia.org/wiki/.

○ 요약 및 복습

01 IPA 분석은 제품이나 서비스를 생산하는 기업의 경영 차원에서 중점적으로 개선해야
하는 속성 또는 요소들을 구분해 줌으로써 효과적인 의사결정을 가능하게 한다.

02 IPA 분석은 소비자가 지각하는 특정 속성에 대한 만족도와 중요도를 각각 X축과 Y축으
로 하는 2차원 평면상에 좌표로 각 속성을 표현하는 분석 방법이다.

03 IPA 분석에 필요한 데이터를 얻기 위해 설문지 구상 시 소비자들에게 만족도와 중요도를
각각 질문하는 방법과 전반적인 만족도와 각 속성별 만족도를 질문하는 방법이 있다.

04 IPA 분석 방법은 설문으로 확보한 중요도 데이터를 활용하는 직접측정 방법과 전반적
인 만족도와 각 속성별 만족도 간의 상관계수를 구하고 이를 바탕으로 중요도를 추정하
는 간접측정 방법으로 구분할 수 있다.

05 직접측정 방법의 단계는 다음과 같다.
 - 1단계: 응답자 전체의 속성별 평균값 구하기
 - 2단계: 속성, 만족도, 중요도로 구성된 엑셀 분석 자료 생성
 - 3단계: 만족도와 중요도의 평균값, 최솟값, 최댓값 구하기
 - 4단계: IPA 분석 차트 작성

　　　　- 5단계: IPA 분석 결과의 확인

06 간접측정 방법의 단계는 다음과 같다.

　　　　- 1단계: 전반적인 만족도와 개별 속성 간의 상관계수 구하기

　　　　- 2단계: 상관계수를 활용한 중요도 구하기

　　　　- 3단계: 응답자 전체의 속성별 평균값 구하기

　　　　- 4단계: 엑셀 분석 자료 생성

　　　　- 5단계: IPA 분석 차트 작성

　　　　- 6단계: IPA 분석 결과의 확인

07 IPA 사분면 분석 모형의 경우 2차원 평면에 중요도와 만족도의 평균값을 기준으로 해당 속성의 좌표값의 위치에 따라 「유지 관리 영역(Ⅰ사분면)」, 「중점 개선 영역(Ⅱ사분면)」, 「개선 대상 영역(Ⅲ사분면)」, 「과잉 투자 영역(Ⅳ사분면)」으로 구분한다.

08 「유지 관리 영역」은 소비자들에게 중요한 의미가 있는 동시에 해당 기업이 소비자들을 비교적 잘 만족시키고 있는 영역으로 현재 수준을 지속적으로 유지하는 것이 필요하다.

09 「중점 개선 영역」은 소비자들이 생각하는 중요도가 높은데도 불구하고 소비자가 인지하고 있는 만족도가 낮은 영역으로 가장 시급하게 개선이 필요하며, 개선 활동에 대한 효과성도 가장 큰 속성이기 때문에 전반적 만족도 향상을 위한 집중적인 관심과 투자가 필요하다.

10 「개선 대상 영역」은 중요도와 만족도가 모두 낮은 영역으로 현재는 크게 신경 쓸 필요가 없는 영역이며, 장기적인 개선과제로 우선순위가 밀려나는 부분이라고 할 수 있다.

11 「과잉 투자 영역」은 고객들이 인지하는 중요도가 낮음에도 불구하고 서비스를 제공하는 조직이 자원을 과잉 투자하여 불필요한 정도로 고객의 만족도가 높은 영역이다. 따라서 해당 영역의 속성과 관련된 자원의 투입량을 감축하고, 감축된 자원을 중점 개선 영역에 포함되는 속성의 만족도 제고에 투입하는 것이 필요하다.

● 주요 용어

• IPA	• 유지 관리 영역	• 중점 개선 영역
• 개선 대상 영역	• 과잉 투자 영역	• 리커트 척도
• 직접측정 방법	• 간접측정 방법	• 상관 분석
• 상관계수		

🔵 학습문제

01 IPA 분석에 필요한 변수를 설명하시오.

02 IPA 분석 방법 중 직접측정 방법을 설명하시오.

03 IPA 분석 방법 중 간접측정 방법에 필요한 중요도를 계산하기 위해 사전 단계로 시행되어야 하는 분석을 설명하시오.

04 IPA 분석을 통해서 도출할 수 있는 대상 영역의 특징은 무엇이고, 영역별 대응 방안을 설명하시오.

05 다음은 직원 가치 제안(Empolyee Value Proposition: EVP)에 대한 인식(중요도)과 그에 상응하는 고용주들의 활동에 대한 만족도를 파악하기 위해 수행된 설문조사 결과이다.[9] 응답자들은 리커트 4점 척도로 EVP 속성의 중요도 수준(1-중요하지 않음, 2-덜 중요, 3-중요, 4-매우 중요)과 고용주의 각 속성에 대한 이행 정도(1-전혀 이행되지 않음, 2-어느 정도 이행됨, 3-상당 부분 이행됨, 4-완전히 이행됨)를 평가하도록 요청받았으며, 중요도와 만족도 값은 전체 응답자의 평균값이다. 해당 자료를 이용하여 IPA 분석을 수행하시오.

S.No	변수명	속성	중요도	만족도	S.No	변수명	속성	중요도	만족도
1	EVP01	능력에 따른 급여 및 보상	3.13	2.33	21	EVP21	존경과 신뢰로 사람을 대하는 것	3.27	2.46
2	EVP02	업계 표준에 따른 적절한 보상	3.10	2.34	22	EVP22	지원적 리더십 문화	3.06	2.34
3	EVP03	모든 직원의 복리후생 및 특전	2.79	2.13	23	EVP23	실적에 대한 정기적인 피드백	3.06	2.32
4	EVP04	기대 이상의 탁월한 성과에 대한 보상 및 인정	3.07	2.40	24	EVP24	탄력근무제	3.03	2.22
5	EVP05	의료 혜택	3.48	2.77	25	EVP25	작업을 수행할 수 있는 충분한 자원	3.02	2.38
6	EVP06	보육 시설	3.38	2.32	26	EVP26	역할의 명확성	3.16	2.40
7	EVP07	퇴직금	3.34	2.54	27	EVP27	스트레스 없는 근무 환경	3.12	2.27
8	EVP08	직원 주식 보상제도	3.05	2.21	28	EVP28	고용 안정	3.20	2.46
9	EVP09	다양한 기술 및 부서에서 일할 수 있는 기회	3.06	2.33	29	EVP29	일과 삶의 균형	3.09	2.28
10	EVP10	경력 성장 가능성	3.29	2.37	30	EVP30	비공식적인 직장 문화	2.86	2.24
11	EVP11	도전적인 과제	3.26	2.44	31	EVP31	창의력 장려	3.01	2.29
12	EVP12	협동작업의 기회	3.04	2.43	32	EVP32	자신의 강점, 역량, 관심사와 관련된 업무	3.04	2.30
13	EVP13	결정을 내릴 수 있는 권한 부여	2.95	2.32	33	EVP33	투명한 직장 문화	3.06	2.30
14	EVP14	훈련을 통한 새로운 기술 개발 기회	3.12	2.35	34	EVP34	기술 지원	3.26	2.55
15	EVP15	글로벌 사업 및 노동 관행에 대한 노출	3.04	2.28	35	EVP35	고객 중심 조직	3.12	2.41
16	EVP16	조직 내외부 전문가와의 교류	2.98	2.20	36	EVP36	환경 및 사회적 책임 활동에 대한 조직의 관심	3.00	2.24
17	EVP17	배운 것을 적용할 수 있는 기회	3.05	2.29	37	EVP37	고품질 제품이나 서비스에 대한 조직의 관심	3.04	2.37
18	EVP18	우수사원 고속 승진	3.16	2.33	38	EVP38	윤리성에 대한 조직의 평판	3.00	2.28
19	EVP19	개인 긴급 상황 시 조직 차원의 지원	3.10	2.32	39	EVP39	유능하고 공정한 리더십	3.03	2.34
20	EVP20	동료를 지지하고 격려하는 문화	3.02	2.28	40	EVP40	혁신적인 제품 및 서비스에 대한 조직의 관심	3.14	2.43

9 해당 자료는 Deepa et al.(2019)의 "Importance-performance analysis as a tool to guide employer branding strategies in the IT-BPM industry"에서 가져왔다. 해당 자료(EVP_Data.xlsx)는 박영사 홈페이지에서 확인할 수 있다.

CHAPTER

10
군집분석(cluster analysis)

개요

　군집분석의 주요 목적은 분류하고자 하는 개체들의 주요 속성 또는 특성을 나타내는 여러 변수를 기반으로 개체들을 상대적으로 동질적인 집단으로 분류하는 것이다. 군집분석은 속성이 비슷한 잠재고객들끼리 그룹화하여 시장을 세분화하는 방법으로 자주 사용되고 있으며, 구매자 행동 이해, 신제품 기회 식별, 테스트 시장 선택 등 다양한 분야에서 활용되고 있다. 이 장에서는 군집분석의 개념과 분석 단계, 그리고 엑셀에서 군집분석을 수행하는 방법을 살펴보기로 한다. 먼저 다양한 군집분석의 개념과 마케팅 분야에서의 군집분석 활용 분야, 그리고 군집분석 수행을 위해 필요한 주요 개념에 대해 살펴본다. 다음으로는 군집분석의 다양한 군집화 방법과 군집분석의 단계에 대해 살펴보고, 마지막으로 엑셀을 활용한 군집분석 방법에 대해 알아본다.

주요 학습사항

1 군집분석이란 무엇인가?
2 마케팅 분야에서 군집분석이 활용될 수 있는 분야에는 어떤 것들이 있는가?
3 군집화 거리 척도에는 어떤 것들이 있는가?
4 군집분석의 단계는 어떻게 구성되고, 단계별로 분석해야 하는 내용들은 무엇인가?
5 군집분석의 종류를 결정하는 주요 기준과 이에 따른 군집분석의 종류는 어떻게 되는가?
6 군집분석 결과의 품질, 신뢰성, 유효성을 평가하는 목적은 무엇이며, 방법에는 어떤 것들이 있는가?
7 군집분석에 필요한 엑셀 함수에는 어떤 것들이 있는가?

제1절

개요

1. 기본 개념

군집분석(cluster analysis)은 여러 개체 중에서 유사한 속성을 지닌 대상을 몇 개의 집단으로 그룹화하고, 각 집단의 성격을 파악함으로써 데이터 전체의 구조에 대해 이해하고자 하는 탐색적인 분석 방법이다.[1] 군집분석은 데이터 집합 내에서 관측치들의 하위 집단을 발견하도록 설계된 데이터 축소 기술이라고 할 수 있으며, 군집분석을 통해 많은 수의 관측치를 훨씬 적은 수의 군집 또는 유형으로 줄일 수 있다. 군집(cluster)은 일반적으로 다른 집단의 관측치보다 서로 더 유사한 관측치 집단으로 정의한다.

군집분석의 주요 원리는 같은 군집 내에 속한 개체들의 특성은 가능한 한 동질적이고, 서로 다른 군집에 속한 개체 간의 특성은 서로 이질적으로 개체들을 분류해야 한다는 것이다. 따라서 군집분석에서 사용하는 알고리즘은 군집 내 개체의 동질성과 군집 간 개체의 이질성을 최대화하는 방법이 된다. 군집분석의 한 종류인 K-평균 군집화 (K-means clustering) 알고리즘을 예로 들면 군집 내 개체들의 동질성을 최대로 만든다는 것은 군집 내 중심(centroid)과 해당 군집의 각 개체 간 거리의 합을 최소화하는 것을 의미하고, 군집 간 개체의 이질성을 최대화하는 것은 각 군집의 중심 간 거리의 합을 최대로 만드는 것을 의미한다(〈그림 10-1〉 참조). 한편, 개별 군집의 특성은 각 군집에 속한 개체들의 평균값으로 나타낼 수 있는데, 이 평균값을 해당 군집의 프로필(profile)이라고 한다.

군집분석의 기본적인 아이디어는 이미 1980년대에 등장하였지만, 최근 인공지능 (artificial intelligence) 및 기계학습(machine learning)이 발전하면서 다양한 방법들이 개발되어왔다. 기계학습의 관점에서 보면 군집분석은 비지도학습(unsupervised learning)[2]에

---

1 이훈영(2010)
2 기계학습의 학습 방법 중 하나이며, 비지도학습 이외에 지도학습(supervised learning), 강화학습(reinforcement learning) 등이 있다. 기계학습은 훈련 데이터를 기반으로 기계가 스스로 일련의 규칙을 학습하는 방법이다. 지도학습의 경우 학습 과정에서 정답(label)이 있는 데이터를 활용하는 데 반해, 비지도학습은 정답이 없는 데이터를 활용한다는 점에서 차이가 있다. 비지도학습은 정답이 없는 데이터로부터 패턴이나 형태를 찾아야 하기 때문에 지도학습보다는 난이도가 높은 편이며, 군집화(clustering)가 대표적인 비지도학습에 해당한다.

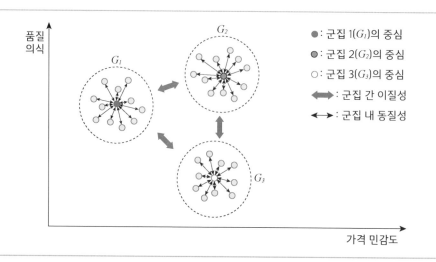

≒ 그림 10-1 군집 내 개체들의 동질성과 군집 간 개체들의 이질성

해당하는데, 이는 분석가가 데이터 속에 몇 개의 군집이 존재하고 그 구조가 어떻게 될 것인지에 대해 아무런 정보 없이 분석을 시도하게 됨을 의미한다. 이러한 이유로 군집 분석의 결과가 〈그림 10−1〉과 같이 완벽하게 구분되는 몇 개의 군집으로 나타날 수도 있지만, 때로는 군집이 하나인 완전한 무작위적 패턴으로 나오거나 데이터들이 잘 분리 되지 않은 결과를 보이기도 한다.

분리가 잘 이루어지지 못한 군집화에서의 군집 선정 기준은 다양하다. 보통은 각 군집의 중심(centroid)을 기준으로 군집화가 이루어지지만, 데이터 간의 근접성(contiguity) 이나 밀도(density)와 같은 기준으로 군집화를 진행할 수도 있다. 한편, 군집 기준뿐만 아니라 데이터 내 관측치를 군집에 어떤 방식으로 분류하는가에 따라 배타적 군집화 (exclusive clustering), 중첩적 군집화(overlapping clustering)로도 구분할 수 있다. 배타적 군 집화는 관측치를 무조건 하나의 군집에만 소속시키는 방식이며, 중첩적 군집화는 하나의 관측치를 여러 군집에 복수로 소속시키는 방법이다. 이외에도 어떤 관측치가 어떤 군집 에 소속되는가의 여부를 확률로 표현하는 확률기반 군집화(fuzzy clustering) 등도 있다.[3] 군집화의 접근방식은 이처럼 군집 기준이나 관측치의 분류 방식에 따라 다양하게 구분 할 수 있다.

---

3 나무위키, https://namu.wiki

2. 활용 분야

군집분석은 생물학, 행동과학, 의학분야 등 다양한 분야에서 활용하고 있으며, 마케팅 분야에서도 다음과 같은 다양한 목적으로 활용되어 왔다.[4]

1) 시장 세분화(segmenting the market)

고객을 동질적인 그룹으로 나누는 것은 마케팅의 기본 전략 중 하나이다. 예를 들어, 시장 조사자는 제품으로부터 유사한 혜택을 추구하는 소비자들을 그룹화하여 그들과 더 잘 소통할 수 있도록 하는 방법을 찾고자 할 수 있다. 이처럼 소비자들을 제품 구매로부터 얻는 혜택을 기반으로 군집화를 진행할 수 있으며, 군집화를 통해 도출한 각군집은 그들이 추구하는 혜택의 측면에서 상대적으로 동질적인 소비자들로 구성된다. 이러한 접근법을 혜택 세분화(benefit segmentation)라고 한다.[5]

2) 구매자 행동 이해(understanding buyer behaviors)

소비자가 쇼핑 장소로 백화점을 선택할 때 고려하는 기준의 각 요인별 중요도에 대해 설문하고, 설문 결과를 토대로 군집분석을 이용하여 동질적인 구매자 집단을 식별할 수 있다. 그런 다음 백화점 후원 프로젝트에서와 같이 각 집단별로 구매 행동을 분석함으로써 해당 백화점의 문제점을 발견하고 적절한 해결방안을 도출하는 데 도움을 줄 수 있다. 군집분석은 자동차 구매자가 외부 정보를 얻기 위해 사용하는 전략의 종류를 식별하는 데도 사용되어 왔다.

3) 신제품 기회의 식별(identifying new product opportunities)

해당 기업과 연관된 브랜드와 제품을 군집화함으로써 시장 내 경쟁력이 있는 부분

---

4 Malhotra(2020)
5 혜택 세분화는 고객 세분화와 다른 접근법이다. 마케팅에서 고객 세분화(segmentation)는 통상적으로 고객들의 연령이나 성별, 거주지역, 소득 등과 같은 인구통계학적인 변수들을 일정 등급에 따라 고객들을 분류하는 방법을 의미한다. 이 방법은 고객들을 마케터(marketer)가 설정한 기준에 따라 분류하기 때문에 비통계적인 방법이라고 할 수 있으며, 이와 같은 단순한 고객 세분화로는 원하는 결과를 도출하지 못하거나 오류가 발생할 수도 있다.

을 결정할 수 있다. 일반적으로 동일한 집단에 포함된 브랜드나 제품들끼리의 경쟁은 다른 집단에 속해 있는 브랜드나 제품들과의 경쟁보다 더 치열하다. 기업은 이러한 군집화 결과를 토대로 현재 제품을 경쟁사의 제품과 비교함으로써 잠재적인 신제품 기회를 파악할 수 있다.

4) 검증 시장 선택(selecting test markets)

신제품이나 다양한 마케팅 전략을 검증하기 위해 많은 수의 도시를 선택할 수도 있겠지만 경제적인 이유로 이들 중 소수의 도시를 선택해야 하는 상황에 직면할 수 있다. 이러한 상황에서 군집분석은 도시의 규모나 1인당 소득, 신문 발행부수 등 다양한 속성 변수를 기준으로 전체 도시를 소수의 집단으로 분류하는 데 사용할 수 있다. 한 집단 내의 도시들은 서로 유사할 것으로 예상할 수 있기 때문에 각 집단별로 하나의 도시를 선택함으로써 다양한 마케팅 전략을 검증할 수 있는 비교 가능한 도시를 선택하는 것이 가능하다.

5) 데이터 축소(reducing data)

군집분석은 개별 관측치들보다 상대적으로 관리하기 쉬운 데이터의 클러스터 (cluster) 또는 하위 그룹을 개발하기 위한 일반적인 데이터 축소 도구로 사용할 수 있다. 이후에 이루어지는 다변량 분석은 개별 관측값이 아닌 클러스터에 대해 수행된다. 예를 들어, 소비자의 제품 사용 행동의 차이를 설명하기 위해 먼저 군집분석을 시행하여 소비자를 군집화한 다음 다중 판별분석(discriminant analysis)[6]을 사용하여 군집 간의 차이를 분석할 수 있다.

---

6 판별분석은 두 개 이상의 모집단에서 추출된 표본들이 지니고 있는 정보를 이용하여 이 표본들이 어느 모집단에서 추출된 것인지를 결정해 줄 수 있는 기준을 찾는 분석방법이다(출처: 위키백과).

제2절

군집화 거리 척도

군집분석은 여러 개체 중에서 유사한 속성을 지닌 대상을 몇 개의 집단으로 그룹화하고, 각 집단의 성격을 파악함으로써 데이터 전체의 구조에 대해 이해하고자 하는 탐색적인 분석 방법이라고 하였다. 따라서 개체 간의 유사성(similarity) 혹은 비유사성(dissimilarity)을 측정하는 방법이 필요하다. 일반적으로 개체 간의 비유사성은 거리(distance)로 측정하며, 비유사성은 유사성과 반비례 관계에 있다고 생각할 수 있다. 계산된 결과는 비유사성 행렬 또는 거리 행렬(distance matrix)이라고 부른다.

거리 측정 방법은 여러 가지가 있는데, 데이터 내 변수들이 연속형(continuous)인 경우에는 유클리디안(Euclidean) 거리, 표준화(Standardized) 거리, 맨하탄(Manhattan) 거리, 마할라노비스(Mahalanobis) 거리 등이 있으며, 범주형 변수인 경우에는 자카드 지수(Jaccard index)와 코사인 유사도(cosine similarity)[7] 등이 있다. 이외에도 상관관계(correlation)에 기초한 거리 측정 방법인 피어슨(Pearson) 상관 거리, 스피어만(Spearman) 상관 거리 등도 있다.

군집분석에서 가장 흔히 사용하는 자료의 형태가 간격척도나 비율척도인 점을 고려하여 본 절에서는 연속형 변수의 거리 측정 방법에 국한하여 설명한다.

1. 유클리디안(Euclidean) 거리

거리 측정을 위한 가장 고전적인 방법은 유클리디안 거리 또는 그 제곱이다. n차원 공간상에 존재하는 두 점 x와 y의 유클리디안 거리를 구하는 공식은 다음과 같다.

$$d_{euc}(x, y) = \sqrt{\sum_{i=1}^{n}(x_i - y_i)^2} \qquad \text{[10-1]}$$

---

7 자카드 지수 산출법은 두 범주(category) 사이의 합집합이 아닌 원소는 무시하고 합집합과 교집합에 해당하는 원소만 사용하여 0~1 사이의 계수값을 도출하며, 숫자가 클수록 두 범주는 서로 유사한 집합으로 판단한다. 코사인 유사도는 단위벡터의 내각의 크기를 측정하여 유사도를 산출한다(출처: 나무위키).

예를 들어 〈그림 10-2〉와 같이 두 명의 고객을 상표충성도 변수 x와 소득 변수 y의 2차원 평면상에 나타냈을 때 두 고객 간의 거리는 피타고라스 정리로 쉽게 구할 수 있으며, 이렇게 구한 거리를 유클리디안 거리라고 한다.

2. 표준화(Standardized) 거리

유클리디안 거리는 변수들이 갖는 값의 척도나 분산의 크기에 따라 개체 간의 거리가 왜곡될 수 있다는 문제점이 존재한다. 이러한 문제점을 제거하기 위해 데이터 내 각 변수를 해당 변수의 표준편차(standard deviation)로 척도를 변환한 후에 유클리디안 거리를 계산할 필요가 있으며, 이와 같은 방식으로 거리를 측정하는 방식을 표준화 거리라고 한다. 표준화 거리의 측정 공식은 다음과 같다.

$$d_s(x,y) = \sqrt{\sum_{i=1}^{n} \frac{(x_i - y_i)^2}{S_i}} \qquad [10\text{-}2]$$

위 식에서 S_i는 i번째 변수의 분산을 의미한다.

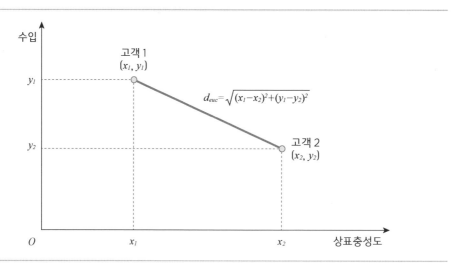

$$d_{euc} = \sqrt{(x_1 - x_2)^2 + (y_1 - y_2)^2}$$

≡ **그림 10-2** 유클리디안 거리 계산

3. 맨하탄(Manhattan) 거리

맨하탄 거리는 사각형 격자나 블록으로 이뤄진 지도에서 출발점에서 도착점까지 가로지르지 않고 도착하는 최단거리 개념이다. n차원 공간상에 존재하는 두 점 x와 y의 맨하탄 거리를 구하는 공식은 다음과 같다.

$$d_{man}(x,y) = \sum_{i=1}^{n} |x_i - y_i|$$ [10-3]

〈그림 10-2〉와 같은 상황에서 맨하탄 거리를 계산하는 방식은 〈그림 10-3〉과 같다.

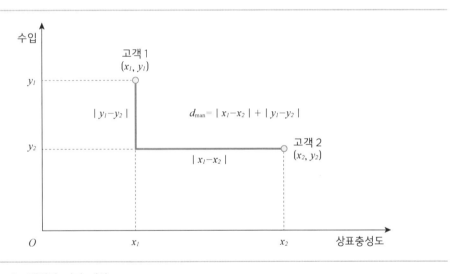

≡ **그림 10-3** 맨하탄 거리 계산

4. 마할라노비스(Mahalanobis) 거리

마할라노비스 거리는 변수의 표준편차와 함께 변수 간 상관성까지 고려한 거리 척도이다. 일반적인 다변량 데이터에서 두 데이터 간의 거리를 파악하기 위해 서로 다른 의미를 지닌 변수 사이의 상관관계를 고려하여 두 변수 간의 데이터의 방향성과 상관도를 나타내는 공분산행렬(covariance matrix)을 거리 계산 시 적용한다. n차원 공간상에 존재하는 두 점 x와 y의 마할라노비스 거리를 구하는 공식은 다음과 같다.

$$d_m(x, y; \Sigma) = (x - y)\Sigma^{-1}(x - y)^T \qquad\qquad\qquad [10\text{-}4]$$

위 식에서 Σ는 변수 간의 공분산행렬이다.

제3절

군집분석의 종류

군집분석은 분류 기준이 없는 상태에서 데이터 속성을 고려하여 전체 데이터를 일정한 수의 소집단으로 군집화하는 방법이며, 군집을 생성할 때 집단 내 동질성과 집단 간 이질성을 최대로 만드는 과정을 거친다고 설명하였다. 이러한 군집화 과정에서 군집 대상의 중복이나 부분군집을 허용하는가의 여부에 따라 군집분석의 방법은 계층적 군집화, 분할적 군집화, 그리고 중복 군집화 등으로 분류할 수 있으며, 동일한 방식 내에서도 동질성과 이질성을 어떤 기준에 의해 계산할 것인지 등에 따라 다양한 방법으로 분류된다(〈그림 10-4〉 참조).

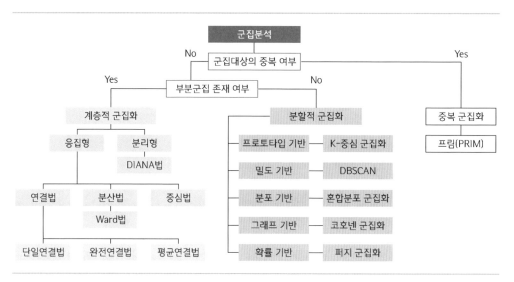

 그림 10-4 군집분석의 군집화 방법 분류

자료: Malhotra(2020).

계층적(hierarchical) 군집화와 분할적(partitional) 군집화는 군집을 형성하는 규칙이 일률적이며, 군집 형성의 대상 또는 개체가 반드시 어느 하나의 군집에만 포함되도록 하는 방법이다. 중복(overlapping) 군집화는 몇 개의 군집화 규칙을 상이하게 적용하여 군집화하는 방법으로 하나의 개체가 여러 군집에 포함되는 것을 허용하는 방법이다. 한편, 계층적 군집화와 분할적 군집화는 한 군집 안에 부분군집이 존재하는가에 따라 구분한다. 계층적 군집화에서는 한 군집 안에 부분군집이 존재하는 반면, 분할적 군집화에서는 군집 간 부분집합이나 중복 없이 군집은 상호 배타적으로 존재한다.

1. 계층적 군집화

계층적 군집화는 가장 유사한 개체를 묶어 나가는 과정을 반복하여 원하는 개수의 군집을 형성하는 방법으로 나무 모양의 계층구조를 형성한다는 특징이 있으며, 군집을 형성해 나가는 방향에 따라 응집형(agglomerative)과 분리형(divisive)으로 구분된다. 응집형은 개별 개체로부터 시작하여 유사한 개체들끼리 군집으로 묶어가는 상향식 방법이며, 분리형은 모든 개체를 포함하는 하나의 군집에서 시작하여 점진적으로 세부 군집으로 분리해가는 하향식 방법이다. 일반적으로 응집형은 단위가 작은 군집을 찾고자 할 때 성능이 좋은 반면, 분리형은 좀 더 큰 단위의 군집을 찾고자 할 때 성능이 좋은 것으로 알려져 있다. 계층적 군집화의 결과는 개체 간에 계층적 관계를 보여주는 덴드로그램(dendrogram)[8]의 형태로 표현된다.

1) 응집형 군집화

응집형 군집화는 마케팅 연구에서 자주 활용되는 방법이며, 거리 행렬(distance matrix)을 가지고 군집 간 유사성을 측정해 모든 개체가 하나의 군집으로 분류될 때까지 반복적으로 군집화를 수행한다. 분석 데이터에 n개의 개체가 있는 경우 군집화 수행 단계는 다음과 같다.

8 덴드로그램은 계층 군집분석 결과를 시각화하는 도구로서, 다차원 데이터 집합을 처리할 수 있다. 계층적 군집분석에서 군집의 개수를 지정해주지 않아도 학습을 수행할 수 있는 것은 개체들이 결합되는 순서를 나타내는 나무(tree) 형태의 구조인 덴드로그램 덕분이다. 덴드로그램에서 가지의 길이는 합쳐진 군집이 얼마나 멀리 떨어져 있는지를 보여준다.

> 1단계: 한 개의 개체를 갖는 n개의 군집으로 시작하며, 모든 군집 간의 거리 행렬을 계산한다.
> 2단계: 거리 행렬에서 가장 거리가 짧은 군집의 쌍을 찾아 하나의 군집으로 합친다.
> 3단계: 새롭게 합쳐진 군집을 고려하면서 거리 행렬을 갱신한다.
> 4단계: 모든 개체를 포함하는 하나의 군집이 생성될 때까지 2단계와 3단계를 반복한다.

거리 행렬은 2절에서 소개한 거리 척도 중에서 데이터의 특성이나 분석 목적에 적합한 척도를 선택하여 군집화 과정에서 가능한 모든 쌍의 군집 간 거리를 계산하여 도출한다. 일례로 1단계에서 모든 개체가 별도의 군집이기 때문에 거리 행렬은 다음과 같은 형태를 갖게 된다.

$$D = \begin{bmatrix} d_{11} & d_{12} & \cdots & d_{1n} \\ d_{21} & d_{22} & \cdots & d_{2n} \\ \vdots & \vdots & \ddots & \vdots \\ d_{n1} & d_{n2} & \cdots & d_{nn} \end{bmatrix} \qquad\qquad\qquad [10\text{-}5]$$

[식 10−5]에서 d_{ij}는 군집 i와 군집 j와의 거리를 나타내며, 거리 행렬에서 $d_{ij} = d_{ji}$이기 때문에 실제 계산은 행렬의 하삼각형이나 상삼각형 중 하나만 계산하면 된다.

응집형 군집화는 군집을 형성할 때 고려하는 군집 간 거리 측정 시의 연결 방식에 따라 연결법(linkage methods), 분산법(variance methods) 또는 오차제곱합법(error sums of squares methods), 중심법(centroid methods)으로 구분한다.

(1) 연결법

연결법은 군집 간의 거리 계산을 기반으로 개체를 군집화하는 방식이며, 군집 간 거리를 측정하는 방법에 따라 단일연결법(single linkage method), 완전연결법(complete linkage method), 평균연결법(average linkage method)으로 구분한다.

가. 단일연결법

단일연결법은 최소 거리 또는 최근접 이웃 규칙(nearest neighbor rule)을 기반으로 하고 있으며, 다른 군집에 속한 가장 가까운 두 점 사이의 거리를 군집 간의 거리로 측정하는 방법이다(〈그림 10−5 (a)〉 참조). 단일연결법의 군집 간 거리 측정 공식은 다음과 같다.

$$d(i+j, k) = \min\{d(i, k), d(j, k)\} \qquad\qquad\qquad [10\text{-}6]$$

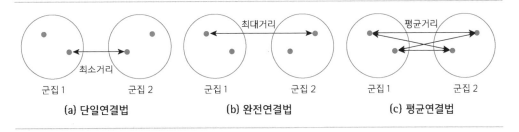

군집 1 **군집 2** **(a) 단일연결법** **군집 1** **군집 2** **(b) 완전연결법** **군집 1** **군집 2** **(c) 평균연결법**

≡ **그림 10-5** 연결법의 군집 간 거리 측정 방법

자료: Malhotra(2020).

위 식에서 $d()$는 유클리디안 제곱 거리를 계산하는 함수를 의미한다.

단일연결법을 이용한 군집화 과정을 이해하기 위해 변수 2개, 개체 5개로 구성된 데이터와 유클리디안 제곱 거리를 사용하여 군집화하는 과정을 살펴보자.[9]

	X 좌표	Y 좌표
P1	1	1
P2	3	1
P3	2	4
P4	4	3
P5	5	4

(a) XY 좌표

(b) 산포도

≡ **그림 10-6** 5개 개체의 좌표와 산포도

5개 개체의 좌표와 산포도는 〈그림 10−6〉과 같다. 응집형 군집화이기 때문에 5개의 점은 각각 하나의 군집이 된다. 5개의 군집을 대상으로 거리 행렬을 구한 결과는 〈그림 10−7 (a)〉와 같다. 거리 행렬에서 $P1$과 $P2$의 거리가 1로 가장 가깝기 때문에

---

9 해당 예제는 R 분석과 프로그래밍(http://rfriend.tistory.com)을 참고하였다.

$P1$과 $P2$는 새로운 군집으로 묶이게 되며(〈그림 10-7 (b)〉), 다음 단계에서 거리 행렬은 $(P1, P2)$, $P3$, $P4$, $P5$의 총 4개 군집에 대해 계산이 이루어진다.

다른 군집에 속한 가장 가까운 두 점의 거리를 군집 간 거리로 측정하는 단일연결법을 적용한 거리 행렬에서 $P4$와 $P5$의 거리가 2로 가장 짧기 때문에 두 군집을 하나의 군집으로 묶게 되고, 그 결과 군집은 $(P1, P2)$, $(P4, P5)$, $P3$의 3개로 줄어든다(〈그림

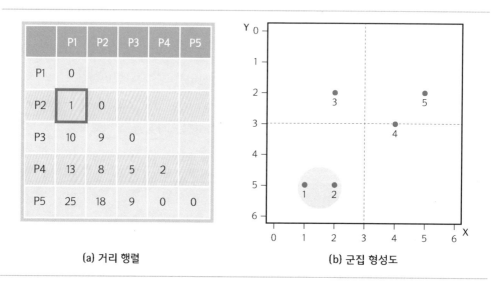

(a) 거리 행렬   (b) 군집 형성도

그림 10-7 군집화 첫 번째 단계의 거리 행렬과 군집화

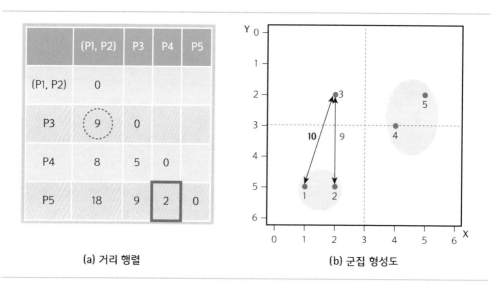

(a) 거리 행렬   (b) 군집 형성도

그림 10-8 군집화 두 번째 단계의 거리 행렬과 군집화

10-8〉 참조). 참고로 군집 $(P1, P2)$와 군집 $P3$의 거리 9는 〈그림 10−8 (b)〉와 같이 $P1$ 과 $P3$의 거리인 10과 $P2$와 $P3$의 거리 9에서 단일연결법의 원리에 따라 9가 선택되었다.

　다음 단계에서 $(P1, P2)$, $(P4, P5)$, $P3$의 3개 군집을 대상으로 거리 행렬을 계산한 결과 군집 $(P4, P5)$와 군집 $P3$의 거리가 5로 가장 가까워 두 군집을 묶어 $\{P3, (P4, P5)\}$의 새로운 군집으로 만든다(〈그림 10−9〉 참조).

　세 번째 단계까지 군집화 과정을 반복한 후 군집은 $(P1, P2)$와 $\{P3, (P4, P5)\}$ 두 개가 되었으며, 마지막으로 남은 두 군집을 하나로 묶어주게 되면 군집화 과정이 종료된다.

　단일연결법 군집화 결과의 덴드로그램은 〈그림 10−10〉과 같다.

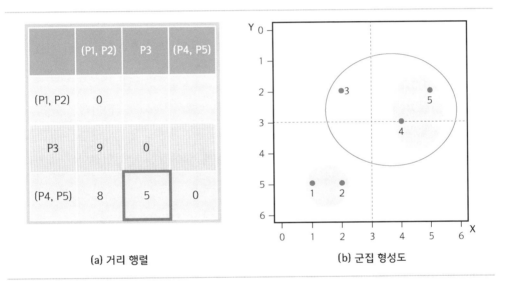

(a) 거리 행렬　　　(b) 군집 형성도

그림 10-9 군집화 세 번째 단계의 거리 행렬과 군집화

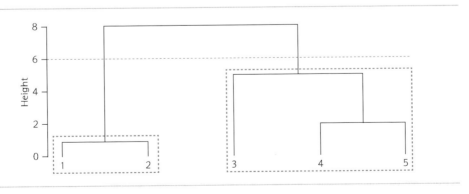

그림 10-10 단일연결법 군집화 덴드로그램

덴드로그램의 Height는 군집 간 거리를 나타내며, 이 거리를 기준(threshold)으로 군집의 개수를 알 수 있다. 만약 군집 간 거리를 6으로 설정하면 덴드로그램상에서 두 개의 군집 $(P1, P)$와 $\{P2, (P4, P5)\}$가 존재함을 알 수 있다.

나. 완전연결법

완전연결법은 최대 거리 또는 최원접 이웃 규칙(furthest neighbor rule)을 기반으로 하고 있으며, 다른 군집에 속한 가장 먼 두 점 사이의 거리를 군집 간의 거리로 측정하는 방법이다(〈그림 10-5 (b)〉 참조). 군집 간 거리 측정 방법을 제외하면 군집화 과정은 앞에서 설명한 단일연결법과 동일하다. 완전연결법의 군집 간 거리 측정 공식은 다음과 같다.

$$d(i+j, k) = \max\{d(i, k), d(j, k)\} \hspace{3em} [10\text{-}7]$$

다. 평균연결법

평균연결법은 서로 다른 군집 간의 모든 짝을 이룬 점들의 평균 거리로 군집 간의 거리로 측정하는 방법이다(〈그림 10-5〉 (c) 참조). 평균연결법도 완전연결법과 같이 군집 간 거리 측정 방법을 제외하면 군집화 과정은 앞에서 설명한 단일연결법과 동일하다. 평균연결법의 군집 간 거리 측정 공식은 다음과 같다.

$$d(c_i, c_j) = \frac{1}{n_i n_j} \sum_{i=1}^{n_i} \sum_{j=1}^{n_j} d(a_i, b_j) \hspace{3em} [10\text{-}8]$$

위 식에서 c_i는 군집 i, c_j는 군집 j, n_i는 군집 i에 포함된 원소의 개수, n_j는 군집 j에 포함된 원소의 개수, a_i는 군집 i에 포함된 원소, 그리고 b_j는 군집 j에 포함된 원소를 나타낸다.

(2) 중심법(Centroid linkage method)

중심법은 연결법과는 달리 군집의 중심을 해당 군집의 프로토타입(prototype)으로 설정하고, 두 군집 간의 거리를 측정할 때 각 군집의 중심(centroid) 간의 거리를 사용한다는 점에서 차이가 있다. 따라서 군집 간 거리 측정 이전에 각 군집의 중심을 계산하는 절차가 포함된다. 중심법의 군집 간 거리 측정 공식은 다음과 같다.

$$d(i+j, k) = d(\mu_{i+j}, \mu_k)$$ [10-9]

위 식에서 $d(i+j, k)$는 군집 i와 j가 병합된 새로운 $i+j$ 군집과 군집 k 간의 거리, μ_{i+j}는 군집 i와 군집 j의 데이터를 가중평균하여 계산한 새로운 중심이다. μ_{i+j}는 다음과 같이 계산한다.

$$\mu_{i+j} = \frac{n_i \mu_i + n_j \mu_j}{n_i + n_j}$$ [10-10]

위 식에서 n_i와 n_j는 각각 군집 i의 개체와 군집 j의 개체 수를 의미한다.

(3) 분산법: Ward법

연결법과 중심법은 유클리디안 제곱 거리에 기반해서 군집을 형성하지만, 분산법은 군집 간의 거리를 두 군집이 합쳐졌을 때의 오차제곱합(ESS: error sum of squares)의 증가분에 기반하여 측정한다.

분산법에서 일반적으로 사용하는 방법은 Ward법이다. 보통 두 군집이 합해지면 병합된 군집의 오차제곱합은 병합 이전 각 군집의 오차제곱합의 합보다 커지게 되는데, 그 증가분이 가장 작아지는 방향으로 군집을 형성해 나가는 방법이다. 따라서 군집화의 각 단계별 목적은 [식 10-11]의 군집 내 총 오차제곱합 E의 증가를 최소화하는 것이다.[10]

$$E = \sum_{m=1}^{g} E_m$$
$$E_m = \sum_{l=1}^{n_m} \sum_{k=1}^{p_k} \left(x_{ml,k} - \bar{x}_{m,k}\right)^2$$ [10-11]
$$\bar{x}_{m,k} = \left(\frac{1}{n_m}\right) \sum_{i=1}^{n_m} x_{ml,k}$$

위 식에서 $\bar{x}_{m,k}$는 k번째 변수에 대한 m번째 군집의 평균, $x_{ml,k}$는 m번째 군집 $(m = 1, \ldots, g)$ 내의 l번째 개체$(l = 1, \ldots, n_m)$에 대한 k번째 변수$(k = 1, \ldots, p)$의 점수이다. 오차제곱합의 증가분 E는 병합된 군집의 중심들(centroids) 사이의 유클리디안 제곱 거리에 비례하

---

10 Ward(1963)

지만, 중심 간의 거리 계산 시 중심들이 $n_m n_q / (n_m + n_q)$로 가중된다는 점에서 중심법과 차이가 있다(n_m과 n_q는 각각 두 군집 m과 q의 개체 수). 이러한 Ward법의 군집화 방식 때문에 크기가 비슷한 군집끼리 병합하고, 군집의 형태가 원형(spherical)이 되는 경향이 있다.

2) 분리형 군집화: DIANA(Divisive Analysis Clustering)

DIANA는 하향식(top-down)으로 계층을 구성하는 계층적 군집화 기법으로 응집형 군집화 알고리즘의 역순으로 접근한다. DIANA 군집화는 모든 n개의 관측치를 포함하는 하나의 큰 군집을 시작으로 군집 계층을 구성하고, 각 군집이 하나의 개체만 포함할 때까지 군집은 분할된다. 각 단계에서 지름(diameter)이 가장 큰 군집이 선택되는데, 이때 지름은 한 군집에 포함된 개체 중에서 이질성이 가장 큰 두 개체 사이의 거리를 의미한다. 선택된 군집을 분할하기 위해 DIANA 군집화는 우선 선택된 군집의 다른 개체들과 평균적으로 가장 이질성이 큰 개체를 찾게 되며, 해당 개체가 분할 그룹(splinter group)의 개시 시점이 된다. 후속 군집화 단계에서는 분파 그룹에 더 가까운 관측치를 할당하며, 그 결과 선택된 군집은 두 개의 새로운 군집으로 나뉘게 된다.

2. 분할적 군집화(Partitional Clustering)

분할적 군집화는 개체가 하나의 군집에만 포함되도록 군집을 형성하는 특징을 갖고 있으며, 비계층적 군집화(Nonhierarchical clustering)라고도 한다. 분할적 군집화는 분할 방법에 따라 프로토타입 기반(Prototype-based), 밀도 기반(Density-based), 분포 기반(Distribution-based), 그리고 그래프 기반(Graph-based) 군집화로 분류된다. 본 소절에서는 분할적 군집화에서 가장 흔히 사용하는 K-중심 군집화(K-centroid clustering)와 최근 사용이 증가하고 있는 밀도 기반 군집화 방식인 DBSCAN에 대해 살펴본다.

1) 프로토타입 기반 군집화: K-중심 군집화

프로토타입 기반 군집화의 대표적인 방법은 군집분석에서 가장 많이 사용하는 K-중심 군집화(K-centroid clustering)이다. K-중심 군집화는 구하고자 하는 군집의 수를 미리 정한 상태에서 설정된 군집의 프로토타입에 가장 가까운 개체를 하나씩 포함해 가는 방식으로 군집을 형성하는 방법이다.

K-중심 군집화 방법은 군집을 찾는 알고리즘의 차이에 따라 순차적 임계법, 병렬적 임계법, 그리고 최적 할당법으로 구분할 수 있다.[11]

(1) 순차적 임계법(Sequential Threshold Method)

이 방법의 특징은 군집화가 순차적으로 이루어진다는 점이다. 먼저 하나의 군집의 중심이 정해지고 사전에 지정된 값의 임계치(threshold) 또는 거리 안에 있는 모든 개체는 같은 군집으로 분류된다. 한 군집이 형성되고 난 다음에 새로운 군집의 중심이 선택되면 이 중심을 기준으로 일정한 임계치 안에 있는 군집화되지 않은 개체들이 새로운 군집으로 분류된다. 이러한 과정은 모든 관측 대상이 최종적으로 군집화될 때까지 계속 반복되는데, 일단 어떤 군집으로 분류된 개체는 이후의 군집화 과정에서 고려되지 않는다.

(2) 병렬적 임계법(Paralleled Threshold Method)

이 방법은 여러 개의 군집 중심을 동시에 선택하고, 지정된 임계치 내의 개체를 가장 가까운 중심으로 군집화한다는 점을 제외하면 순차적 임계법과 유사하게 작동한다.

(3) 최적 할당법(Optimizing Partitioning Method)

사전에 지정된 군집 수를 위한 군집 내 평균 거리를 계산하는 최적화 기준에 따라 나중에 개체가 최초의 군집에서 다른 군집으로 다시 할당될 수 있다는 점에서 순차적, 병렬적 방식과 차이가 있다.

K-중심 군집법을 프로토타입 기반 군집화라고 하는 이유는 데이터 내의 개체들을 미리 정해놓은 각 군집의 프로토타입과 얼마나 유사한가를 기준으로 군집화하기 때문이다. 프로토타입은 분석하고자 하는 데이터의 유형에 따라 평균(mean), 중앙값(median), 메도이드(medoid)[12] 등이 될 수 있다. 만약 데이터 유형이 연속형이라면 평균이나 중앙값을, 데이터 유형이 이산형이라면 메도이드를 해당 군집을 가장 잘 표현할 수 있는 프로토타입으로 정한다. 이처럼 K-중심 군집법은 프로토타입을 어떤 것으로 하는가에

---

11 Malhotra(2020)
12 메도이드란 군집 내 모든 개체에 대한 비유사성의 합이 최소인 해당 군집 내 대표 개체이다(위키피디아, https://en.wiki pedia.org/wiki/Medoid).

따라 K-평균 군집화(K-means clustering), K-중앙값 군집화(K-median clustering), K-메도이드 군집화(K-medoid clustering) 등으로 세분할 수 있다. 이들 중 가장 일반적인 방식은 K-평균 군집화이며, K-평균 알고리즘은 다음과 같다.[13]

> 1단계: K개의 초기 중심을 데이터 내 개체 중에서 임의로 K개를 선정한다.
> 2단계: 각 개체를 가장 근접한 중심에 할당한다.
> 3단계: 군집 내 모든 개체의 평균으로 중심을 다시 계산한다.
> 4단계: 각 개체를 가장 근접한 중심에 할당한다.
> 5단계: 개체들이 다시 할당되지 않을 때까지 3단계와 4단계를 반복한다.

K-평균 군집화는 처리 속도가 빨라 계층적 군집화 접근법보다 더 큰 데이터를 처리할 수 있으며, 어떤 개체가 특정 군집에 할당된 이후에도 최종적인 결과를 개선할 수 있는 경우에는 다른 군집에 다시 할당될 수 있다는 장점을 갖고 있다. 하지만 프로토타입으로 평균을 사용하기 때문에 군집화 결과가 이상치(outlier)의 영향을 크게 받을 수 있고, 군집 형성을 위해 설정하는 초깃값에 따라 군집분석의 결과가 달라질 수 있다는 단점이 있다. 만약 이상치로 인한 영향이 우려된다면 K-중앙값 군집화를 사용하거나, 데이터의 탐색적 분석 단계에서 이상치를 제거한 후에 군집화를 진행할 수도 있다. 한편, 변수 간의 측정 단위(scale) 차이가 크다면 군집화 결과가 측정 단위가 큰 몇 개의 변수에 의해 영향을 많이 받기 때문에 이런 경우에는 사전에 표준화 과정을 거치는 것이 바람직하다.

2) 밀도 기반 군집분석: DBSCAN

분할적 군집화 방법에는 K-중심 군집화 방법 이외에도 데이터의 밀도에 기반한 DBSCAN(Density-based spatial clustering of applications with noise)이 있다. 밀도 기반 군집화는 군집을 '높은 밀도를 가진 데이터들의 공간'으로 정의한다. 따라서 데이터가 서로 근접하거나 연결된 패턴을 보이더라도 밀도가 낮은 경우에는 군집으로 인식하지 않는다. DBSCAN은 밀도 기반 군집화 중에서 가장 대표적인 방법이다. 밀도 기반 군집화는 어떤 데이터를 중심으로 반지름 r 내에 n개 이상의 개체를 갖는 것을 하나의 군집으로 구분한다. 따라서 K−중심 군집분석과는 달리 군집의 수 k를 사전에 정의할 필요가 없다. 대신 반지름 r과 하나의 군집에 포함되어야 하는 개체의 수 n을 사전에 정의해야 하며, 반지름의 길이에 따라 군집의 수가 달라진다.

　　DBSCAN에서 데이터는 핵심점(core point), 경계점(border point), 잡음점(noise point) 중 하나로 분류된다. 먼저 군집의 내부에 위치하는 경우 핵심점이라고 하며, 이런 핵심점을 중심으로 형성된 반지름이 r인 원의 내부에는 포함되지만 군집의 바깥쪽 경계에 위치하는 점을 경계점이라고 한다. 잡음점은 반지름이 r인 원 내부에 아무런 핵심점이 없어 군집 밖에 위치하는 점이다. DBSCAN 분석법에서는 잡음점으로 분류된 데이터들을 제외하고, 핵심점들을 서로 이어준 후 경계점들을 핵심점에 소속되게 함으로써 군집을 형성하게 된다.

　　〈그림 10−11〉은 반지름 $r=2$, $n=6$인 경우 하나의 군집으로 할당하는 사례이다. 빨간색 점은 밀도 기반의 조건을 만족하여 핵심점이 된다. 경계점은 핵심점의 반지름에 걸쳐서 인접하고 있으나 최소 점의 개수 $n=6$을 충족시키지 못하는 녹색 점이 해당한다. 잡음점은 핵심점이나 경계점도 아닌 경우로 파란색 점이 해당된다. 이처럼 모든 데이터에서 해당 개체가 핵심점이 되는지 확인하면서 군집을 할당하는 것이 DBSCAN 알고리즘의 핵심이다. 한편, K−평균 군집분석과 달리 어느 군집에도 속하지 않는 잡음점을 제외하고 분석하기 때문에 이상치나 노이즈(noise)에 취약하지 않으며, 군집의 모양과 크기가 다양하게 나올 수 있다.

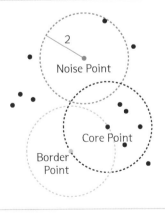

그림 10-11 DBSCAN 알고리즘의 기초 개념
자료: 건강보험심사평가원(2021).

〈그림 10−12〉는 동일한 데이터에 대해 K−평균 군집화와 DBSCAN 군집화를 적용한 결과를 보여주고 있다. DBSCAN을 통해 만들어진 군집을 보면 K−평균 군집화와 다른 다양한 형태의 모습을 갖게 되는데, 이는 중심이 아닌 공간 내 밀도의 관점에서 군집을 이해하기 때문이다. 이러한 특성 때문에 DBSCAN은 군집들이 불규칙한 형태이거나 노이즈 또는 이상점이 많은 경우에 효과적으로 대응할 수 있다는 장점을 갖고 있다. 그러나 군집 간의 밀도 차이가 있을 때는 사용하기 힘들다는 것이 DBSCAN의 문제점이라고 할 수 있다.[14]

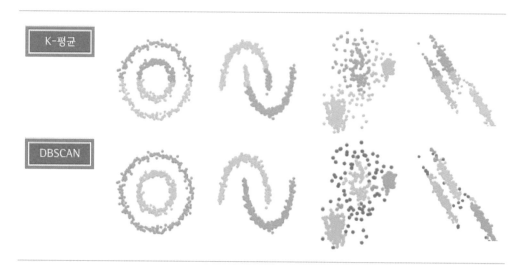

그림 10-12 K−평균 군집화와 DBSCAN 군집화 결과 비교

자료: https://scikit-learn.org/stable/auto_examples/cluster/plot_cluster_comparison.html/

제4절

군집분석 단계

효과적인 군집분석 수행을 위해서는 적절한 단계를 거쳐야 하며, 단계마다 분석 결과의 품질과 유용성에 영향을 미치는 다양한 결정 사항들이 존재한다.[15] 이번 절에서는 포괄적인 군집분석의 단계를 설명한다.

1. 적절한 속성(attributes) 선택

첫 번째 단계는 데이터 내의 관측치(또는 개체) 집단 간 차이를 식별하고 이해하는 데 중요하다고 판단되는 변수들을 선택하고 수집하는 것이다. 일반적으로 변수 선택은 관련된 선행 연구를 참고하거나 연구자의 경험과 지식에 기반하여 이루어진다. 예를 들어 우울증을 연구하는 연구자라면 다음과 같은 속성 정보들에 접근하기를 원할 것이다: 심리적 증상, 신체적 증상, 발병 시점의 나이, 발병 횟수 및 기간, 입원 횟수, 자기 관리에 대한 상태, 근무 이력, 현재 나이, 성별, 결혼 여부, 가족 병력, 이전 치료에 대한 반응. 이와 같은 속성 정보 중에서 해당 연구자는 선행 연구나 경험을 토대로 우울증 환자를 군집화하는 데 필수적이라고 판단되는 자료를 확보해야 한다. 변수 선택이 잘못된다면 정교한 군집분석을 수행하더라도 유의미한 결과를 도출할 수 없다는 점에 유의해야 한다.

2. 데이터 표준화

분석에 이용되는 변수들은 자주 측정 범위의 차이가 큰 경우를 발견할 수 있다. 일례로 '원' 단위로 측정한 소득의 범위는 'cm'로 측정한 키의 범위와 비교하면 그 차이가 매우 클 것이다. 이런 경우 키보다는 소득이 분석 결과에 큰 영향을 미친다. 이는 바람직하지 않은 상황이기 때문에 분석 이전에 데이터 표준화 과정이 필요하다. 가장 일반적인

---

15 Kabacoff(2022)

방법은 각 변수를 평균 0과 표준편차 1로 표준화하는 것이다. 이외에도 각 변수를 최댓값으로 나누거나 관측치에서 평균을 뺀 값을 중위수 절대 편차(median absolute deviation)로 나누는 방법이 있다.

3. 이상치(outliers) 검사

K-평균 군집화를 포함한 많은 군집화 기법들은 분석 결과를 왜곡할 수 있는 이상치에 민감하므로 사전에 이상치에 대한 검사와 처리가 필요하다. 만약 이상치로 인한 분석 결과의 왜곡이 우려된다면 이상치를 제거한 후 분석을 시행하거나, 이상치에 강건한(robust) K-중앙값 군집화, K-메도이드 군집화 방법 등을 사용한다.

4. 거리(distances) 계산

군집화 알고리즘은 매우 다양하지만, 일반적으로 군집화할 개체 간의 거리를 측정해야 한다. 두 개체 사이의 거리에 대한 가장 일반적인 척도는 유클리디안 거리이지만, 맨하탄 거리나 마할라노비스 거리 등을 사용할 수 있다.

5. 군집화 방법 선택

데이터를 군집화하는 방법을 선택한다. 계층적 군집화는 관측치(개체)의 수가 적은 문제나 내포된(nested) 그룹화 계층구조가 필요한 경우에 유용하다. 분할적 군집화는 관측치가 매우 큰 문제를 처리할 수 있지만, 군집 수를 미리 지정해야 한다. 계층적 또는 분할적 방법을 선택한 다음에는 군집화 방법의 장단점을 고려하여 특정한 군집화 방법을 선택한다.16

16 하나의 방법만 선택하는 대신 둘 이상의 군집화 방법을 사용하여 분석 결과를 비교할 수도 있다.

6. 군집 수 결정

최종적인 군집분석 결과를 얻으려면 적절한 군집 수를 결정해야 한다. 군집 수 결정방법으로는 팔꿈치 방법(elbow method)과 실루엣 방법(silhouette method) 등이 있다. 이와 같은 접근법들은 일반적으로 둘 이상의 군집 수를 적용하여 분석하고, 분석 결과의 품질을 비교하여 적절한 군집 수를 도출한다.

1) 팔꿈치 방법

이 방법은 K−중심 군집화에서 군집 수를 나타내는 모수 K를 바꾸어가면서 군집 수별로 군집 내 중심과 개체 간 거리 제곱합(WSS: within−cluster sum of square)의 총합의 변화를 보고 적정한 군집 수를 결정하는 방법이다. 연구자는 군집의 추가가 전체 WSS를 크게 개선하지 않는 K를 선택한다. K개의 군집을 $G_1,...,G_K$, 각 군집의 개체 수를 $n_1,...,n_K$, 각 군집의 중심(평균)을 $c_1,...,c_K$라 하면 전체 WSS의 계산 방법은 다음과 같다.

$$c_i = \frac{1}{n_i} \sum_{x \in G_i} x$$
$$Total\ WSS = \sum_{i=1}^{K} \sum_{x \in G_i}^{n_i} (c_i - x)^2$$

[10-12]

2) 실루엣 방법

실루엣 방법은 어떤 개체가 군집화되어 있는 정도를 측정하고, 군집 사이의 평균 거리를 추정한다. 이 방법은 K의 다른 값에 대한 관측치의 평균 실루엣(AS: average silhouette)을 계산하고, 평균 실루엣을 최대로 만드는 군집 수를 최적의 군집 수로 결정한다. 평균 실루엣은 어떤 군집에 속한 개체의 실루엣 거리(s_i)를 평균한 값으로 다음과 같이 계산한다.[17]

① 각 개체 i에 대해 i와 i가 속한 군집의 다른 모든 개체 사이의 평균 거리 a_i를

계산한다.

② 개체 i가 속하지 않은 다른 모든 군집(C)에 대해 군집 C에 있는 모든 개체와 i와 의 평균 거리 $d(i, C)$를 계산하고, 이 값들 중에서 가장 작은 값 $b_i = \min_C d(i, C)$ 을 선택한다. b_i는 개체 i와 가장 근접한 군집 사이의 거리(또는 비유사성)라고 생각할 수 있다.

③ 최종적으로 s_i와 평균 실루엣 AS를 다음과 같이 계산한다.

$$s_i = \frac{b_i - a_i}{\max(a_i - b_i)}, \; AS = \frac{1}{n}\sum_{i=1}^{n} s_i \qquad\qquad [10\text{-}13]$$

평균 실루엣의 범위는 $-1 \le AS \le 1$이다. 평균 실루엣이 1에 가까울수록 개체 i가 다른 군집과의 거리보다 동일 군집 내 개체와 가깝다는 뜻이므로 개체 i의 군집화가 잘 되었음을 의미하며, 반대로 -1에 가까울수록 개체 i의 군집화가 잘못되었다는 것으로 해석할 수 있다. 한편, 실루엣 방법은 팔꿈치 방법과는 달리 모든 군집화 접근법에서 사 용할 수 있다.

7. 최종 군집분석 결과 도출

최적 군집 수가 결정되면 최종적으로 군집분석을 수행하여 분석 결과를 도출한다.

8. 결과의 시각화

시각화를 통해 군집분석 결과의 의미와 유용성을 확인한다. 일반적으로 계층적 군 집화의 결과는 덴드로그램으로 제시되고, 분할적 군집화의 결과는 이변량 군집 그림을 통해 제시된다.

9. 군집 해석

군집분석을 결과를 얻은 후에는 군집 내 개체의 공통점이나 다른 군집 내 개체들과의 차이점 등의 관점에서 군집을 해석한다. 군집의 해석을 위해 전형적으로 군집별 각 변수에 대한 요약 통계량을 생성하는 과정을 거치게 되며, 이 과정을 프로파일링 (profiling)이라고 부른다. 요약 통계량은 데이터가 연속형일 경우에는 평균 또는 중위수를, 범주형일 경우에는 모드 또는 범주의 분포를 포함한다.

10. 결과의 타당성 검토

군집분석 결과의 신뢰성과 타당성에 대한 평가 없이 군집분석 결과를 수용하는 것은 지양되어야 한다. 군집분석 결과의 신뢰성과 타당성을 평가하는 방법은 매우 다양하지만,[18] 다음과 같은 절차를 통해 군집분석 결과의 타당성을 검토할 수 있다.[19]

① 다른 거리 척도를 사용하여 동일한 데이터에 대해 군집분석을 수행하고, 결과의 안정성을 확인한다.
② 여러 가지 군집화 방법을 사용하여 결과를 비교한다.
③ 데이터를 무작위로 두 그룹으로 나눈 후 그룹별로 군집화를 수행한다. 이후 두 군집분석 결과에서 군집의 중심점을 비교한다.
④ 변수를 무작위로 삭제한 후 축소된 데이터에 대한 군집분석을 수행하고, 전체 데이터 분석 결과와 비교한다.

제5절

엑셀을 활용한 군집분석

본 절에서는 엑셀을 사용하여 군집분석을 수행하는 방법을 알아본다. 군집분석에 사용한 데이터는 미국의 49개 주요 도시의 아시안 비율(Asian, %), 흑인 비율(Black, %), 히스패닉 비율(Hispanic, %), 중간 연령(Age, 연), 실업률(Unemp, %), 1인당 소득(Income,

---

18 군집분석 결과의 타당성 검증 방법에 대한 자세한 설명은 Ullmann et al.(2021)을 참고하길 바란다.
19 Malhotra(2020)

$1,000)과 같은 인구통계학적 속성으로 구성된 자료이다.[20]

미국의 어떤 기업이 신제품에 대한 소비자 인식 조사를 계획하고 있으며, 주어진 예산을 고려할 때 조사가 가능한 도시의 수는 4개라고 가정하자. 이러한 상황은 1절에서 소개한 군집분석의 활용 분야 중 '검증 시장 선택'에 해당하며, K-평균 군집화를 통해 49개의 도시를 4개의 군집으로 분류할 수 있다. 이 기업은 군집 내 도시들이 서로 유사할 것으로 예상할 수 있으므로, 각 군집에서 대표 도시를 선택하여 효과적으로 소비자 인식 조사를 시행할 수 있을 것이다. 따라서 이 기업의 목표는 인구통계학적으로 유사한 4개의 군집으로 도시를 분류하는 것이다.

1. 데이터 표준화

분석에 이용할 데이터는 7개 변수와 49개 관측치로 구성되어 있다(〈그림 10-13〉 참조). 자료에서 각 행은 개별 도시에 대한 속성 변수들의 관측값이다. 일례로 오스틴의 인종별 비중은 흑인 12%, 히스패닉 23%, 아시안 3%로 구성되어 있고, 중간 연령은 29세, 실업률 3%, 1인당 소득은 19,000달러임을 알 수 있다.

	A	B	C	D	E	F	G
1	City	Black	Hispanic	Asian	Age	Unemp	Income
2	Albuquerque	3	35	2	32	5	18
3	Atlanta	67	2	1	31	5	22
4	Austin	12	23	3	29	3	19
5	Baltimore	59	1	1	33	11	22
6	Boston	26	11	5	30	5	24
7	Charlotte	32	1	2	32	3	20
8	Chicago	39	20	4	31	9	24
43	San Diego	9	21	12	31	8	20
44	San Francisco	11	14	29	36	6	31
45	San Jose	5	27	20	30	8	26
46	Seattle	10	4	12	35	5	28
47	Toledo	20	4	1	32	6	19
48	Tucson	4	29	2	31	3	19
49	Tulsa	14	3	1	33	4	20
50	Virginia Beach	14	3	4	29	6	18

그림 10-13 미국 대도시 군집화 데이터

20 해당 자료의 이름은 Cluster.xlsx이며, 박영사 홈페이지에서 확인할 수 있다.

앞서 언급한 것처럼 군집화에서 사용하는 변수들의 범위 차이가 큰 경우 분석 결과에 왜곡이 생길 수 있으므로 사전에 변수들의 표준화가 필요하다. 변수들의 표준편차(〈그림 10−14〉의 53행)를 보면 흑인과 히스패닉 비율 변수의 범위가 다른 인구통계학적 변수들에 비해 상대적으로 크기 때문에 변수들의 수준(level) 값을 사용하여 군집화하게 되면 각 도시에서 흑인과 히스패닉 비율이 군집을 주도하게 된다. 따라서 사례 데이터는 표준화를 거친 후 군집화에 사용하는 것이 바람직하다.

엑셀에서 표준편차를 구하는 함수는 분석 데이터가 모집단(population)인지, 아니면 모집단에서 추출한 표본(sample)인지에 따라 상이하다. 본 예제의 경우 분석 데이터가 미국의 대도시 전체에 대한 것으로 간주하여 모집단의 표준편차를 계산하는 함수를 적용하였다.

모집단일 경우: =STDEV.P(데이터의 범위)

표본일 경우: =STDEV.S(데이터의 범위)

B53	▼ :	× ✓	f_x	=STDEV.P(B2:B50)		
▲	A	B	C	D	E	F	G
1	City	Black	Hispanic	Asian	Age	Unemp	Income
2	Albuquerque	3	35	2	32	5	18
3	Atlanta	67	2	1	31	5	22
4	Austin	12	23	3	29	3	19
5	Baltimore	59	1	1	33	11	22
6	Boston	26	11	5	30	5	24
7	Charlotte	32	1	2	32	3	20
8	Chicago	39	20	4	31	9	24
46	Seattle	10	4	12	35	5	28
47	Toledo	20	4	1	32	6	19
48	Tucson	4	29	2	31	3	19
49	Tulsa	14	3	1	33	4	20
50	Virginia Beach	14	3	4	29	6	18
51							
52	Mean	24.35	14.59	6.04	31.88	7.02	20.92
53	Std. Dev.	17.92	16.30	11.03	1.98	2.66	3.30

그림 10-14 데이터의 평균과 표준편차

▲	A	B	C	D	E	F	G
1	Mean	24.35	14.59	6.04	31.88	7.02	20.92
2	Std. Dev.	17.92	16.30	11.03	1.98	2.66	3.30
3							
4				원본 데이터			
5	City	Black	Hispanic	Asian	Age	Unemp	Income
6	Albuquerque	3	35	2	32	5	18
7	Atlanta	67	2	1	31	5	22
8	Austin	12	23	3	29	3	19
9	Baltimore	59	1	1	33	11	22
10	Boston	26	11	5	30	5	24

표준화=(B6-B$1)/(B$2)　　표준화 결과가 평균 0, 표준편차 1 확인

I	J	K	L	M	N	O
Mean	0.00	0.00	0.00	0.00	0.00	0.00
Std. Dev.	1.00	1.00	1.00	1.00	1.00	1.00
				표준화 데이터		
City	Black	Hispanic	Asian	Age	Unemp	Income
Albuquerque	-1.19	1.25	-0.37	0.06	-0.76	-0.88
Atlanta	2.38	-0.77	-0.46	-0.44	-0.76	0.33
Austin	-0.69	0.52	-0.28	-1.46	-1.51	-0.58
Baltimore	1.93	-0.83	-0.46	0.57	1.50	0.33
Boston	0.09	-0.22	-0.09	-0.95	-0.76	0.93

그림 10-15 데이터 표준화

표준화는 변수의 관측값에서 해당 변수의 평균을 빼준 값을 표준편차로 나누거나 엑셀에서 제공하는 =STANDARDIZE() 함수를 사용할 수도 있다. 표준화된 변수의 평균과 표준편차는 각각 0과 1이 된다.

=STANDARDIZE(관측값, 변수의 평균, 변수의 표준편차)

표준화 이후의 데이터는 〈그림 10-15〉와 같다. 표준화된 데이터로 군집화 분석을 진행하게 되면 각 변수는 군집 선택에 동일한 영향을 미치게 된다. 한편, 필요에 따라 연구자가 표준화된 변수에 변수별로 중요하다고 판단되는 정도의 가중치를 부여할 수도 있다.

2. 군집의 중심 도시 테이블 생성

현 예제에서 군집화의 핵심은 인구통계학적으로 각 군집에 포함된 도시들끼리는 유사하지만, 다른 군집에 있는 도시들끼리는 다르게 분류하는 것이다. 이 목적을 달성하기 위해서는 각 군집에 대해 군집에 할당된 도시들과 군집의 중심 도시와의 거리합을 구한 후 이 값을 모두 더한 전체 거리합을 최소로 만들어야 한다. 이를 위해 먼저 각 군집의 중심역할을 담당할 도시를 임의로 선정하게 되는데, 임의로 선정된 도시들은 엑셀의 '해 찾기' 기능을 활용한 반복적인 계산 과정에서 전체 거리합을 최소로 만드는 도시로 변경된다.

〈그림 10−16〉은 처음 4개의 도시(앨버커키, 애틀랜타, 오스틴, 볼티모어)를 중심 도시로 선정하고, 49개 도시와의 거리 계산을 위한 중심 도시의 관측값들을 엑셀의 VLOOKUP() 함수로 찾아낸 결과를 보여준다. 지수(Index) 변수의 경우 도시들을 참조하고, VLOOKUP() 함수로 각 도시의 변수별 관측값을 찾기 위한 목적으로 추가하였다.

〈그림 10−16〉에서 앨버커키의 흑인 비율 −1.19는 =VLOOKUP($A2, $A$8:$H$56, 3, 0)으로 찾을 수 있으며, 4개 도시의 변수별 관측값이 표준화한 데이터와 일치함을 확

셀	C2	fx	=VLOOKUP($A2, $A$8:$H$56, 3, 0)				
	A	B	C	D	E	F	G	H
1	Index	Cluster Center	Black	Hispanic	Asian	Age	Unemp	Income
2	1	Albuquerque	-1.19	1.25	-0.37	0.06	-0.76	-0.88
3	2	Atlanta	2.38	-0.77	-0.46	-0.44	-0.76	0.33
4	3	Austin	-0.69	0.52	-0.28	-1.46	-1.51	-0.58
5	4	Baltimore	1.93	-0.83	-0.46	0.57	1.50	0.33
6								
7	Index	City	Black	Hispanic	Asian	Age	Unemp	Income
8	1	Albuquerque	-1.19	1.25	-0.37	0.06	-0.76	-0.88
9	2	Atlanta	2.38	-0.77	-0.46	-0.44	-0.76	0.33
10	3	Austin	-0.69	0.52	-0.28	-1.46	-1.51	-0.58
11	4	Baltimore	1.93	-0.83	-0.46	0.57	1.50	0.33
12	5	Boston	0.09	-0.22	-0.09	-0.95	-0.76	0.93
13	6	Charlotte	0.43	-0.83	-0.37	0.06	-1.51	-0.28
14	7	Chicago	0.82	0.33	-0.19	-0.44	0.74	0.93
53	46	Toledo	-0.24	-0.65	-0.46	0.06	-0.38	-0.58
54	47	Tucson	-1.14	0.88	-0.37	-0.44	-1.51	-0.58
55	48	Tulsa	-0.58	-0.71	-0.46	0.57	-1.14	-0.28
56	49	Virginia Beach	-0.58	-0.71	-0.19	-1.46	-0.38	-0.88

그림 10-16 군집 중심 도시 테이블

인할 수 있다.

VLOOKUP 함수는 참조 범위의 맨 좌측에서 찾으려는 값을 검색한 뒤 동일한 행에 위치한 다른 값을 출력하는 함수이다. 함수 구문은 다음과 같다.

=VLOOKUP(찾을 값, 참조 범위, 열 번호, [일치 옵션])

일치 옵션이 TRUE(또는 1)인 경우 찾을 값보다 작거나 같은 값 중 최댓값을 조회하고, FALSE(또는 0)인 경우엔 정확히 일치하는 값을 조회한다. 일치 옵션의 기본값은 TRUE이다.

3. 거리 계산

다음으로 각 도시와 군집의 중심 도시들 사이의 거리를 계산한다. 본 사례에서는 K-평균 군집화에서 이용하는 유클리디안 제곱 거리로 계산하였으며, 계산한 결과는 〈그림 10-17〉과 같다.

그림 10-17 유클리디안 제곱 거리 계산

〈그림 10−17〉에서 K9 셀 값이 0인 이유는 군집 중심 1인 앨버커키에서 앨버커키까지의 거리이기 때문이며, N9 셀의 값 20.93은 군집 중심 4인 볼티모어에서 앨버커키까지의 유클리디안 제곱 거리로 다음과 같이 계산된다.

$$N9 = (-1.19-1.93)^2 + (1.25-(-0.83))^2 + (-0.37-(-0.46))^2$$
$$+ (0.06-0.57)^2 + (-0.76-1.50)^2 + (-0.88-0.33)^2$$

엑셀에서 유클리디안 제곱 거리의 계산을 위해 SUMXMY2() 함수를 사용할 수 있다. SUMXMY2() 함수는 두 배열의 대응값의 차이를 제곱한 후 그 결과의 합계를 계산하는 함수이다. 따라서 SUMXMY2()는 SUM((X−Y)^2와 같은 계산을 수행한다.

=SUMXMY2(범위 1, 범위 2)

4. 각 도시의 군집 할당

군집의 중심 도시와 각 도시와의 거리를 계산한 다음에는 각 도시를 거리가 가장 가까운 중심 도시가 속한 군집에 할당한다. 먼저 엑셀의 MIN() 함수를 이용하여 최소 거리를 찾은 다음 엑셀의 MATCH() 함수로 최소 거리를 생성한 군집의 지수(1부터 4까지)를 식별한다. MATCH() 함수는 범위 내 찾는 값의 위치(순번)를 반환하는 함수이다.

=MATCH(찾을 값, 범위, [일치 옵션])

MATCH() 함수가 제대로 작동하기 위해서는 범위의 행과 열의 수 중 하나는 반드시 1이어야 하며, 그렇지 않으면 #N/A 오류를 반환한다. 일치 옵션의 기본값은 1로 찾을 값보다 작거나 같은 값 중 큰 값을 찾으며, 이때 범위는 오름차순으로 정렬되어야 한다. 일치 옵션이 0인 경우 찾을 값과 정확히 일치하는 값을 찾고, 정렬 순서와 상관없이 작동한다. 일치 옵션이 −1인 경우엔 찾을 값보다 크거나 같은 값 중 작은 값을 찾으며, 범위는 내림차순으로 정렬되어야 한다.

각 도시가 배정된 군집의 중심 도시 이름을 식별하기 위해 엑셀의 INDEX() 함수를 사용한다. INDEX() 함수는 주어진 범위에서 행 번호와 열 번호에 위치하는 값을 출력하는 함수이다.

$$=INDEX(범위, 행 번호, [열 번호])$$

군집의 중심 도시 이름 식별을 위한 INDEX() 함수의 범위는 B2:B5이므로 해당 범위를 절대 참조를 이용하여 $B$2:$B$5로 지정하였다.

〈그림 10-18〉은 각 도시의 군집 할당 결과를 보여준다. 앨버커키, 애틀랜타, 오스틴, 볼티모어는 도시 자체가 군집의 중심이기 때문에 최소 거리는 모두 0이고, 지수도 해당 도시의 군집 지수를 갖는다. 보스턴의 경우 군집 3의 중심 도시인 오스틴과의 거리가 4.30으로 가장 짧아 군집 3에 할당되었고, 군집의 중심 도시 이름 오스틴은 〈그림 10-19〉와 같이 =INDEX($B$2:$B$5, Q13)를 이용하여 식별하였다.

5. 최종 군집분석 결과 도출

최종 군집분석 결과를 도출하기 위해 엑셀의 **해 찾기** 기능을 이용한다. 해 찾기 기능을 사용하면 여러 변수를 변경하여 특정 조건을 만족하는 결과를 계산할 수 있다. 해 찾기는 엑셀의 **데이터** 메뉴에 포함되어 있다. 만약 해 찾기 메뉴가 보이지 않으면 「**파**

Q13		f_x =MATCH(P13, K13:N13, 0)							
	A	B	I J	K	L	M	N	O P	Q	R

표준화 데이터		군집 중심으로부터의 유클리디안 제곱 거리					군집 할당		
Index	City	Index	Cluster 1	Cluster 2	Cluster 3	Cluster 4	최소 거리	Index	Center
1	Albuquerque	1	0.00	18.58	3.76	20.93	0.00	1	Albuquerque
2	Atlanta	2	18.58	0.00	13.52	6.31	0.00	2	Atlanta
3	Austin	3	3.76	13.52	0.00	22.69	0.00	3	Austin
4	Baltimore	4	20.93	6.31	22.69	0.00	0.00	4	Baltimore
5	Boston	5	8.22	6.29	4.30	11.65	4.30	3	Austin
6	Charlotte	6	7.90	5.01	5.47	11.94	5.01	2	Atlanta
7	Chicago	7	10.73	6.36	10.72	4.63	4.63	4	Baltimore
8	Cincinnati	8	10.52	3.98	8.88	3.76	3.76	4	Baltimore
9	Cleveland	9	19.93	10.57	22.32	1.33	1.33	4	Baltimore
10	Columbus	10	10.76	15.06	5.51	24.62	5.51	3	Austin
11	Dallas	11	7.76	8.14	7.20	7.00	7.00	4	Baltimore
12	Denver	12	4.74	13.71	10.14	11.02	4.74	1	Albuquerque

그림 10-18 각 도시의 군집 할당

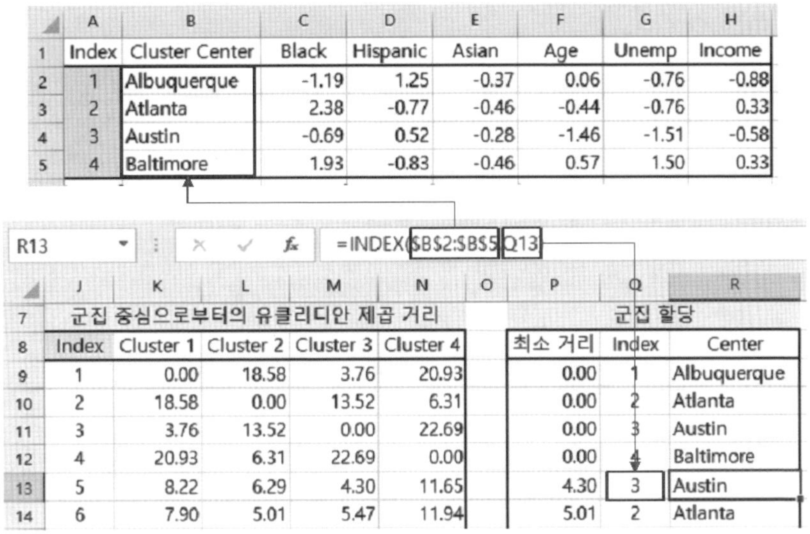

그림 10-19 각 도시의 군집 이름 찾기

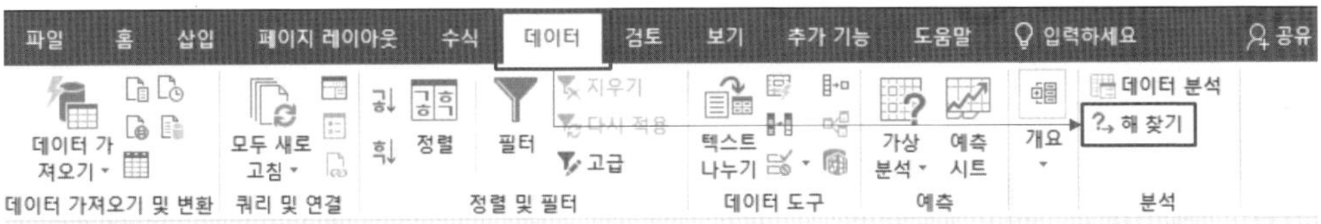

그림 10-20 엑셀의 해 찾기 메뉴

일→옵션→추가 기능→관리(A): 에서 **Excel 추가 기능** 선택 후 **이동(G)** 클릭→**해 찾기 추가 기능** 체크 박스 선택→**확인**」을 통해 기능을 추가할 수 있다.

해 찾기를 실행하기 위해 먼저 최적화의 목표가 되는 셀을 설정해야 한다. 우리의 목표는 군집의 중심 도시와 각 도시와의 거리를 최소로 만드는 것이므로 앞에서 찾아낸 도시별 최소 거리의 합을 계산하는 셀(P2)을 생성한다.

다음으로 4개 군집의 최적 중심 도시를 찾기 위해 해 찾기 매개변수 상자를 〈그림 10-21〉과 같이 설정한다. **목표 설정**에는 거리의 합을 계산하는 셀 P2를 지정하고, **대상**은 최소를 선택한다. **변수 셀 변경**에는 해 찾기 과정에서 변경되는 부분인 군집 중심 도시 테이블의 지수 부분 A2:A5를 지정한다. **제한 조건에 종속** 부분에는 도시의 지수(index)가 정수이고, 범위가 1 이상 49 이하이기 때문에 **추가** 탭을 이용하여 정수 제약,

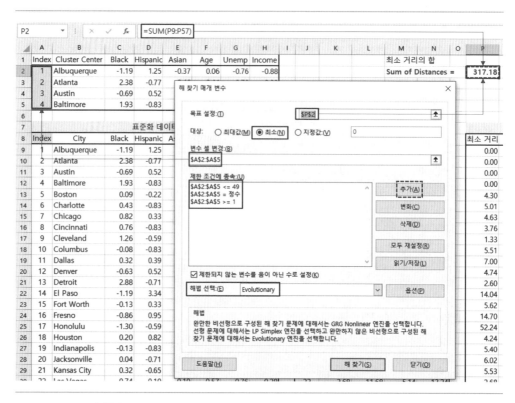

그림 10-21 해 찾기 매개변수 창 설정

하한과 상한 제약을 각각 1과 49로 설정한다. 마지막으로 **해법 선택**에서 Evolutionary 를 선택해야 하는데, 이는 중심 도시 지수가 변화할 때 다른 값들이 불규칙하게 변하는 비선형 관계를 보이기 때문이다.[21]

해 찾기의 결과는 〈그림 10−22〉와 같다. 샌프란시스코, 멤피스, 오마하, 그리고 LA가 군집의 중심 도시로 선택되었으며, 각 군집에 포함된 도시의 수는 샌프란시스코 군집 3개, 멤피스 군집 11개, 오마하 군집 23개, LA 군집 12개 등이다.[22] 유클리디안 거리 제곱의 총합은 168.79로 계산되었다.

---

21 해 찾기 성능을 변화시키고 싶은 경우 매개변수 창에서 옵션을 선택하고 Evolutionary 탭으로 이동한 다음 변이율 값을 변경할 수도 있다.
22 해 찾기 설정이나 임의로 선정한 군집의 중심 도시에 따라 해가 약간 상이할 수 있으나 최적화 목표 셀의 값은 거의 동일하다.

Index	군집	City	Black	Hispanic	Asian	Age	Unemp	Income
2		Atlanta	2.38	-0.77	-0.46	-0.44	-0.76	0.33
4		Baltimore	1.93	-0.83	-0.46	0.57	1.50	0.33
7		Chicago	0.82	0.33	-0.19	-0.44	0.74	0.93
8		Cincinnati	0.76	-0.83	-0.46	-0.44	0.37	0.02
9		Cleveland	1.26	-0.59	-0.46	0.06	2.25	0.33
13	2	Detroit	2.88	-0.71	-0.46	-0.44	0.74	0.02
25		Memphis	1.71	-0.83	-0.46	0.06	0.74	-0.28
30		New Orleans	2.10	-0.65	-0.37	0.06	-0.01	-0.88
32		Oakland	1.10	-0.04	0.81	0.57	1.12	0.93
35		Philadelphia	0.87	-0.53	-0.28	0.57	0.74	0.63
40		St. Louis	1.32	-0.83	-0.46	0.57	0.37	0.63
평균			1.56	-0.57	-0.29	0.06	0.71	0.27

Index	군집	City	Black	Hispanic	Asian	Age	Unemp	Income
11		Dallas	0.32	0.39	-0.37	-0.95	0.74	0.33
14		El Paso	-1.19	3.34	-0.46	-1.46	1.50	-2.40
15		Fort Worth	-0.13	0.33	-0.37	-0.95	0.74	-0.28
16		Fresno	-0.86	0.95	0.63	-1.96	2.25	-1.49
18		Houston	0.20	0.82	-0.19	-0.95	-0.01	0.33
23	4	Long Beach	-0.58	0.58	0.72	-0.95	0.37	0.02
24		Los Angeles	-0.58	1.56	0.36	-0.44	1.50	0.02
26		Miami	0.15	2.97	-0.46	2.09	1.87	-1.19
31		NY	0.26	0.58	0.09	1.07	1.50	1.84
41		San Antonio	-0.97	2.54	-0.46	-0.95	-0.76	-1.19
42		San Diego	-0.86	0.39	0.54	-0.44	0.37	-0.28
44		San Jose	-1.08	0.76	1.27	-0.95	0.37	1.54
평균			-0.44	1.27	0.11	-0.57	0.87	-0.23

Index	군집	City	Black	Hispanic	Asian	Age	Unemp	Income
17		Honolulu	-1.30	-0.59	5.89	2.59	-0.76	0.93
43	1	San Francisco	-0.74	-0.04	2.08	2.09	-0.38	3.05
45		Seattle	-0.80	-0.65	0.54	1.58	-0.76	2.15
평균			-0.95	-0.42	2.84	2.09	-0.63	2.04

Index	군집	City	Black	Hispanic	Asian	Age	Unemp	Income
1		Albuquerque	-1.19	1.25	-0.37	0.06	-0.76	-0.88
3		Austin	-0.69	0.52	-0.28	-1.46	-1.51	-0.58
5		Boston	0.09	-0.22	-0.09	-0.95	-0.76	0.93
6		Charlotte	0.43	-0.83	-0.37	0.06	-1.51	-0.28
10		Columbus	-0.08	-0.83	-0.37	-1.46	-1.51	-2.40
12		Denver	-0.63	0.52	-0.37	1.07	-0.01	0.63
19		Indianapolis	-0.13	-0.83	-0.46	0.06	-0.76	0.02
20		Jacksonville	0.04	-0.71	-0.37	0.06	-0.01	-0.58
21		Kansas City	0.32	-0.65	-0.46	0.57	-0.38	0.02
22		Las Vegas	-0.74	-0.10	-0.19	0.57	-0.76	-0.28
27		Milwaukee	0.37	-0.53	-0.37	-0.95	-0.76	0.33
28	3	Minneapolis	-0.63	-0.77	-0.19	0.06	-0.76	0.63
29		Nashville	-0.08	-0.83	-0.46	0.57	-1.51	0.93
33		Oklahoma City	-0.47	-0.59	-0.37	0.06	-0.38	-1.19
34		Omaha	-0.63	-0.71	-0.46	0.06	-0.76	-0.28
36		Phoenix	-1.08	0.33	-0.37	-0.44	-1.14	-0.58
37		Pittsburgh	0.09	-0.83	-0.37	1.58	-0.01	0.02
38		Portland	-0.91	-0.71	-0.09	1.58	-0.01	-0.28
39		Sacramento	-0.52	0.09	0.81	0.06	0.37	-0.28
46		Toledo	-0.24	-0.65	-0.46	0.06	-0.38	-0.58
47		Tucson	-1.14	0.88	-0.37	-0.44	-1.51	-0.58
48		Tulsa	-0.58	-0.71	-0.46	0.57	-1.14	-0.28
49		Virginia Beach	-0.58	-0.71	-0.19	-1.46	-0.38	-0.88
평균			-0.39	-0.33	-0.29	0.00	-0.71	-0.28

그림 10-22 해 찾기 결과

6. 군집분석 결과의 해석

중심 도시의 표준 점수나 군집화 이후의 군집별 평균값은 해당 군집의 전형적인 도시의 속성을 나타낸다. 따라서 각 중심 도시에 대한 표준 점수나 평균값을 검사하면 군집을 쉽게 해석할 수 있다. 샌프란시스코 군집은 부유하면서 연령대가 높고, 아시아인의 비율이 높은 도시들로 구성되어 있으며, 멤피스 군집은 실업률과 흑인 비율이 높은 도시들로 구성되어 있다. 오마하 군집은 소수 민족이 거의 없고, 소득 수준이 평균에 가까운 도시들로 구성되어 있다. 마지막으로 LA 군집은 높은 실업률과 히스패닉 비율이 높은 도시들로 구성되어 있다.

미국 도시를 군집분석 한 결과를 토대로 신제품의 테스트 마케팅을 자주 하는 기업은 샌프란시스코, 멤피스, 로스앤젤레스 및 오마하 지역에서 신제품이 성공적으로 마케팅된다면 해당 제품이 49개 도시 모두에서 성공할 것으로 예측할 수 있을 것이다. 이러한 예측이 타당한 이유는 데이터에 있는 각 도시의 인구 통계가 이들 네 도시 중 하나의 인구통계학적 특성과 상당히 유사하기 때문이다.

7. 적절한 군집 수의 결정

엑셀에서 적절한 군집 수를 결정하기 위해 팔꿈치 방법(elbow method)을 사용할 수 있다. 전술한 바와 같이 팔꿈치 방법은 K-평균 군집화에서 군집 수를 나타내는 모수 K를 바꾸어가면서 군집 수별로 군집 내 중심과 개체 간 거리의 총합(total WSS)의 변화를 보고 적정한 군집 수를 결정하는 방법이다. 미국 도시에 대한 군집분석 예에서는 군집을 3개부터 순차적으로 추가하면서 전체 WSS의 개선 정도를 살펴보고, 동시에 군집분석의 결과가 미국 도시의 인구통계학적 구조에 대한 이해에 도움이 되는가를 기준으로 적절한 군집 수를 선택할 수 있다. 우리의 엑셀 예제에서는 군집 중심 도시 테이블에서 중심 도시의 수를 변경하고, 군집 중심으로부터의 유클리디안 제곱 거리 계산에서 군집 열을 조정해주면 된다.

먼저 군집 수가 3일 경우 캔사스시티, 샌디에이고, 샌프란시스코가 군집의 중심 도시이며, 각 군집에 포함된 도시 수는 순서대로 29개, 17개, 3개 등이다.[23] 유클리디안 거리 제곱의 총합은 211.97로 군집 수가 4일 경우의 168.79와 비교하면 군집 수가 3에서 4로 증가할 때 전체 WSS가 크게 개선되었다고 평가할 수 있다. 군집 수를 5로 늘리면 멤피스, LA, 시애틀, 호놀룰루, 오마하가 군집의 중심 도시로 선택되고, 군집에 포함된 도시 수는 순서대로 11개, 12개, 2개, 1개, 23개이다. 유클리디안 거리 제곱의 총합은 148.78로 군집 수가 4일 때와 비교하면 약 12% 감소하였다. 그러나 호놀룰루 한 도시만 별도의 군집으로 구성되었기 때문에 군집으로서의 의미가 없고, 따라서 적절한 군집 수는 4라고 할 수 있다.

---

23 이미 언급한 것처럼 해 찾기 설정이나 임의로 선정한 군집의 중심 도시에 따라 해가 다를 수 있다.

○ 참고문헌

건강보험심사평가원(2021), 파이썬을 활용한 데이터·AI 분석 사례.

A. Kassambara(2017), Practical Guide to Cluster Analysis in R, STHDA.

J. H. Ward(1963), "Hierarchical groupings to optimize an objective function", Journal of the American Statistical Association 58, pp. 236-244.

N. K. Malhotra(2020), Marketing Research: An Applied Orientation(7th edition), Pearson.

R. I. Kabacoff(2022), R in Action(3rd edition), Manning.

T. Ullmann, C. Henning, and A. Boulesteix(2021), "Validation of cluster analysis results on validation data: A systematic framework", WIREs Data Mining Knowl Discov. e1444, pp. 1-19.

W. L. Winston(2014), Marketing Analytics: Data-Driven Techniques with Microsoft Excel, Wiley.

사이킷런, https://scikit-learn.org/stable/

○ 요약 및 복습

01 군집분석(cluster analysis)은 여러 개체 중에서 유사한 속성을 지닌 대상을 몇 개의 집단으로 그룹화하고, 각 집단의 성격을 파악함으로써 데이터 전체의 구조에 대해 이해하고자 하는 탐색적인 분석 방법이다.

02 군집분석의 주요 원리는 같은 군집 내에 속한 개체들의 특성은 가능한 한 동질적이고, 서로 다른 군집에 속한 개체 간의 특성은 서로 이질적으로 개체들을 분류하는 것이다.

03 거리 측정 방법은 여러 가지가 있는데, 데이터 내 변수들이 연속형(continuous)인 경우에는 유클리디안(Euclidean) 거리, 표준화(Standardized) 거리, 맨하탄(Manhattan) 거리, 마할라노비스(Mahalanobis) 거리 등이 있으며, 범주형 변수인 경우에는 자카드 지수(Jaccard index)와 코사인 유사도(cosine similarity) 등이 있다.

04 군집화 과정에서 군집대상의 중복이나 부분군집을 허용하는가의 여부에 따라 군집분석의 방법은 계층적 군집화, 분할적 군집화, 그리고 중복 군집화 등으로 분류할 수 있으며, 동일한 방식 내에서도 동질성과 이질성을 어떤 기준에 의해 계산할 것인지 등에 따라 다양한 방법으로 분류된다.

05 계층적 군집화는 가장 유사한 개체를 묶어 나가는 과정을 반복하여 원하는 개수의 군집을 형성하는 방법으로 나무 모양의 계층구조를 형성한다는 특징이 있으며, 군집을 형성

해나가는 방향에 따라 응집형(agglomerative)과 분리형(divisive)으로 구분된다.

06 응집형 군집화는 군집을 형성할 때 고려하는 군집 간 거리 측정 시에 사용하는 연결 방식에 따라 연결법(linkage methods), 분산법(variance methods) 또는 오차제곱합법(error sums of squares methods), 중심법(centroid methods)으로 구분한다.

07 분할적 군집화는 개체가 하나의 군집에만 포함되도록 군집을 형성하는 특징을 갖고 있으며, 비계층적 군집화(Nonhierarchical clustering)라고도 한다.

08 프로토타입 기반 군집화의 대표적인 방법 K-중심 군집화(K-centroid clustering)이며, 구하고자 하는 군집의 수를 미리 정한 상태에서 설정된 군집의 프로토타입에 가장 가까운 개체를 하나씩 포함해가는 방식으로 군집을 형성하는 방법이다.

09 밀도 기반 군집화는 어떤 데이터를 중심으로 반지름 r 내에 n개 이상의 개체를 갖는 것을 하나의 군집으로 구분하며, DBSCAN이 대표적인 방법이다.

10 군집분석은 일반적으로 「적절한 속성 선택 → 데이터 표준화 → 이상치 검사 → 거리 계산 → 군집화 방법 선택 → 군집 수 결정 → 최종 군집분석 결과 도출 → 결과의 시각화 → 군집 해석 → 결과의 타당성 검토」 순으로 진행된다.

11 적절한 군집 수 결정 방법으로는 팔꿈치 방법(elbow method)과 실루엣 방법(silhouette method) 등이 있다.

● 주요 용어

• 군집분석	• 유클리디안 거리	• 계층적 군집화
• 분할적 군집화	• 연결법	• 분산법
• 중심법	• Ward법	• K-중심 군집화
• DBSCAN	• 데이터 표준화	• 팔꿈치 방법
• 실루엣 방법	• 덴드로그램	

01 군집분석의 개념과 주요 원리를 설명하시오.

02 마케팅에서 군집분석이 활용되고 있는 분야를 기술하시오.

03 군집화 거리 척도 중 유클리디안 거리를 측정하는 방법을 설명하시오.

04 연결법에서 군집 간 거리를 측정하는 방법에는 어떤 것들이 있으며, 이 방법 간의 중요한 차이는 무엇인지 설명하시오.

05 프로토타입에 따른 K-중심 군집화 방법을 설명하시오.

06 밀도 기반 군집화 방법인 DBSCAN의 군집화 원리를 설명하시오.

07 군집분석의 일반적인 단계를 기술하시오.

08 군집분석에서 데이터 표준화가 필요한 상황을 설명하시오.

09 군집 수 결정 방법 중 팔꿈치 방법의 기본 원리를 설명하시오.

10 프로파일링이 무엇인지 설명하시오.

11 USArrests 데이터[24]는 미국 50개 주 각각에서 1973년에 발생한 폭행, 살인, 강간으로 체포된 사람을 주민 10만 명당 체포된 사람으로 변환한 자료이다(World Almanac and Book of facts, 1975). 주요 변수명과 설명은 아래와 같다.

> Murder: 주민 10만 명당 살인범 수, Assault: 주민 10만 명당 폭행범 수
> UrbanPop: 도시 거주 인구 비율(%), Rape: 주민 10만 명당 강간범 수

(a) K=4일 때 K-평균 군집분석을 시행하고, 각 군집분석 결과를 해석하시오.

(b) 적절한 군집 수를 결정하시오.

---

24 USArrests.csv 데이터는 박영사 홈페이지에서 확인할 수 있다.

11

주성분분석(PCA)

개요

이 장에서는 데이터 과학 분야에서 차원을 축소하는 대표적인 방법인 주성분분석(PCA)을 알아본다. 먼저 차원의 저주란 무엇이고, 이 문제를 해결하는 데 사용하는 다양한 차원 축소 방법을 알아본다. 다음으로는 PCA의 기본 개념과 차원을 축소하는 원리를 선형결합, 공분산행렬(또는 상관행렬)의 고유벡터 및 고윳값과 연계해 살펴보고, 주성분이 갖는 속성에 대해 알아본다. 마지막으로 PCA의 분석이 진행되는 단계를 이해하기 위해 실제 데이터를 가지고 엑셀을 활용하여 PCA를 적용해본다. 이 과정에서 데이터를 표준화할 때의 장점, 상관행렬의 도출 방법, 고윳값의 기여율과 누적기여율의 개념, 원 데이터의 주성분 공간으로의 이동 방법, 주성분 부하량의 개념과 의미 등을 학습하게 된다.

주요 학습사항

1 차원의 저주란 무엇인가?

2 차원 축소의 주요한 방법은 무엇이고, 각 방법 간에는 어떠한 차이가 있는가?

3 PCA에서 공분산행렬(또는 상관행렬)의 고윳값과 고유벡터는 어떠한 역할을 수행하는가?

4 PCA의 분석 단계는 어떻게 구성되고, 단계별로 분석해야 하는 내용들은 무엇인가?

5 적절한 수의 주성분을 선택하는 기준은 무엇인가?

6 PCA 분석에 필요한 엑셀 함수에는 어떤 것들이 있는가?

제1절

차원 축소의 이해

1. 차원의 저주

통계학이나 머신러닝과 같은 데이터 과학 분야에는 차원의 저주(curse of dimensionality)라는 말이 있다. 차원의 저주는 응용 수학자인 Bellman[1]이 동태적 프로그래밍의 문제를 고려하면서 만든 표현으로 3차원 물리적 공간과 같은 저차원(low-dimensional) 환경에서는 발생하지 않지만, 고차원(high-dimensional) 공간에서 데이터를 분석하고 정리할 때 발생하는 다양한 현상을 의미한다.[2]

차원은 수학에서 공간 내에 있는 점의 위치를 나타내는 데 필요한 축의 개수를 말한다. 일례로 데이터 내에 사람의 키라는 변수 하나만 있으면 선 위에 데이터의 위치를 표시할 수 있으므로 하나의 축만 있으면 된다. 반면, 키와 몸무게 변수로 구성된 데이터는 2차원 평면상에 나타내야 하므로 필요한 축의 개수는 2개가 되고, 여기에 나이 변수까지 포함된다면 데이터를 나타내기 위해서는 3차원 공간, 즉 3개의 축이 필요하다. 이처럼 데이터 내 변수의 수가 늘어나면 차원이 늘어남과 동시에 해당 데이터를 나타내는 공간도 커진다고 할 수 있다.

데이터 공간 개념을 이용하여 차원의 저주에 대해 알아보자.[3] 먼저 데이터 A라는 변수 하나가 있으며, A가 취할 수 있는 값은 1, 2, 3이라고 가정하자. 이 경우에 데이터를 채우는데 필요한 최소한의 관측치 수는 3개이다. 이번에는 데이터 내에 A와 B라는 두 개의 변수가 있으며, 두 변수 모두 취할 수 있는 값은 1, 2, 3이라고 가정하자. 이 경우엔 A와 B가 취할 수 있는 모든 가능한 경우 모두를 채우는 데 필요한 최소한의 관측치 수는 9개이다.

---

1 Richard E. Bellman은 1953년에 동적 프로그래밍을 도입한 미국의 응용 수학자이며, 생체 수학과 같은 다른 수학 분야에서 중요한 공헌을 하였다(위키피디아).

2 위키피디아

3 이 부분에 대한 논의는 https://kkokkilkon.tistory.com/127를 참조하였다.

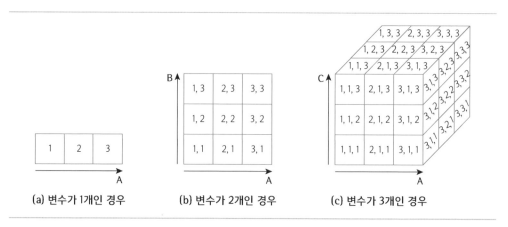

그림 11-1 변수 수에 따른 데이터 공간을 채우기 위한 필요 관측치 수

　　마지막으로 1, 2, 3만 취할 수 있는 변수가 A, B, C 3개인 데이터에서 가능한 모든 경우를 채우기 위해서는 최소한 27개의 관측치가 필요하게 된다. 이처럼 변수의 수(차원)가 증가하면 데이터 공간이 커지기 때문에 데이터 공간을 채우기 위한 관측치의 수도 증가하게 된다(〈그림 11-1〉 참조).

　　〈그림 11-1〉과 같은 데이터 내 변수의 수가 각각 1개, 2개, 3개인 상황에서 관측치가 6개인 상황을 고려해 보자. 먼저 변수가 1개인 경우 6개의 관측치를 배정하기 때문에 최대 200%의 데이터 공간을 채울 수 있고, 변수가 2개인 경우에는 최대 66%(=6/9)의 데이터 공간을 채울 수 있으며, 변수가 3개인 경우는 최대 22%(=6/27)의 데이터 공간만 채울 수 있다. 만약 A, B, C처럼 1, 2, 3만 취할 수 있는 변수 D가 추가되면 6개의 관측치로 채울 수 있는 최대 데이터 공간은 약 7%(6/81)로 감소한다. 이처럼 유클리드 공간에서 변수의 수, 즉 차원이 증가하게 되면 데이터가 위치할 수 있는 공간은 기하급수적으로 증가하게 되고, 주어진 관측치로 채울 수 있는 공간(밀도라고도 부른다)은 기하급수적으로 감소하게 된다.4 따라서 데이터 분석을 적절하게 수행하려면 변수의 수가 증가할 때 관측치의 수를 충분하게 늘려줘야 하지만 현실적으로 불가능한 경우가 많으며, 이로 인해 데이터의 분포를 분석하거나 변수 간의 인과관계를 파악하는 모델의 성능이 저하될 수 밖에 없다. 이러한 현상을 '차원의 저주'라고 한다.

4　이와 같은 현상은 어떤 모델을 구축하고자 할 때 사용하는 데이터 표본(sample)이 변수 간의 가능한 모든 조합을 포착하지 못하게 됨을 의미하며, 이러한 현상을 고차원 데이터에서의 데이터 희소성(data sparcity)이라고 한다.

2. 차원 축소 방법

고차원 데이터와 관련된 차원의 저주 문제를 완화하기 위해 일반적으로 차원 축소 (dimensionality reduction)라는 방법을 사용한다. 차원 축소 방법은 변수 선택(feature selection) 과 변수 추출(feature extraction)의 두 범주 중 하나로 분류된다.[5]

1) 변수 선택

변수 선택 방법은 특정 기준에 따라 각 변수의 가치를 평가한 다음 해당 변수를 선택하거나 제외한다. 일반적으로 사용하는 변수 선택 방법은 다음과 같다.

(1) 저분산 필터(Low variance filter)

이 방법은 데이터 내 모든 변수의 분산을 비교한 다음 분산이 매우 낮은 변수를 제외한다. 분산이 매우 낮은 변수는 상수처럼 취급할 수 있고, 해당 변수가 모델의 예측 가능성에 기여할 수 있는 부분이 매우 작기 때문이다.

(2) 고상관 필터(High correlation filter)

고상관 필터는 두 변수 간의 상관계수를 기준으로 변수를 제외하는 방법이다. 매우 높은 상관관계를 보이는 두 변수 중 하나는 제외하고, 다른 하나는 유지한다. 제외된 변수의 변동성은 유지된 변수를 통해 반영된다.

(3) 다중 공선성(Multicollinearity)

어떤 경우에는 두 변수 간에 높은 상관관계가 발견되지 않을 수 있지만, 어떤 한 변수를 다른 변수들로 회귀분석을 하게 되면 해당 변수의 변동성이 다른 변수들에 의해 완전하게 포착되는 것을 볼 수도 있다. 이러한 현상을 다중 공선성이라고 하며, 분산팽창계수(VIF, variance inflation factor)로 다중 공선성의 유무를 결정한다. 일반적으로 VIF 값이 10보다 큰 변수는 제외한다.

---

5 특징(feature)은 머신러닝 등 데이터 과학 분야에서 변수 대신 자주 사용하는 용어이다. 본 교재의 일관성을 위해 특징 대신 변수를 사용하였다.

(4) 순방향 선택(Forward selection)

고차원 데이터로 다중선형 회귀모델을 구축할 때 처음에는 독립변수 중 하나의 변수만 사용하고, 이후 회귀모델에 한 변수씩 추가하면서 추가된 변수의 가치를 평가하여 변수의 포함 여부를 결정하는 방법이다. 추가된 변수의 가치는 수정된 결정계수(adjusted R^2)로 판단한다. 변수를 추가한 모델의 수정된 결정계수가 눈에 띄게 개선되면 해당 변수는 유지되고, 그렇지 않으면 제외된다.

2) 변수 추출

변수 추출 방법에서는 고차원 변수들을 저차원 성분(components)으로 결합하거나, 저차원 요인(factors)을 추출한다.

(1) 주성분분석(Principal component analysis)

주성분분석(Principal Component Analysis, 이하 PCA)은 고차원 데이터를 데이터의 손실을 최소화하면서 저차원의 데이터로 압축함으로써 차원을 축소하는 방법이다. 이 방법은 변수 중 특정 변수만 선택하는 변수 선택 방법과는 달리 모든 변수를 조합하여 이 데이터를 잘 표현할 수 있는 중요 성분을 가진 새로운 변수를 추출한다.

(2) 요인분석(Factor analysis)

요인분석은 변수 간의 상호 연관성을 분석해서 이들 간에 공통적으로 작용하고 있는 잠재적(latent) 요인을 추출하여 전체 데이터를 대변할 수 있는 몇 개의 요인으로 변수들을 묶어주는 방법이다.

PCA와 요인분석의 주요한 차이는 PCA는 기본 변수들에서 성분을 합성하는 반면, 요인분석은 변수를 잠재적 요인으로 분해한다는 점이다.

제2절

PCA의 이론적 배경

이번 절에서는 PCA의 개념과 분석 과정을 이해하는 데 필요한 기초적인 개념과 PCA와의 연관성에 대해 살펴본다.

1. 기본 개념

PCA는 원 데이터의 분포를 최대한 보존하면서 고차원 공간의 데이터를 선형 연관성이 없는 저차원 공간으로 변환하는 방법이다. 이를 위해 PCA는 원 데이터의 변수들을 결합하여 서로 연관성이 없는 새로운 변수인 주성분(principal component, PC)들을 만들어 내는데, 이때 주성분은 데이터의 변동을 가장 많이 설명할 수 있는 방식으로 생성된다. 데이터의 변동은 우리가 자주 사용하는 통계량 중에서 데이터가 퍼져있는 정도를 나타내는 분산으로 생각할 수 있으며, 데이터의 정보량이라고도 한다.

주성분은 원 데이터 내 변수의 수만큼 생성되는데, 데이터의 분산이 가장 큰 방향을 찾아 원 데이터 변수들의 선형결합으로 첫 번째 주성분(PC1)을 만들고, 다음으로 첫 번째 주성분이 설명하지 못하는 나머지 분산을 정보의 손실 없이 가장 많이 설명할 수 있는 방향을 찾아 원 데이터 변수들의 선형결합으로 두 번째 주성분(PC2)을 만든다. 이러한 방식으로 원 데이터 변수의 수만큼 주성분을 생성한다.

〈그림 11-2 (a)〉와 같은 데이터를 생각해 보자. 해당 데이터는 평균이 0인 x_1과 x_2 두 변수로 구성되어 있고, 관측치 수는 10개이다. 데이터의 산포도는 〈그림 11-2 (b)〉와 같다. 주성분을 만들기 위해서는 데이터의 분산이 가장 큰 방향을 나타내는 새로운 축을 찾아야 하며, 이를 주축(principal axes) 또는 주방향(principal directions)이라고 한다. 첫 번째 축은 원 데이터를 이 축 상에 직각으로 투영(projection)하여 얻은 새로운 데이터들의 분포가 최대가 되도록 결정한다. 우리의 예제 데이터에서는 〈그림 11-3〉과 같이 빨간색 선이 첫 번째 축인 것을 확인할 수 있다. 이때 직각으로 투영된 데이터들이 PC1이 된다. 주축은 새로운 변수의 축이라고 생각할 수 있고, 주축에 투영된 값들(〈그림 11-3〉의 검은색 점들)은 이 축에 표시한 PC1이라는 새로운 변수의 값이라고 생각하면 된다.

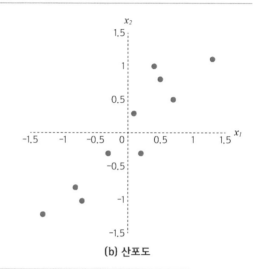

	A	B	C
1	obs	x1	x2
2	1	0.69	0.49
3	2	-1.31	-1.21
4	3	0.39	0.99
5	4	0.09	0.29
6	5	1.29	1.09
7	6	0.49	0.79
8	7	0.19	-0.31
9	8	-0.81	-0.81
10	9	-0.31	-0.31
11	10	-0.71	-1.01

(a) 예제 데이터   (b) 산포도

그림 11-2   예제 데이터와 산포도

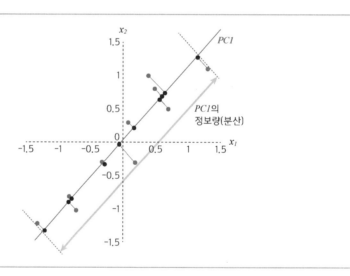

그림 11-3   첫 번째 축과 주성분(PC1)

두 번째 축도 원 데이터를 이 축 상에 직각으로 투영하여 얻은 새로운 데이터들의 분포가 PC1 다음으로 최대가 되도록 결정한다(〈그림 11-4〉 참조). 이때 새롭게 생성된 두 번째 주성분(PC2)은 PC1과 서로 관련이 없어야 하므로 두 번째 축은 첫 번째 축과 수직(또는 직교)이 되어야 한다. 두 번째 축은 이제 PC2라는 새로운 변수의 축이라고 생각할 수 있고, 이 축에 투영된 값들(〈그림 11-4〉의 검은색 점들)은 PC2라는 새로운 변수의 값이라고 생각하면 된다.

이처럼 PCA는 원 데이터의 분포를 보존하면서 서로 관련이 없는 주성분 변수를 생성한다. 새롭게 생성한 주성분 중 첫 번째 주성분 PC1이 원 데이터의 분포를 가장 많이 보존하고, 두 번째 주성분 PC2가 다음으로 원 데이터의 분포를 많이 보존하기 때문에 만약 PC1이 원 데이터의 분포를 충분한 수준까지 보존한다면 분석에 PC1만 선택하여 2차원인 원 데이터를 1차원 데이터로 차원을 줄인 이후 분석을 진행할 수 있다.

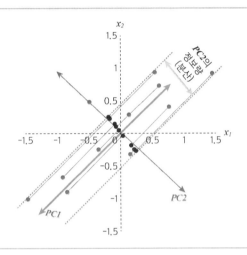

⁼ **그림 11-4** 두 번째 축과 주성분(PC2)

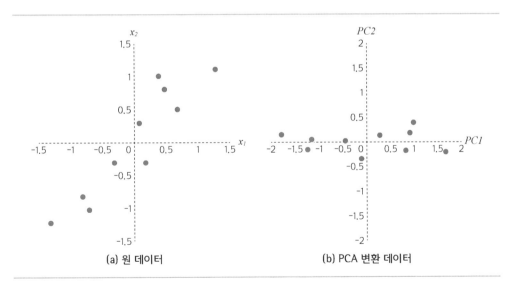

⁼ **그림 11-5** 원 데이터와 PCA로 변환된 데이터의 산포도

PCA에서 한 가지 고려해야 할 점은 주성분이 원 데이터 내 변수의 선형결합으로 구성되기 때문에 각 주성분이 어떤 의미를 갖는지를 명확하게 해석하기 어렵다는 것이다. 이러한 부분은 연구자가 분석하는 문제에 대한 전문적인 지식과 경험을 토대로 각 주성분이 어떤 의미로 해석될 수 있는지를 설명할 수 있어야 한다.

2. 변수의 선형결합(Linear Combinations of Variables)

앞에서 PCA는 원 데이터의 변수들을 결합하여 서로 연관성이 없는 새로운 변수인 주성분들을 만들어 낸다고 하였는데, 이것이 무엇을 의미하는지 알기 위해서는 선형결합이라는 개념을 살펴볼 필요가 있다.

선형결합은 어떤 차원의 공간상에 존재하는 벡터가 여러 개 주어졌을 때 벡터의 각각에 계수 또는 가중치를 곱하고 모두 합친 형태를 말한다. 즉, p개의 벡터 $v_1, v_2, ..., v_p$와 p개의 상수 $c_1, c_2, ..., c_p$를 다음과 같이 결합하는 것을 선형결합(또는 일차결합)이라고 한다.

$$c_1 \mathbf{v}_1 + c_2 \mathbf{v}_2 + \cdots + c_p \mathbf{v}_p \qquad\qquad\qquad [11-1]$$

변수가 p개, 관측치가 n인 데이터 X가 있다고 할 때 PCA는 X의 분산이 가장 큰 방향을 나타내는 p개의 축을 순차적으로 찾고, X의 변수를 이 축상에 직각으로 투영하여 얻은 새로운 주성분(변수)으로 구성된 새로운 데이터 Z를 만들어 낸다.

설명을 위해 X를 변수는 2개이고 관측치가 3개인 데이터, 그리고 X의 분산이 가장 큰 방향을 나타내는 첫 번째 축을 $\mathbf{v}_1$이라고 하자. X의 변수가 2개이므로 X는 2차원 데이터이며, 따라서 $\mathbf{v}_1$은 2차원 벡터가 된다. 이때 X와 $\mathbf{v}_1$을 곱하면 그 결과는 첫 번째 주성분(PC1)이 되며, 행렬의 곱셈 과정은 X에서 변수를 나타내는 각 열과 $\mathbf{v}_1$의 각 원소의 선형결합으로 나타낼 수 있다. 두 번째 주성분(PC2)도 X와 두 번째 축을 나타내는 벡터 $\mathbf{v}_2$를 사용하여 PC1과 동일하게 선형결합 형태로 나타낼 수 있다. 선형결합은 선형변환으로도 이해할 수 있는데, 이는 주성분이 X를 $\mathbf{v}$라는 새로운 축에 투영시킨 결과물이기 때문이다.

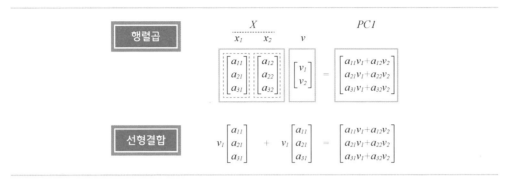

그림 11-6 행렬곱과 선형결합

3. 공분산행렬과 고유벡터

우리는 이미 AHP 장에서 고윳값과 고유벡터를 학습하였으며, 정방행렬에 대해 고윳값 분해를 적용하여 도출한다는 것을 살펴보았다. 고윳값과 고유벡터는 항상 쌍으로 나타나기 때문에 모든 고유벡터는 고윳값을 갖게 되며, 이들의 수는 데이터의 차원(변수) 수와 같다. 일례로 3차원 데이터의 경우 3개의 변수가 있으므로 3개의 고윳값과 고유벡터 쌍을 얻는다.

고윳값과 고유벡터는 PCA와 밀접하게 연관되어 있다. 그 이유는 어떤 데이터의 공분산행렬에 대해 고윳값 분해를 시행했을 때 여기서 나온 고유벡터가 실제로 분산(정보량)이 가장 큰 주성분의 축의 방향이 되고, 고윳값은 단순히 각 주성분에 포함된 분산의 양을 나타내는 값이기 때문이다. 고윳값의 순서대로 고유벡터의 순서를 정하면 가장 높은 것부터 첫 번째 주성분, 두 번째 주성분 순으로 각 주성분에 해당하는 축의 방향을 얻을 수 있다.

고윳값 분해와 PCA는 어떻게 연관되는지를 살펴보자. PCA의 목적은 원 데이터의 분산을 최대한 보존하면서 원 데이터의 선형변환으로 얻은 주성분의 분산을 최대로 만드는 것이다. p개의 변수가 있는 원 데이터 행렬을 X, 선형변환에 사용할 p차원 벡터를 $\mathbf{v}$, X와 p의 선형결합으로 생성한 새 변수인 주성분을 z라고 하자. 그러면 세 변수 사이에 $X\mathbf{v} = z$의 관계가 성립한다. 여기에서 PCA는 z의 분산을 최대로 만드는 $\mathbf{v}$를 찾는 것이다. 이러한 상황은 다음과 같은 목적함수로 표현할 수 있다.

$$\max_{\mathbf{v}} Var(z) = \max_{\mathbf{v}} Var(X\mathbf{v})$$
$$= \max_{\mathbf{v}} \left\{ \frac{1}{n} (X\mathbf{v})^T (X\mathbf{v}) \right\} = \max_{\mathbf{v}} \left\{ \frac{1}{n} \mathbf{v}^T X^T X \mathbf{v} \right\}$$
$$= \max_{\mathbf{v}} \left\{ \mathbf{v}^T \frac{1}{n} X^T X \mathbf{v} \right\} = \max_{\mathbf{v}} \left\{ \mathbf{v}^T Var(X) \mathbf{v} \right\} \qquad \text{[11-2]}$$
$$= \max_{\mathbf{v}} \{ \mathbf{v}^T \Sigma \mathbf{v} \}$$

위 식에서 Σ는 X의 공분산행렬이다.

[식 11−2]를 만족하는 $\mathbf{v}$는 무수히 많으므로 벡터의 길이(norm)를 1로 만들기 위해 다음과 같은 제약을 적용한다.

$$\| \mathbf{v} \| = \mathbf{v}^T \mathbf{v} = 1 \qquad \text{[11-3]}$$

[식 11−2]와 [식 11−3]을 동시에 고려하면 다음과 같은 라그랑지안(Lagrangian) 문제로 정리할 수 있다.

$$L = \mathbf{v}^T \Sigma \mathbf{v} - \lambda (\mathbf{v}^T \mathbf{v} - 1) \qquad \text{[11-4]}$$

최댓값을 구하기 위해 라그랑지안 함수를 $\mathbf{v}$로 미분하여 정리하면 다음과 같은 결과를 얻는다.

$$\frac{\partial L}{\partial \mathbf{v}} = \Sigma \mathbf{v} - \lambda \mathbf{v} = 0 \qquad \text{[11-5]}$$

그런데 [식 11−5]는 우리가 예전에 보았던 고윳값 분해의 형태인 $\Sigma \mathbf{v} = \lambda \mathbf{v}$와 동일하다. X의 공분산행렬 Σ는 정방행렬이면서 대칭행렬이기 때문에 고윳값 분해가 항상 가능하다. 따라서 $\mathbf{v}$와 λ는 각각 Σ의 고유벡터와 고윳값이 된다. 요약하면 Σ의 고유벡터 $\mathbf{v}$는 z의 분산을 최대로 만드는 주성분의 축이 됨을 알 수 있다.

한편, [식 11−2], [식 11−3], 그리고 [식 11−5]로부터 다음 관계를 도출할 수 있다.

$$Var(z) = \mathbf{v}^T \Sigma \mathbf{v} = \mathbf{v}^T \lambda \mathbf{v} = \lambda \mathbf{v}^T \mathbf{v} = \lambda \qquad \text{[11-6]}$$

[식 11−6]이 의미하는 바는 공분산행렬 Σ의 고유벡터와 X의 선형결합으로 만든 새로운 변수 z의 분산은 고유벡터 v의 고윳값이라는 것이다. 이를 모든 공분산행렬의 고유벡터와 고윳값으로 확장하면 Σ의 고윳값 전체 합과 원 데이터 X의 분산은 서로 같음을 알 수 있다.

일례로 〈그림 11−2〉에 제시된 데이터의 공분산행렬에 대한 두 개의 고윳값과 고유벡터는 〈표 11−1〉과 같다. 고윳값의 순위를 내림차순으로 정리하면 $\lambda_1 > \lambda_2$이기 때문에 첫 번째 주성분에 해당하는 고유벡터는 v_1이고 두 번째 주성분에 해당하는 고유벡터는 v_2가 된다. 각 성분이 설명하는 데이터 분포에 대한 분산(정보)의 백분율은 각 성분의 고윳값을 고윳값 합으로 나누어서 계산한다. 이 예에서는 PC1과 PC2가 각각 데이터 분포의 96%와 4%를 설명하는 것을 알 수 있다.

표 11-1 고윳값과 고유벡터

	고윳값	고유벡터
PC1	$\lambda_1 = 1.284$	$v_1 = \begin{bmatrix} 0.6779 \\ 0.7352 \end{bmatrix}$
PC2	$\lambda_2 = 0.049$	$v_2 = \begin{bmatrix} -0.7352 \\ 0.6779 \end{bmatrix}$

4. 공분산행렬과 상관행렬

위에서 고려한 주성분의 도출 방법과 속성은 공분산행렬의 고유벡터와 고윳값에 기반하고 있다. 그러나 실제로는 원 변수를 표준화한 이후의 공분산행렬인 상관행렬 (correlation matrix)에 기반하는 것이 더 일반적이다. 원 데이터와 표준화한 데이터가 단순한 표준화 과정으로 연결되어 있어서 상관행렬에 대한 주성분을 공분산행렬의 주성분으로부터 쉽게 구할 수 있을 것으로 생각할 수 있다. 하지만 이는 사실이 아니다. 원 데이터와 같은 주성분을 도출할 수 있는 데이터는 원 데이터를 직교 변환(orthogonal transformation)한 데이터이다.[6] 원 데이터의 표준화는 직교 변환이 아니기 때문에 상관행렬과 공분산행렬에 대한 주성분은 동등한 정보를 제공하지 않으며, 상호 간에 직접적으

---

[6] von Storch et al.(1999)

로 유도할 수도 없다. 따라서 두 유형의 주성분이 갖고 있는 상대적인 장단점을 이해하고, 연구자가 상황에 따라 선택적으로 사용할 필요가 있다.

상관행렬을 사용할 때의 주요 장점은 공분산행렬보다는 서로 다른 데이터의 PCA 결과를 직접적으로 비교할 수 있다는 것이다. 상관행렬과는 달리 공분산행렬에 기초한 주성분은 데이터 내 변수의 측정 단위에 민감하므로 두 데이터 내 변수들의 측정 단위에 큰 차이가 존재한다면 분석 결과를 직접 비교하는 데 한계가 있다. 또한, 변수 간에 분산들의 차이가 큰 경우 상대적으로 큰 분산을 갖는 변수들이 처음 몇 개의 주성분을 지배하는 경향도 있게 된다.[7]

공분산행렬을 사용하는 것이 좋을 때도 있는데, 표본으로부터 모집단을 추론할 때이다. 표본 주성분으로 모집단 주성분에 대한 통계적 추론(inference)을 할 때 상관행렬보다는 공분산행렬로 접근하는 것이 더 쉽다. 하지만 PCA를 추론 도구보다는 설명 (descriptive) 도구로 사용하는 것이 일반적이므로 추론을 위해 공분산행렬 기반 PCA를 사용하는 경우는 제한적이라고 할 수 있다.

이상과 같은 이유로 공분산행렬보다는 상관행렬을 사용하는 것이 바람직하지만, 변수들의 절대적인 수치가 분석 시 중요하다면 공분산을 이용한 PCA를 진행해야 한다. 한편, 두 가지 행렬을 이용한 결과를 비교해 보는 것도 의미가 있는데, 두 행렬에 기초한 PCA 결과를 비교함으로써 PCA에 사용한 각 변수의 중요성이나 차이를 이해하고 PCA 분석 결과를 해석하는 데 도움을 줄 수 있기 때문이다.

5. 주성분의 속성

지금까지 PCA의 기본적인 개념과 선형결합, 고윳값과 고유벡터 등 관련 개념들을 살펴보았고, 주성분을 도출하는 방법에 대해 알아보았다. 본 소절에서는 PCA의 결과물인 주성분의 속성들을 변수가 n개인 데이터를 가정하여 정리하였다.[8]

첫째, 각 주성분의 축을 나타내는 고유벡터의 길이(norm)는 1로 정규화된다.

둘째, 주성분 쌍의 표본 공분산(또는 상관계수) 값은 0이다. 표본 공분산이 0이라는 것은 두 주성분이 서로 독립적이며, 기하학적으로는 두 주성분이 서로 직교(orthogonal)

---

7   Jolliffe(2002)
8   주성분의 속성에 대한 내용은 Winston(2014)를 참고하였다.

한다는 것을 의미한다. 주성분의 직교성(orthogonality)은 각 주성분이 데이터 변동성의 서로 다른 측면을 나타내도록 해준다.

셋째, PCA에 활용한 데이터가 표준화된 데이터라면 주성분 별 분산을 모두 합한 값은 변수의 수인 n과 같다. 표준화된 변수 n개로 구성된 데이터에서 각 변수의 분산은 1이기 때문에 모든 변수의 분산을 합하면 n이 된다. PCA는 각 주성분이 설명하는 데이터의 분산(변동)에 따라 n이라는 분산을 각 주성분에 할당한다. 만약 주성분이 표준화 이전 데이터의 공분산행렬로부터 생성되었다면 각 주성분 분산의 합은 n개 변수의 분산 합과 같다.

넷째, 위와 같은 제약하에서 첫 번째 주성분은 가능한 최대 분산을 갖는 원 데이터 변수들의 선형결합으로 선택된다. 첫 번째 주성분이 결정된 다음에는 첫 번째 주성분과 직교하면서 분산이 최대가 되는 원 데이터 변수들의 선형결합으로 두 번째 주성분이 결정되고, 이러한 과정은 n번째 주성분을 찾을 때까지 계속된다. n번째 주성분은 이전 $n-1$번째까지의 주성분들과 직교하면서 최대 분산을 갖는 원 데이터 변수들의 선형결합으로 찾아낸다.

제3절

PCA의 분석 단계

본 절에서는 엑셀을 사용하여 PCA의 분석 단계를 알아본다. PCA의 분석 단계는 「데이터 표준화 → 상관행렬 계산 → 상관행렬의 고윳값, 고유벡터 계산 → 표준화 데이터의 주성분 공간으로의 이동 → 주성분 부하량 계산」과 같다. PCA에 사용한 데이터는 아이리스(붓꽃) 데이터이다.[9] 아이리스 데이터는 붓꽃의 꽃받침과 꽃잎의 너비 및 길이를 측정한 데이터이며, 150개의 관측치로 구성되어 있다. 데이터에 포함된 변수는 총 6개로 변수명과 설명은 다음과 같다.

데이터 내 관측치는 변수별로 서로 다른 값을 가지며, 변수의 변이(흩어짐의 정도,

---

9 R. A. Fisher라는 통계학자가 수집한 데이터이다. 해당 자료의 이름은 iris.csv이며, 박영사 홈페이지에서 확인할 수 있다.

≡ 표 11-2   아이리스 데이터

변수명	설명
Caseno	일련번호이다. (1부터 150까지 입력된다)
Sepal.Length	꽃받침의 길이 정보이다.
Sepal.Width	꽃받침의 너비 정보이다.
Petal.Length	꽃잎의 길이 정보이다.
Petal.Width	꽃잎의 너비 정보이다.
Species	꽃의 종류 정보이다. setosa / versicolor / virginica의 3종류로 구분된다.

variation)도 서로 다른 것이 일반적이다. 그러나 이러한 변이가 무작위가 아니라 특정한 규칙에 따라 생성되는 경우가 있다. 아이리스 데이터의 경우 꽃받침의 길이가 아이리스 종류에 따라 다르지만, 꽃받침의 길이와 꽃받침의 폭의 변화 사이에 일정한 규칙이 존재한다. 이러한 변수 사이의 변이 규칙을 찾아낼 때 PCA를 이용할 수 있다.[10] PCA 분석 목적이 꽃의 속성을 나타내는 변수들을 주성분으로 추출하는 것이기 때문에 일련번호(Caseno)와 꽃의 종류(Species)를 제외한 나머지 4개 변수를 갖고 분석을 진행한다.

1. 데이터 표준화

PCA의 첫 번째 단계는 데이터 표준화이다. 데이터 내 변수 간 상호 비교를 할 수 있도록 데이터 표준화를 통해 변수의 분포를 평균은 0, 표준편차가 1인 분포로 변환한다. 먼저 변수별로 평균과 표준편차를 계산하고, 변수의 관측치에서 평균을 뺀 값을 표준편차로 나누어 준다. 이러한 데이터 표준화 과정은 엑셀의 STANDARDIZE() 함수를 사용해서 진행할 수도 있다. 데이터 표준화 결과는 〈그림 11−7〉과 같다. 표준화된 데이터의 평균과 표준편차가 각각 0과 1인 것을 확인할 수 있다. 데이터를 표준화하면 각 변수를 직접적으로 비교할 수 있으며, 모든 변수의 분산(정보량)이 1이 된다. 또한, 데이터 분포의 중심이 원점으로 이동하게 된다.

=(B6-B$1)/B$2　　=(E6-E$1)/E$2

	A	B	C	D	E	F	G	H	I	J	K
1	평균	5.84	3.06	3.76	1.20		평균	0.00	0.00	0.00	0.00
2	표준편차	0.83	0.44	1.77	0.76		표준편차	1.00	1.00	1.00	1.00
3											
4		원본 데이터						표준화 데이터			
5		Sepal.Length	Sepal.Width	Petal.Length	Petal.Width			Sepal.Length	Sepal.Width	Petal.Length	Petal.Width
6		5.1	3.5	1.4	0.2			-0.90	1.02	-1.34	-1.31
7		4.9	3.0	1.4	0.2			-1.14	-0.13	-1.34	-1.31
8		4.7	3.2	1.3	0.2			-1.38	0.33	-1.39	-1.31
9		4.6	3.1	1.5	0.2			-1.50	0.10	-1.28	-1.31
152		6.3	2.5	5.0	1.9			0.55	-1.28	0.70	0.92
153		6.5	3.0	5.2	2.0			0.79	-0.13	0.82	1.05
154		6.2	3.4	5.4	2.3			0.43	0.79	0.93	1.44
155		5.9	3.0	5.1	1.8			0.07	-0.13	0.76	0.79

그림 11-7 데이터 표준화

2. 상관행렬 계산

PCA 분석의 두 번째 단계는 표준화된 데이터를 이용하여 상관행렬을 계산하는 것이다. 엑셀에서 상관행렬은 CORREL() 함수를 이용한다. 상관행렬 도출 결과는 〈그림 11−8〉과 같다.[11]

=CORREL($I$6:$I$155, H6:H155)

	F	G	H	I	J	K
1		평균	0.00	0.00	0.00	0.00
2		표준편차	1.00	1.00	1.00	1.00
3						
4			표준화 데이터			
5			Sepal.L	Sepal.W	Petal.L	Petal.W
6			-0.90	1.02	-1.34	-1.31
7			-1.14	-0.13	-1.34	-1.31
8			-1.38	0.33	-1.39	-1.31
9			-1.50	0.10	-1.28	-1.31
10			-1.02	1.25	-1.34	-1.31
11			-0.54	1.93	-1.17	-1.05
12			-1.50	0.79	-1.34	-1.18
13			-1.02	0.79	-1.28	-1.31
14			-1.74	-0.36	-1.34	-1.31
15			-1.14	0.10	-1.28	-1.44
153			0.79	-0.13	0.82	1.05
154			0.43	0.79	0.93	1.44
155			0.07	-0.13	0.76	0.79

상관계수 행렬

	Sepal.L	Sepal.W	Petal.L	Petal.W
Sepal.L	1.000	-0.118	0.872	0.818
Sepal.W	-0.118	1.000	-0.428	-0.366
Petal.L	0.872	-0.428	1.000	0.963
Petal.W	0.818	-0.366	0.963	1.000

엑셀의 상관 분석 도구로 생성한 상관계수 행렬

	Sepal.L	Sepal.W	Petal.L	Petal.W
Sepal.L	1.000			
Sepal.W	-0.118	1.000		
Petal.L	0.872	-0.428	1.000	
Petal.W	0.818	-0.366	0.963	1.000

그림 11-8 상관행렬 계산 결과

11 그림의 가독성을 높이기 위해 변수명을 변경하였다. 일례로 Sepal.Length는 Sepal.L로 변경하였다.

〈그림 11-8〉의 상관행렬을 살펴보면 변수 간의 관계를 확인할 수 있다. 먼저, 꽃받침 길이(Sepal.L)와 꽃잎의 길이(Petal.L), 꽃받침 길이(Sepal.L)와 꽃잎의 너비(Petal.W)와의 상관계수는 각각 0.872, 0.818로 높은 양의 상관관계가 존재하고 있음을 알 수 있다. 즉, 꽃받침의 길이가 길수록 꽃잎의 길이가 길고 너비도 넓어진다. 꽃받침의 너비(Sepal.W)와 꽃받침의 길이(Sepal.L)의 상관계수는 −0.118로 약한 음의 상관관계를 보이고 있으나, 꽃잎의 길이(Petal.L) 및 너비(Petal.W)와의 상관계수는 각각 −0.428, −0.366으로 나타나 꽃받침이 넓을수록 꽃잎의 길이는 짧아지고, 폭이 좁아지는 경향이 있음을 알 수 있다. 한편, 꽃잎의 길이(Petal.L)와 꽃잎의 너비(Petal.W)와는 강한 양의 상관관계(0.963)를 보이고 있다.

상관행렬은 엑셀의 분석 도구인 **상관 분석**으로도 계산할 수 있다. 이를 위해 〈그림 11-9〉와 같이 「**데이터 → 데이터 분석 → 상관 분석**」을 차례대로 선택하면 〈그림 11-10〉과 같은 상관 분석 대화 상자가 나타난다. 여기에서 입력 범위에 상관 분석을 시행할 데이터 범위를 입력하고, 출력 범위를 적절한 위치에 있는 셀로 지정한 후 확인을 클릭하면 상관행렬을 생성할 수 있다.

〈그림 11-10〉에서 입력 범위에는 변수명을 포함한 $H$5:$K$155를 지정하였고, 출력 범위에는 $M$13으로 지정하였다. 첫째 행 이름표 사용 옵션은 입력 범위에서 지정한 첫 번째 행에 있는 변수명을 상관행렬에서 사용할 것인지를 선택하는 옵션이다. 해당 사항을 모두 입력한 후 확인을 누르면 〈그림 11-2〉의 '엑셀의 상관 분석 도구로 생성한 상관행렬'과 같은 결과가 생성된다. 상관행렬의 경우 주대각선을 중심으로 상관

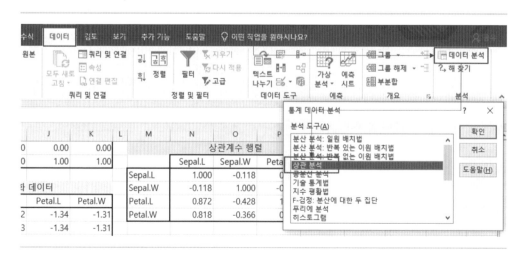

▭ **그림 11-9** 상관 분석 도구 선택

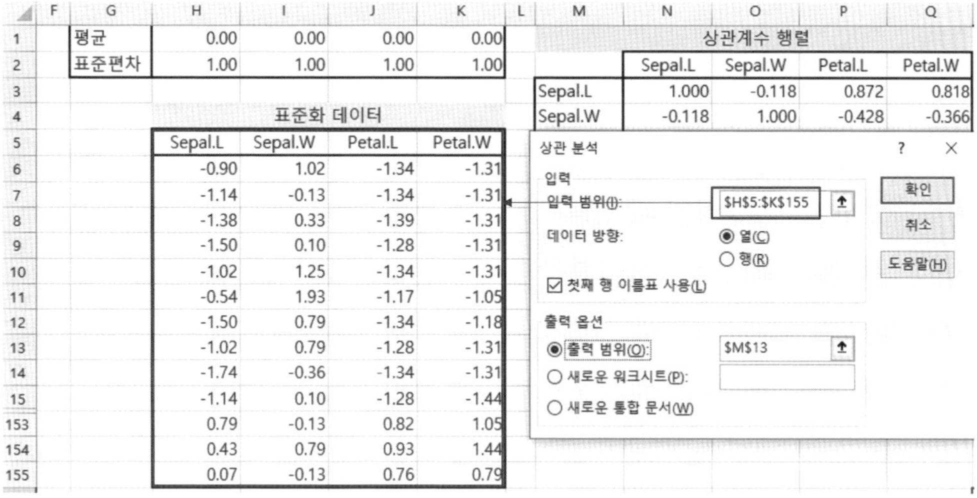

그림 11-10 상관 분석 대화 상자

계수 값들이 대칭적이므로 주대각선의 한쪽만 출력한다. 출력 결과를 엑셀의 CORREL()
함수를 이용한 상관행렬 결과와 비교하면 두 결과가 정확하게 일치하는 것을 확인할 수
있다.

3. 고윳값과 고유벡터 계산

  PCA 분석의 세 번째 단계는 상관행렬의 고윳값과 고유벡터를 계산하고, 고윳값 결
과를 토대로 기여율과 누적기여율을 계산하는 것이다. 고윳값과 고유벡터를 계산하는
방법은 AHP 분석에서 학습한 방법을 이용하면 된다.[12] 각 주성분 축의 정보량을 알아
보기 위해 기여율과 누적기여율을 계산한다.
  주성분(PC)의 기여율은 해당 주성분의 정보량(고윳값)을 전체 정보량인 4로 나누어
계산하며, 누적기여율은 해당 주성분 앞까지의 누적기여율에 자신의 기여율을 합하여
계산한다. 누적기여율의 계산 결과를 보면 첫 번째 주성분(PC1)이 전체 데이터 변동의
약 73%를 설명할 수 있으며, 첫 번째(PC1)와 두 번째(PC2) 주성분을 사용하면 전체 데

---

12 엑셀은 부동 소수점 표현의 정밀도를 15자리 유효 자릿수만 저장하는 IEEE 754를 준수하기 때문에 결과가 약간은 부
    정확할 수 있다. 이러한 이유로 누적기여율 행에 W5 셀의 값이 정확히 100이 아닌 100.01로 나타났다.

=(T3/4)*100   =U5+V4

		Sepal.L	Sepal.W	Petal.L	Petal.W			PC1	PC2	PC3	PC4
			상관계수 행렬						고윳값		
	Sepal.L	1.000	-0.118	0.872	0.818		고윳값	2.919	0.914	0.147	0.021
	Sepal.W	-0.118	1.000	-0.428	-0.366		기여율	72.96	22.85	3.68	0.52
	Petal.L	0.872	-0.428	1.000	0.963		누적기여율	72.96	95.81	99.49	100.01
	Petal.W	0.818	-0.366	0.963	1.000						
									고유벡터		
								PC1	PC2	PC3	PC4
							Sepal.L	0.521	0.377	0.720	0.262
							Sepal.W	-0.269	0.923	-0.245	-0.124
							Petal.L	0.580	0.024	-0.143	-0.801
							Petal.W	0.565	0.067	-0.634	0.523

그림 11-11 기여율과 누적기여율 계산

이터 변동의 약 96%를 설명할 수 있음을 알 수 있다.

$$\text{PC1의 기여율} = \frac{2.919}{4} \times 100 = 72.96\%$$

누적기여율은 적정한 주성분 개수를 결정하는 데 이용할 수 있는데, 일반적으로 누적기여율이 80% 또는 85% 이상이 되는 지점까지의 주성분의 수를 적정한 주성분 개수로 판단한다. 누적기여율 외에 주성분의 고윳값이 0.7 이상인 주성분들의 수로 판단하기도 한다. 우리의 예에서는 적정한 주성분 개수가 2개임을 알 수 있다.

4. 표준화 데이터의 주성분 공간으로의 이동

PCA 분석의 네 번째 단계는 원본 데이터를 주성분 축으로 좌표변환을 하는 것이다. 주성분 축으로의 좌표변환은 고유벡터 행렬과 표준화된 원본 데이터의 행렬곱으로 계산할 수 있다. 계산을 위해 엑셀의 MMULT() 함수를 이용한다. 아이리스 데이터는 4차원이므로 그래프를 통해 원 데이터와 주성분 공간으로 이동한 데이터의 분포가 어떻게 변화하였는지를 눈으로 확인할 수는 없다. 하지만 제2절의 〈그림 11−5〉와 같은 방식으로 변환될 것이라고 예상할 수 있다. 주성분 공간으로 변환된 주성분의 값들은 주성분 점수라고 부른다.

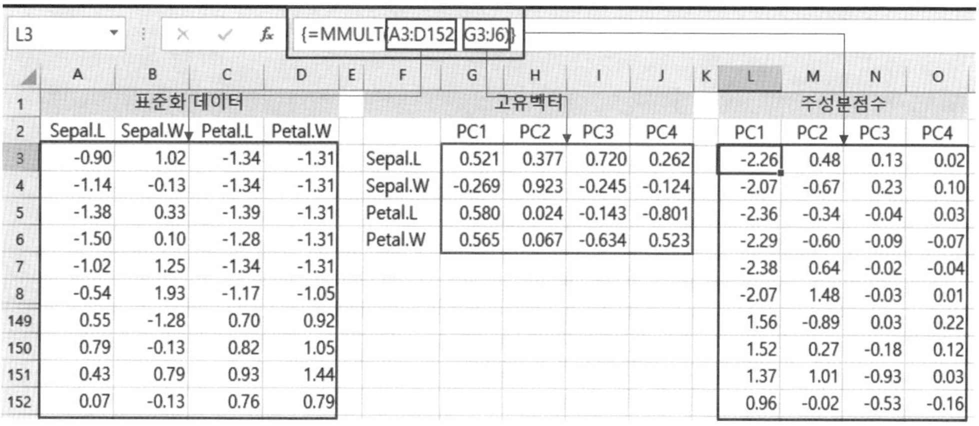

L3 | {=MMULT(A3:D152,G3:J6)}

	A	B	C	D	E	F	G	H	I	J	K	L	M	N	O
1	표준화 데이터						고유벡터					주성분점수			
2	Sepal.L	Sepal.W	Petal.L	Petal.W			PC1	PC2	PC3	PC4		PC1	PC2	PC3	PC4
3	-0.90	1.02	-1.34	-1.31		Sepal.L	0.521	0.377	0.720	0.262		-2.26	0.48	0.13	0.02
4	-1.14	-0.13	-1.34	-1.31		Sepal.W	-0.269	0.923	-0.245	-0.124		-2.07	-0.67	0.23	0.10
5	-1.38	0.33	-1.39	-1.31		Petal.L	0.580	0.024	-0.143	-0.801		-2.36	-0.34	-0.04	0.03
6	-1.50	0.10	-1.28	-1.31		Petal.W	0.565	0.067	-0.634	0.523		-2.29	-0.60	-0.09	-0.07
7	-1.02	1.25	-1.34	-1.31								-2.38	0.64	-0.02	-0.04
8	-0.54	1.93	-1.17	-1.05								-2.07	1.48	-0.03	0.01
149	0.55	-1.28	0.70	0.92								1.56	-0.89	0.03	0.22
150	0.79	-0.13	0.82	1.05								1.52	0.27	-0.18	0.12
151	0.43	0.79	0.93	1.44								1.37	1.01	-0.93	0.03
152	0.07	-0.13	0.76	0.79								0.96	-0.02	-0.53	-0.16

그림 11-12 주성분 축으로의 좌표 변환

5. 주성분 부하량 계산

주성분 부하량(principal component loading)이란 표준화 데이터와 주성분의 상관계수를 의미한다. 〈그림 11－13〉에는 표준화 데이터와 주성분의 상관계수를 계산한 상관행렬을 보여준다. 주성분 부하량은 각 주성분의 의미를 파악하는 데 도움을 준다.

주성분 부하량 중에서 절대값으로 0.5 이상인 항목 중심으로 판단해 보면, PC1은

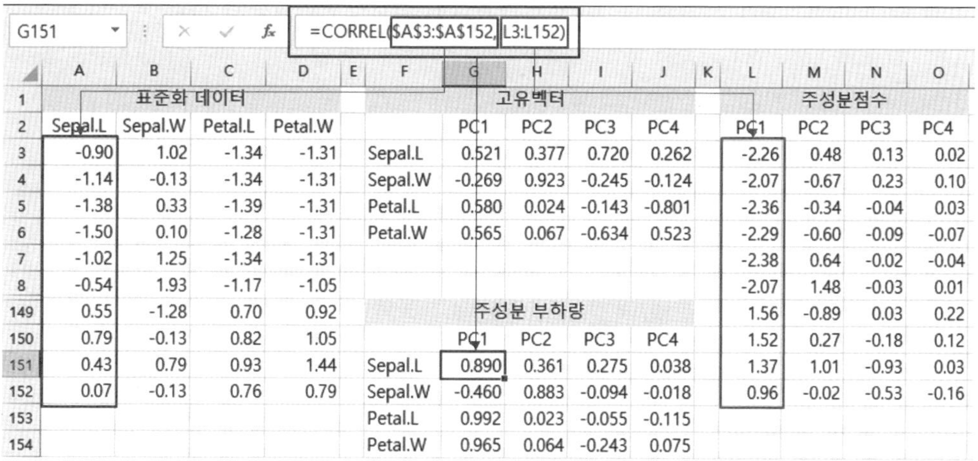

G151 | =CORREL($A$3:$A$152,L3:L152)

	A	B	C	D	E	F	G	H	I	J	K	L	M	N	O
1	표준화 데이터						고유벡터					주성분점수			
2	Sepal.L	Sepal.W	Petal.L	Petal.W			PC1	PC2	PC3	PC4		PC1	PC2	PC3	PC4
3	-0.90	1.02	-1.34	-1.31		Sepal.L	0.521	0.377	0.720	0.262		-2.26	0.48	0.13	0.02
4	-1.14	-0.13	-1.34	-1.31		Sepal.W	-0.269	0.923	-0.245	-0.124		-2.07	-0.67	0.23	0.10
5	-1.38	0.33	-1.39	-1.31		Petal.L	0.580	0.024	-0.143	-0.801		-2.36	-0.34	-0.04	0.03
6	-1.50	0.10	-1.28	-1.31		Petal.W	0.565	0.067	-0.634	0.523		-2.29	-0.60	-0.09	-0.07
7	-1.02	1.25	-1.34	-1.31								-2.38	0.64	-0.02	-0.04
8	-0.54	1.93	-1.17	-1.05								-2.07	1.48	-0.03	0.01
149	0.55	-1.28	0.70	0.92			주성분 부하량					1.56	-0.89	0.03	0.22
150	0.79	-0.13	0.82	1.05			PC1	PC2	PC3	PC4		1.52	0.27	-0.18	0.12
151	0.43	0.79	0.93	1.44		Sepal.L	0.890	0.361	0.275	0.038		1.37	1.01	-0.93	0.03
152	0.07	-0.13	0.76	0.79		Sepal.W	-0.460	0.883	-0.094	-0.018		0.96	-0.02	-0.53	-0.16
153						Petal.L	0.992	0.023	-0.055	-0.115					
154						Petal.W	0.965	0.064	-0.243	0.075					

그림 11-13 주성분 부하량 계산

꽃잎의 길이, 꽃잎의 너비, 꽃받침의 길이처럼 꽃의 크기와 관련된 특성과 관계가 깊고, PC2는 꽃받침의 너비와 관련이 깊다는 것을 파악할 수 있다. 따라서 PC1은 꽃의 크기 요인으로 생각할 수 있고, PC2는 꽃받침의 너비 요인으로 생각할 수 있다. 한편, PC3와 PC4의 경우는 특정한 요인으로 식별하는 것이 어려운데, 이는 원 데이터의 변동을 PC1 과 PC2가 95% 이상을 설명하고 있어 원 데이터와 주성분 간의 연관성을 뚜렷하게 파악 할 수 없기 때문이다.[13]

---

13 주성분의 의미를 파악하고 특정한 요인으로 구체화하는 것은 연구자의 데이터 분석 경험과 해당 문제에 대한 이해 정 도에 크게 의존한다. 실증적인 문제에 대한 PCA 적용 사례 연구를 학습하면서 관련 역량을 제고할 수 있을 것이다.

○ 참고문헌

H. von Storch, T. Bruns, I. Fischer-Bruns, and K. Hasselmann(1988), "Principal oscillation pattern analysis of the 30-to 60-day oscillation in general circulation model equatorial troposphere", J. Geophys. Res. 93, pp. 11,022-11,036.

I. T. Jolliffe (2002), Principal Component Analysis(2nd edition), Springer, New York.

P. Bruce, A. Bruce, and P. Gedeck(2020), Practical Statistics for Data Scientists(2nd edition), O'Reilly, Boston.

W. L. Winston(2014), Marketing Analytics: Data-Driven Techniques with Microsoft Excel, Wiley, Indianapolis.

○ 요약 및 복습

01 데이터 분석을 적절하게 수행하려면 변수의 수가 증가할 때 관측치의 수를 충분하게 늘려줘야 하지만 현실적으로 불가능한 경우가 많으며, 이로 인해 데이터의 분포를 분석하거나 변수 간의 인과관계를 파악하는 모델의 성능이 저하되는 현상을 차원의 저주라고 한다.

02 차원 축소 방법은 변수 선택(feature selection)과 변수 추출(feature extraction)의 두 범주 중 하나로 분류된다.

03 주성분분석(PCA)은 고차원 데이터를 데이터의 손실을 최소화하면서 저차원의 데이터로 압축함으로써 차원을 축소하는 방법이다.

04 주성분은 원 데이터 내 변수의 수만큼 생성되는데, 데이터의 분산이 가장 큰 방향을 찾아 원 데이터 변수들의 선형결합으로 첫 번째 주성분(PC1)을 만들고, 다음으로 첫 번째 주성분이 설명하지 못하는 나머지 분산을 정보의 손실 없이 가장 많이 설명할 수 있는 방향을 찾아 원 데이터 변수들의 선형결합으로 두 번째 주성분(PC2)을 만든다.

05 선형결합은 어떤 차원의 공간상에 존재하는 벡터가 여러 개 주어졌을 때 벡터의 각각에 계수 또는 가중치를 곱하고 모두 합친 형태를 말한다.

06 PCA의 주축은 상관행렬(또는 공분산행렬)의 고유벡터이며, 고윳값은 각 주성분이 설명하는 원 데이터의 분산(정보량)과 같다.

07 상관행렬을 사용할 때의 주요 장점은 공분산행렬보다는 서로 다른 데이터의 PCA 결과를 직접적으로 비교할 수 있다는 것이다.

08 공분산행렬에 기초한 주성분은 데이터 내 변수의 측정 단위에 민감하므로 두 데이터 내

변수들의 측정 단위에 큰 차이가 존재한다면 분석 결과를 직접 비교하는 데 한계가 있다.

09 각 주성분의 축을 나타내는 고유벡터의 길이(norm)는 1로 정규화된다.

10 주성분 쌍의 표본 공분산(또는 상관계수) 값은 0이다.

11 PCA에 활용한 데이터가 표준화된 데이터라면 주성분별 분산을 모두 합한 값은 변수의 수인 n과 같다.

12 PCA의 분석 단계는 「데이터 표준화 → 상관행렬 계산 → 상관행렬의 고윳값, 고유벡터 계산 → 표준화 데이터의 주성분 공간으로의 이동 → 주성분 부하량 계산」과 같다.

주요 용어

- 차원 축소
- 공분산행렬
- 고윳값

- 주성분분석
- 상관행렬
- 고유벡터

- 선형결합
- 데이터 표준화
- 직교성

학습문제

01 차원의 저주가 발생하는 상황을 설명하시오.

02 차원 축소 방법의 두 가지 유형을 설명하시오.

03 주성분분석(PCA)의 개념을 설명하고, 요인분석과의 차이는 무엇인지 설명하시오.

04 PCA에서 원 데이터를 주성분 공간으로 선형변환할 때 무엇을 사용하는지 설명하시오.

05 PCA에서 공분산행렬 대신 상관행렬을 사용할 때의 장점을 설명하시오.

06 PCA에서 고윳값이 설명하는 것은 무엇인지 설명하시오.

07 주성분의 주요 속성 4가지를 설명하시오.

08 PCA의 분석 단계를 기술하시오.

09 Boston_House_Price 데이터[14]는 보스턴 주택 가격 정보와 보스턴에 관한 각종 정보가 담긴 자료이다. 이 자료에 대해 PCA를 시행하고, 몇 개의 주성분으로 차원을 축소하는 것이 좋은지 설명하시오.

---

14 Boston_House_Price.xlsx 데이터는 박영사 홈페이지에서 확인할 수 있다.

찾아보기
INDEX

김성훈

서울대학교 농경제학과 졸업(학사), 동 대학원 농경제학과 졸업(석사)
미국 퍼듀대학교 농업경제학과 졸업(박사)
한국농촌경제연구원 부연구위원
농림축산식품부 규제심사위원회 위원
농림축산식품부 국민공감농정위원회 위원
농림축산식품부 농산물수급조절위원회 위원
농림축산식품부 식품산업진흥심의회 위원
농림축산식품부 축산발전심의위원회 위원
농림수산식품부 식품포럼 위원
농림수산식품부 외식산업포럼 위원
농림축산식품부 농산물유통포럼 위원
농촌진흥청 강소농 경영혁신지원단 위원
한국농수산식품유통공사 자문위원
서울시농수산물공사 자문위원
국무조정실 식품안전정책위원회 위원
국무조정실 정부업무평가 위원
기획재정부 보조사업평가단 위원
기획재정부 기금운용평가단 위원
농어업 · 농어촌특별대책위원회 전문연구위원
현 농림축산식품부 농협경제사업 평가협의회 위원
    농협중앙회 경제사업 평가위원
    국회도서관 외국법률자문단 위원
    한국농업경제학회 이사
    한국농식품정책학회 이사
    한국공정거래학회 이사
    한국외식산업정책학회 이사
    충남대학교 농업경제학과 교수
    충남대학교 농업과학연구소 농산물자조금 연구센터장

저서
농식품유통론(공저, 박영사, 2016)
농 · 식품 경제원론(공저, 박영사, 2018)
농업 · 농촌 100년(공저, 농림축산식품부, 2019)
한국식품연감 2021-2022(공저, HNCOM, 2021)
김치산업론(공저, 세계김치연구소, 2016)
한국 농업 경제학 50년의 회고와 전망(공저, 한국농업경제학회, 2008)

홍승지

서울대학교 농경제학과 졸업(학사), 동 대학원 농경제학과 졸업(석사)
미국 오클라호마 주립대학교 농업경제학과 졸업(박사)
충남대학교 농업생명과학대학 부학장
충남대학교 농학도서관 분관장
충남대학교출판문화원 이사
한국농촌경제연구원 부연구위원
한국농촌경제연구원 농업관측위원회 위원
기재부 공공기관 경영평가단 위원
국무총리실 정부업무평가위원회 위원
경제·인문사회연구회 연구기관 평가단 위원
인사혁신처 국가고시 시험위원
농림축산식품부 축산환경협의회 위원
한국국제협력단 농림수산 분야 전문위원
한국광해관리공단 폐광지역 진흥사업 농업분야 자문·심의위원
대전광역시농업산학협동심의회 위원
대전·충남지방중소기업청 정책자금 재심실무위원회 위원
충청남도 먹거리통합지원센터 평가위원회 위원
충청남도농업기술원 연구과제계획심의회 위원
충남발전연구원 6차 산업화 전략자문단 자문위원
농림수산식품교육문화정보원 미래발전위원회 위원
한국농촌연구원 연구위원
축산환경관리원 전문위원
현 농림축산식품부 정책연구용역 심의소위원회 위원
　　농림수산식품교육문화정보원 혁신추진위원장
　　외교부 무상원조관계기관 협의회 민간전문위원
　　한국농촌경제연구원 농업관측 중앙자문위원
　　마늘 의무자조금 관리위원
　　충청남도 3농정책위원회 위원
　　한국농업경제학회 부회장
　　한국농식품정책학회 이사
　　한국식품유통학회 이사
　　한국협동조합학회 이사
　　충남대학교 농업경제학과 교수

저서
김치산업론(공저, 세계김치연구소, 2017)

양석준

서울대학교 농화학과 졸업(학사)
동 대학원 경영학과 경영학석사
동 대학원 경영학과 경영학박사
㈜롯데쇼핑 농산MD
㈜베스트케이씨 수석 컨설턴트/대표이사
농림축산식품부 농산물유통포럼 자문위원
농림축산식품부 유통소비정책관실 재정사업 전문가 위원
농림축산식품부 농촌융복합산업 중앙 FD 위원
농림축산식품부 푸드플랜 FD 위원
서울시 공공급식위원회 가격분과위원장
한국농수산식품유통공사 자문위원
한국농어민신문 컬럼 위원
현 글로벌경영학회 부회장
　　한국마케팅학회 이사
　　한국유통학회 이사
　　한국식품유통학회 이사
　　상명대학교 경영학부 교수

저서
경제 저성장시대의 농식품 마케팅(단독, 한국농어민신문, 2020)
전략적 브랜드 마케팅(공저, 박영사, 2018)
마케팅 리서치(공저, 형설출판사, 2017)
농축산물 납품업체를 위한 대규모 유통업에서의 거래 공정화에 관한 법률안내 및 불공정 거래행위 극복전략
(단독, 한국농수산식품유통공사, 2012)
브랜드경영핸드북(단독, 농촌진흥청, 2009)
역발상으로 성공한 창의적 마케터들(공동, 비즈프라임, 2008)

식품유통의 이해와 분석

초판발행	2023년 1월 10일
지은이	김성훈·홍승지·양석준
펴낸이	안종만·안상준
편 집	전채린
기획/마케팅	정연환
표지디자인	이영경
제 작	고철민·조영환
펴낸곳	(주) 박영사
	서울특별시 금천구 가산디지털2로 53, 210호(가산동, 한라시그마밸리)
	등록 1959. 3. 11. 제300-1959-1호(倫)
전 화	02)733-6771
f a x	02)736-4818
e-mail	pys@pybook.co.kr
homepage	www.pybook.co.kr
ISBN	979-11-303-1651-2 93320

copyright©김성훈·홍승지·양석준, 2023, Printed in Korea

정 가   25,000원